南昌经济社会统计年鉴

NANCHANG ECONOMIC AND SOCIAL STATISTICAL YEARBOOK

2006

（总第12期）

南昌市统计局 编

中国统计出版社
China Statistics Press

（京）新登字 041 号

图书在版编目（CIP）数据

南昌经济社会统计年鉴．2006/南昌市统计局编．—北京：中国统计出版社，2006.6
ISBN 7-5037-4977-6

Ⅰ.南…　Ⅱ.南…　Ⅲ.经济社会统计—统计资料—南昌市—2006—年鉴
Ⅳ.C832.561—54

中国版本图书馆 CIP 数据核字（2006）第 028196 号

南昌经济社会统计年鉴—2006

作　　者/南昌市统计局
电话/（0791）3883605　邮政编码/330038
责任编辑/蔡启新
E-mail/yearbook@stats.gov.cn
责任校对/熊慧平　熊泽荣　宣　治　吴　蕊　陈　锋
出版发行/中国统计出版社
通信地址/北京市西城区三里河月坛南街 75 号　中国统计出版社
邮　　编/100826
电　　话/（010）63376907
印　　刷/江西宜春资料印务有限公司
经　　销/新华书店
开　　本/880×1230 毫米　1/16
字　　数/993 千字
印　　张/30.5
印　　数/1000 册
版　　别/2006 年 7 月第 1 版
版　　次/2006 年 7 月第 1 次印刷
书　　号/ISBN 7-5037-4977-6/F·2324
定　　价/220.00 元

《南昌经济社会统计年鉴－2006》
编 辑 委 员 会

《南昌经济社会统计年鉴－2006》
编　辑　部

主　　编： 熊慧平

副 主 编： 熊泽荣　宣　治

编　　审：（以姓氏笔划为序）

邬海文　许国才　刘跃青　刘　程　吕惠珍　余学军
张志萍　罗小云　胡惠珠　高　喆　龚玉芬　龚奇明
程白晞　焦　安　傅　勇　谢晓灿　熊晓洪　蔡　飚

编　　辑：（以姓氏笔划为序）

万明刚　王　娟　邓　超　邓萍萍　许卫群　刘　军
刘　健　刘　斌　沈　啸　吴婉芸　陈　锋　吴　蕊
罗新瑜　姜同文　胡素强　钟晓强　敖　青　袁　方
黄　菲　黄　赟　喻　建　彭艳红　褚艳红　熊全琳
黎友娟

统计图制作： 吴　蕊

编 者 说 明

一、《南昌经济社会统计年鉴—2006》是一部按年连续出版的大型统计资料书。真实记录了2005年南昌的经济和社会各方面的发展变化，以及历史重要年份和改革开放以来的主要统计数据。

二、全书内容分为17个篇目：1. 综合；2. 人口、劳动力；3. 人民生活；4. 物价；5. 固定资产投资；6. 城市公用事业；7. 外贸和旅游；8. 财政、金融；9. 农业；10. 工业；11. 建筑业；12. 运输和邮电；13. 国内贸易；14. 科技、教育、文化；15. 卫生、体育、其他；16. 企业景气调查和现代企业制度企业调查；17. 附录，在附录部分收集了2005年国家和江西省统计公报，全国各省（市）和省会城市及江西省各设区市主要经济指标。为便于读者正确使用资料，每个篇章后面附有主要统计指标解释。

三、本年鉴总量指标计算所采用的价格除注明外均为当年价格。

四、本年鉴资料主要来自年度统计报表，一部分来自抽样调查。

五、本年鉴部分数据合计数或相对数由于单位取舍不同产生的计算误差均未作机械调整。

六、本年鉴表中的符号使用说明："空格"表示该项统计数据不详或无该项数据；"#"表示其中项。

七、读者在使用历史资料时，凡与本年鉴有出入的，均以本年鉴为准。本年鉴1993—2004年地区生产总值，1990—2004年社会消费品零售总额数据均为首次经济普查后的修正数据。

八、《年鉴》公开出版以来，受到了广大读者的关心和支持，对此我们深表谢意。欢迎读者对年鉴内容、编排等方面提出宝贵意见，帮助我们进一步提高编辑水平，更好地为读者服务。

篇目索引

篇　目　　　　　起始页码

一、综　合

二、人口·劳动力

三、人 民 生 活

四、物　　价

五、固定资产投资

六、城市公用事业

七、外贸和旅游

八、财政·金融

九、农　　业

十、工 业

十一、建　筑　业

十二、运输和邮电

十三、国 内 贸 易

十四、科技·教育·文化

十五、卫生·体育·其他

十六、企业景气调查和现代企业制度企业调查

附　　录

一、综　　　合

GENERAL　SURVEY

本篇内容包括：

1. 2005年南昌市国民经济和社会发展统计公报
2. 自然概况　　行政区划
3. 主要年份国民经济指标及发展

资料整理

宣　治
陈　锋
吴　蕊
姜同文
钟晓强

微机处理

宣　治
姜同文

全 市 生 产 总 值

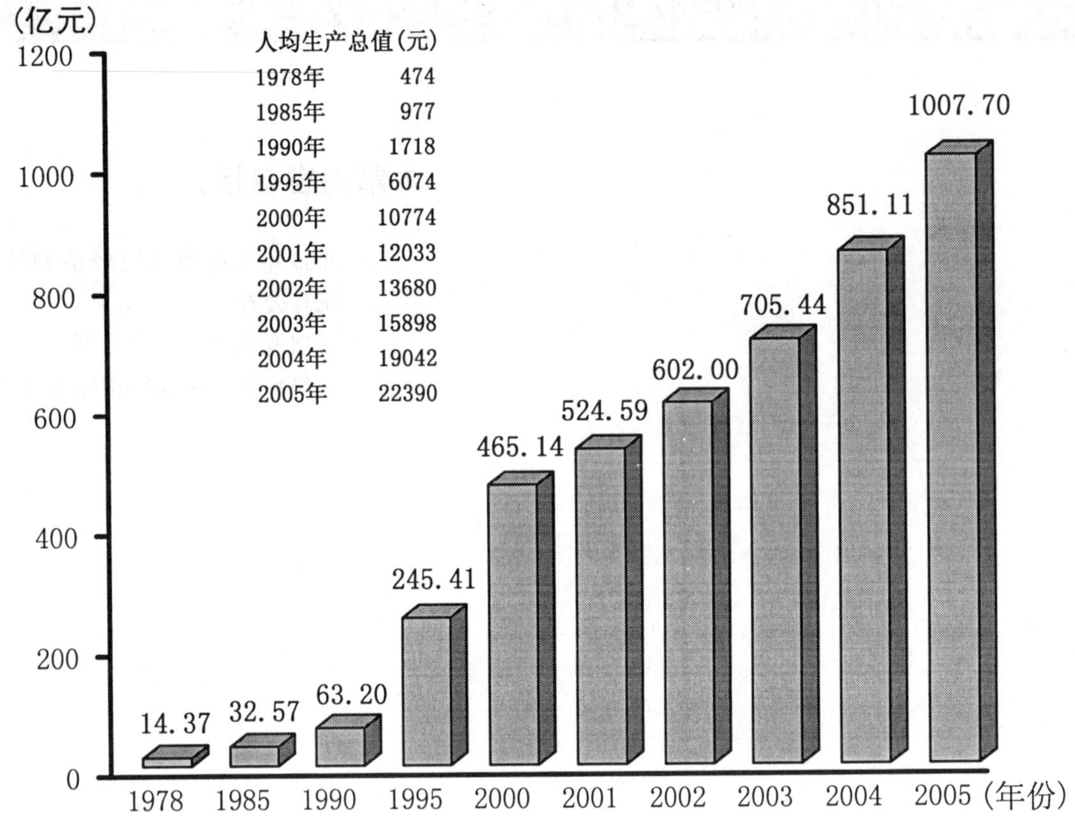

全市生产总值构成(%)

南昌市 2005 年国民经济和社会发展统计公报

南昌市统计局
2006 年 3 月 16 日

2005 年是实施"十五"计划的最后一年。一年来，全市人民在市委、市政府的正确领导下，以邓小平理论和"三个代表"重要思想为指导，围绕做好"两篇文章"和实现"富民强市"奋斗目标，牢固树立以人为本的科学发展观，全面贯彻落实中央各项宏观调控政策，紧紧抓住国家促进中部地区崛起的战略机遇，真抓实干，开拓进取，坚持走科学发展、和谐崛起之路，全市国民经济实现了又快又好的发展，各项社会事业全面进步，居民生活水平显著提高，圆满完成了"十五"计划的各项任务和预期目标，为"十一五"规划的起步奠定了坚实的物质基础。

一、综　　合

经济总量：综合经济实力持续攀升。据初步核算，全市生产总值突破千亿大关，达 1 007.7 亿元，按可比价格计算，比上年增长 16.8%。其中，第一产业增加值 73.39 亿元，增长 5.0%；第二产业增加值 532.13 亿元，增长 21.2%；第三产业增加值 402.19 亿元，增长 13.4%。三次产业构成比例为 7.3：52.8：39.9，对经济增长的贡献率分别为 2.5%、65.6% 和 31.9%。人均 GDP 突破两万元，达 22 390 元，增长 15.9%。

财政税收：财政收支同步快速增长。全年全市财政总收入 126.10 亿元，比上年增长 23.6%，其中地方财政一般预算收入 58.3 亿元，增长 38.1%。从收入完成情况看，增值税 6.03 亿元，增长 25.9%；营业税 20.14 亿元，增长 17.0%；企业所得税 4.84 亿元，增长 46.3%。地方财政一般预算支出 75.79 亿元，增长 45.1%。其中，基本建设、企业挖潜改造资金、社会保障补助支出、科教文卫事业费分别增长 29%、4.7 倍、25.8% 和 24.5%。

物价水平：市场物价保持稳定。全年居民消费价格总水平比上年上涨 1%（见表 1），其中：消费品价格上涨 1%；服务价格上涨 1.1%。商品零售价格持平，工业品出厂价格上涨 3.3%。

表 1：2005 年南昌市居民消费价格比上年上涨情况

指　　标	增　幅（%）
居民消费价格总水平	**1.0**
#食　　品	3.5
烟酒及用品	－1.3
衣　　着	－3.4
家庭设备用品及服务	0.8
医疗保健及个人用品	－2.4
交通和通信	－2.1
娱乐教育文化用品及服务	－1.7
居　　住	4.7

二、农　　业

农业生产：农林牧渔及服务业全面发展（见图 1）。全年完成农林牧渔及服务业现价总产值 115.76 亿元，比上年增长 5.0%。其中，农业产值 46.31 亿元，增长 3.5%；林业产值 1.39 亿元，下降 2.7%；牧业产值 38.21 亿元，增长 3.6%；渔业产值 27.34 亿元，增长 8.1%。

图 1　农林牧渔及服务业现价总产值构成

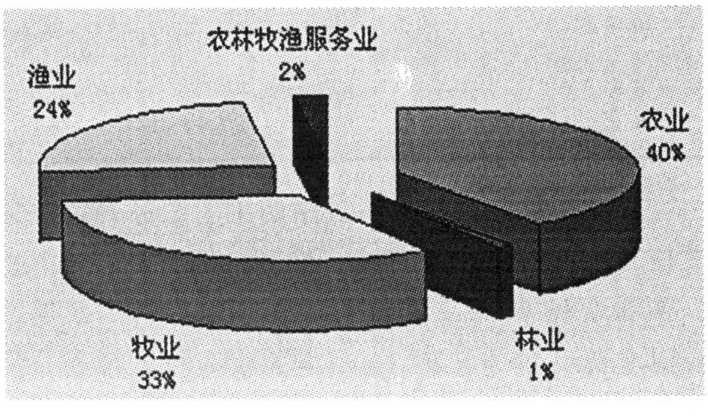

农牧产品产量：全年粮食总产量195.16万吨，比上年增长3.3%；油料总产量7.94万吨，增长8.1%。肉类总产量24.20万吨，增长5.1%；生猪出栏数238.29万头，增长4.7%；家禽出笼3 305.18万羽，增长1.7%；禽蛋总产量11.58万吨，增长6.2%；奶类总产量6.45万吨，增长5.1%。

渔业：全年水产品总产量28.40万吨，比上年增长4.1%，其中特种水产品产量9.66万吨，增长7.9%。

林业：全年造林1 533公顷，退耕还林还草666公顷，零星植树732万株，比上年增长11.2%。新建和完善高速公路的绿色通道87.97公里。全市森林覆盖率达到17.1%。

生产条件：年末农业机械总动力209.32万千瓦，比上年末增长20.0%。年内完成机耕面积16.82万公顷、机播面积0.11万公顷；化肥施用量（折纯）13.88万吨，增长11.2%；农用塑料薄膜使用量0.22万吨，下降6.7%。

三、工　　业

工业生产：工业经济持续快速增长。全市实现全部工业增加值374.93亿元，按可比价格计算，比上年增长17.3%。规模以上工业企业（即全部国有及国有控股和年销售收入500万元及以上非国有工业企业，下同）完成增加值235.78亿元，可比口径增长26.0%（见表2）。

表2：2005年规模以上工业增加值主要分类情况

指　　标	绝对数（亿元）	比上年增长（%）
工业增加值	**235.78**	**26.0**
#轻工业	127.66	38.8
重工业	108.12	12.8
按注册登记类型分		
#外商及港澳台投资企业	58.66	45.2
国有企业	48.71	20.7
集体企业	3.88	16.7
股份制	110.74	18.6
股份合作	8.36	40.1
其它经济类型	5.43	34.1

工业产品：部分适销对路的工业产品产量快速增长（见表3）。其中卷烟、房间空调器、彩色电视机分别增长9.1%、3.6倍和22.7%；汽车、钢材分别增长18.7%、20.2%。电力供应稳定增长，发电量增长4.3%。

表3：主要工业产品产量

产品名称	单　位	绝对量	比上年增长（%）
卷烟	亿支	208.57	9.1
纱	万吨	2.98	8.6
布	万米	10 920	7.4
服装	亿件	3.97	42.9
机制纸及纸板	万吨	20.1	965.6
水泥	万吨	288.3	14.1
小型拖拉机	台	8 116	63.1
钢材	万吨	263.1	20.2
汽车	万辆	8.93	18.7
彩色电视机	万部	89.1	22.7
房间空调器	万台	166.7	355.1
饮料酒	万升	16 959	14.2
化学纤维	万吨	8.79	34.6
农用化肥	万吨	5.54	98.6
轮胎外胎	万条	290.6	24.2
发电量	亿千瓦时	37.8	4.3

制造业基地建设：十大产品制造基地集聚效应进一步增强。汽车基地、空调基地、医药和医疗器械基地等十大重点发展产品制造基地共完成增加值185.35亿元，增长27.4%，总量占全市规模工业的78.6%，增幅高出全市规模工业平均水平1.4个百分点。其中：空调基地、造纸基地、医药和医疗器械基地、机电产品基地分别增长5倍、8.9倍、42%和30%。

工业经济效益：工业经济效益总体水平稳步提高。规模以上工业企业经济效益综合指数为173.99，比上年提高14.3个百分点。实现产品销售收入733.33亿元，增长29.5%；盈亏相抵后实现利润总额35.02亿元，增长15.6%。产品销售率为98.9%，比上年提高0.2个百分点。

四、固定资产投资

投资总量：据初步统计，全年完成全社会固定资产投资总额520亿元，比上年增长44%。其中，城镇以上投资完成476.94亿元，增长46.5%；农村投资43.06亿元，增长18.8%（见表4）。

表4：全社会固定资产投资完成情况

指　　标	绝对数（亿元）	比上年增长（%）
全社会固定资产投资	520	44
农村投资	43.06	18.8
城镇投资	476.94	46.5

投资结构：按产业划分，第一产业投资 0.61 亿元，下降 39.6%；第二产业投资 132.07 亿元，增长 33.4%；第三产业投资 344.26 亿元，增长 52.6%。三次产业投资比重由上年的 0.3:31.6:68.1 调整为 0.1:27.7:72.2（见图 2）。

图 2　三次产业投资比例

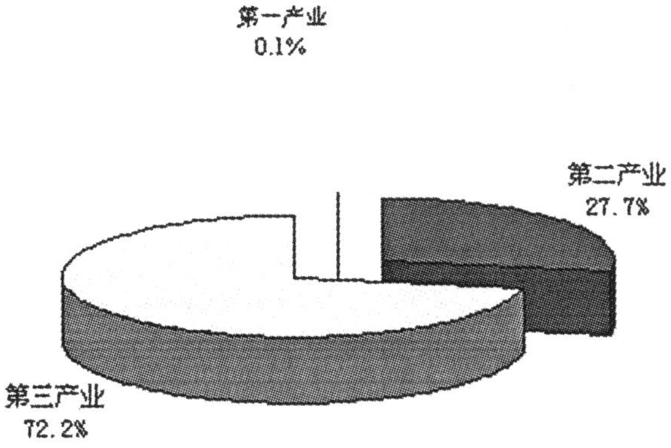

按注册登记类型划分，国有经济投资 202.49 亿元，增长 39.7%；非国有经济投资 274.35 亿元，增长 51.8%。国有与非国有投资比例为 42.5:57.5。

城市建设：投资规模扩大，大项目进展顺利。2005 年全市城市基础设施建设项目完成投资 158.55 亿元，比上年增长 43.7%，总量占城镇以上固定资产投资的 33.2%。其中，几个重大项目中，乐温高速公路已投资 13.1 亿元、西外环高速公路 5.8 亿元、生米大桥 3.3 亿元。东外环竣工通车；西外环完成路基；完成青山南路、上海路改造；阳明路东拓延伸进展顺利，机场路、南高公路、高新南大道二期基本完工；青山湖湖东路网三横二纵全面竣工。开展了第 3 轮百路大会战，改造小街巷路 143 条。玉带河西支 4.7 公里、主支 1.8 公里、北支 1.8 公里已竣工；东支 1.9 公里、南支 4.7 公里，正在抓紧实施。

五、外经外贸　旅游

利用外资：对外开放稳步推进。全年协议合同外资金额 11.15 亿美元，比上年增长 6.4%；实际利用外资 9.09 亿美元，增长 24.4%。其中第二产业 4.65 亿美元，第三产业 3.88 亿美元，所占份额分别为 51.2% 和 42.7%（见表 5）。实际引进内资 260.5 亿元，增长 40.5%。新批外商投资企业 187 家，内资共达成合同项目 574 个，其中省外项目 506 个。新批合同总投资额超 1 000 万美元的大项目有 33 个，引资额超亿元的内资项目有 34 个，其中省外项目 29 个。

表 5：外商直接投资分行业情况

指　　标	合同数（个）	合同外资金额（亿美元）	实际利用外资（亿美元）
合　计	**187**	**11.15**	**9.09**
# 第一产业	8	0.65	0.56
第二产业	93	5.65	4.65
第三产业	86	4.85	3.88

对外贸易：对外贸易继续增长。据海关统计，2005 年南昌地区内企业（含中央、省属公司）完成进出口总额 17.45 亿美元，比上年增长 5.2%。其中海关出口总值 12.4 亿美元，增长 15.4%，实现贸易顺差 7.35 亿美元。

旅游：全年共接待国内游客 718.45 万人次，比上年增长 22.4%；接待海外游客 6.52 万人次，增长 20%。实现国内旅游收入 44.79 亿元，增长 18.6%；旅游创汇 0.18 亿美元，增长 4.9%。截止年末，全市拥有星级宾馆（饭店）40 家；拥有旅行社 150 家，其中从事国际旅游业务的旅行社 16 家；旅行社组团国内游 35.9 万人次，增长 12.7%。

六、建筑业　房地产开发

建筑业：建筑业生产稳步发展。2005 年，我市建筑企业完成施工产值 234.07 亿元，比上年增长 30.6%。房屋施工建筑面积 2451.2 万平方米，增长 31.9%；房屋竣工建筑面积 1 241 万平方米，增长 58.0%。按施工产值计算的全员劳动生产率为 11.04 万元/人，增长 19.5%。

房地产开发：房地产开发施工面积 1 193 万平方米，比上年增长 11.8%；竣工面积 426.5 万平方米，增长 63.7%。完成商品房销售额 62.47 亿元，增长 20.8%，其中住宅销售额 57.34 亿元，增长 23.9%。商品房销售面积 249 万平方米，增长 17%，其中住宅销售 233.2 万平方米，增长 22.3%（见图 3）。全市二手房累计成交 2.51 万宗，比上年增长 15.4%；成交面积 251.7 万平方米，增长 16.9%；成交额 36 亿元，增长 22.7%。

图 3　房地产开发施工、竣工及销售面积

单位：万平方米

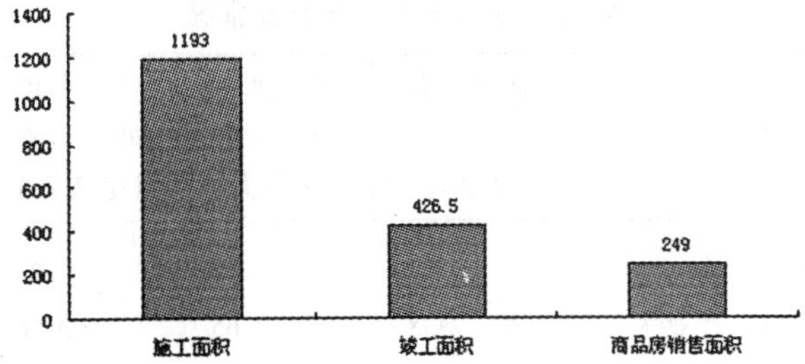

七、国内贸易

消费品市场：消费品市场旺盛。全年实现社会消费品零售总额 307.49 亿元，比上年增长 15.7%。分销售地域看，城市实现零售额 244.69 亿元，增长 16.8%，农村实现零售额 62.80 亿元，增长 11.6%；分销售行业看，批发零售贸易业实现零售额 279.43 亿元，比上年增长 15.7%，餐饮业实现零售额 27.49 亿元，增长 16.3%。

居民消费：居民消费呈现新热点。随着居民生活水平的逐步提高，汽车、通讯器材、文化办公用品、家用电器等仍是居民消费的热点。全年汽车销售额 2.88 亿元，比上年增长 6.1%；通讯器材类 0.66 亿元，增长 1.3 倍；家用电器及音像器材类 1.86 亿元，增长 9.2%；文化办公用品类 0.27 亿元，增长 76.1%。

商贸流通：城市商贸功能进一步完善。打造了洪都大道、建德观、师大南路、绳金塔西街等一批商业特色街。共有各类商品交易市场 242 个，全年成交额在亿元以上的商品交易市场有 28 个，成交总额达 279.4 亿元。其中，洪城大市场年交易额 122.7 亿元，比上年增长 3.8%；南昌（深圳）农产品批发市场年交易额 34.8 亿元，增长 22.5%。城南兴发物流园区初具规模，城北白水湖物流园区已完成规划，保税物流中心第一期动工。年末，我市最大的“八大商场和六大超市”共实现零售额 42.68 亿元。其中百货大楼销售额 15 亿元，增长 11.3%，跃居全国第 14 位。

八、交通运输　邮电通信

交通运输：交通基础设施建设和运输生产实现较快增长。年末全市城区道路总长度达 833.04 公里，道路总面积 1 673 万平方米。全市汽车保有量达 16.19 万辆，比上年增长 17.6%，其中，载货汽车 4.46 万辆，增长 7.3%；载客汽车 10.4 万辆，增长 25.4%。2005 年我市各种运输方式完成货物运输周转量 158.77 亿吨公里，比上年增长 44.4%。其中，铁路、公路、水运、民航分别完成 128.2、21.05、8.29 和 1.23 亿吨公里；实现旅客周转量 88.79 亿人公里，增长 6.5%。其中，铁路、公路、水运、民航分别完成 51.24、23.78、0.04 和 13.73 亿人公里（详见表 6）。

表 6：货物、旅客周转量及港口货物吞吐量

指　　标	单　　位	绝 对 数	比上年增长 %
货物周转量	亿吨公里	158.77	44.4
#铁　路	亿吨公里	128.20	49.98
公　路	亿吨公里	21.05	9.46
水　运	亿吨公里	8.29	94.6
民　航	亿吨公里	1.23	20.59
旅客周转量	亿人公里	88.79	6.5
#铁　路	亿人公里	51.24	3.62
公　路	亿人公里	23.78	5.88
水　运	亿人公里	0.04	-33.33
民　航	亿人公里	13.73	20.44

邮电通信业：邮电通信能力和服务功能继续增强。全年完成邮电业务总量 33.48 亿元，比上年增长 17.9%。其中，发送特快专递 137.7 万件，增长 39.5%；发送包裹 58.72 万件，下降 5.3%。城乡固定电话用户达 154 万户，新增 16 万户。无线市话（小灵通）用户 39.11 万户，新增 8.61 万户。移动电话用户 217.68 万户，新增 53.37 万户，增长 32.5%。互联网窄带接入用户 41.33 万户，增长 0.6%。国内长途通话量 1.87 亿次，国际与港澳台电话业务量 41 万次。年末全市电话交换机总容量达 197.27 万门，新增 19.1 万门。其中，长途自动交换机容量达 16 万门，移动通信交换机容量达 340.44 万门。

九、金融保险业

银行：全市金融机构各项贷款余额 1 027.5 亿元，比年初增加 173.77 亿元。其中，短期贷款 419.74 亿元，占全部贷款的 40.9%。中长期贷款累计投放 506 亿元，占全部贷款的 49.2%。短期贷款以工业贷款和商业贷款为主，两者共计 219.55 亿元，占短期贷款的 52.3%。中长期贷款以基本建设贷款和个人中长期消费贷款为主，共计 364.59 亿元，占中长期贷款的比重达 72.1%。年末，金融机构各项存款余额 1 556.65 亿元，比年初增加 218.02 亿元，其中，企业存款 545.13 亿元，增加 25.88 亿元。

保险：截止2005年末，全市共有保险公司14家，比上年增加2家；保险中介机构34家，增加10家。全年保费收入20.4亿元，增长9.9%。其中，产险公司保费收入4.2亿元，增长9.7%；寿险公司保费收入16.2亿元，增长10.1%。全年赔款及给付合计3.4亿元，其中产险公司2.1亿元，寿险公司1.3亿元。

证券：全市证券业法人公司2家，证券营业部29家，证券机构股民累计开户数50.49万户。年内客户交易结算资金12.57亿元；A股交易额520.22亿元，B股交易额1.72亿元。

农村信用联社：支农力度不断加大。年末全市共有240家农村信用社，累计发放各项贷款39.55亿元，其中农业贷款29.79亿元，比上年增长53.6%；农户贷款15.25亿元，增长21%。

十、民营　科技

民营经济：个私民营经济日益壮大。据初步统计，2005年全市个私民营经济实现增加值347.27亿元，比上年增长33.1%，占全市生产总值的比重为34.5%。目前全市个私民营企业（含个体工商户）累计超过12万户，从业人员近70万人。2005年共上交税金30.42亿元，比上年增长51.9%，占全市财政总收入的24.1%，同比提高了4.4个百分点。

科学技术:全市共签订各类技术合同2 400项，比上年增长1.7倍;成交额5.51亿元，增长48.1%;专利申请1 150件。全年实施各类科技计划项目374项,其中获得市级科技进步奖的有40项。

十一、文化　教育

文化事业：文化、广播、电视事业稳步发展。全市年末共有专业艺术表演团体12个，公共图书馆11个，博物馆8个，综合档案馆11个，群众艺术馆和文化馆11个。城乡广播电视覆盖率提高。全市广播电台2座，电视台2座，中短波广播发射和转播台2座，调频广播台和传输台89座，电视转播发射台和差转台30座。全年出版报纸4.5亿份，杂志0.5亿份，各类图书1.69亿册。

基础教育：全市小学适龄儿童入学率为99.6%，初中入学率为98.1%，初中毕业生升学率为77%。普通高中在校生9.45万人，比上年增长8%；高考录取率为69.0%，其中一本本科院校录取率为9%。

中等职业教育：中等职业学校在校生19.65万人，比上年增长38.9%。其中普通中等专业学校14.14万人，增长56.3%；职业高中1.57万人，增长24.3%；技工学校在校生3.95万人，增长2.6%。全市各类中等职业学校毕业生达3.59万人。

普通高等教育：高等教育加快发展，全年全市招收研究生3 879人，比上年增加934人，在校研究生9 150人，增加2 209人；普通高等学校招生12.27万人，增加0.61万人，在校学生39.47万人，增加10.49万人，毕业生5.32万人，增加1.72万人。

成人教育：成人高等院校在校生6.36万人。全年参加高等教育自学考试的达2.6万人，获得单科合格6.7万科次数，获得本科毕业证书的9 871人，大专毕业证书的14 531人。

十二、卫生　体育

医疗卫生：城乡医疗卫生条件继续改善。年末全市共有医疗卫生机构850个，其中医院、卫生院167家，疾病预防控制中心12家，卫生监督所3家，妇幼卫生机构11家。全市医院、卫生院实有床位数1.45万张，平均每千人拥有医院床位3.06张；拥有各类卫生技术工作人员2.06万人，其中医生8 186人，护师、护士7 690人，每千人中拥有医生1.72人。人均期望寿命76.7岁。全市每十万孕产妇死亡率为37.08，婴儿死亡率为6.7‰。

医学科研：全市共组织申报科研课题148项，有130项列入科研计划，组织了20项科研成果的鉴定工作。

体育事业：体育事业蓬勃发展。年内共举办、承办市级以上比赛23项。共参加省级以上赛事29次，市级比赛12次。我市运动员在国际比赛中获1项世界冠军和7项亚洲冠军，在全国比赛中，共获20枚金牌，6枚银牌和6枚铜牌，蝉联省运会金牌总数、奖牌总数、团体总分三个第一。

十三、环境保护

环境质量：环境质量总体状况良好。全年空气质量优良率达到93%；生活污水处理率达70%以上，工业废水排放达标率达95%以上；集中式饮用水源水质达标率达到98.1%；区域环境噪声均值控制在56分贝以下，交通干线噪声均值控制在70分贝以下，噪声达标区覆盖率达到70%；工业固废处置利用率达到89%以上；烟尘控制区覆盖率达标在100%；环境保护投资指数达到2.0%以上；年征收市本级排污费2 639万元。

环境管理与防治：实施了《南昌市高污染燃料禁燃区管理办法》，对27家省属单位下达限期整改，15家市属单位列入市限期治理项目计划；围绕赣江水环境综合整治，制订实施了《赣江（南昌段）水环境综合整治工作方案》，加大了对赣江饮用水源的保护力度，对“八湖两河”沿线企业加强监管、执法，促使工业废水达标排放；针对整治违法排污专项行动，建立了“专项治理行动联席会议制度”，全市出动检查1 855人次，检查企业740家，排查2批共9家。

城市园林绿化：2005年全市新增绿地232.2公顷，新铺草皮104.5万平方米，植树994.5万株，城市绿化覆盖率达到38.2%，人均公共绿地面积达到7.5平方米。

十四、人口　就业

人口和计划生育：据公安户籍统计，全市年末户籍总人口为475.17万人，比上年末净增14.82万人，其中非农业人口219.94万人，比重为46.3%。据2005年全市1%人口抽样调查结果显示，全市常住人口为451.61万人，人口出生率为13.39‰，死亡率为5.36‰，自然增长率为8.03‰。

从业人员：全市年末社会从业人员244.28万人，比上年末增加4.68万人，增长2%。其中第一产业80万人，第二产业63.29万人，第三产业100.99万人。年末在岗职工53.56万人，增长4.3%，其中国有单位在岗职工人数34.91万人，比上年末增加1.01万人。

城镇再就业：就业再就业工作成效显著。全年全市城镇新增就业人员7.54万人，已超额完成年初计划。安置下岗职工失业人员再就业3.33万人，其中“4050”等困难群体0.91万人；各类职业技能培训人数达8.2万人；办理登记失业人数3.41万人，登记失业率为3.4%。发放小额贷款2 578笔，共计9 389万元，带动下岗失业人员就业5 417人。

十五、人民生活　社会保障

居民收入：城乡居民收入水平实现快速增长。城市居民年人均可支配收入突破一万元，达10 301元，比上年增长17.8%；年人均消费性支出7 064元，增长20.5%。农村居民年人均纯收入3 879元，比上年增长13.6%；农村居民年人均生活消费支出2 472元，增长13.6%。城市居民家庭恩格尔系数44.8%，农村居民家庭恩格尔系数50.4%。

住房公积金：2005年，全市归集公积金（未含本年利息）11.88亿元，比上年增长23%。发放住房公积金贷款12.36亿元，增长13%，发放户数8 574户，增长4%。提取住房公积金3.24亿元，增长76%。

社会保险：全市养老保险参保人数达60.35万人，比上年增长2.7%；保险费征缴12.88亿元，增长13.2%。其中企业参保56.94万人，保险费征缴11.86亿元，分别增长2.8%和15.6%。22.57万名离退休人员全部按时足额领取了基本养老金，96.7%的企业退休人员纳入社会化管理。失业保险参保46.5万人，征缴失业保险费1.15亿元，增长9.8%。医疗保险参保51.9万人，比上年增长7.9%。企业工伤保险参保职工57.41万人，增加12万人。

最低生活保障：截止年末，城市（镇）低保对象10.48万人，发放农村定期救济金1 393.7万元，救济人数9.26万人。

社会福利事业：截止年末，全市社会福利机构达101家，机构床位数达5 119张；共完成社区老年福利项目67个；社会孤儿院、SOS村等4家，共收养842名孤儿。

注：

1. 本公报各项统计数据均为年快报数或初步统计数，正式数据以《南昌经济社会统计年鉴——2006》为准。

2. 生产总值、各产业增加值绝对数按现行价格计算，增长速度按可比价计算。

自然、地理、资源

位　置

南昌市位于东经115°27′～116°35′，北纬28°09′～29°11′。地处江西省中部偏北，赣江、抚河下游，东北方滨临我国最大的淡水湖鄱阳湖。

地势、面积

全市以平原为主，东南地势平坦，西北丘陵起伏。全市总面积7 402.36平方公里，其中：平原面积2 649.72平方公里，岗地低丘面积2 548.27平方公里，水域面积2 204.37平方公里。南北长约112.1公里，东西宽为107.6公里。

山脉、河流、湖泊

位于西北部的西山山脉，呈东北向逶迤绵延，山脉中段的梅岭为市区最高点，其主峰洗药峰海拔841.4米。

全市境内江河纵横，湖泊池塘星罗棋布。主要河流有赣江、抚河、锦江和潦河等。湖泊主要有军山湖、青岚湖、金溪湖、瑶湖等，市区有青山湖、贤士湖，市中心错落着东湖、西湖、南湖、北湖等四个人工湖。

气　候

南昌气候湿润温和，属亚热带季风区，雨量充沛，四季分明，春秋季短，冬夏季长。年平均气温17℃－17.7℃，极端最高气温40.9℃，极端最低气温－15.2℃。年降雨量1600－1700毫米，降水日为147－157天，年平均暴雨日5.6天，年平均相对湿度为78.5%。年日照时间1723－1820小时，日照率为40%。年平均风速2.3米/秒。年无霜期251－272天。冬季多偏北风，夏季多偏南风。适合植物、花卉生长，是营造“花园城市”的理想地区。

土地资源

全市土地面积7 402.36平方公里，其中耕地面积21.04万公顷。在耕地面积中，有效灌溉面积18.98万公顷，占90.2%。

水力资源

全市水力资源蕴藏量为7.27万千瓦，可开发的资源2.45万千瓦，占蕴藏量的33.7%。

森林资源

全市林地面积13.2万公顷，森林覆盖率17.1%；活立木蓄积量220万立方米。野生动、植物资源品种繁多。

矿产资源

以非金属建材矿为主，兼有燃料、矿泉水等各类矿产28余种。已发现矿点、矿化点100处，尤其以建筑用砂、砖瓦粘土、饰面石材、石英石、石灰石和矿泉水等具有较好的开发前景。花岗石、砂卵石、砖瓦粘土储量巨大，开采历史悠久。

1-1 行　政　区　划

（2005年）　　　　单位：个

地　　区	街道办事处	居委会	镇	乡	村委会
全　　市	**29**	**487**	**47**	**33**	**1 143**
区	29	385	12	2	219
东湖区	9	105			6
西湖区	10	127	1		13
青云谱区	5	55	1		12
湾里区	2	10	3	1	35
青山湖区	2	78	4	1	75
经济技术开发区			1		19
高新技术开发区			2		48
红谷滩新区	1	10			11
县		102	35	31	924
南昌县		38	9	7	255
新建县		28	10	9	286
进贤县		25	9	12	274
安义县		11	7	3	109

1-2 土　地　面　积

单位：平方公里

地　区	总面积	平　原	岗地低丘	水　域
全　市	**7 402.36**	**2 649.72**	**2 548.27**	**2 204.37**
市　区	617.07	283.72	249.81	83.54
南昌县	1 839.4	1 071.47	20.7	747.23
新建县	2 337.84	847.33	592.51	898
进贤县	1 951.86	156.3	1 364.87	430.69
安义县	656.19	290.9	320.38	44.91

1-3 水　文、气　象

项　目	2004	2005
最高水位（八一桥水面，米）	19.50（5月14日）	21.64（5月26日）
最低水位（八一桥水面，米）	14.54（05年1月23日）	15.03（11月8日）
全年平均水位（八一桥水面，米）	16.35	17.06
全年降雨天数（天）	128	172
全年降雪天数（天）	6	5
全年降水量（毫米）	1 332.8	1 866.6
全年无霜期总天数（天）	281	273
全年日照时数（小时）	1 997.8	1 675.5
全年蒸发量（毫米）	1 558.3	1 227.4
全年平均气温（度）	18.5	18
极端最高气温（度）	38.2（8月1日）	39（7月17日）
极端最低气温（度）	零下5.1（1月8日）	零下6.6（1月1日）
全年相对湿度（%）	75	73
全年平均风速（米/秒）	1.6	1.8

1-4 主要年份国民经济主要指标

项　　目	1978	1980	1985	1990	1995	2000	2003	2004	2005
一、年末总人口（户籍，万人）	**306.82**	**317.23**	**335.31**	**372.59**	**395.16**	**432.55**	**450.77**	**460.79**	**475.17**
二、年末社会从业人数（万人）	**131.13**	**136.03**	**165.46**	**199.00**	**211.79**	**214.96**	**234.69**	**239.60**	**244.28**
#职工人数	53.14	58.51	72.22	82.04	89.04	77.93	69.80	69.80	70.13
三、地区生产总值（亿元）	**14.37**	**16.95**	**32.57**	**63.20**	**245.41**	**465.14**	**705.44**	**851.11**	**1 007.70**
四、农　　业									
农业总产值（亿元）	4.50	5.56	10.77	23.65	58.50	69.44	82.30	106.10	115.76
主要农产品产量									
粮食（万吨）	117.43	120.16	160.11	170.81	153.79	156.12	135.53	188.90	195.16
棉花（万吨）	0.22	0.29	0.16	0.11	0.33	0.33	0.11	0.10	0.07
油料（折油，万吨）	0.43	0.48	0.95	1.31	3.23	2.95	2.10	2.18	2.38
水果（万吨）			0.71	0.94	0.50	0.92	1.04	1.30	1.23
水产品（万吨）	0.83	1.16	2.22	5.52	13.74	22.00	25.80	27.28	28.40
肉类总产量（万吨）			5.34	9.07	16.52	20.80	22.94	23.04	24.20
猪年末存栏（万头）	78.45	77.43	99.80	121.32	162.10	166.13	175.44	177.08	170.53
当年出栏肉猪（万头）			68.44	140.98	188.17	208.18	223.24	227.50	238.29
五、工　　业									
规模以上工业增加值(亿元)						88.77	135.62	172.06	231.19
轻工业						49.03	72.95	93.01	132.26
重工业						39.74	62.67	79.05	98.92
主要工业产品产量									
纱（万吨）			2.18	2.33	2.42	2.61	2.15	3.45	2.98
布（万米）	7 976	12 294	9 174	9 923	13 565	13 285	7 879	9 689	10 920

注：1993—2004年地区生产总值为首次经济普查后的修正数据（下同）。

1-4 续表1

项　　目	1978	1980	1985	1990	1995	2000	2003	2004	2005
机制纸及纸板（万吨）	2.85	4.35	5.90	6.03	8.30	8.16	3.87	2.44	20.08
发电量（亿千瓦/小时）	7.54	7.91	7.88	15.46	17.69	31.13	40.89	40.62	37.78
烧碱（万吨）	0.18	0.45	1.13	1.51	2.09	1.56	1.88	2.14	2.95
水泥（万吨）	6.65	8.64	13.77	20.85	35.31	33.00	83.00	248.70	288.34
效益指标									
年末固定资产原值(亿元)	13.71	15.32	23.15	42.81	119.09	218.93	262.31	297.43	381.14
年末固定资产净值(亿元)	8.63	9.42	14.16	27.47	86.78	152.21	168.70	195.01	305.84
流动资产全年平均余额(亿元)	7.06	7.10	10.43	39.46	89.72	188.55	247.86	277.36	349.98
利润和税金总额(亿元)	2.07	3.25	6.14	6.12	9.73	32.93	57.64	68.46	82.53
六、邮电、运输									
货物运输量（万吨）			606	2 820	3 074	3 171	3 926	4 195	4 552
#民　　航			0.07	0.07	0.74	0.95	1.45	1.75	1.57
铁　　路			235	221	201	224	353	365	392
公　　路	261	257	262	2 298	2 541	2 784	3 398	3 624	3 890
水　　运	150	77	109	301	331	163	174	205	269
旅客运输量（万人）			1 733	3 297	3 101	3 983	4 523	4 946	5187
#民　　航			4	8	75	78	89	123	136
铁　　路			680	517	625	906	1 084	1 274	1 346
公　　路	352	634	955	2 720	2 357	2 978	3 318	3 522	3 687
水　　运	87	96	94	52	44	20	32	27	18
邮电业务总量（万元）	469	596	3 262	8 252	42 100	218 524	244 859	284 030	334 822
七、固定资产投资									
全社会固定资产投资(万元)	12 209	21 075	46 575	103 225	542 553	798 684	2 350 044	3 618 162	5 255 946

1－4 续表2

项　　目	1978	1980	1985	1990	1995	2000	2003	2004	2005
八、贸　　易									
社会消费品零售总额(亿元)	5.26	7.49	15.29	29.84	83.35	163.46	227.71	265.85	307.49
实际利用外资额（万美元）			155	1 129	12 537	3 288	58 350	73 032	90 865
九、财　　政									
财政总收入（亿元）	2.55	3.42	5.57	10.19	22.04	44.59	76.47	102.06	126.10
地方财政一般预算收入(亿元)					10.14	18.3	31.4	42.19	58.28
财政支出（亿元）	0.90	1.14	2.44	5.51	10.21	23.79	39.59	52.19	75.79
十、物价指数(以上年价格为100)									
商品零售价格指数	99.7	107.4	110.5	101.8	114.4	97.8	99.7	101.3	100.0
居民消费价格指数	99.7	106.6	111.0	103.3	116.2	102.6	100.5	103.2	101.0
十一、教育、文化、卫生									
高等学校在校学生数（人）	11 989	18 359	25 809	30 939	45 934	78 252	184 418	289 862	394 717
中等专业学校在校学生数（人）	7 841	11 970	13 724	20 437	45 453	80 622	104 669	90 458	141 355
普通中学在校学生数（万人）	18.90	17.17	18.44	20.97	20.15	26.15	31.52	28.00	25.22
小学在校学生数（万人）	42.25	47.12	49.30	37.86	39.10	40.94	37.18	41.47	43.26
图书馆藏书量（万册）	208	228	314	338	366	332	344	350	365
卫生机构数(不含个体)(个)	918	923	818	832	790	706	679	559	562
卫生技术人员数（人）	13 470	14 830	19 267	21 658	22 259	22 477	21 980	21 344	21 921
#医　　生	5 582	6 304	8 048	9 473	9 701	9 527	8 965	8 668	8 862
医疗卫生机构病床数(张)	13 149	14 005	15 000	16 205	16 345	15 130	15 685	15 216	15 644
十二、人民生活									
全部职工平均工资（元）	577	732	1 038	1 798	4 931	6 954	10 502	12 078	14 290
城市居民人均可支配收入（元）		339	639	1 349	3 591	5 734	7 793	8 744	10 301
农民人均纯收入（元）	121	184	412	721	1 626	2 390	2 808	3 414	3 879
城乡居民储蓄存款余额（亿元）	0.89	2.02	7.06	32.15	138.25	276.89	482.80	558.41	643.75

注：1990—2004年社会消费品零售总额为首次经济普查后的修正数据（下同）。

1-5 国民经济主要指标发展速度

项目	2005年为下列各年%					平均每年增长%		
	1978	1980	1985	1990	2004	1979—2005	1986—2005	1991—2005
一、年末总人口	154.8	149.8	141.7	127.6	103.1	1.6	1.8	1.6
二、年末社会从业人数	185.8	179.6	147.8	122.9	102.0	2.3	2.0	1.4
#职　工	129.5	117.7	95.4	84.0	100.5	1.0	-0.2	-1.2
三、地区生产总值	2 291.3	1 880.9	1 060.4	707.5	116.8	12.3	12.5	13.9
第一产业	463.9	461.2	295.3	185.5	105.0	5.8	5.6	4.2
第二产业	2 755.1	2 337.6	1 148.9	1 033.7	121.2	13.1	13.0	16.8
第三产业	4 103.7	2 746.1	1 630.2	722.0	113.4	14.7	15.0	14.1
四、农业总产值	501.2	480.3	295.2	235.1	105.0	6.2	5.6	5.9
五、运输、邮电								
货物运输量			750.9	161.3	108.4		10.6	3.2
旅客运输量			299.2	157.5	104.9		5.6	3.1
邮电业务总量	255 163.9	184 835.8	33 747.3	6 339.1	117.9	33.7	33.8	31.9
六、全社会固定资产投资	42 158.4	24 422.9	11 051.2	4 986.3	145.3	25.1	26.5	29.8
七、贸　易								
社会消费品零售总额	5 225.8	3 669.8	1 798.0	1 042.7	115.7	15.8	15.5	16.9
实际利用外资			58 611.6	8 045.7	124.4		37.5	34.0
八、财　政								
财政总收入	4 847.7	3 614.6	2 219.6	1 212.9	123.6	15.5	16.8	18.1
财政支出	8 522.9	6 728.7	3 143.3	1 391.9	145.1	17.9	18.8	19.2
九、教育、文化、卫生								
高等学校在校学生数	3 291.7	2 150.1	1 529.4	1 275.4	136.2	13.8	14.6	18.5
中等专业学校在校学生数	1 824.2	1 195.1	1 025.0	699.8	156.3	11.4	12.3	13.8
普通中学在校学生数	134.0	147.4	137.2	120.6	90.1	1.1	1.6	1.3
小学在校学生数	102.3	91.7	87.8	114.2	104.3	0.1	-0.6	0.9
图书馆藏书量	175.2	160.0	116.2	108.0	104.3	2.1	0.8	0.5
卫生机构数（不含个体）	61.2	60.9	68.6	67.3	100.5	-1.8	-1.9	-2.6
卫生技术人员	162.6	147.8	113.8	101.2	102.7	1.8	0.6	0.1
#医　生	158.8	140.3	110.0	93.5	102.2	1.7	0.5	-0.4
病床数	118.9	111.4	107.3	96.4	102.8	0.6	0.4	-0.2
十、人民生活								
全部职工平均工资	2 478.0	1 953.5	1 377.4	795.4	118.3	12.6	14.0	14.8
农民人均纯收入	3 205.3	2 108.0	941.4	538.0	113.6	13.7	11.9	11.9

1-6 主要年份国民经济主要比例关系

单位:%

项　　　　目	1978	1980	1985	1990	1995	2000	2003	2004	2005
地区生产总值三次产业比例	**100.0**	**100.0**	**100.0**	**100.0**	**100.0**	**100.0**	**100.0**	**100.0**	**100.0**
第一产业	29.3	26.8	24.2	21.9	16.2	10.9	8.6	8.1	7.2
第二产业	49.2	48.4	52.6	39.7	45.5	45.8	48.4	50.4	52.8
第三产业	21.5	24.8	23.2	38.4	38.3	43.3	43.0	41.5	40.0
农业中农、林、牧、渔比例	**100.0**	**100.0**	**100.0**	**100.0**	**100.0**	**100.0**	**100.0**	**100.0**	**100.0**
农　　业	85.4	84.1	65.2	55.6	51.2	41.9	35.4	41.1	40.0
林　　业	0.9	0.9	1.5	1.1	1.7	1.5	1.4	1.1	1.2
牧　　业	11.8	12.6	22.4	31.2	35.2	35.2	37.3	33.6	33.0
渔　　业	1.4	1.3	4.6	6.4	11.9	21.4	23.8	22.4	23.6
农林牧渔业							2.1	1.8	2.2
规模以上工业中轻重工业增加值比例						**100.0**	**100.0**	**100.0**	**100.0**
轻 工 业						55.2	53.8	54.1	57.2
重 工 业						44.8	46.2	45.9	42.8
财政收入占地区生产总值的比例	**17.7**	**20.2**	**17.1**	**16.1**	**9.0**	**9.6**	**10.8**	**12.0**	**12.5**
科教文卫事业费占财政支出的比例	**29.9**	**31.2**	**29.1**	**24.6**	**29.6**	**22.8**	**22.2**	**20.0**	**17.2**

1－7　主要年份主要指标每人年平均水平

项　　　目	1978	1980	1985	1990	1995	2000	2003	2004	2005
一、地区生产总值（元）	474	538	977	1 718	6 074	10 774	15 898	19 042	22 390
二、农业总产值（元）	148.28	176.45	294.98	647.99	1 492.35	1 608.54	1 854.67	2 327.82	2 473.65
三、规模以上工业增加值（元）						2 056.24	3 056.33	3 849.50	5 136.70
四、财政总收入（元）	83.99	108.68	166.93	277.10	562.27	1 032.88	1 723.29	2 283.43	2 801.79
五、主要农产品产量									
粮食（千克）	386.96	381.91	481.14	464.44	392.35	361.62	305.42	422.63	433.62
棉花（千克）	0.73	0.91	0.47	0.30	0.84	0.76	0.25	0.22	0.16
油料（折油）（千克）	1.41	1.53	2.84	3.57	8.24	6.83	4.67	4.99	5.29
水果（千克）			2.13	2.54	1.28	2.12	2.34	2.91	2.73
水产品（千克）	2.74	3.68	6.65	15.00	35.05	50.96	58.14	61.03	63.10
肉类总产量（千克）			16.03	24.67	42.15	48.18	51.70	51.55	53.77
六、主要工业产品产量									
纱（千克）			6.54	6.33	6.17	6.04	4.85	7.72	6.62
布（米）	26.28	29.07	27.52	26.98	34.61	30.77	17.76	21.68	24.26
发电量（千瓦小时）	248.42	251.39	236.26	417.08	451.35	721.06	921.48	908.81	839.42
钢材（千克）	25.53	65.69	76.17	60.63	106.87	187.27	468.35	426.88	584.45
烧碱（千克）			3.39	4.08	5.33	3.61	4.24	4.79	6.56
水泥（千克）			41.29	54.46	90.08	76.44	187.04	556.43	640.66
七、人民生活									
职工平均工资（元）	577	732	1 038	1 798	4 931	6 954	10 502	12 078	14 290
城市居民人均可支配收入(元)		339	639	1 349	3 591	5 734	7 793	8 744	10 301
农民人均纯收入(元)	121	184	412	721	1 626	2 390	2 808	3 414	3 879
城乡居民储蓄存款余额(元)	29	64	210	863	3 404	6 382	10 880	12 450	14 254

1－8　主要年份平均每天主要社会经济活动

项　　目	1978	1980	1985	1990	1995	2000	2003	2004	2005
一、地区生产总值（万元）	394	464	892	1 731	6 723	12 744	19 327	23 318	27 608
二、农业总产值（万元）	123	152	385	648	1 603	1 903	2 255	2 907	3 172
三、规模以上工业增加值（万元）						2 432	3 716	4 714	6 334
四、财政总收入（万元）	70	94	153	279	604	1 222	2 095	2 796	3 455
五、主要工业产品产量									
纱（吨）			59.7	63.8	66.3	71.5	58.9	94.5	81.6
布（万米）	21.9	33.7	25.1	27.4	37.2	36.4	21.6	26.5	29.9
发电量（万千瓦小时）	207.0	217.0	216.0	424.0	485.0	852.9	1 120.3	1 112.9	1 035.1
烧碱（吨）	4.9	12.3	31.0	41.4	57.3	42.7	51.5	58.6	80.8
水泥（吨）	182.2	236.7	377.3	571.2	967.4	904.1	2 274.0	6 813.7	7 899.7
六、社会消费品零售总额(万元)	144	205	418	720	2 284	4 478	6 239	7 284	8 424
七、其他经济活动									
货物运输量（万吨）			1.66	7.73	8.42	8.69	10.76	11.49	12.47
旅客运输量（万人次）			4.75	9.03	8.50	10.91	12.39	13.55	14.21
全社会固定资产投资总额(万元)	33.4	57.7	127.6	282.8	1 486.4	2 188.2	6 438.5	9 913.0	14 400.0
函件（万件）	3.65	4.77	14.26	13.10	15.46	8.26	9.53	11.08	10.21

1-9 国民经济主要指标占全省比重

（2005年）

项　　目	江　　西	南　　昌	南昌所占比重（%）
一、土地面积（平方公里）	166 894.34	7 402.36	4.4
二、年末总人口（抽样调查数，万人）	4 311.24	451.61	10.5
三、年末在岗职工人数（万人）	264.76	53.56	20.2
四、地区生产总值（亿元）	4 056.76	1 007.70	24.8
五、农业总产值（亿元）	1 143.00	115.76	10.1
六、规模以上工业增加值（亿元）	882.30	231.19	26.2
七、主要工业产品产量			
发电量（亿千瓦小时）	349.27	37.78	10.8
成品钢材（万吨）	1 017.82	263.04	25.8
化肥（折纯量，万吨）	47.61	5.54	11.6
汽车（万辆）	20.71	8.93	43.1
水泥（万吨）	3 477.01	288.34	8.3
布（万米）	28 057	10 920	38.9
八、主要农产品产量			
粮食（万吨）	1 853.86	195.16	10.5
棉花（万吨）	8.72	0.07	0.8
油料（折油，万吨）	26.22	2.38	9.1
水产品（万吨）	168.66	28.40	16.8
肉类总产量（万吨）	244.81	24.20	9.9
九、全社会固定资产投资（亿元）	2 292.55	525.59	22.9
十、社会消费品零售总额（亿元）	1 236.17	307.49	24.9
十一、接待海外旅游者人数（万人次）	37.25	6.52	17.5
十二、旅游收汇（万美元）	10 395.00	1 807.00	17.4
十三、财政总收入（亿元）	425.90	126.10	29.6
十四、金融机构现金收入（亿元）	11 477.63	3 538.51	30.8
十五、普通高等学校在校学生（万人）	64.61	39.47	61.1
中等专业学校在校学生（万人）	26.14	14.14	54.1
普通中学在校学生（万人）	286.15	25.22	8.8
职业高中在校学生（万人）	26.69	1.52	5.7
小学在校学生（万人）	384.16	43.26	11.3
十六、卫生技术人员（万人）	11.60	2.19	18.9
#医生（人）	46 093	8 862	19.2
十七、卫生机构病床数（万张）	8.51	1.56	18.3
#医院病床数	7.93	1.33	16.8
十八、在岗职工工资总额（亿元）	358.31	94.99	26.5

1-10 主要年份地区生产总值

单位：万元

年　　份	地区生产总值	第一产业	第二产业	第三产业	人均地区生产总值（元）
1949	14 278	8 803	1 152	4 322	107
1952	21 667	13 045	2 943	5 679	154
1957	37 287	18 053	10 601	8 633	223
1962	42 877	12 109	15 716	15 052	222
1965	65 435	21 413	28 837	15 185	315
1970	93 305	22 785	51 086	19 434	389
1975	107 291	34 267	47 251	25 773	382
1978	143 727	42 065	70 744	30 918	474
1979	158 303	42 494	74 784	41 025	511
1980	169 513	45 361	82 026	42 126	538
1981	189 093	53 874	91 014	44 205	593
1982	204 423	61 052	97 054	46 317	632
1983	212 229	62 386	100 002	49 841	649
1984	257 925	79 281	116 105	62 539	781
1985	325 718	78 735	171 408	75 575	977
1986	369 492	82 109	185 935	101 448	1 093
1987	435 864	90 367	193 554	151 943	1 266
1988	518 161	96 081	231 734	190 346	1 474
1989	591 567	120 079	252 286	219 202	1 647
1990	632 034	138 479	250 705	242 850	1 719
1991	728 886	143 295	285 370	300 221	1 949
1992	946 665	178 041	395 972	372 652	2 510
1993	1 293 955	225 343	584 546	484 066	3 279
1994	1 818 436	334 901	801 503	682 032	4 550
1995	2 454 072	398 415	1 115 241	940 416	6 074
1996	3 105 911	496 539	1 394 535	1 214 837	7 610
1997	3 752 067	536 822	1 702 856	1 512 389	9 100
1998	3 992 606	440 170	1 853 634	1 698 802	9 584
1999	4 237 630	500 233	1 940 558	1 796 839	10 074
2000	4 651 411	506 973	2 128 661	2 015 777	10 774
2001	5 245 868	535 141	2 406 607	2 304 120	12 033
2002	6 019 950	571 461	2 831 427	2 617 062	13 680
2003	7 054 437	604 223	3 415 536	3 034 678	15 898
2004	8 511 066	687 834	4 293 532	3 529 700	19 042
2005	10 077 025	725 990	5 321 257	4 029 778	22 390

1-11 1978—2005年地区生产总值指数

（按可比价计算） 单位：%

年份	地区生产总值（以1978年为100）	第一产业	第二产业	第三产业	地区生产总值（以上年为100）	第一产业	第二产业	第三产业
1978	100.0	100.0	100.0	100.0	114.2	101.3	116.4	128.3
1979	115.5	101.0	105.7	148.4	115.5	101.0	105.7	148.4
1980	121.8	100.6	117.9	149.5	105.5	99.6	111.5	100.7
1981	130.3	107.0	135.9	141.1	107.0	106.4	115.3	94.4
1982	142.1	122.5	140.8	162.2	109.1	114.5	103.6	114.9
1983	154.7	123.0	162.4	174.5	108.8	110.4	115.3	107.6
1984	185.7	133.8	196.3	222.4	120.0	108.7	120.9	127.5
1985	216.1	142.9	234.0	251.8	116.4	106.8	122.2	113.2
1986	241.4	149.5	254.6	326.6	111.7	104.7	106.1	129.7
1987	256.8	168.7	234.1	416.7	106.4	112.8	91.9	127.6
1988	288.7	169.6	265.0	493.7	112.4	100.5	113.2	118.5
1989	306.8	197.3	268.5	529.1	106.2	116.3	101.3	107.2
1990	324.0	227.5	266.9	568.5	105.6	115.3	99.4	107.4
1991	366.7	236.6	315.8	765.0	113.2	104.0	118.3	114.0
1992	425.8	244.4	380.4	913.5	116.1	103.3	120.5	119.4
1993	497.3	255.9	471.6	1 052.9	116.8	104.7	123.9	115.3
1994	588.3	276.5	588.8	1 213.9	118.3	108.1	124.9	115.3
1995	683.0	287.6	700.1	1 433.7	116.1	104.0	118.9	118.1
1996	788.2	316.1	800.9	1 707.5	115.4	109.9	114.4	119.1
1997	891.5	337.6	902.6	1 982.4	113.1	106.8	112.7	116.1
1998	961.0	291.7	1 010.0	2 184.6	107.8	86.4	111.9	110.2
1999	1 046.5	321.5	1 095.9	2 385.6	108.9	110.2	108.5	109.2
2000	1 142.8	331.1	1 196.7	2 645.6	109.2	103.0	109.2	110.9
2001	1 281.1	344.7	1 351.1	2 981.6	112.1	104.1	112.9	112.7
2002	1 457.9	359.5	1 588.9	3 324.5	113.8	104.3	117.6	111.5
2003	1 683.9	412.9	1 889.2	3 773.3	115.5	104.4	118.9	113.5
2004	1 961.7	442.2	2 276.5	4 286.5	116.5	107.1	120.5	113.6
2005	2 291.3	464.3	2 759.1	4 860.9	116.8	105.0	121.2	113.4

1－12　1978—2005年地区生产总值构成

（以地区生产总值为100）　　单位：%

年　份	第一产业	第二产业	工　业	建筑业	第三产业	交通运输邮电业	批发零售餐饮业	金融保险业
1978	29.3	49.2			21.5			
1979	26.8	47.2			26.0			
1980	26.8	48.4			24.8			
1981	28.5	48.1			23.4			
1982	29.9	47.5			22.6			
1983	29.4	47.1			23.5			
1984	30.7	45.0			24.3			
1985	24.2	52.6			23.2			
1986	22.2	50.3			27.5			
1987	20.7	44.4			34.9			
1988	18.5	44.7			36.8			
1989	20.3	42.6	40.7	1.9	37.1	6.6	11.7	10.5
1990	21.9	39.7	37.7	2.0	38.4	5.0	10.8	10.7
1991	19.7	39.2	38.9	0.3	41.1	4.0	10.6	10.4
1992	18.8	41.8	40.9	0.9	39.4	3.5	10.3	10.3
1993	17.4	45.2	41.0	4.2	37.4	5.0	7.9	5.3
1994	18.4	44.1	39.8	4.3	37.5	5.0	10.3	5.1
1995	16.2	45.4	39.0	6.4	38.4	5.4	11.9	5.1
1996	16.0	44.9	37.0	7.9	39.1	5.8	11.3	5.0
1997	14.3	45.4	34.8	10.6	40.3	6.1	11.5	4.9
1998	11.0	46.4	35.7	10.7	42.6	6.6	11.9	5.0
1999	11.8	45.8	35.1	10.7	42.4	6.7	11.7	4.8
2000	10.9	45.8	34.9	10.9	43.3	7.1	12.0	4.6
2001	10.2	45.9	35.0	10.9	43.9	7.5	11.5	4.3
2002	9.5	47.0	35.2	11.8	43.5	7.5	10.7	4.3
2003	8.6	48.4	35.9	12.5	43.0	7.8	9.7	4.0
2004	8.1	50.4	36.3	14.1	41.5	7.9	9.4	4.6
2005	7.2	52.8	37.2	15.6	40.0	5.5	9.2	4.5

1-13 地区生产总值增长

单位：万元

项目	2004	2005	2005年比上年增长%
地区生产总值	**8 511 066**	**10 077 025**	**16.8**
第一产业	687 834	725 990	5.0
第二产业	4 293 532	5 321 257	21.2
工　　业	3 091 200	3 749 261	17.3
建 筑 业	1 202 332	1 571 996	31.8
第三产业	3 529 700	4 029 778	13.4

注：绝对数为当年价，增长速度按可比价计算。

1-14 地区生产总值及其使用

单位：万元

项目	2005	项目	2005
一、总产出	26 637 443	一、总支出	26 637 443
		二、中间使用支出	16 560 418
二、中间投入	16 560 418	三、地区生产总值	10 077 025
		最终消费	5 561 951
三、地区生产总值	10 077 025	居民消费	4 752 892
		政府消费	809 059
1. 固定资产折旧	1 596 718	资本形成总额	4 607 412
2. 劳动者报酬	3 930 483	固定资本形成总额	3 312 437
3. 生产税净额	1 544 400	存货增加	1 294 975
4. 营业盈余	3 005 424	货物和服务净出口	-92 338

主要统计指标解释

地区生产总值 即GDP，是一个国家（地区）所有常住单位在一定时间内按市场价格计算的生产活动的最终成果。国内生产总值有三种表现形态，即价值形态、收入形态和产品形态。从价值形态看，它是所有常住单位在一定时间内所生产的全部货物和服务价值超过同期投入的全部非固定资产货物和服务的差额，即所有常住单位的增加值之和；从收入形态看，它是所有常住单位在一定时间内所创造并分配给常住单位和非常住单位的初次分配收入之和；从产品形态看，它是最终使用的货物和服务减去进口货物和服务。在实际核算中，生产总值的三种表现形态为三种计算方法，即生产法、收入法和支出法。三种方法分别从不同的方面反映生产总值及其构成。这项指标名称全国为国内生产总值，各省、市、县都称地区生产总值。

增加值 指各部门（单位）在一定时期内从事经济、科技、社会活动获得最终成果的货币表现。反映生产单位和部门对国内生产总值的贡献。增加值包括固定资产折旧、劳动者报酬、生产税净额、营业盈余。

三次产业 根据社会生产活动历史发展的顺序对产业结构的划分，产品直接取自自然界的部门称为第一产业，对初级产品进行再加工的部门称为第二产业，为生产和消费提供各种服务的部门称为第三产业。它是世界上通用的产业结构分类，但各国的划分不尽一致。我国的三次产业划分是：

第一产业：农业（包括种植业、林业、牧业、渔业等）。

第二产业：工业（包括采掘工业、制造业、自来水、电力、蒸汽、热水、煤气）和建筑业。

第三产业：除第一、第二产业以外的其他各业。由于第三产业包括的行业多、范围广，根据我国的实际情况，第三产业可分为两大部门：一是流通部门，二是服务部门。具体又可分为四个层次。

第一层次：流通部门，包括交通运输业、邮电通讯业、商业饮食业、物资供销和仓储业。

第二层次：为生活服务的部门，包括金融、保险业、房地产业、公用事业、居民服务、旅游业、咨询信息和各类技术服务业等。

第三层次：为提高科学文化和居民素质服务的部门，包括教育、文化、广播电视事业、科研、卫生、体育和社会福利。

第四层次：为社会公共需要服务的部门，包括国家机关、政党、社团以及军队、警察等。

总消费 是常住单位在一定时期内对于物质产品和服务的最终消费支出的合计。总消费分为居民消费和社会消费。

(1) 居民消费 是常住居民在核算期内为个人最终消费需求而购买的物质产品和服务的全部支出。一是居民以货币直接购买的用于生活消费的各种物质产品。包括各种耐用消费品和非耐用消费品支出，不包括居民购买的房屋和用于生产目的的支出；二是居民直接购买的用于生活消费的各种支出，包括交通费、房租、洗理、日用品修理、医疗保健、教育、文化、家庭保姆等支出；三是居民以实物工资获得的各种生活消费，包括居民得到的免费和低于市场价格获得的各种物质产品和服务；四是居民自产自用的计入核算期社会产品中的物质产品、自有住房的虚拟房租消费等。

(2) 社会消费 包括政府消费和集体消费两部分。政府消费，是财政支出中用于最终消费的部分，即政府部门总产出减去其销售收入后的余额；集体消费，是各种生产单位和团体支付与本身生产活动无关的仅供集体最终消费的物质产品和服务的支出。

总投资 是常住单位在核算期内对固定资产和库存的投资支出合计，分为固定资产形成和库存增加。

(1) 固定资产形成 是常住单位在核算期内建造和购置的固定资产的全部投资。包括各类房屋、建筑物、机器设备、役畜种畜、多年经济林木和在建工程等，不包括居民拥有的耐用消费品和作为纯军事目的而使用的耐用品。具体固定资产形成包括四个部分，一是由基本建设投资所形成的固定资产价值；二是由更新改造投资增加的固定资产价值；三是通过大修理增加的固定资产价值；四是由其他资金支出形成的固定资产价值。

(2) 库存增加　常住单位在核算期内库存实物量变动的市场价值。期初与期末差额为正值表示库存增加，负值表示库存减少。具体包括生产单位从其他单位购买的原材料、燃料和各种储备物资等。二是生产单位生产的各种产成品、在制品、半成品等。

当年价格　指报告期的实际价格，如工厂的出厂价格，农产品的收购价格，商业的零售价格等。按当年价格计算，是指一些以货币表现的物量指标如工农业总产值、国内生产总值等，按照当年的实际价格来计算总量。使用当年价格计算的数字，是为了使国民经济各项指标相互衔接，便于考察当年经济效益，便于对生产和流通、生产和分配、生产和消费进行经济核算的综合平衡。

按当年价格计算的价值指标，在不同年份之间进行对比时，因为包含有各年间价格变动因素，不能确切反映实物量的增减变动。必须消除价格变动因素后，才能真实反映经济发展动态。因此，在计算增长速度时都使用按可比价格计算的数字。

可比价格　指在不同时期的价值指标对比时，扣除了价格变动的因素，以确切表示物量的变化。按可比价格计算有两种方法：一种是直接按产品产量乘其不变价格计算；一种是用物价指数换算。

不变价格　指用同类产品的年平均价格作为固定价格，来计算各年产品价值。按不变价格计算的产品价值除了价格变动因素，不同时期对比可以反映生产的发展速度。新中国成立后，随着工农业产品价格水平的变化，国家统计局先后五次制定了全国统一的工业产品不变价格和农业产品不变价格。从 1949 年到 1957 年使用 1952 年工（农）业产品不变价格，从 1957 年到 1971 年使用 1957 年不变价格，从 1971 年到 1981 年使用 1970 年不变价格，从 1981 年到 1990 年使用 1980 年不变价格，从 1990 年开始使用 1990 年不变价格。

平均每年增长速度　在我国计算平均增长速度有两种方法，一种是习惯上经常使用的“水平法”又称几何平均法，是以间隔期最后一年的水平同基期水平对比来计算平均每年增长（或下降）速度。

另一种是“累计法”，又称代数平均法或方程法，是以间隔期内各年水平的总和同基期水平对比来计算平均每年增长（或下降）速度。

在一般情况下，两种方法计算的平均每年增长速度比较接近，但在经济发展不平衡，出现大起大落时，两种方法计算的结果差别较大。

本《年鉴》内所列的从某年到某年平均增长速度的年份，均不包括基期年在内。如改革开放以来 20 年的平均增长速度是以 1978 年为基期计算的，则写为 1979－1998 年平均增长速度，其余类推。

大中城市划分　是根据管理工作的需要，按市区（不包括市辖县）的非农业人口总数多少对城市规模进行划分。目前我国统计工作中将城市分以下几组：

(1) 100 万人口以上为特大城市；

(2) 50—100 万人口为大城市；

(3) 20—50 万人口为中等城市；

(4) 20 万人口以下为小城市。

上述分组，随着我国的政治经济和改革的深入发展，将会调整。

国民经济行业分类　在统计工作中为取得分行业的数据资料并统一分类和编码，正确反映国民经济各行业的结构和发展状况，便于研究国民经济的各项比例关系，而制定的国民经济行业划分标准。按现行统计制度规定，我国行业划分为 20 大类，排列顺序如下：

(1) 农、林、牧、渔业 (2) 采矿业 (3) 制造业 (4) 电力、燃气及水的生产和供应业 (5) 建筑业 (6) 交通运输、仓储和邮政业 (7) 信息传输、计算机服务和软件业 (8) 批发和零售业 (9) 住宿和餐饮业 (10) 金融业 (11) 房地产业 (12) 租赁和商务服务业 (13) 科学研究、技术服务和地质勘查业 (14) 水利、环境和公共设施管理业 (15) 居民服务和其他服务业 (16) 教育 (17) 卫生、社会保障和社会福利业 (18) 文化、体育和娱乐业 (19) 公共管理和社会组织 (20) 国际组织。

二、人口·劳动力

POPULATION AND LABOUR FORCE

本篇内容包括:

资料整理
姜同文
刘　斌
彭艳红

微机处理
姜同文
刘　斌
彭艳红

年 末 总 人 口

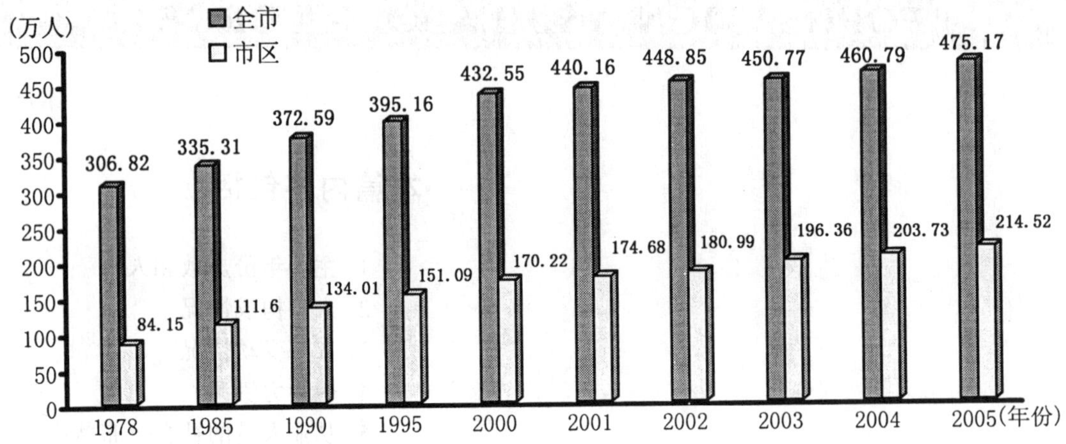

人 口 自 然 增 长 率

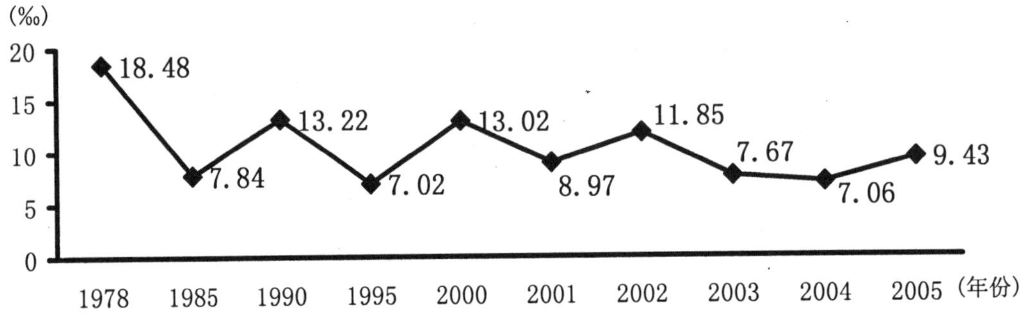

社 会 从 业 人 员

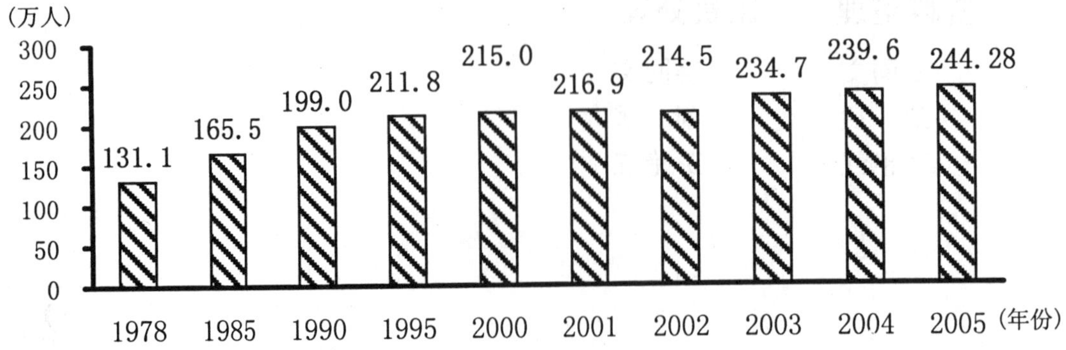

2-1 主要年份户数和人口数

单位：万人

年份	总户数（万户）	总人口	市区	按性别分 男	女
1949	32.34	136.47	26.52	71.74	64.73
1952	34.05	143.17	33.09	74.53	68.64
1957	39.22	169.78	50.79	88.87	80.91
1962	43.16	193.77	64.77	102.59	91.18
1965	43.84	210.68	73.34	110.42	100.26
1970	50.23	243.88	67.18	127.22	116.66
1975	55.87	285.00	77.05	148.19	136.81
1978	57.32	306.82	84.15	159.69	147.13
1980	64.41	317.23	100.87	165.43	151.80
1985	71.14	335.31	111.56	174.34	160.97
1986	73.13	340.94	119.24	177.49	163.45
1987	76.21	347.76	125.87	180.93	166.83
1988	78.93	355.28	128.77	184.88	170.40
1989	82.03	362.97	130.70	188.52	174.45
1990	86.70	372.59	134.01	193.70	178.89
1991	88.34	375.42	137.12	195.33	180.09
1992	90.06	378.88	139.51	197.15	181.73
1993	91.73	382.76	142.22	199.21	183.55
1994	93.42	388.77	146.54	202.91	185.86
1995	96.25	395.16	151.09	206.43	188.73
1996	98.54	401.72	154.48	209.50	192.22
1997	100.72	407.89	157.01	212.12	195.77
1998	101.53	415.84	162.10	216.19	199.65
1999	105.50	424.23	166.31	220.92	203.31
2000	111.85	432.55	170.22	225.42	207.13
2001	114.35	440.16	174.68	231.46	208.70
2002	119.26	448.85	180.99	235.45	213.40
2003	123.57	450.77	196.37	236.77	214.00
2004	125.65	460.79	203.73	241.91	218.88
2005	127.62	475.17	214.52	250.57	224.60

2-2 主要年份农业、非农业和城镇、乡村人口数

单位：万人

年份	按农业、非农业人口分 农业人口	非农业人口	按城镇、乡村分 城镇人口	乡村人口
1949	101.37	35.10	37.30	99.17
1952	108.03	35.14	37.50	105.67
1957	115.17	54.61	56.07	113.71
1962	126.18	67.59	72.19	121.58
1965	137.32	73.36	81.23	129.45
1970	174.75	69.13	77.73	166.15
1975	200.09	84.91	92.13	192.87
1978	215.06	91.76	110.40	196.42
1980	216.49	100.74	116.99	200.24
1985	215.88	119.43	135.82	199.49
1986	219.34	121.60	145.81	195.13
1987	221.49	126.27	155.89	191.87
1988	225.78	129.50	157.61	197.67
1989	229.21	133.76	159.77	203.20
1990	235.79	136.80	167.14	205.45
1991	235.43	139.99	175.36	200.06
1992	237.37	141.51	180.78	198.10
1993	238.81	143.95	187.03	195.73
1994	240.08	148.69	218.42	170.35
1995	241.87	153.29	221.92	173.24
1996	244.45	157.27	264.60	137.12
1997	246.31	161.58	286.48	121.41
1998	250.86	164.98	299.44	116.40
1999	255.07	169.16	307.18	117.05
2000	256.66	175.89	311.60	120.95
2001	257.71	182.45	322.98	117.18
2002	260.93	187.92	335.40	113.45
2003	255.31	195.46	348.84	101.93
2004	255.88	204.91	365.11	95.68
2005	255.23	219.94	378.73	96.44

2-3 主要年份人口构成

（以年末总人口为100） 单位：%

年份	男	女	农业人口	非农业人口	城镇人口	乡村人口
1949	52.6	47.4	74.3	25.7	27.3	72.7
1952	52.1	47.9	75.5	24.5	26.7	73.3
1957	52.3	47.7	67.8	32.2	33.0	67.0
1962	52.9	47.1	65.1	34.9	37.3	62.7
1965	52.4	47.6	65.2	34.8	38.6	61.4
1970	52.2	47.8	71.7	28.3	31.9	68.1
1975	52.0	48.0	70.2	29.8	32.3	67.7
1978	52.0	48.0	70.1	29.9	36.0	64.0
1980	52.1	47.9	68.2	31.8	36.9	63.1
1985	52.0	48.0	64.4	35.6	40.5	59.5
1986	52.1	47.9	64.3	35.7	42.8	57.2
1987	52.0	48.0	63.7	36.3	44.8	55.2
1988	52.0	48.0	63.5	36.5	44.4	55.6
1989	51.9	48.1	63.1	36.9	44.0	56.0
1990	52.0	48.0	63.3	36.7	44.9	55.1
1991	52.0	48.0	62.7	37.3	46.7	53.3
1992	52.0	48.0	62.7	37.3	47.7	53.3
1993	52.0	48.0	62.4	37.6	48.9	51.1
1994	52.2	47.8	61.7	38.3	56.2	43.8
1995	52.2	47.8	61.8	38.2	56.2	43.8
1996	52.2	47.8	60.9	39.1	65.9	34.1
1997	52.0	48.0	60.4	39.6	70.2	29.8
1998	52.0	48.0	60.3	39.7	72.0	28.0
1999	52.1	47.9	60.1	39.9	72.4	27.6
2000	52.1	47.9	59.3	40.7	72.0	28.0
2001	52.6	47.4	58.5	41.5	73.4	26.6
2002	52.5	47.5	58.1	41.9	74.7	25.3
2003	52.5	47.5	56.6	43.4	77.4	22.6
2004	52.5	47.5	55.4	44.5	79.2	20.8
2005	52.7	47.3	53.7	46.3	79.7	20.3

2-4 主要年份人口自然变动

年份	年平均人口（万人）	人口出生率（‰）	人口死亡率（‰）	人口自然增长率（‰）	人口密度（人/平方公里）
1949	134.00	31.34	21.64	9.70	184
1952	141.00	39.72	15.67	24.05	193
1957	167.51	41.35	7.97	33.38	229
1962	192.81	33.54	8.60	24.94	262
1965	207.91	33.87	7.07	26.80	285
1970	239.73	33.11	6.62	26.49	330
1975	281.10	30.81	5.89	24.92	385
1978	303.45	24.23	5.75	18.48	415
1980	315.10	12.54	5.32	7.22	429
1985	333.48	12.62	4.78	7.84	453
1986	338.12	13.85	4.79	9.06	461
1987	344.35	11.97	4.66	7.31	470
1988	351.52	14.48	4.73	9.75	480
1989	359.12	14.10	5.00	9.10	490
1990	367.78	18.24	5.02	13.22	503
1991	374.00	13.64	4.62	9.02	507
1992	377.15	11.85	4.42	7.43	512
1993	380.82	10.75	4.21	6.54	517
1994	385.76	10.95	4.09	6.86	525
1995	391.97	11.37	4.35	7.02	534
1996	398.44	13.74	3.89	9.85	543
1997	404.81	14.05	3.91	10.14	551
1998	411.86	12.57	3.83	8.74	562
1999	420.03	12.63	3.59	9.04	573
2000	428.39	18.75	5.73	13.02	584
2001	436.35	12.41	3.44	8.97	595
2002	444.51	14.58	2.73	11.85	606
2003	449.81	10.42	2.75	7.67	609
2004	455.78	12.11	5.05	7.06	616
2005	467.98	12.06	2.63	9.43	632

2-5 县区户数和人口数

(2005 年)

地区	户数(户)	总人口(人)				
		合计	男	女	农业人口	非农业人口
总计	**1 276 188**	**4 751 679**	**2 505 666**	**2 246 013**	**2 552 313**	**2 199 366**
#城区	319 836	1 123 159	572 189	550 970	55 480	1 067 679
区	541 683	2 145 226	1 133 203	1 012 023	477 352	1 667 874
东湖区	123 494	449 704	226 100	223 604	7 968	441 736
西湖区	123 716	413 263	208 761	204 502	22 231	391 032
青云谱区	72 626	260 192	137 328	122 864	25 281	234 911
湾里区	28 312	80 752	42 836	37 916	47 049	33 703
青山湖区	114 590	433 045	229 607	203 438	149 375	283 670
高新技术开发区	41 185	215 012	117 757	97 255	160 382	54 630
经济技术开发区	24 525	206 584	121 641	84 943	36 900	169 684
红谷滩新区	13 235	86 674	49 173	37 501	28 166	58 508
县	734 505	2 606 453	1 372 463	1 233 990	2 074 961	531 492
南昌县	256 518	917 258	482 452	434 806	756 066	161 192
新建县	176 262	675 532	356 016	319 516	524 112	151 420
安义县	81 772	253 591	134 934	118 657	189 502	64 089
进贤县	219 953	760 072	399 061	361 011	605 281	154 791

2-6 县区人口变动

(2005 年)

地区	年平均人口(人)	机械变动(人)		自然变动(人)		人口出生率(‰)	人口死亡率(‰)	人口自然增长率(‰)	人口机械增长率(‰)
		迁入	迁出	出生	死亡				
总计	**4 679 791**	**177 619**	**84 219**	**56 450**	**12 323**	**12.06**	**2.63**	**9.43**	**19.96**
#城区	1 115 359	28 484	21 134	12 167	3 826	10.91	3.43	7.48	6.59
区	2 091 269	144 191	53 061	23 853	5 423	11.41	2.59	8.82	43.58
东湖区	446 852	12 843	11 985	4 491	1 361	10.05	3.05	7.00	1.92
西湖区	409 691	7 744	2 717	5 184	1 667	12.65	4.07	8.58	12.27
青云谱区	258 817	7 897	6 432	2 492	798	9.63	3.08	6.55	5.66
湾里区	78 315	4 108	1 566	1 241	157	15.85	2.00	13.85	32.46
青山湖区	428 711	21 989	14 678	5 307	1 023	12.38	2.39	9.99	17.05
红谷滩新区	77 899	20 481	1 564	1 187	92	15.24	1.18	14.06	242.84
高新技术开发区	201 160	19 661	550	3 194	165	15.88	0.82	15.06	95.00
经济技术开发区	189 827	49 468	13 569	957	160	5.04	0.84	4.20	189.09
县	2 588 522	33 428	31 158	32 597	6 900	12.59	2.67	9.92	0.88
南昌县	911 456	16 696	14 209	12 568	3 432	13.79	3.77	10.02	2.73
新建县	668 717	7 873	8 124	9 247	1 075	13.83	1.61	12.22	-3.75
安义县	252 052	2 405	1 636	2 294	387	9.10	1.54	7.56	3.05
进贤县	756 307	6 454	7 189	8 488	2 006	11.22	2.65	8.57	-0.97

补充资料：据 2005 年 1%人口抽样调查资料推算，2005 年末全市常住总人口为 451.61 万人，出生率为 13.39‰，死亡率为 5.36‰，自然增长率为 8.03‰，年平均人口为 450.07 万人。

2-7 县辖镇户数和人口数

（2005年）

地区	户数（户）	总人口（人）				
		合计	男	女	农业人口	非农业人口
合计	**474 840**	**1 642 064**	**863 838**	**778 226**	**1 204 038**	**438 026**
南昌县	**171 312**	**599 151**	**314 423**	**284 728**	**461 854**	**137 297**
莲塘镇	41 304	132 247	69 125	63 122	66 988	65 259
向塘镇	37 875	101 500	52 079	49 421	56 240	45 260
冈上镇	11 117	44 906	23 467	21 439	40 846	4 060
幽兰镇	20 377	71 543	38 139	33 404	65 709	5 834
武阳镇	13 971	50 329	26 832	23 497	47 147	3 182
三江镇	7 896	29 388	15 488	13 900	25 807	3 581
塘南镇	10 989	50 624	26 981	23 643	47 706	2 918
蒋巷镇	17 998	82 390	43 614	38 776	77 473	4 917
广福镇	9 785	36 224	18 698	17 526	33 938	2 286
新建县	**95 274**	**380 410**	**200 566**	**179 844**	**279 596**	**100 814**
长埈镇	20 060	76 268	40 664	35 604	9 188	67 080
望城镇	5 386	18 980	10 090	8 890	14 384	4 596
西山镇	8 692	38 667	19 994	18 673	35 960	2 707
石岗镇	11 309	49 486	26 477	23 009	43 784	5 702
松湖镇	7 399	32 620	17 366	15 254	30 138	2 482
生米镇	11 561	46 418	24 507	21 911	42 953	3 465
乐化镇	8 172	27 881	14 694	13 187	21 289	6 592
樵舍镇	10 031	37 215	19 386	17 829	31 970	5 245
溪霞镇	5 942	25 614	13 389	12 225	24 305	1 309
象山镇	6 722	27 261	13 999	13 262	25 625	1 636
安义县	**69 995**	**212 891**	**113 261**	**99 630**	**151 430**	**61 461**
龙津镇	24 425	61 350	32 667	28 683	13 462	47 888
鼎湖镇	9 692	31 809	16 792	15 017	28 678	3 131
东阳镇	6 260	20 822	11 104	9 718	18 160	2 662
长埠镇	6 166	21 846	11 576	10 270	20 868	978
万埠镇	9 013	26 304	13 865	12 439	22 382	3 922
石鼻镇	9 963	34 319	18 493	15 826	32 093	2 226
黄洲镇	4 476	16 441	8 764	7 677	15 787	654
进贤县	**138 259**	**449 612**	**235 588**	**214 024**	**311 158**	**138 454**
民和镇	57 228	157 738	81 724	76 014	58 900	98 838
梅庄镇	9 271	34 169	17 989	16 180	32 347	1 822
前坊镇	9 435	32 012	16 514	15 498	29 851	2 161
温圳镇	12 694	44 318	23 524	20 794	32 578	11 740
李渡镇	11 921	41 578	21 450	20 128	30 609	10 969
文港镇	13 185	46 702	25 032	21 670	38 725	7 977
架桥镇	7 257	30 251	16 265	13 986	29 016	1 235
罗溪镇	8 192	29 652	15 501	14 151	28 171	1 481
张公镇	9 076	33 192	17 589	15 603	30 961	2 231

2-8 计　划　生　育

（2004年10月－2005年9月）　　单位：人

项　目	合　计	东湖区	西湖区	青云谱	湾里区	青山湖
一、期末已婚育龄妇女	**899 438**	**112 266**	**82 619**	**47 716**	**14 894**	**82 018**
#无　孩	40 174	6 888	5 270	3 439	318	4 189
一　孩	439 857	92 677	61 325	37 764	6 760	48 072
二　孩	337 966	11 728	14 063	5 768	5 400	25 867
多　孩	81 441	973	1 961	745	2 416	3 890
二、期末落实节育措施	**833 466**	**103 126**	**73 169**	**42 195**	**14 078**	**75 494**
#结　扎	398 216	7 413	9 175	4 941	7 417	28 027
上　环	345 516	72 391	44 684	28 709	6 258	29 210
皮　埋	999	120	275	46	34	124
药　具	81 624	22 716	18 148	8 307	354	13 653
其　他	7 111	486	887	192	15	4 480
三、期末领取独生子女证	**188 013**	**56 693**	**34 654**	**31 177**	**1 622**	**19 899**
四、计划生育率（%）	**92.98**	**99.28**	**98.78**	**99.74**	**92.91**	**97.12**

2-8 续表　　(2004年10月-2005年9月)　　单位：人

项　目	南昌县	新建县	安义县	进贤县	经济技术开发区	高新技术开发区	红谷滩
一、期末已婚育龄妇女	**189 179**	**117 061**	**48 568**	**152 870**	**12 267**	**32 992**	**6 988**
#无　孩	8 094	4 753	1 568	4 040	399	924	292
一　孩	69 724	36 286	14 226	56 460	6 508	7 697	2 358
二　孩	96 055	55 069	22 016	75 434	4 027	19 839	2 700
多　孩	15 306	20 953	10 758	16 936	1 333	4 532	1 638
二、期末落实节育措施	**177 742**	**109 543**	**45 639**	**142 799**	**11 574**	**31 561**	**6 546**
#结　扎	109 907	74 818	31 847	91 455	4 800	24 361	4 055
上　环	58 482	31 905	12 610	48 924	3 858	6 577	1 908
皮　埋	224	22	46	55	39	5	9
药　具	8 911	2 076	1 114	2 330	2 842	611	562
其　他	218	722	22	35	35	7	12
三、期末领取独生子女证	**16 208**	**5 876**	**1 081**	**13 928**	**5 554**	**605**	**725**
四、计划生育率（%）	**91.74**	**93.07**	**88.66**	**90.52**	**91.90**	**86.41**	**83.72**

2-9 主要年份劳动力资源

年　　份	劳动力资源（万人）	社会从业人员（万人）	劳动力资源占人口比重（%）	劳动力资源利用率（%）
1952	78.78	60.50	55.0	76.8
1957	82.38	65.27	48.5	79.2
1962	86.05	70.09	44.4	81.5
1965	91.88	76.02	43.6	82.7
1970	110.86	98.11	45.5	88.5
1975	126.41	111.49	44.4	88.2
1978	149.69	131.13	48.8	87.6
1980	152.67	136.03	48.1	89.1
1985	193.75	165.46	57.8	85.4
1986	195.01	166.54	57.2	85.4
1987	199.16	172.28	57.3	86.5
1988	211.77	182.55	59.6	86.2
1989	218.33	186.67	60.0	85.5
1990	233.57	199.00	62.7	85.2
1991	239.51	204.30	63.8	85.3
1992	241.51	205.96	63.7	85.3
1993	246.17	195.87	64.3	79.6
1994	251.42	205.28	64.7	81.6
1995	258.86	211.79	65.5	81.8
1996	261.08	210.96	65.0	80.8
1997	263.43	215.45	64.6	81.8
1998	277.94	215.39	66.8	77.5
1999	286.93	218.15	67.6	76.0
2000	296.74	214.96	68.6	72.4
2001	299.59	216.87	68.1	72.4
2002	300.42	214.54	66.9	71.4
2003	311.49	234.69	69.1	75.3
2004	319.09	239.60	69.2	75.1
2005	338.38	244.28	71.2	72.2

2－10 主要年份社会从业人员

（按产业结构分）

年份	年末从业人员（万人）			构成（%）		
	第一产业	第二产业	第三产业	第一产业	第二产业	第三产业
1952	51.66	3.64	5.20	85.4	6.0	8.6
1957	49.11	8.62	7.54	75.2	13.2	11.6
1962	44.87	14.18	11.04	64.0	20.2	15.8
1965	47.67	15.97	12.38	62.7	21.1	16.2
1970	62.56	23.66	11.89	63.8	24.1	12.1
1975	67.91	28.11	15.47	61.0	25.2	13.8
1978	76.89	35.33	18.91	58.6	26.9	14.5
1980	75.84	39.60	20.59	55.8	29.1	15.1
1985	72.58	54.88	38.00	43.9	33.2	22.9
1986	72.23	56.13	38.18	43.4	33.7	22.9
1987	72.68	60.89	38.71	42.2	35.3	22.5
1988	80.65	62.38	39.52	44.2	34.2	21.6
1989	86.74	59.04	40.89	46.5	31.6	21.9
1990	94.57	60.98	43.45	47.5	30.7	21.8
1991	92.53	67.03	44.74	45.3	32.8	21.9
1992	90.08	67.45	48.43	43.7	32.8	23.5
1993	82.47	61.96	51.44	42.1	31.6	26.3
1994	86.27	63.87	55.14	42.0	31.1	26.9
1995	89.65	66.55	55.59	42.3	31.4	26.3
1996	86.24	61.77	62.95	40.9	29.3	29.8
1997	89.12	63.50	62.83	41.4	29.5	29.1
1998	88.88	59.46	67.05	41.3	27.6	31.1
1999	87.84	59.07	71.24	40.3	27.1	32.6
2000	84.84	56.34	73.78	39.5	26.2	34.3
2001	84.52	56.49	75.86	39.0	26.0	35.0
2002	84.71	57.43	72.40	39.5	26.8	33.7
2003	82.73	66.61	85.35	35.2	28.4	36.4
2004	81.49	64.43	93.68	34.0	26.9	39.1
2005	80.00	63.29	100.99	32.7	25.9	41.4

2-11 城乡劳动力资源配置

（2005年）　　单位：万人

	合计	城镇	乡村
一、年末劳动力资源总数	**338.38**	**177.66**	**160.72**
#当年新增劳动力资源	9.76	3.61	6.15
1.年末16岁以上全部人数	396.05	201.38	194.67
#不计人劳动力资源的人数	67.01	32.85	34.16
2.机械变动差额跨地区调整数	9.34	9.13	0.21
二、经济活动人口	**247.69**	**124.18**	**123.51**
（一）从业人员	244.28	120.77	123.51
按就业者身份分			
单位就业人员	56.89	56.89	
私营业主	1.97	1.90	0.07
个体户主	9.37	8.47	0.90
私营企业和个体从业人员	32.76	29.53	3.23
乡镇企业从业人员	45.30		45.30
农村从业人员	74.01		74.01
其　　他	23.98	23.98	
按经济类型分			
国　　有	48.95	48.95	
集　　体	127.78	8.47	119.31
股份合作	0.13	0.13	
联　　营	0.33	0.33	
有限责任公司	7.30	7.30	
股份有限公司	5.86	5.86	
港澳台投资	1.51	1.51	

2-11 续表 （2005年） 单位：万人

	合计	城镇	乡村
外商投资	0.80	0.80	
私营	21.87	20.01	1.86
个体	22.23	19.89	2.34
其他	7.52	7.52	
按国民经济行业分			
1.农、林、牧、渔业	80.00	4.17	75.83
2.采矿业	0.05	0.05	
3.制造业	45.32	33.47	11.85
4.电力、燃气及水的生产和供应业	1.18	1.18	
5.建筑业	16.74	10.60	6.14
6.交通运输、仓储和邮政业	12.84	8.84	4.00
7.信息传输、计算机服务和软件业	2.15	1.74	0.41
8.批发和零售业	33.50	27.89	5.61
9.住宿和餐饮业	6.42	3.96	2.46
10.金融业	1.75	1.75	
11.房地产业	1.06	1.06	
12.租赁和商务服务业	2.07	2.07	
13.科学研究、技术服务和地质勘查业	2.07	2.07	
14.水利、环境和公共设施管理业	1.40	1.40	
15.居民服务和其他服务业	2.81	2.81	
16.教育	7.20	7.20	
17.卫生、社会保障和社会福利业	2.69	2.69	
18.文化、体育和娱乐业	1.20	1.20	
19.公共管理和社会组织	4.88	4.88	
20.其他	18.95	1.74	17.21
（二）失业人员	3.41	3.41	
三、非经济活动人口	**90.69**	**53.48**	**37.21**
#16岁以上在校学生	26.94	22.28	4.66
家务劳动者	23.94	9.96	13.98

2-12 社 会 从 业 人 员

（2005 年）

单位：人

	合计	城镇	乡村
总计	**2 442 787**	**1 207 651**	**1 235 136**
一、按县区分			
南昌县	425 226	62 210	363 016
新建县	328 984	44 120	284 864
进贤县	368 290	40 136	328 154
安义县	103 453	20 443	83 010
市区	1 216 834	1 040 742	176 092
#东湖区	77 119	73 181	3 938
西湖区	62 382	51 509	10 873
青云谱区	39 519	27 214	12 305
青山湖区	80 981	14 988	65 993
湾里区	29 587	9 645	19 942
红谷滩新区	16 039	3 550	12 489
经济技术开发区	32 260	16 509	15 751
高新技术开发区	122 515	34 594	87 918
二、按产业结构分			
第一产业	800 008	41 660	758 348
第二产业	632 796	452 952	179 844
第三产业	1 009 983	713 039	296 944
三、按国民经济行业分			
1. 农、林、牧、渔业	800 008	41 660	758 348
2. 采掘业	515	515	
3. 制造业	453 141	334 679	118 462
4. 电力、燃气及水的生产和供应业	11 787	11 787	
5. 建筑业	167 353	105 971	61 382
6. 交通运输、仓储和邮政业	128 410	88 381	40 029
7. 信息传输、计算机服务和软件业	21 481	17 420	4 061
8. 批发和零售业	334 979	278 924	56 055
9. 住宿和餐饮业	64 285	39 639	24 646
10. 金融业	17 514	17 514	
11. 房地产业	10 623	10 623	
12. 租赁和商务服务业	20 717	20 717	
13. 科学研究、技术服务和地质勘查业	20 673	20 673	
14. 水利、环境和公共设施管理业	13 960	13 960	
15. 居民服务和其他服务业	28 122	28 122	
16. 教育	71 961	71 961	
17. 卫生、社会保障和社会福利业	26 955	26 955	
18. 文化、体育和娱乐业	11 986	11 986	
19. 公共管理和社会组织	48 781	48 781	
20. 其他	189 536	17 383	172 153

2-13 主要年份职工人数

单位：人

年份	合计	国有单位	城镇集体单位	其他单位
1949	30 779	30 779		
1952	68 566	65 450	3 116	
1957	145 268	101 290	43 978	
1962	234 795	173 496	61 299	
1965	262 312	196 869	65 443	
1970	351 006	279 861	71 145	
1975	422 107	345 882	76 225	
1978	531 389	414 425	116 964	
1980	585 109	437 294	147 815	
1985	722 222	513 214	208 508	500
1986	739 198	528 794	209 648	756
1987	771 570	555 269	215 522	779
1988	812 780	587 106	224 765	909
1989	811 301	596 412	213 405	1 484
1990	820 382	605 161	213 470	1 751
1991	848 671	623 840	220 073	4 758
1992	867 877	642 302	218 708	6 867
1993	871 113	643 491	205 513	22 109
1994	880 313	645 110	205 874	29 329
1995	890 419	658 012	203 712	28 695
1996	894 112	665 881	196 889	31 342
1997	864 525	635 523	192 954	36 048
1998	847 256	576 788	162 613	107 855
1999	825 209	564 179	157 260	103 770
2000	779 295	524 250	144 178	110 867
2001	745 684	509 462	117 407	118 815
2002	715 769	487 628	104 245	123 896
2003	698 028	473 872	96 070	128 086
2004	698 074	455 809	89 405	152 860
2005	701 265	464 576	82 132	154 557

2-14 主要年份在岗职工人数

单位：人

年份	合计	国有单位	城镇集体单位	其他单位
1996	810 448	618 264	161 788	30 396
1997	733 424	557 432	142 030	33 962
1998	668 806	465 179	113 001	90 626
1999	635 834	444 293	101 863	89 678
2000	587 729	382 326	80 817	87 877
2001	546 589	381 939	67 443	97 207
2002	512 654	355 989	57 248	99 417
2003	499 008	339 517	51 466	108 025
2004	513 419	338 954	48 877	125 588
2005	535 623	349 060	49 745	136 818

2-15 单位从业人员数

(2005 年)　　　　单位：人

	合计	#女性	在岗职工	国有	城镇集体	其他	在岗专业技术人员	#女性
总计	**568 870**	**197 332**	**535 623**	**349 060**	**49 745**	**136 818**	**164 450**	**66 309**
一、按隶属关系分								
中央	112 481	33 837	106 867	78 880	4 087	23 900	28 438	10 533
省属	149 293	51 822	146 441	123 181	2 377	20 883	54 241	23 339
市属	301 815	109 313	277 122	146 999	43 281	86 842	81 012	32 217
#南昌县	46 583	13 870	45 720	15 039	19 102	11 579	11 478	4 510
新建县	28 366	11 982	28 333	18 432	807	9 094	8 303	2 816
进贤县	20 060	5 892	19 916	17 413	2 105	398	9 925	1 289
安义县	12 000	5 472	11 443	6 677	756	4 010	4 228	1 855
东湖区	7 960	4 788	7 418	5 632	1 691	95	1 960	1 302
西湖区	9 103	5 110	6 772	4 266	2 506		2 107	1 442
青云谱区	9 740	4 259	9 256	3 159	5 328	769	2 966	1 319
青山湖区	11 590	4 065	11 568	4 630	1 694	5 514	3 228	1 622
湾里区	4 562	1 474	4 468	2 517	1 327	624	1 474	548
红谷滩新区	1 097	661	1 086	796		290	449	280
经济技术开发区	8 236	3 343	8 011	817		7 194	1 345	599
高新技术开发区	25 095	7 381	23 638	1 759	681	21 198	6 300	1 727
其他	5 281	2 360	5 193			5 193	759	220
二、按企业、事业、机关分								
企业	356 178	112 814	333 467	149 937	46 712	136 818	66 405	23 784
事业	166 232	72 134	158 778	155 759	3 019		95 149	41 466
机关	46 460	12 384	43 378	43 364	14		2 896	1 059
三、按产业结构分								
第一产业	22 529	7 898	22 478	21 826	279	373	3 330	1 134
第二产业	241 740	71 997	224 121	78 721	40 254	105 146	39 721	13 202
第三产业	304 601	117 437	289 024	248 513	9 212	31 299	121 399	51 973

2－16 各行业单位从业人员数

（2005年）　　单位：人

	合　计	国有单位	城镇集体单位	其他单位
总　计	**568 870**	**373 968**	**52 286**	**142 616**
1.农、林、牧、渔业	22 529	21 860	279	390
2.采　矿　业	78		78	
3.制　造　业	147 664	36 707	12 015	98 942
#纺　织　业	8 984		390	8 594
医药制造业	17 169	4 824	15	12 330
黑色金属冶炼及压延加工业	13 539	2 892	474	10 173
通用设备制造业	6 826	1 831	999	3 996
交通运输设备制造业	29 271	3 357	3 949	21 965
4.电力、燃气及水的生产和供应业	10 566	6 613		3 953
5.建　筑　业	83 432	46 170	30 337	6 925
6.交通运输、仓储和邮政业	58 731	53 537	1 715	3 479
#铁路运输业	34 932	34 230	702	
邮　政　业	4 247	4 247		
7.信息传输、计算机服务和软件业	8 380	3 526		4 854
8.批发和零售业	17 546	10 257	2 062	5 227
9.住宿和餐饮业	5 598	3 911	363	1 324
10.金　融　业	15 782	4 412	1 942	9 428
11.房地产业	6 442	2 892		3 550
12.租赁和商务服务业	6 273	3 572	1 442	1 259
13.科学研究、技术服务和地质勘查业	19 849	18 547	19	1 283
14.水利、环境和公共设施管理业	13 323	10 778	944	1 601
15.居民服务和其他服务业	1 184	796	22	366
16.教　　育	69 143	69 098	10	35
#高等教育	26 041	26 041		
17.卫生、社会保障和社会福利业	25 284	24 234	1 050	
#卫　　生	23 392	22 342	1 050	
18.文化、体育和娱乐业	9 323	9 315	8	
19.公共管理和社会组织	47 743	47 743		
#国家机构	41 280	41 280		

2-17 各行业女性从业人数

(2005 年)　　单位：人

	合计	国有单位	城镇集体单位	其他单位
总　　计	**197 332**	**128 603**	**14 910**	**53 819**
1. 农、林、牧、渔业	7 898	7 623	131	144
2. 采　矿　业	3		3	
3. 制　造　业	58 809	14 570	5 877	38 362
# 纺　织　业	5 900		245	5 655
医药制造业	7 080	2 107	3	4 970
黑色金属冶炼及压延加工业	3 893	835	207	2 851
通用设备制造业	2 073	693	536	844
交通运输设备制造业	9 360	981	1 542	6 837
4. 电力、燃气及水的生产和供应业	3 428	2 377		1 051
5. 建　筑　业	9 757	4 623	4 254	880
6. 交通运输、仓储和邮政业	15 807	13 736	866	1 205
# 铁路运输业	7 577	6 987	590	
邮　政　业	1 733	1 733		
7. 信息传输、计算机服务和软件业	3 357	1 275		2 082
8. 批发和零售业	7 644	4 130	1 016	2 498
9. 住宿和餐饮业	3 390	2 306	234	850
10. 金　融　业	7 555	2 128	914	4 513
11. 房 地 产 业	1 949	1 148	323	801
12. 租赁和商务服务业	2 179	1 257		599
13. 科学研究、技术服务和地质勘查业	6 012	5 713	5	294
14. 水利、环境和公共设施管理业	6 458	5 414	675	369
15. 居民服务和其他服务业	407	243	8	156
16. 教　　育	31 475	31 450	10	15
# 高 等 教 育	10 286	10 286		
17. 卫生、社会保障和社会福利业	14 994	14 405	589	
# 卫　　生	14 018	13 429	589	
18. 文化、体育和娱乐业	3 409	3 404	5	
19. 公共管理和社会组织	12 801	12 801		
# 国 家 机 构	10 277	10 277		

2-18 各行业在岗职工人数

（2005年）　　　　单位：人

	合计	国有单位	城镇集体单位	其他单位
总计	**535 623**	**349 060**	**49 745**	**136 818**
1.农、林、牧、渔业	22 478	21 826	279	373
2.采矿业	78		78	
3.制造业	139 995	34 787	10 439	94 769
#纺织业	8 953		378	8 575
医药制造业	17 107	4 821	15	12 271
黑色金属冶炼及压延加工业	13 521	2 883	465	10 173
通用设备制造业	5 655	1 817	681	3 157
交通运输设备制造业	24 197	1 940	2 945	19 312
4.电力、燃气及水的生产和供应业	10 128	6 609		3 519
5.建筑业	73 920	37 325	29 737	6 858
6.交通运输、仓储和邮政业	54 782	49 705	1 615	3 462
#铁路运输业	31 046	30 444	602	
邮政业	4 247	4 247		
7.信息传输、计算机服务和软件业	8 189	3 465		4 724
8.批发和零售业	17 200	10 041	2 007	5 152
9.住宿和餐饮业	5 412	3 734	358	1 320
10.金融业	15 501	4 319	1 755	9 427
11.房地产业	6 318	2 800		3 518
12.租赁和商务服务业	5 641	3 437	1 441	763
13.科学研究、技术服务和地质勘查业	19 446	18 186	19	1 241
14.水利、环境和公共设施管理业	10 986	8 750	944	1 292
15.居民服务和其他服务业	1 169	782	22	365
16.教育	66 372	66 327	10	35
#高等教育	24 749	24 749		
17.卫生、社会保障和社会福利业	24 577	23 544	1 033	
#卫生	22 741	21 708	1 033	
18.文化、体育和娱乐业	9 038	9 030	8	
19.公共管理和社会组织	44 393	44 393		
#国家机构	38 648	38 648		

2-19 各行业在岗专业技术人员数

(2005 年)

单位：人

	合　　计	国有单位	城镇集体单位	其他单位
总　　计	**164 450**	**126 597**	**7 411**	**30 442**
1. 农、林、牧、渔业	3 330	3 210	68	52
2. 采　矿　业	6		6	
3. 制　造　业	26 156	6 457	1 247	18 452
#纺　织　业	777		45	732
医药制造业	2 398	1 271	7	1 120
黑色金属冶炼及压延加工业	2 387	357	18	2 012
通用设备制造业	1 077	305	98	674
交通运输设备制造业	8 560	613	494	7 453
4. 电力、燃气及水的生产和供应业	2 510	1 869		641
5. 建　筑　业	11 049	6 523	3 366	1 160
6. 交通运输、仓储和邮政业	8 285	6 707	324	1 254
#铁路运输业	3 889	3 863	26	
邮　政　业	530	530		
7. 信息传输、计算机服务和软件业	3 243	1 312		1 931
8. 批发和零售业	3 462	2 294	137	808
9. 住宿和餐饮业	866	603	44	219
10. 金　融　业	8 822	3 269	1 091	4 462
11. 房 地 产 业	774	589		185
12. 租赁和商务服务业	1 507	1 081	183	243
13. 科学研究、技术服务和地质勘查业	10 605	9 852	6	747
14. 水利、环境和公共设施管理业	1 855	1 600	16	239
15. 居民服务和其他服务业	264	222	13	29
16. 教　　育	54 214	54 191	3	20
#高 等 教 育	17 387	17 387		
17. 卫生、社会保障和社会福利业	18 394	17 710	684	
#卫　　生	17 969	17 285	684	
18. 文化、体育和娱乐业	4 649	4 649		
19. 公共管理和社会组织	4 459	4 459		
#国 家 机 构	4 085	4 085		

2-20 在岗职工年平均人数

单位：人

	合计		国有单位		城镇集体单位		其他单位	
	2004	2005	2004	2005	2004	2005	2004	2005
总　　计	**508 826**	**526 411**	**337 497**	**347 406**	**46 076**	**49 941**	**125 253**	**129 064**
一、按隶属关系分								
中　　央	96 324	107 032	67 989	78 713	5 172	4 102	23 163	24 217
省　　属	143 589	144 522	121 653	121 866	2 096	2 238	19 840	20 418
市　　属	255 767	269 732	147 855	146 827	38 808	43 601	69 104	79 304
#南 昌 县	36 777	46 921	14 590	15 650	11 355	19 808	10 832	11 463
新 建 县	32 484	25 455	22 345	18 366	3 224	865	6 915	6 224
进 贤 县	21 316	19 656	16 347	17 160	4 647	2 103	322	393
安 义 县	9 949	10 938	7 057	6 644	617	700	2 275	3 594
东 湖 区	7 961	7 417	6 114	5 624	1 751	1 692	96	101
西 湖 区	6 642	6 706	4 406	4 163	2 236	2 543		
青云谱区	5 488	9 063	2 530	3 123	2 808	5 182	150	758
青山湖区	11 879	11 568	4 275	4 360	2 242	1 694	5 362	5 514
湾 里 区	5 445	4 605	3 242	2 652	1 869	1 328	334	625
红谷滩新区		1 013		723				290
经济技术开发区		7 817		817				7 000
高新技术开发区		19 950		1 759		626		17 565
其　　他	13 146	5 125					13 146	5 125
二、按企业、事业、机关分								
企　　业	316 112	326 002	146 944	149 880	43 929	47 058	125 239	129 064
事　　业	149 061	157 572	146 914	154 703	2 133	2 869	14	
机　　关	43 653	42 837	43 639	42 823	14	14		
三、按产业结构分								
第一产业	24 416	22 527	23 779	21 901	303	276	334	350
第二产业	219 516	218 264	80 196	79 039	37 839	40 497	101 481	98 728
第三产业	264 894	285 620	233 522	246 466	7 934	9 168	23 438	29 986

2－21　各行业在岗职工平均人数

(2005年)

单位：人

	合　计	国有单位	城镇集体单位	其他单位
总　计	**526 411**	**347 406**	**49 941**	**129 064**
1. 农、林、牧、渔业	22 527	21 901	276	350
2. 采　矿　业	79		79	
3. 制　造　业	135 129	35 742	10 414	88 973
#纺　织　业	8 138		378	7 760
医药制造业	15 357	4 878	15	10 464
黑色金属冶炼及压延加工业	13 749	2 952	472	10 325
通用设备制造业	5 820	1 993	693	3 134
交通运输设备制造业	24 821	2 085	3 001	19 735
4. 电力、燃气及水的生产和供应业	10 351	6 816		3 535
5. 建　筑　业	72 705	36 481	30 004	6 220
6. 交通运输、仓储和邮政业	54 215	49 271	1 577	3 367
#铁路运输业	30 859	30 297	562	
邮　政　业	4 036	4 036		
7. 信息传输、计算机服务和软件业	7 478	3 443		4 035
8. 批发和零售业	17 328	10 085	2 079	5 164
9. 住宿和餐饮业	5 483	3 813	361	1 309
10. 金　融　业	15 258	4 376	1 755	9 127
11. 房 地 产 业	6 172	2 747		3 425
12. 租赁和商务服务业	5 473	3 468	1 442	763
13. 科学研究、技术服务和地质勘查业	19 170	18 042	16	1 112
14. 水利、环境和公共设施管理业	10 893	8 720	866	1 307
15. 居民服务和其他服务业	1 156	790	24	342
16. 教　　育	65 948	65 903	10	35
#高 等 教 育	23 803	23 803		
17. 卫生、社会保障和社会福利业	24 291	23 261	1 030	
#卫　　生	22 447	21 417	1 030	
18. 文化、体育和娱乐业	8 815	8 807	8	
19. 公共管理和社会组织	43 740	43 740		
#国 家 机 构	38 039	38 039		

2-22 单位从业人员增加情况

(2005年)　　单位：人

	合计	从农村招收	从城镇招收	录用的退伍军人	录用的大、中专、技工学校毕业生	调入	#外省、自治区、直辖区调入	其他
总计	**33 382**	**5 413**	**10 864**	**805**	**5 943**	**4 045**	**265**	**6 312**
一、按登记注册类型分								
1. 国有单位	12 035		4 256	554	3 383	3 466	86	376
2. 城镇集体单位	4 348	3 592	322	61	253	65	4	55
3. 其他单位	16 999	1 821	6 286	190	2 307	514	175	5 881
二、按国民经济行业分								
1. 农、林、牧、渔业	216	111	12	9	40	16		28
2. 采矿业	12		10	2				
3. 制造业	4 296	191	1 673	147	1 868	417	156	
4. 电力、燃气及水的生产和供应业	512	2	8	41	103	172		186
5. 建筑业	11 567	4 701	6 432	71	223	79	11	61
6. 交通运输、仓储和邮政业	1 051	11	274	100	99	86	9	481
7. 信息传输、计算机服务和软件业	1 017	2	671	23	127	71	11	123
8. 批发和零售业	1 329	163	712	37	128	91		198
9. 住宿和餐饮业	892	153	469	49	214	7		
10. 金融业	773		82	18	166	73	3	434
11. 房地产业	469		59	10	23	62		315
12. 租赁和商务服务业	2 307		15	16	27	44		2 205
13. 科学研究、技术服务和地质勘查业	740		110	24	291	234	14	81
14. 水利、环境和公共设施管理业	308	2	60	44	5	47	1	150
15. 居民服务和其他服务业	111		4	5	9	61		32
16. 教育	2 716	63	27	11	1 051	1 035	54	529
17. 卫生、社会保障和社会福利业	2 164		107	58	489	517	5	993
18. 文化、体育和娱乐业	365			27	90	65		183
19. 公共管理和社会组织	2 537	14	139	113	990	968	1	313

2－23 单位从业人员减少情况

(2005年)　　　　单位:人

	合　计	离休、退休、退职	开除、除名、辞退	终止、解除合同	离开本单位仍保留劳动关系的职工	死　亡	调　出	#调到外省、自治区、直辖市	其　他
总　　计	**36 326**	**7 669**	**2 241**	**8 183**	**3 235**	**514**	**2 686**	**187**	**11 798**
一、按登记注册类型分									
1. 国有单位	22 387	5 575	859	5 915	2 246	415	2 132	136	5 245
2. 城镇集体单位	4 531	1 211	148	1 083	640	53	154	3	1 242
3. 其他单位	9 408	883	1 234	1 185	349	46	400	48	5 311
二、按国民经济行业分									
1. 农、林、牧、渔业	1 662	528	102	167	217	54	64	2	530
2. 采　矿　业	21	19				2			
3. 制　造　业	12 563	2 913	1 545	3 731	1 305	178	644	47	2 247
4. 电力、燃气及水的生产和供应业	1 110	149	1	11	17	9	167		756
5. 建　筑　业	2 587	752	30	1 105	427	61	212	18	
6. 交通运输、仓储和邮政业	1 130	502	9	323	234	23	39	3	
7. 信息传输、计算机服务和软件业	953	26	111	72		1	42	9	701
8. 批发和零售业	5 436	431	107	1 630	695	31	145	5	2 397
9. 住宿和餐饮业	1 533	193	24	588	55	4	18		651
10. 金　融　业	1 814	103	192	32	6	4	75	6	1 402
11. 房地产业	112	31	5	4	1		55		16
12. 租赁和商务服务业	363	195	9	22	73	6	40		18
13. 科学研究、技术服务和地质勘查业	887	205	17	136	8	15	297	44	209
14. 水利、环境和公共设施管理业	1 972	91	7	52	52	7	36		1 727
15. 居民服务和其他服务业	781	16		6	21		16		722
16. 教　　育	1 369	734	44	170	6	49	366	23	
17. 卫生、社会保障和社会福利业	587	332	19	8	9	18	133	21	68
18. 文化、体育和娱乐业	604	139	2	19	28	12	50	2	354
19. 公共管理和社会组织	842	310	17	107	81	40	287	7	

主要统计指标解释

人口数 指在一定时点、一定地区范围内的有生命的个人的总和。

市镇人口 指市、镇区内的全部常住人口。包括市(镇)区与郊区、农业与非农业人口,但不包括市辖县人口。

乡村人口 指县(不含镇)的全部常住人口。

市 是指经国家批准成立"市"建制的城市。

镇 是指经省正式批准行政建制的镇。1963 年以前为常住人口在 2 000 人以上,非农业人口占 50% 以上的。1964 年改为常住人口在 3 000 人以上,非农业人口占 70% 以上,或常住人口在 2 500 人以上,不满 3 000 人,非农业人口占 85% 以上的。1984 年后又调整为,凡县级地方国家机关所在地;或总人口在 20 000人以下的乡,乡政府驻地非农业人口超过 2 000 人的;或总人口在 20 000 人以上的乡,乡政府驻地非农业人口占全乡人口 10% 以上;或少数民族地区、人口稀少的边远地区、山区和小型工矿区、小港口、风景旅游、边境口岸等地,非农业人口虽不足 2 000 人,都可建镇。

人口密度 指一定时点一定地区的人口数与该地区的面积数之比,即一定时点的单位土地面积上的人口数,通常以每平方公里的居住人数来表示:

$$人口密度 = \frac{该地区的人口数}{该地区的土地面积}$$

出生率 (又称粗出生率)指在一定时期内(通常为一年)一定地区平均每千人口所出生的人数的比率.它反映人口的出生水平,一般以千分率表示。计算公式:

$$出生率 = \frac{年出生人数}{年平均人数} \times 1000‰$$

死亡率 (又称粗死亡率)指在一定时期内(通常为一年)一定地区的死亡人数与同期平均人数(或期中人数)之比,一般以千分率表示。计算公式:

$$死亡率 = \frac{年死亡人数}{年平均人数} \times 1000‰$$

人口自然增长率 指在一定时期内(通常为一年)一定地区人口自然增加数(即出生人数减死亡人数)与该时期平均人数(或期中人数)之比,一般以千分率表示。计算公式:

$$人口自然增长率 = \frac{本年出生人数 - 本年死亡人数}{年平均人数} \times 1000‰$$

$$人口自然增长率 = 人口出生率 - 人口死亡率$$

社会从业人员 指在劳动年龄内,有劳动能力,参加社会劳动取得劳动报酬或经营收入的人口。包括:(1)单位从业人员;(2)私营企业和个体从业人员;(3)乡镇企业从业人员;(4)农村从业人员;(5)其他共五个部份。这一指标反映了一定时期内全部劳动力资源的实际利用情况,是研究我国基本国情国力的重要指标。

单位从业人员 指在各级国家机关、政党机关、社会团体及企业、事业单位中工作,取得工资或其他形式的劳动报酬的全部人员。包括:在岗职工、再就业的离退休人员、民办教师以及在各单位中工作的外方人员和港澳台方人员、兼职人员、借用的外单位人员和第二职业者。不包括离开本单位仍保留劳动关系的职工。

在岗职工 指在本单位工作并由单位支付工资的人员。以及有工作岗位,但由于学习、病伤产假等原因暂未工作,仍由单位支付工资的人员。

离开本单位仍保留劳动关系的职工 指由于各种原因已经离开本人的生产或工作岗位,并已不在本单位从事其他工作,但仍与用人单位保留劳动关系的职工。包括停薪留职、挂编、放长假、内部退养、下岗等。

城镇个体和私营劳动者 城镇私营劳动者指在工商管理部门注册登记,其经营地址设有县城关镇及以上的私营企业的劳动者。包括私营企业投资者和雇工。城镇个体劳动者指在工商管理部门注册登记,并持有城镇户口或在城镇长期居住，经批准从事个体工商经营的劳动者。包括：个体经营者和个体工商户劳动的家庭帮工和雇工。

农村从业人员 指农村人口中经常参加社会劳动并取得劳动报酬的整半劳动力。包括在乡镇企业及其他集体经济组织和农户中参加各项生产的劳动者及外出从事个体经营的劳动者。从事家庭副业，其收入相当于当地一个社会劳动者最低收入水平或参加社会劳动累计在三个月以上的劳动者，也包括在内。

三、人民生活

PEOPLE'S LIVELIHOOD

本篇内容包括：

1. 单位从业人员劳动报酬
2. 在岗职工工资总额和平均工资
3. 居民家庭基本情况
4. 居民生活收支情况
5. 居民拥有耐用消费品数量

资料整理	微机处理
刘　斌	彭艳红
彭艳红	熊全琳
邬海文	喻　建
熊晓洪	
喻　建	

职 工 平 均 工 资

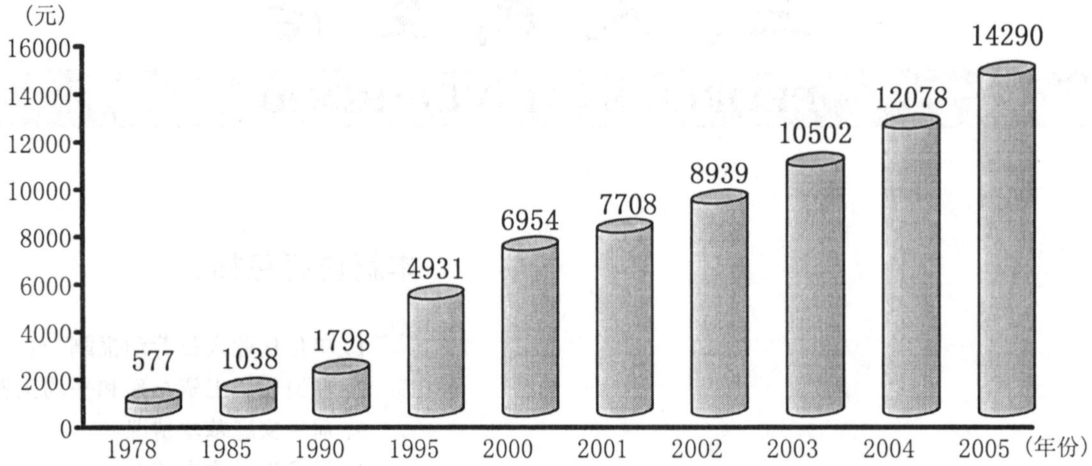

城乡居民收入水平

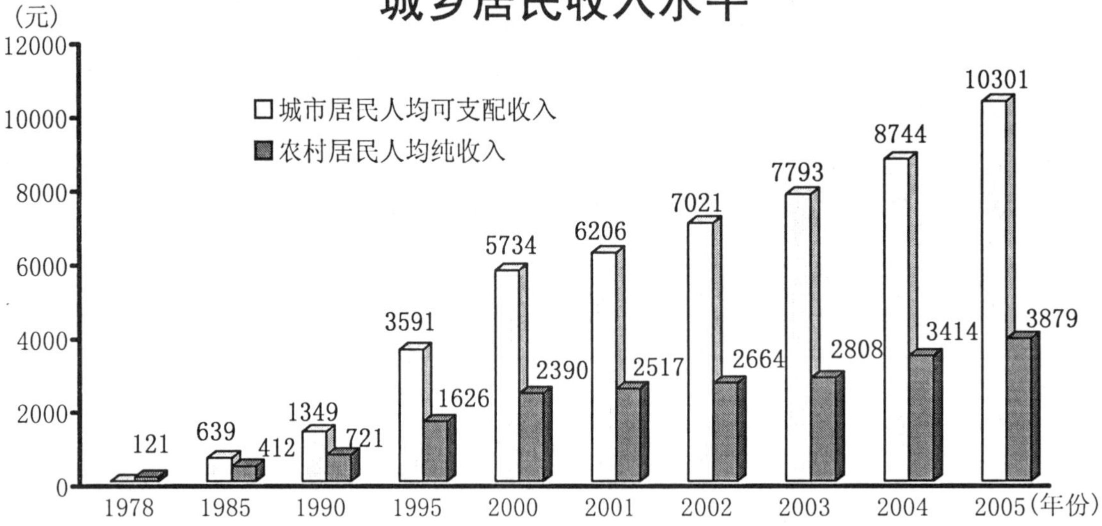

平均每百户家庭耐用消费品拥有量

(2005年)

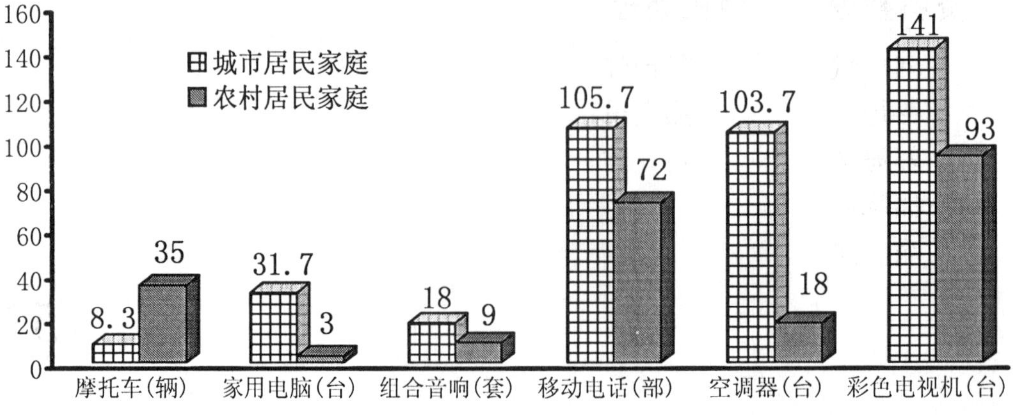

3-1 主要年份职工工资总额

单位：万元

年份	合计	国有单位	城镇集体单位	其他单位
1949	720	720		
1952	2 560	2 445	115	
1957	8 409	6 446	1 963	
1962	12 785	9 655	3 130	
1965	15 216	11 717	3 499	
1970	17 198	14 156	3 042	
1975	23 144	19 483	3 661	
1978	29 834	24 349	5 485	
1980	42 024	33 304	8 720	
1985	72 545	55 804	16 695	46
1986	84 421	65 501	18 838	82
1987	93 974	73 353	20 514	107
1988	116 949	93 072	23 737	140
1989	128 072	103 076	24 805	191
1990	145 581	117 900	27 319	362
1991	162 940	128 643	33 478	819
1992	194 962	157 180	36 184	1 598
1993	233 979	188 235	37 701	8 043
1994	330 451	267 497	47 655	15 299
1995	401 177	329 578	54 930	16 669
1996	455 264	375 408	58 565	21 291
1997	443 775	360 780	58 145	24 850
1998	448 384	322 737	51 845	73 802
1999	502 834	374 369	49 601	78 864
2000	537 932	394 064	47 033	96 035
2001	579 398	434 299	38 891	106 208
2002	639 452	469 918	40 399	129 135
2003	732 712	525 777	43 461	163 474
2004	834 292	580 521	44 347	209 424
2005	991 103	678 185	55 176	257 742

3－2　主要年份在岗职工工资总额

单位：万元

年　　　份	合　　计	国有单位	城镇集体单位	其他单位
1996	451 032	372 044	57 761	21 227
1997	435 815	354 519	56 817	24 479
1998	430 587	310 412	49 919	70 256
1999	479 555	357 827	47 728	74 000
2000	511 784	375 482	45 363	90 939
2001	550 181	412 258	37 553	100 370
2002	600 154	442 437	37 213	120 504
2003	692 717	497 742	39 940	155 035
2004	793 173	552 485	42 712	197 976
2005	949 918	652 909	53 854	243 155

3-3 主要年份职工平均工资

单位：元

年份	合计	国有单位	城镇集体单位	其他单位
1949	255	255		
1952	412	413	400	
1957	595	555	455	
1962	553	564	520	
1965	602	625	534	
1970	521	541	445	
1975	552	568	480	
1978	577	596	504	
1980	732	779	597	
1985	1 039	1 127	823	1 002
1986	1 167	1 256	938	1 174
1987	1 247	1 350	980	1 285
1988	1 481	1 621	1 104	1 665
1989	1 610	1 751	1 206	1 733
1990	1 798	1 972	1 300	2 122
1991	1 962	2 100	1 561	2 287
1992	2 303	2 505	1 698	2 697
1993	2 724	2 956	1 869	3 960
1994	3 790	4 167	2 365	5 356
1995	4 931	5 307	3 301	6 364
1996	5 360	5 785	3 402	7 509
1997	5 487	5 940	3 417	7 951
1998	5 465	5 794	3 309	6 914
1999	6 228	6 797	3 229	7 656
2000	6 954	7 556	3 324	8 687
2001	7 708	8 439	3 315	8 869
2002	8 939	9 614	3 911	10 478
2003	10 502	11 085	4 533	12 822
2004	12 078	12 749	5 184	13 977
2005	14 290	14 671	6 666	17 354

3-4 主要年份在岗职工平均工资

单位：元

年　　份	合　　计	国有单位	城镇集体单位	其他单位
1996	5 890	6 187	4 215	7 745
1997	6 340	6 405	4 765	8 391
1998	6 599	6 831	4 598	7 852
1999	7 724	8 259	4 823	8 348
2000	8 756	9 335	5 123	9 708
2001	9 953	10 650	5 637	10 129
2002	11 731	12 416	6 619	12 169
2003	13 914	14 624	7 855	14 537
2004	15 588	16 370	9 270	15 806
2005	18 045	18 794	10 784	18 840

3-5 单位从业人员劳动报酬

（2005年）　　单位：万元

	合计	在岗职工工资总额	国有	城镇集体	其他	其他从业人员劳动报酬
总计	**986 460**	**949 918**	**652 909**	**53 854**	**243 155**	**36 542**
一、按隶属关系分						
中央	294 231	287 084	205 346	4 616	77 122	7 147
省属	287 516	282 128	235 295	2 342	44 491	5 388
市属	395 972	372 678	212 268	46 896	113 514	23 294
#南昌县	58 648	57 829	21 022	23 261	13 546	819
新建县	29 295	29 272	22 283	529	6 460	23
进贤县	23 798	23 685	21 916	1 388	381	113
安义县	11 532	11 361	7 867	688	2 806	171
东湖区	10 509	10 215	8 689	1 399	127	294
西湖区	12 883	11 414	9 255	2 159		1 469
青云谱区	14 229	12 931	5 225	6 966	740	1 298
青山湖区	16 369	16 349	7 174	2 116	7 059	20
湾里区	5 595	5 546	3 193	1 427	926	48
红谷滩新区	1 352	1 341	1 045		296	11
经济技术开发区	11 249	10 920	1 190		9 730	329
高新技术开发区	31 618	29 828	2 110	587	27 131	1 790
其他	8 741	8 028			8 028	713
二、按企业、事业、机关分						
企业	606 195	581 526	287 388	50 983	243 155	24 669
事业	288 096	278 579	275 734	2 845		9 517
机关	92 169	89 813	89 787	26		2 356
三、按产业结构分						
第一产业	18 905	18 868	18 396	187	285	37
第二产业	355 423	337 525	132 392	44 860	160 273	17 898
第三产业	612 132	593 525	502 121	8 807	82 597	18 607

3-6 各行业单位从业人员劳动报酬

（2005年）　　单位：万元

	合　计	国有单位	城镇集体单位	其他单位
总　　计	**986 460**	**680 309**	**56 700**	**249 451**
1.农、林、牧、渔业	18 905	18 418	187	300
2.采　矿　业	41		41	
3.制　造　业	209 217	51 291	11 511	146 415
#纺　织　业	8 423		246	8 177
医药制造业	23 659	4 442	10	19 207
黑色金属冶炼及压延加工业	31 967	6 849	776	24 342
通用设备制造业	8 971	1 207	1 025	6 739
交通运输设备制造业	53 433	4 129	5 130	44 174
4.电力、燃气及水的生产和供应业	26 985	18 532		8 453
5.建　筑　业	119 180	72 749	35 888	10 543
6.交通运输、仓储和邮政业	132 669	119 659	1 164	11 846
#铁路运输业	84 537	84 114	423	
邮　政　业	10 291	10 291		
7.信息传输、计算机服务和软件业	23 956	7 860		16 096
8.批发和零售业	25 992	16 346	1 656	7 990
9.住宿和餐饮业	6 643	4 464	257	1 922
10.金　融　业	52 430	15 437	3 058	33 935
11.房地产业	7 647	3 921		3 726
12.租赁和商务服务业	10 697	7 264	879	2 554
13.科学研究、技术服务和地质勘查业	67 507	34 992	35	2 480
14.水利、环境和公共设施管理业	14 861	11 789	477	2 595
15.居民服务和其他服务业	1 588	1 031	24	533
16.教　　育	124 986	124 917	6	63
#高等教育	59 041	59 014		
17.卫生、社会保障和社会福利业	59 948	58 433	1 515	
#卫　　生	56 644	55 129	1 515	
18.文化、体育和娱乐业	19 156	19 154	2	
19.公共管理和社会组织	94 052	94 052		
#国家机构	82 381	82 381		

3-7 各行业在岗职工工资总额

(2005年) 单位：万元

	合计	国有单位	城镇集体单位	其他单位
总计	**949 918**	**652 909**	**53 854**	**243 155**
1. 农、林、牧、渔业	18 868	18 396	187	285
2. 采矿业	41		41	
3. 制造业	201 029	49 341	9 944	141 744
#纺织业	8 399		239	8 160
医药制造业	22 790	4 440	10	18 340
黑色金属冶炼及压延加工业	31 932	6 827	763	24 342
通用设备制造业	7 545	1 198	703	5 644
交通运输设备制造业	49 108	2 743	4 072	42 293
4. 电力、燃气及水的生产和供应业	26 586	18 530		8 056
5. 建筑业	109 869	64 521	34 875	10 473
6. 交通运输、仓储和邮政业	127 135	114 229	1 082	11 824
#铁路运输业	79 088	78 748	340	
邮政业	10 291	10 291		
7. 信息传输、计算机服务和软件业	23 779	7 799		15 980
8. 批发和零售业	25 743	16 192	1 631	7 920
9. 住宿和餐饮业	6 432	4 332	250	1 850
10. 金融业	52 033	15 173	2 926	33 934
11. 房地产业	7 492	3 837		3 655
12. 租赁和商务服务业	9 972	7 070	879	2 023
13. 科学研究、技术服务和地质勘查业	36 914	34 435	35	2 444
14. 水利、环境和公共设施管理业	13 564	10 716	477	2 371
15. 居民服务和其他服务业	1 568	1 011	24	533
16. 教育	120 785	120 716	6	63
#高等教育	56 140	56 140		
17. 卫生、社会保障和社会福利业	58 212	56 717	1 495	
#卫生	54 987	53 492	1 495	
18. 文化、体育和娱乐业	18 392	18 390	2	
19. 公共管理和社会组织	91 504	91 504		
#国家机构	80 479	80 479		

3-8 在岗职工年工资总额

单位：万元

	合计		国有单位		城镇集体单位		其他单位	
	2004	2005	2004	2005	2004	2005	2004	2005
总计	**793 173**	**949 918**	**552 485**	**652 909**	**42 712**	**53 854**	**197 976**	**243 155**
一、按隶属关系分								
中央	220 946	287 084	164 055	205 346	4 821	4 616	52 070	77 122
省属	245 770	282 128	207 905	235 295	1 904	2 342	3 596	44 491
市属	310 115	372 678	180 525	212 268	35 987	46 896	93 603	113 514
#南昌县	41 002	57 829	16 982	21 022	12 917	23 261	11 103	13 546
新建县	29 628	29 272	21 408	22 283	2 582	529	5 638	6 460
进贤县	18 904	23 685	16 174	21 916	2 453	1 388	277	381
安义县	9 549	11 361	6 944	7 867	524	688	2 081	2 806
东湖区	9 322	10 215	7 949	8 689	1 271	1 399	102	127
西湖区	9 827	11 414	8 334	9 255	1 493	2 159		
青云谱区	6 350	12 931	3 858	5 225	2 355	6 966	137	740
青山湖区	15 263	16 349	5 968	7 174	2 398	2 116	6 897	7 059
湾里区	5 456	5 546	3 347	3 193	1 653	1 427	456	926
红谷滩新区		1 341		1 045				296
经济技术开发区		10 920		1 190				9 730
高新技术开发区		29 828		2 110		587		27 131
其他	16 342	8 028					16 342	8 028
二、按企业、事业、机关分								
企业	485 564	581 526	246 601	287 388	41 005	50 983	197 958	243 155
事业	227 840	278 579	226 139	275 734	1 683	2 845	18	
机关	79 769	89 813	79 745	89 787	24	26		
三、按产业结构分								
第一产业	19 329	18 868	18 890	18 396	204	187	235	285
第二产业	305 504	337 525	119 776	132 392	36 241	44 860	149 487	160 273
第三产业	468 340	593 525	413 819	502 121	6 267	8 807	48 254	82 597

3-9 在岗职工年平均工资

单位：元

	合计		国有单位		城镇集体单位		其他单位	
	2004	2005	2004	2005	2004	2005	2004	2005
总计	**15 588**	**18 045**	**16 370**	**18 794**	**9 270**	**10 784**	**15 806**	**18 840**
一、按隶属关系分								
中央	22 954	26 822	24 130	26 088	9 427	11 253	22 480	31 846
省属	17 116	19 521	17 090	19 308	9 082	10 465	18 126	21 790
市属	12 125	13 817	12 210	14 457	9 273	10 756	13 545	14 314
#南昌县	11 149	12 325	11 640	13 433	11 376	11 743	10 249	11 817
新建县	9 121	11 500	9 581	12 133	8 009	6 121	8 153	10 379
进贤县	8 868	12 050	9 894	12 772	5 278	6 598	8 599	9 695
安义县	9 598	10 387	9 839	11 841	8 491	9 823	9 149	7 808
东湖区	11 710	13 773	13 001	15 449	7 257	8 270	10 719	12 604
西湖区	14 795	17 020	18 915	22 231	6 676	8 490		
青云谱区	11 571	14 268	15 249	16 729	8 385	13 443	9 160	9 764
青山湖区	12 848	14 133	13 961	16 455	10 697	12 490	12 861	12 801
湾里区	10 020	12 044	10 323	12 039	8 844	10 747	13 662	14 819
红谷滩新区		13 243		14 462			12 431	10 203
经济技术开发区		13 970		14 563				13 900
高新技术开发区		14 951		11 997		9 372		15 446
其他	12 431	15 665					12 431	15 665
二、按企业、事业、机关分								
企业	15 361	17 838	16 782	19 175	9 334	10 834	15 806	18 840
事业	15 285	17 680	15 393	17 824	7 892	9 915	12 357	
机关	18 273	20 966	18 274	20 967	17 143	18 643		
三、按产业结构分								
第一产业	7 917	8 376	7 944	8 400	6 729	6 779	7 042	8 140
第二产业	13 917	15 464	14 935	16 750	9 578	11 078	14 731	16 234
第三产业	17 680	20 780	17 721	20 373	7 899	9 605	20 588	27 545

3－10　全市各行业在岗职工平均工资

（2005 年）　　　　单位：元

	合　计	国有单位	城镇集体单位	其他单位
总　　计	**18 045**	**18 794**	**10 784**	**18 840**
1. 农、林、牧、渔业	8 376	8 400	6 779	8 140
2. 采　矿　业	5 190		5 190	
3. 制　造　业	14 877	13 805	9 549	15 931
#纺　织　业	10 320		6 328	10 515
医药制造业	14 840	9 103	6 667	17 526
黑色金属冶炼及压延加工业	23 225	23 126	16 176	23 576
通用设备制造业	12 964	6 012	10 137	18 011
交通运输设备制造业	19 785	13 155	13 570	21 431
4. 电力、燃气及水的生产和供应业	25 685	27 186		22 789
5. 建　筑　业	15 112	17 686	11 624	16 838
6. 交通运输、仓储和邮政业	23 450	23 184	6 859	35 117
#铁路运输业	25 629	25 992	6 048	
邮　政　业	25 499	25 499		
7. 信息传输、计算机服务和软件业	31 798	22 652		39 603
8. 批发和零售业	14 856	16 056	7 846	15 336
9. 住宿和餐饮业	11 731	11 361	6 928	14 134
10. 金　融　业	34 102	34 674	16 674	37 179
11. 房 地 产 业	12 138	13 967		10 671
12. 租赁和商务服务业	17 577	20 387	6 094	26 510
13. 科学研究、技术服务和地质勘查业	19 256	19 086	21 875	21 980
14. 水利、环境和公共设施管理业	12 452	12 289	5 503	18 145
15. 居民服务和其他服务业	13 557	12 792	9 833	15 585
16. 教　　育	18 315	18 317	6 100	18 000
#高 等 教 育	23 585	23 585		
17. 卫生、社会保障和社会福利业	23 964	24 383	14 511	
#卫　　生	24 496	24 976	14 511	
18. 文化、体育和娱乐业	20 864	20 881	2 500	
19. 公共管理和社会组织	20 920	20 920		
#国 家 机 构	21 157	21 157		

3－11 主要年份城市住户基本情况

年份	调查户数（户）	平均每户家庭人口（人）	平均每户就业人口（人）	负担人口（人）	平均每人每月实际收入（元）	平均每人每月可支配收入（元）	平均每人每月生活费支出（元）
1980	120	4.28	2.16	1.98		28.26	
1981	120	4.21	2.15	1.96	33.91	33.91	30.83
1982	120	4.21	2.17	1.94	35.83	35.88	31.38
1983	120	4.23	2.19	1.93	36.63	36.31	32.25
1984	120	4.09	2.18	1.88	43.78	43.46	38.82
1985	150	3.64	2.06	1.77	54.14	53.28	46.61
1986	150	3.66	2.05	1.79	64.29	63.99	53.46
1987	150	3.64	2.01	1.81	71.48	70.45	62.5
1988	200	3.54	1.94	1.82	83.68	83.22	75.55
1989	200	3.48	1.98	1.76	95.54	110.35	84.34
1990	200	3.34	1.88	1.77	112.92	112.39	90.45
1991	200	3.41	1.85	1.85	113.71	113.19	93.84
1992	200	3.35	1.81	1.85	129.23	128.39	110.56
1993	200	3.16	1.74	1.81	172.93	172.08	153.86
1994	200	3.11	1.74	1.79	255.84	255.36	215.54
1995	200	3.07	1.76	1.75	299.94	299.22	247.89
1996	200	3.03	1.67	1.82	333.98	333.5	267.59
1997	200	3.03	1.68	1.81	376.2	375.11	311.9
1998	200	3.09	1.76	1.75	407.7	405.89	319.98
1999	334	3.05	1.68	1.82	515.28	440.63	339.78
2000	300	3.21	1.67	1.92	481.72	477.8	327.07
2001	300	3.12	1.62	1.93	525.03	517.21	357.8
2002	300	2.99	1.55	1.93	602.63	585.05	399.1
2003	300	2.93	1.48	1.98	674.43	649.43	423.24
2004	300	2.78	1.53	1.82	761.59	728.65	488.68
2005	300	2.59	1.37	1.89	907.64	858.44	588.68

注：“负担人口”指平均每个就业者所负担的人口，含就业者本人。

3－12 城市居民家庭生活基本情况

项目	2004	2005
家庭户数（户）	300	300
家庭人口（人）	834	777
就业人口（人）	459	411
平均每户家庭人口（人）	2.78	2.59
平均每户就业人口（人）	1.53	1.37
平均每户就业面（%）	55.04	52.9
平均每一就业者负担人数（含就业者本人）（人）	1.82	1.89
平均每人实际收入（元）	9 139.11	10 891.72
平均每人可支配收入（元）	8 743.78	10 301.28
平均每人生活费支出（元）	5 864.21	7 064.14
家庭常住人口（人）	843	777
居住面积（平方米）	15 030	16 177
平均每户居住面积（平方米）	50.1	53.92
平均每户建筑面积（平方米）	65.64	70.32

3-13 城市住户基本情况

（按收入分组：2005 年）

项　　目	总平均	最低收入户	低收入户	中等偏下户	中等收入户	中等偏上户	高收入户	最高收入户
调查户数（户）	300	30	30	60	60	60	30	30
家庭人口（人）	777	91	88	167	154	145	65	68
就业人口（人）	411	42	49	76	92	80	33	38
平均每户家庭人口（人）	2.59	3.04	2.93	2.78	2.57	2.41	2.17	2.27
平均每户就业人口（人）	1.37	1.39	1.62	1.27	1.53	1.33	1.1	1.28
平均每户就业面（%）	52.9	45.72	55.29	45.68	59.53	55.19	50.69	56.39
就业者负担人口（人）	1.89	2.19	1.81	2.19	1.68	1.82	1.97	1.77
平均每人实际收入（元）	10 891.72	4 946.73	6 566.23	7 735.04	9 638.89	13 256.79	16 666.26	24 033.29
平均每人消费性支出（元）	7 064.14	3 493.92	4 889.19	5 631.54	6 736.77	8 496.36	9 902.89	12 964.6
离退休人数（人）	207	12	16	49	35	47	24	23

3－14 城市住户平均每百户主要消费品年末拥有量

品　　名	2004	2005
组合家具（套）	78.33	70.67
自行车（辆）	130	116.67
电风扇（台）	220.33	220.33
洗衣机（台）	96.33	98.33
电冰箱（台）	96	96.33
摩托车（辆）	11	8.33
彩色电视（台）	130.67	141
影碟机（台）	58	54.67
淋浴热水器（架）	75	79.33
照相机（架）	39.33	42.67
中高档乐器（件）	5.67	7
空调器（台）	88.67	103.67
电炊具（台）	61	64.67
组合音响（台）	21	18
录放像机（台）	16.67	15.67
微波炉（台）	47.33	59.67
电话（台）	92.67	96
移动电话（台）	87.33	105.67
家用电脑（台）	20	31.67
摄像机（台）	1.33	2
消毒碗柜（台）	9	12.33
饮水机（台）	20	22.33

3－15 城市居民平均每人现金收支

单位：元

项　　目	2004	2005
一、期初手存现金	1 441.83	1 863.84
二、实 际 收 入	9 139.11	10 891.72
工资及补贴收入	6 602.23	7 047.36
个体经营劳动者收入	336.61	285.76
其他劳动收入	107.01	35.97
财产性收入	49.47	50.55
转移性收入	2 043.79	3 472.09
赡 养 收 入	106.68	96.43
离 退 休 金	1 518.78	2 778.95
赠 送 收 入	185.52	338.61
亲友搭伙费	144.89	190.8
记 帐 补 贴	41.23	46.54
出售财物收入	1.08	4.12
三、储蓄借贷收入	844.47	809.87
#提取储蓄存款	821.88	756.2
借　人　款	13.99	42.68
四、实 际 支 出	7 193.02	8 448.17
#赡 养 支 出	144.67	179.63
赠 送 支 出	414.7	609.4
五、储蓄借贷支出	1 819.28	2 210.22
#存入储蓄款	1 715.98	2 128.14
归 还 借 款	16.01	21.68
借　出　款	26.09	14.14
六、期末手存现金	1 522.86	1 951.12

3－16　城市居民平均每人现金收支

（按收入分组：2005年）　　　　单位：元

项　　目	总平均	最低收入户	低收入户	中等偏下户	中等收入户	中等偏上户	高收入户	最高收入户
一、期初手存现金	1 863.84	707.12	1 032.39	1 212.6	1 462.46	1 912.32	2 531.04	6 099.2
二、实际收入	10 891.72	4 946.73	6 566.23	7735.04	9 638.89	13 256.79	16 666.26	24 033.29
可支配收入	10 301.28	4 486.68	6 143.11	7 342.74	9 169.16	12 503.23	15 844.1	22 879.47
工资及补贴收入	7 047.36	3 278.09	5 175.36	4 607.58	7 011.24	8 301.76	8 547.13	16 157.38
个体经营劳动者收入	285.76	218.6		221.42	79.01	368.11	1 549.36	
其他劳动收入	35.97	225	15.21	20.03	3.69		30.71	2.91
财产性收入	50.55	94.66	37.61	30.17	1.29	52.67	4.8	203.36
转移性收入	3 472.09	1 130.38	1 338.05	2 855.85	2 543.65	4 534.25	6 534.26	7 669.64
离退休金	2 778.95	948.52	1 145.24	2 476.94	2 138.87	3 591.92	4 703.74	5 874.24
赡养收入	96.43	31.75	51.28	22.32	39.18	154.37	94.77	420.36
赠送收入	338.61	48.02	81.2	174.54	166.11	498.22	1 114.9	759.71
亲友搭伙费	190.8	16.75	17.08	128.51	148.5	240.84	534.15	453.73
记帐补贴	46.54	39.42	43.08	44.28	46.63	48.62	55.38	52.83
出售财物收入	4.12		0.23	9.25		1.03	1.42	20.08
三、储蓄借贷收入	809.87	390.88	349.86	591.91	614.25	1 031.27	864.6	2 368.05
提取储蓄存款	756.2	388.69	349.86	585.88	530.06	891.57	787.68	2 331.84
借入款	42.68	2.19			84.19	139.7		
四、实际支出	8 448.17	4 196.35	5 686.33	6 433.85	7 909.24	10 311.15	11 743.77	16 499.34
消费性支出	7 064.14	3 493.92	4 889.19	5 631.54	6 736.77	8 496.06	9 902.89	12 964.6
非消费性支出	1 725.58	920.32	1 100.48	1 170.35	1 580.22	2 032.01	2 593.18	3 751.02
赡养支出	179.63	147.05	71.11	35.38	167.66	182.55	310.97	595.74
赠送支出	609.4	134.52	334.5	376.65	548.59	863.23	717.25	1 633.6
五、储蓄借贷支出	2 210.22	214.6	803.05	1 673.55	1 123.6	2 139.88	4 537.71	8 193.12
存入储蓄款	2 128.14	214.6	789	1 662.83	1 069.77	2 079.98	4 537.71	7 569.01
归还借款	21.68				12.95	34.92		140.02
借出款	14.14				6.48			142.01
六、期末手存现金	1 951.12	784.35	1 067.97	1 231.67	1 564.15	2 065.49	2 635.28	6 243.28

3-17 城市住户平均每人生活费支出及构成

项目	金额（元）		构成（%）	
	2004	2005	2004	2005
生活费支出	**5 864.21**	**7 064.14**	**100**	**100**
1. 食品	2 798.75	3 163.33	47.73	44.78
#粮食	261.05	261.53	9.33	8.27
油脂	145.04	131.38	5.18	4.15
肉禽及其制品	650.75	687.31	23.25	21.73
蛋类	66.62	75.98	2.38	2.4
水产类	186.53	215.98	6.66	6.83
菜类	336.91	382.3	12.04	12.09
烟类	144.37	166.08	5.16	5.25
酒和饮料	84.73	105.82	3.03	3.35
干鲜瓜果	185.29	213.1	6.62	6.74
奶及奶制品	129.15	150.95	4.61	4.77
2. 衣着	506.08	623.49	8.63	8.83
#服装	360.8	443.44	71.29	71.12
衣着材料	9.94	11.37	1.96	18.24
3. 家庭设备用品及服务	340.94	497.99	5.81	7.05
耐用消费品	119.79	230.75	35.14	46.34
4. 医疗保健	281.95	498.07	4.81	7.05
5. 交通与通讯	507.11	594.62	8.65	8.42
6. 教育文化娱乐服务	665.99	880.31	11.36	12.46
文化娱乐用品	199.39	209.31	29.94	23.78
教育	366.95	484.83	55.1	55.07
文化服务	99.65	186.17	14.96	21.15
7. 居住	625.35	628.03	10.66	8.89
8. 杂项商品与服务	138.04	178.32	2.35	2.52

3－18　城市住户平均每人购买消费品数量

单位：千克

品　　　名	2004	2005
粮　　食	87.72	86.71
食用植物油	15.96	15.02
鲜　　菜	134.69	135.59
猪　　肉	29.37	30.36
牛 羊 肉	1.65	1.89
家　　禽	8.34	10.59
鲜　　蛋	9.09	10.07
鱼（不包括虾）	15.49	14.64
白　　酒	0.97	1.03
啤　　酒	6.13	6.64
鲜　　瓜	11.33	14.37
鲜　　果	39.2	38.23
糕　　点	3.96	4.53
鲜　　奶	22.33	24.78
男式服装（件）	2.11	2.73
女式服装（件）	3.3	3.86
鞋（双）	2.47	2.55
煤　　炭	2.42	0.71
液化石油气	32.51	28.78
管道煤气（立方米）	18.06	39.32

3-19 城市居民居住情况

单位：户

类　　　　　别	2004	2005
调查户数	**300**	**300**
一、按住宅建筑式样		
单栋住宅	2	2
四 居 室	11	5
三 居 室	53	50
二 居 室	175	205
一 居 室	38	25
普通楼房	19	11
平房及其他	2	2
二、按房屋产权		
租赁公房	24	17
租赁私房	9	4
原有私房	22	14
房改私房	229	257
商 品 房	11	7
其　　他	5	1
三、按自来水使用情况		
独用来水	286	288
公用自来水	14	12
四、按卫生设备拥有情况		
无卫生设备	4	2
有浴室、厕所	243	231
有厕所无浴室	53	67
公用卫生设备		

3－20 城市居民家庭收入结构类型

（2005 年）

项 目	总平均数	最低收入户	低收入户	中等便下	中等收入户	中等偏上	高收入户	最高收入户
一、占总调查户数的比重（%）								
2004年	300	10	10	20	20	20	10	10
2005年	300	10	10	20	20	20	10	10
二、平均人口（人）								
2004年	2.78	3.3	3.27	3.02	2.68	2.51	2.54	2.27
2005年	2.59	3.04	2.93	2.78	2.57	2.41	2.17	2.27
比重（%）								
2004年	100	118.71	117.63	108.63	96.4	90.29	9.14	81.65
2005年	100	117.37	113.13	107.34	99.23	93.05	83.78	87.64
三、人均可支配性收入（元）								
2004年	8 743.78	3 522.07	4 552.54	5 765.06	7 355.03	9 666.87	12 896.6	26 910.34
2005年	10 301.28	4 486.68	6 143.11	7 342.74	9 169.16	12 503.23	15 844.1	22 879.47
比重（%）								
2004年	100	40.28	52.07	65.93	84.12	110.56	147.49	307.77
2005年	100	43.55	59.63	71.28	89.01	121.38	153.81	222.1
2005年比上年收入增长(%)	17.81	27.39	34.94	27.37	24.67	29.34	22.85	－14.98
四、全年人均消费性支出（元）								
2004年	5 864.21	2 985.01	4 021.2	4 771.65	5 232.89	6 837.47	8 412.97	12 102.7
2005年	7 064.14	3 493.92	4 889.19	5 631.54	6 736.77	8 496.06	9 902.89	12 964.6
2005年比上年增长（%）	20.46	17.05	21.59	18.02	28.73	24.26	17.71	7.12

3－21　1985－2005年农村居民家庭基本情况

年　　份	调查县区（个）	调查数（户）	平均每户常住人口（人）	平均每户整半劳动力（人）	平均每个劳动力负担人口（人）	纯收入（元/人）	生活用房面积（平方米/人）
1985	6	380	5.64	3.04	1.85	412.43	15.98
1986	6	380	5.61	3.02	1.86	452.07	16.77
1987	6	390	5.41	2.82	1.91	501.34	18.36
1988	6	410	5.41	2.96	1.83	586.46	19.52
1989	6	410	5.36	3.52	1.52	660.04	20.69
1990	6	410	5.25	2.95	1.78	721.21	19.50
1991	6	410	5.02	2.79	1.80	768.19	19.78
1992	6	410	4.99	2.81	1.76	854.74	21.30
1993	6	410	4.91	2.86	1.72	968.60	19.69
1994	6	410	4.79	2.89	1.66	1 310.75	22.53
1995	6	410	4.75	2.91	1.63	1 626.36	23.71
1996	6	410	4.67	2.91	1.61	2 031.20	23.44
1997	6	410	4.55	2.84	1.60	2 358.57	25.12
1998	6	400	4.46	2.80	1.59	2 164.26	26.26
1999	6	400	4.30	2.89	1.49	2 306.86	26.77
2000	6	400	4.29	2.96	1.45	2 390.10	26.10
2001	6	400	4.28	2.93	1.46	2 517.04	27.92
2002	6	400	4.21	2.93	1.44	2 663.68	28.21
2003	6	400	4.16	2.92	1.42	2 808.10	29.46
2004	6	400	4.13	2.90	1.42	3 414.46	35.48
2005	7	400	4.14	2.92	1.42	3 878.77	38.66

3－22　农村居民家庭基本情况

（分县区，2005年）

地　　区	调查数（户）	平均每户常住人口（人）	平均每户劳动力（人）	7－15岁人口入学率（%）	人均经营耕地（亩）	人均经营山地（亩）	平均每人年末住房（平方米）	人均纯收入
南昌市	**400**	**4.14**	**2.90**	**94.62**	**1.52**	**0.12**	**38.66**	**3 878.77**
南昌县	70	4.09	2.61	98.28	1.50		30.84	4 008.14
新建县	70	4.37	3.14	89.10	2.36		39.04	3 665.21
进贤县	70	4.16	3.31	95.65	1.96	0.07	36.63	3 711.81
安义县	70	4.21	3.01	93.44	1.89	0.19	29.41	3 378.37
湾里区	50	3.72	2.58	96.30	0.90	0.67	22.41	3 491.77
青山湖区	50	4.22	2.82	100.00	0.32		63.20	4 780.35
西湖区	20	3.95	2.60	87.50			80.25	5 847.49

3-23 农村家庭房屋使用情况

项　　　　　目	2004	2005	2005年比上年增长%
一、新建房户数（户）	2	7	250.00
二、平均每户年内新建房屋面积（平方米）	0.53	2.48	367.92
新建房屋价值（元）	137.5	1115	710.91
三、平均每户年末使用房屋面积（平方米）	146.45	159.86	9.16
生活用房面积	146.45	159.86	9.16
#砖木结构	42.74	42.75	0.02
钢筋混凝土结构	101.73	115.62	13.65
四、平均每人年末使用房屋面积（平方米）	35.48	38.66	8.96
#砖木结构	10.35	10.34	-0.10
钢筋混凝土结构	24.65	27.96	13.43

3－24 农村居民家庭总收入和构成

项　　目	平均每人（元）		构　　成（%）	
	2004	2005	2004	2005
总　收　入	**4 644.92**	**5 891.39**	**100.00**	**100.00**
一、工资性收入	1 214.85	1 469.32	26.15	24.94
1. 在非企业组织中劳动得到的收入	165.36	172.72	3.56	2.93
2. 在本乡地域内劳动得到的收入	285.84	485.35	6.15	8.24
# 在本地乡镇企业	89.62	131.95	1.93	2.24
3. 常住人口外出从业得到的收入	763.66	811.25	16.44	13.77
4. 其　　他				
二、家庭经营收入	3 161.56	4 071.03	68.06	69.10
1. 农业收入	1 918.28	1 919.96	41.30	32.59
# 种植业收入	1 885.25	1 885.34	40.59	32.00
2. 林业收入	31.06	33.41	0.67	0.57
3. 牧业收入	654.50	1 283.60	14.09	21.79
4. 渔业收入	31.63	132.45	0.68	2.25
5. 工业收入	43.06	49.59	0.93	0.84
6. 建筑业收入	77.77	99.09	1.67	1.68
7. 交通、运输和邮电业收入	172.91	319.57	3.72	5.42
8. 批发和零售贸易、餐饮业收入	61.20	126.09	1.32	2.14
9. 社会服务业收入	71.25	29.62	1.53	0.50
10. 文教卫生业收入	29.16	12.05	0.63	0.20
11. 其他家庭经营收入	70.74	65.60	1.52	1.11
三、财产性收入	171.59	148.52	3.69	2.52
四、转移性收入	96.92	202.53	2.09	3.44
# 家庭非常住人口寄回收入	0.32	10.98	0.01	0.19
亲人赠送	45.55	51.56	0.98	0.88
# 农村外部亲友赠送	4.67	10.79	0.10	0.18

3－25 农村居民家庭总支出和构成

项　　目	平均每人（元）		构　　成（%）	
	2004	2005	2004	2005
总　支　出	**3 565.97**	**4 814.46**	**100.00**	**100.00**
一、家庭生产经营支出	1 011.49	1 840.31	28.37	38.22
农　　业	442.33	489.32	12.40	10.16
#种　植　业	372.56	410.88	10.45	8.53
林　　业	0.58	0.04	0.02	0.00
牧　　业	415.15	1 037.89	11.64	21.56
渔　　业	4.16	31.65	0.12	0.66
工　　业	1.99	19.06	0.06	0.40
建　筑　业	8.22	24.18	0.23	0.50
交通运输和邮电业	61.91	115.10	1.74	2.39
批发和零售贸易、餐饮业	18.52	98.37	0.52	2.04
社会服务业	22.13	15.02	0.62	0.31
文教卫生业	17.19	4.71	0.48	0.10
其他家庭经营支出	19.30	4.97	0.54	0.10
二、购置生产性固定资产支出	178.27	285.50	5.00	5.93
三、税　费　支　出	104.01	19.78	2.92	0.41
四、生活消费支出	2 168.21	2 472.34	60.80	51.35
#文化娱乐用品及服务	233.70	239.51	6.55	4.97
五、财产性支出	1.46	34.61	0.04	0.72
六、转移性支出	102.52	156.54	2.87	3.25
#寄给或带给在外人口	18.24	5.76	0.51	0.12
赠　送　亲　友	66.87	129.53	1.88	2.69
#赠送农村以外亲友	3.42	9.97	0.10	0.21

3－26 主要年份农村居民家庭纯收入

（按人口平均） 单位：元

项 目	1985	1990	1995	1997	1998	1999
纯 收 入	**412.43**	**731.21**	**1 626.26**	**2 358.57**	**2 164.26**	**2 306.86**
一、按纯收入来源分						
工资性收入	40.40	50.32	399.87	628.46	723.12	895.58
家庭经营纯收入	336.73	632.06	1 167.07	1 576.15	1 311.09	1 292.65
第一产业	277.33	526.85	1 072.06	1 342.64	1 077.92	1 054.93
第二产业	10.20	24.40	32.41	60.81	38.07	57.69
第三产业	49.20	80.81	62.60	172.71	195.10	180.03
转移性收入	29.70	40.57	40.70	84.19	96.89	85.89
财产性收入	5.60	8.26	18.72	69.77	33.16	32.74
二、按纯收入性质分						
生产性纯收入	375.53	660.22	1 552.28	2 154.88	2 021.04	2 134.43
农业生产	277.33	526.85	1 072.06	1 342.64	1 077.92	1 054.93
非农业生产	98.20	133.37	480.22	812.24	943.12	1 079.50
非生产性纯收入	36.90	60.99	74.08	203.69	143.22	172.43

项 目	2000	2001	2002	2003	2004	2005
纯 收 入	**2 390.10**	**2 517.04**	**2 663.68**	**2 801.10**	**3 414.46**	**3 878.77**
一、按纯收入来源分						
工资性收入	1 012.63	938.85	1 024.08	1 080.04	1 214.85	1 469.32
家庭经营纯收入	1 283.12	1 434.55	1 399.55	1 465.63	1 971.29	2 099.18
第一产业	1 077.35	1 216.70	1 127.72	1 170.31	1 634.03	1 733.66
第二产业	96.03	91.56	82.27	68.44	98.49	100.89
第三产业	109.74	126.29	189.56	226.88	238.78	264.63
转移性收入	62.93	35.70	31.82	44.81	56.73	161.74
财产性收入	31.42	107.94	208.23	217.61	171.59	148.53
二、按纯收入性质分						
生产性纯收入	2 275.46	2 361.02	2 394.73	2 495.24	3 128.27	3 547.59
农业生产	1 077.35	1 216.70	1 127.72	1 170.31	1 634.02	1 733.66
非农业生产	1 198.11	1 144.32	1 267.01	1 324.93	1 494.25	1 813.93
非生产性纯收入	114.64	156.02	268.95	312.86	286.19	331.18

3－27 农村住户平均每人纯收入

（分县区，2005年）　　单位：元

地　　区	纯　收　入	生产性纯收入			非生产性纯收入
			农业生产	非农业生产	
南　昌　市	**3 878.77**	**3 547.59**	**1 733.66**	**1 813.93**	**331.18**
南　昌　县	4 008.14	3 767.98	2 163.91	1 604.07	240.16
新　建　县	3 665.21	3 514.64	2 046.51	1 468.13	150.57
进　贤　县	3 711.81	3 627.28	1 603.39	2 023.89	84.53
安　义　县	3 378.37	3 211.08	1 227.41	1 983.67	167.29
湾　里　区	3 491.77	3 330.49	1 316.12	2 014.37	161.28
青山湖区	4 780.35	2 928.99	238.75	2 690.24	1 851.36
西　湖　区	5 847.49	2 800.50	162.78	2 637.72	3 046.99

3－28 农村住户生活消费支出

项　　目	平均每人（元）		构　成（%）		商品性比重（%）	
	2004	2005	2004	2005	2004	2005
生活消费支出	**2 168.24**	**2 472.34**	**100.00**	**100.00**		
一、食　　品	1 133.27	1 245.81	52.27	50.39	62.78	65.42
#主　　食	327.91	303.48	15.12	12.28	12.52	11.49
副　　食	449.9	532.37	20.75	21.53	79.49	75.13
二、衣　　着	116.9	138.58	5.39	5.61	100.00	100.00
三、居　　住	232.14	332.24	10.71	13.44	89.37	95.85
四、家庭设备、用品及服务	80.21	112.09	3.70	4.53		
五、医疗保健	169.58	118.77	7.82	4.80		
六、交通和通讯	151.10	234.16	6.97	9.47		
七、文化娱乐用品和服务	233.70	239.51	10.78	9.69	100.00	100.00
文化教育娱乐用品	39.51	44.61	1.82	1.80	100.00	100.00
文化教育娱乐服务	182.52	185.51	8.42	7.50		
八、其他商品和服务	51.31	51.19	2.37	2.07	100.00	100.00

注：商品性比重是指生活消费品中商品性支出所占比重，不包括自产自用部分和文化及生活服务支出。

3－29 农村居民家庭现金收入和构成

项目	平均每人（元）		构成（%）	
	2004	2005	2004	2005
现金收入	**3 874.68**	**5 206.18**	**100.00**	**100.00**
一、工资性收入	1 214.85	1 469.32	31.35	28.22
在非企业组织中劳动得到的	165.36	172.72	4.27	3.32
在本乡地域内劳动得到的收入	285.84	485.35	7.38	9.32
常住人口外出从业得到	763.66	811.25	19.71	15.58
其他				
二、家庭经营收入	2 425.93	3 402.26	62.61	65.35
出售产品	1 868.32	2 664.11	48.22	51.17
农业	1 216.46	1 261.22	31.40	24.23
#种植业	1 186.51	1 261.22	30.62	24.23
林业	31.06	33.34	0.80	0.64
牧业	622.35	1 244.35	16.06	23.90
渔业	29.96	125.20	0.77	2.40
工业加工费	43.06	49.59	1.11	0.95
建筑业	77.77	99.09	2.01	1.90
交通运输业	172.91	319.57	4.46	6.14
批发和零售贸易、餐饮业	61.20	126.09	1.58	2.42
社会服务业	71.25	29.62	1.84	0.57
文教卫生业	29.16	12.05	0.75	0.23
其他家庭经营	70.74	58.19	1.83	1.12
三、转移性收入	93.63	188.37	2.42	3.62
四、财产性收入	140.27	146.23	3.62	2.81

3－30　农村居民家庭现金支出和构成

项目	平均每人（元）		构成（%）	
	2004	2005	2004	2005
现金支出	**3 033.50**	**4 320.23**	**100.00**	**100.00**
一、生产费用支出	1 111.29	2 083.62	36.63	48.23
1. 家庭生产经营费用	933.03	1 792.74	30.76	41.50
农业	396.72	475	13.08	10.99
#种植业	346.91	475	11.44	10.99
林业	0.58	0.04	0.02	0.00
牧业	382.30	1 006.75	12.60	23.30
渔业	4.16	29.54	0.14	0.68
工业	1.99	19.06	0.07	0.44
建筑业	8.22	24.18	0.27	0.56
运输业	61.91	115.10	2.04	2.66
批发和零售贸易、餐饮业	18.52	98.37	0.61	2.28
社会服务业	22.13	15.02	0.73	0.35
文教卫生业	17.19	4.71	0.57	0.11
其他经营	19.30	4.97	0.64	0.12
2. 购置生产性固定资产支出	178.27	285.50	5.88	6.61
二、税费支出	96.55	19.78	3.18	0.46
三、财产性支出	1.46	34.60	0.05	0.80
四、转移性支出	102.51	154.60	3.38	3.58
五、生活消费支出	1 721.68	2 027.63	56.76	46.93

3-31 农村住户储蓄借贷

项目	平均每人（元）		2005年比上年	
	2004	2005	增减额（元）	增长率（%）
一、非生产所得收入	156.78	293.10	136.32	86.95
#从银行信用社得到的贷款	5.17	26.48	21.31	412.19
借入款	85.12	136.40	51.28	60.24
收回借出款	32.44	9.02	-23.42	-72.19
从银行信用社取回存款	33.90	121.02	87.12	256.99
收回投资款				
二、非消费性现金付出	434.21	444.94	10.73	2.47
#归还银行信用社贷款	7.17	7.74	0.57	7.95
借出款	28.25	5.26	-22.99	-81.38
归还借款	127.54	253.02	125 48	98.38
存入银行信用社款	209.78	105.45	-104.33	-49.73
支出投资款				
三、年末手存现金	930.99	830.85	-100.14	-10.76
四、年末存款余额	1 674.22	1 875.70	201.48	12.03

3-32 1992—2005年农村住户人均纯收入

（按收入水平分组）　　单位：户

分组	1992	1993	1994	1995	1996	1997	1998	1999	2000	2001	2002	2003	2004	2005
调查户数	**410**	**410**	**410**	**410**	**410**	**410**	**400**	**400**	**400**	**400**	**400**	**400**	**400**	**400**
200元以下		2				1	1	4	3	1	2	1		3
200-300元			1					2				1		
300-400元	7	14	1		1				2				1	
400-500元	16	19	3					1	5		4	1		
500-600元	37	26	7		2	2	1	1	4	1	4	2	2	1
600-800元	104	82	23	15	6		4	10	12	4	3	4		2
800-1000元	115	102	60	34	7	2	10	9	14	11	10	4	6	5
1000-1500元	107	122	190	154	84	62	75	72	70	54	42	35	23	13
1500-2000元	20	35	68	100	82	105	81	59	67	70	72	67	36	25
2000元以上	4	18	57	107	228	238	228	242	223	259	263	285	332	351

3－33　主要年份农村住户平均每人主要食品消费量

单位：千克

品名	1985	1990	1995	1996	1997	1998	1999	2000	2001	2002	2003	2004	2005
粮食	350.07	351.4	336.9	330.5	316.1	311	295.5	295.10	283.4	331.6	278.9	240.82	208.68
蔬菜	159.60	172.7	136.9	150.3	121.6	157	110.8	97.82	104.9	93.64	86.15	92.68	99.3
植物油	5.75	6.66	10.69	10.17	9.56	10.09	8.98	8.30	10.07	10.65	11.27	6.87	6.81
动物油	1.34	1.64	2.20	2.77	1.97	2.53	1.33	1.55	1.30	1.34	0.85	0.88	0.75
猪肉	10.75	10.18	10.93	12.34	11.52	11.58	11.84	10.76	12.11	13.10	12.24	10.76	12.69
牛羊肉	0.15	0.33	0.45	0.53	0.42	0.36	0.37	0.35	0.25	0.33	0.33	0.21	0.17
奶和奶制品		0.21	0.14	0.16	0.36	0.27	0.29	0.44	0.47	0.87	4.77	3.33	1.13
家禽	1.15	1.49	1.88	1.80	2.70	2.17	2.18	2.48	2.82	2.81	3.04	2.80	3.33
蛋类	2.70	2.96	3.73	3.84	3.24	4.88	4.47	4.57	5.21	4.36	4.60	4.47	5.21
水产品	2.20	3.07	4.09	5.29	6.26	6.63	5.66	5.11	6.29	7.45	6.96	5.64	6.01
食糖	1.10	1.36	1.23	1.25	1.20	1.30	1.06	1.05	0.94	0.92	0.83	0.69	0.64
酒	1.45	3.52	5.32	6.43	6.55	6.60	7.59	6.97	7.00	7.90	8.39	9.54	9.39
茶叶	0.04	0.07	0.13	0.23	1.50	1.52	0.06				0.07	0.07	0.05
糖果、糕点	1.55	1.52	2.14	2.32	1.55	2.11	1.78	1.87	1.79	1.97			
水果	1.70	3.13	7.31	7.99	8.81	7.80	19.97	25.56	32.53	26.95	10.51	11.97	11.55

3－34　主要年份农村住户耐用物品拥有量

（按每百户年末平均拥有量计算）

品　　　名	1985	1990	1995	1997	1998	1999	2000	2001	2002	2003	2004	2005
自　行　车（辆）	72.1	129	166.34	151.95	151.75	154.75	146.50	133.25	136.80	138.50	133.00	128.00
电　风　扇（台）	20.5	84	135.37	152.44	147.50	164.00	180.25	177.75	190.80	196.75	202.00	195.00
洗　衣　机（台）		1	3.66	4.63	6.25	6.50	9.25	10.50	11.50	11.75	13.00	14.00
电　冰　箱（台）		3	9.27	16.59	17.00	16.25	19.50	20.75	21.50	22.50	23.00	27.00
摩　托　车（辆）			1.46	5.61	8.50	12.25	14.00	18.75	19.50	23.25	31.00	35.00
黑白电视机（台）	16.6	56	86.59	81.46	80.25	79.00	74.00	72.25	68.00	62.00	58.00	28.00
彩色电视机（台）		6	13.17	24.39	31.25	32.25	48.75	49.25	57.50	65.25	70.00	93.00
收　录　机（台）	5.0	18	26.1	23.90	25.50	28.50	26.25	17.75	20.50	16.25	10.00	10.00
照　相　机（架）		1	0.98	2.20	2.50	2.00	3.50	4.75	4.30	2.50	3.00	5.00
空　调　机（台）								7.75	8.00	10.50	13.00	18.00
电　话　机（部）								44.75	52.50	54.25	58.00	69.00
移动电话（部）								18.00	28.25	37.75	50.00	72.00

3－35　农村住户劳动力文化程度

（2005年）　　　　单位：百劳率（%）

地　　　区	文盲或半文盲	小学程度	初中程度	高中程度	中专程度	大专以上程度
南昌市	**3.51**	**30.39**	**54.20**	**9.33**	**1.63**	**0.94**
南昌县	3.28	26.23	57.38	9.84	2.73	0.54
新建县	3.18	34.09	51.36	8.64	2.73	
进贤县	2.16	34.91	56.03	6.90		
安义县	5.21	25.60	55.45	11.37	0.47	1.90
湾里区	6.98	16.28	59.69	13.18	2.32	1.55
青山湖区	2.13	41.84	45.39	6.38	1.42	2.84
西湖区		32.69	51.92	11.54	3.85	

主要统计指标解释

在岗职工工资总额 指各单位在一定时期内直接支付给本单位全部在岗职工的劳动报酬总额。包括：计时工资（含计时标准工资）、计件工资、计件超额工资、奖金、津贴和补贴、加班加点工资、特殊情况下支付的工资等。

津贴和补贴 包括：(1) 补偿职工特殊或额外劳动消耗的津贴及岗位性津贴。(2) 保健性津贴。(3) 技术性津贴。(4) 年功性津贴（包括工龄津贴、教龄津贴和护士工龄津贴)。(5) 地区津贴。(6) 其他津贴。包括伙食补贴、上下班交通补贴、洗理卫生费、书报费等。以及为保证职工工资水平不受物价上涨或变动影响而支付的各种补贴，如副食品价格补贴（含肉类等价格补贴)、粮、油、蔬菜等价格补贴，煤价补贴、房贴、水电贴、房改补贴等。

在岗职工平均工资 指企业、事业、机关单位的在岗职工在一定时期内平均每人所得的货币工资额。它表明一定时期在岗职工工资收入的高低程度。是反映在岗职工工资水平的主要指标。计算公式为：

$$在岗职工平均工资=\frac{报告期实际支付的全部在岗职工工资总额}{报告期全部在岗职工平均人数}$$

在岗职工平均实际工资 指扣除物价变动因素后的职工平均工资。计算公式为：

$$在岗职工平均实际工资=\frac{报告期在岗职工平均工资}{报告期职工生活费价格指数}$$

城镇居民家庭就业人口 指城镇居民从事社会劳动并取得劳动报酬或经营收入的人口，就业人口包括通过国家统筹规划和指导由劳动部门介绍就业，自愿起来就业和自谋职业等方式，在国有经济单位、集体经济单位、中外合资、中外合作、外资在华独资的企事业单位和私营企业单位工作或从事个体劳动的有固定性职业或临时性职业的人口。被聘用和留用的离退休人员也计入就业人口。本指标可以反映城镇居民的就业情况，是计算就业面、负担系数的重要资料。

城镇居民家庭全部收入 指被调查城镇居民家庭全部的实际现金收入，包括经常或固定得到的收入和一次性收入。不包括周转性收入，如提取银行存款、向亲友借入款、收回借出款以及其他各种暂收款。

城镇居民家庭可支配收入 指被调查城镇居民家庭在支付个人所得税之后。所余下的实际收入。

城镇居民家庭消费性支出 指被调查的城镇居民家庭用于日常生活的全部支出，包括购买商品支出和文化生活、服务等非商品性支出。不包括罚没、丢失款和缴纳的各种税款（如个人所得税、牌照税、房产税等)，也不包括个体劳动者生产经营过程中发生的各项费用。

城镇居民家庭购买商品支出 指被调查的城镇居民家庭购买商品的全部支出，包括从商店、工厂、饮食业、工作单位食堂、集市以及直接从农民购买各种商品的开支。共分九类：食品、衣着品、日用品、文化娱乐用品、书报杂志、药及医疗用品、房屋及建筑材料、燃料、其他商品。不论自用的或赠送亲友的都包括在内。

农村居民家庭纯收入 指农村常住居民家庭总收入中，扣除从事生产和非生产经营费用支出、缴纳税款和上交承包集体任务金额以后剩余的，可直接用于进行生产性、非生产性建设投资、生活消费和积蓄的那一部分收入。它是反映农民家庭实际收入水平的综合性的主要指标。农民家庭纯收入，既包括从事生产性和非生产性的经营收入，又包括取自在外人口寄回带和国家财政救济、各种补贴等非经营性收入；既包括货币收入，又包括自产自用的实物收入。但不包括向银行、信用社和向亲友借款等属于借贷性的收入。

农村居民家庭整半劳动力 指农村常住居民家庭成员中有劳动能力并经常参加实际劳动的人员。是生产的基本要素指标之一，是发展生产增加农民家庭收入的重要源泉。按规定，农村男 18 周岁到 50 周岁、女 18 周岁到 45 周岁为整劳动力，男 16 周岁到 17 周岁、51 到 60 周岁，女 16 周岁到 17 周岁、46 周岁到 55 周岁为半劳动力。农民家庭整半劳动力，既包括在上述规定劳动年龄内和在劳动年龄以外有劳动能力并经常参加实际劳动的男女整半劳动力；也包括农民家庭常住人员中属于职工的劳动力。但不包括在劳动年龄内已丧失劳动能力的人员。

农村居民家庭生活消费支出　指农村常住居民家庭年内用于日常生活的全部开支。它是用来反映和研究农民家庭实际生活消费水平高低的重要指标。农民家庭生活消费支出，包括用于吃、穿、住、烧、用等生活消费品开支和文化、生活服务费用开支两大部分。

农村居民家庭商品性生活消费支出　指农村常住居民家庭用其货币收入，在市场上购买食品、衣着、家庭用家具器皿、日用杂品、燃料、耐用消费品、以及文教卫生用品等生活消费总量。包括向国有商店、集体商店和集市贸易市场以及其他流通渠道购买的全部生活消费品。农民家庭商品性生活消费支出，是农民家庭生活消费支出的一个重要组成部分，是用来反映和分析农民家庭生活消费水平的商品化程度，及其由自给性经济向商品经济发展趋势的重要指标，也是研究和预测农民家庭对市场消费品需求，制定商品供应计划的重要依据。

四、物　　价

PRICE

本篇内容包括：

1. 居民消费价格指数
2. 商品零售价格指数
3. 工业品出厂价格指数
4. 原材料、燃料、动力购进价格指数

资料整理　　微机处理

胡惠珠　　刘　健

程白晞　　黎友娟

居民消费价格指数

(以上年价格为100)

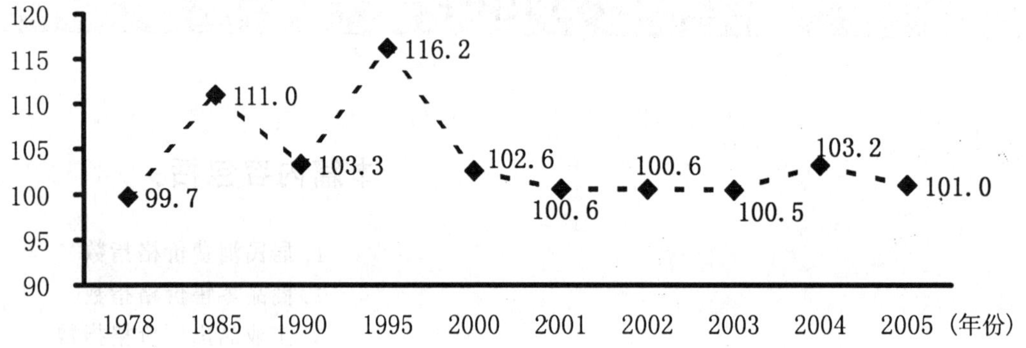

服务项目价格指数

(以上年价格为100)

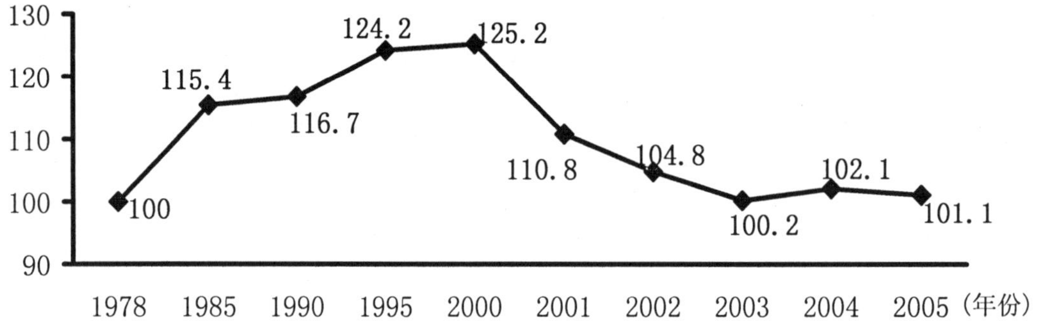

商品零售价格指数

(以上年价格为100)

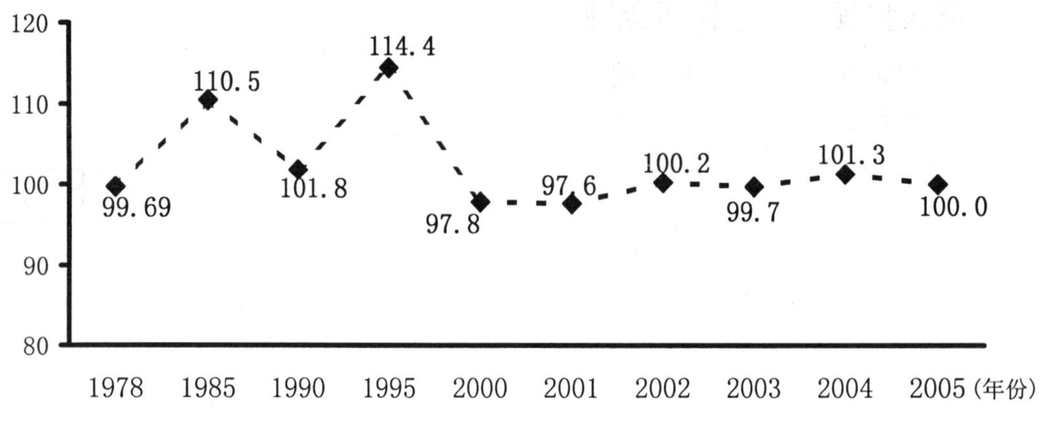

4-1 历年物价总指数

(以上年价格为100)

年份	消费价格指数	服务项目价格指数	零售价格指数
1951			113.78
1952			98.82
1953			103.38
1954			102.73
1955	97.85	100.49	99.86
1956	100.53	100.00	100.62
1957	100.67	93.72	101.60
1958			100.21
1959			99.88
1960			100.00
1961	117.24	107.82	118.48
1962	99.20	94.40	99.96
1963	88.55	96.05	88.10
1964	95.87	98.20	95.52
1965	98.70	97.20	98.96
1972	99.68	99.64	99.69
1973	99.86	99.86	99.86
1974	99.85	100.11	99.82
1975	99.84	99.92	99.83
1976	99.99	100.00	99.99
1977	100.14	100.00	100.16
1978	99.73	100.00	99.69
1979	101.08	100.00	101.25
1980	106.57	100.20	107.44
1981	101.91	100.20	102.10
1982	102.20	103.00	102.10
1983	101.20	101.20	101.20
1984	102.20	103.70	102.20
1985	111.00	115.40	110.50
1986	105.20	107.20	105.00
1987	107.30	100.40	107.90
1988	126.80	109.80	128.40
1989	118.40	117.80	118.50
1990	103.30	116.70	101.80
1991	105.60	108.90	105.20
1992	111.80	114.80	111.40
1993	122.70	167.70	116.40
1994	126.10	123.40	123.10
1995	116.20	124.20	114.40
1996	108.80	114.40	107.10
1997	103.90	128.00	99.50
1998	100.90	104.80	98.30
1999	99.80	113.90	96.90
2000	102.60	125.20	97.80
2001	100.60	110.80	97.60
2002	100.60	104.80	100.20
2003	100.50	100.20	99.70
2004	103.20	102.10	101.30
2005	101.00	101.10	100.00

4-2 居民消费价格指数

(以上年价格为100)

项　　目	2005	项　　目	2005	项　　目	2005
居民消费价格总指数	**101.0**	毛 织 品	100.0	六、交通和通讯	97.9
一、食　　品	103.5	丝 织 品	61.6	交　　通	100.8
粮　　食	102.1	毛　　线	103.7	交通工具	97.9
油　　脂	93.8	鞋	86.3	车用燃料及零配件	110.4
肉禽及其制品	100.8	袜　　子	99.2	车辆使用及维修	100.2
蛋	107.3	衣着加工服务	98.2	市区公共交通	100.0
水 产 品	105.6	四、家庭设备用品及维修服务	100.8	城市间交通	102.2
鲜　　菜	119.1	家　　具	84.5	通　　信	96.3
干菜及菜制品	98.4	家庭设备	102.5	通信工具	73.4
糖	107.4	室内装饰品	102.6	通信服务	100.0
饮　　料	101.5	床上用品	88.7	七、娱乐教育文化用品及服务	98.3
鲜　　果	97.8	家庭日用杂品	103.3	文娱用耐用消费品及服务	92.0
干（坚）果及瓜果制品	103.3	家庭服务及加工维修服务	116.7	修理服务费	100.0
糕点饼干面包	100.4	五、医疗保健和个人用品	97.6	教　　育	100.0
奶及奶制品	107.3	医疗保健	95.5	教材及参考书	100.4
在外用膳食品	101.6	医疗器具及用品	93.6	学杂托幼费	100.0
其它食品及食品加工服务	102.9	中药材及中成药	84.9	文化娱乐用品	101.3
二、烟酒及用品	98.7	西　　药	95.0	书报杂志	100.7
烟　　草	95.7	保健器具及用品	98.0	文 娱 费	102.6
酒	103.5	医疗保健服务	118.8	旅游及外出	96.2
三、衣　　着	96.6	个人用品及服务	101.6	八、居　　住	104.7
服　　装	99.6	化妆美容用品	101.3	建房及装修材料	101.1
棉　　布	97.6	卫生用品	101.1	租　　房	100.0
棉花化纤混纺布	116.3	个人饰品	103.4	自有住房	105.3
化 纤 布	103.2	个人服务	100.0	水、电、燃料	107.2

4-3 商品零售价格指数

(以上年价格为100)

项目	2005	项目	2005
商品零售价格指数	**100.0**	化纤布	103.2
一、食品类	104.2	毛织品	100.0
粮食	101.8	丝织品	61.6
油脂类	94.2	其它	100.0
肉禽及制品	101.2	五、家用电器及音像器材类	99.6
水产品	105.6	六、文化办公用品类	92.7
鲜菜	119.1	七、日用品类	101.6
干菜及菜制品	98.4	日用百货	99.8
食糖	113.3	日用杂品	99.2
鲜果	97.8	洗涤用品	105.4
干果及瓜果制品	103.3	八、体育娱乐用品类	98.4
糕点饼干面包	100.4	体育用品	100.0
奶及奶制品	107.3	娱乐用品	97.1
在外用膳食品	101.6	九、交通、通信用品类	89.9
二、饮料、烟酒类	99.6	十、家具类	84.4
饮料	101.5	十一、化妆品类	99.7
烟草	95.7	十二、金银珠宝类	105.1
酒	103.2	十三、中西药品及医疗保健用品类	92.7
三、服装、鞋帽类	96.4	中药材及中成药	86.5
服装	99.3	西药	94.8
鞋袜帽	86.9	保健器具及用品	98.0
其他	100.0	十四、书报杂志及电子出版物类	100.5
四、纺织品类	93.6	十五、燃料类	112.6
棉布	97.6	十六、建筑材料及五金电料类	101.7
棉花化纤混纺布	116.3		

4-4 居民消费价格分月指数

（2005 年，以上年同期价格为 100）

类　　别	1 月	2 月	3 月	一季度平均	4 月	5 月	6 月	二季度平均	上半年平均
居民消费价格总指数	**101.9**	**103.2**	**101.9**	**102.3**	**99.7**	**101.0**	**101.4**	**100.7**	**101.5**
一、食　　品	105.0	110.0	107.0	107.3	100.4	102.1	103.2	101.9	104.6
粮　　食	116.0	115.7	105.4	112.1	96.7	98.6	98.5	97.9	104.4
大　　米	116.7	116.5	104.1	112.1	95.4	97.6	98.2	97.1	103.9
淀粉及薯类	104.2	108.1	101.9	104.7	100.2	97.9	97.5	98.5	101.4
干豆类及豆制品	108.7	106.8	105.6	107.0	102.5	100.6	100.8	101.3	104.1
油　　脂	93.8	94.3	94.5	94.2	94.4	93.8	93.6	93.9	94.1
肉禽及其制品	109.2	114.8	112.1	112.1	107.1	106.7	106.8	106.8	109.4
蛋	109.6	114.9	116.8	113.7	113.1	116.2	115.3	114.8	114.3
水 产 品	117.3	114.7	109.1	113.5	103.1	101.5	102.5	102.4	107.6
菜	95.3	123.2	120.1	112.5	95.9	111.6	120.2	109.2	110.5
鲜　　菜	95.1	126.2	123.1	114.4	95.8	113.4	123.9	111.1	112.2
干菜及菜制品	98.6	98.6	98.1	98.4	97.3	98.7	97.7	97.9	98.2
调 味 品	100.9	101.0	100.5	100.8	100.7	100.9	101.0	100.9	100.8
糖	102.5	104.9	105.6	104.3	106.1	111.4	106.3	107.9	106.1
茶 及 饮 料	99.4	99.4	98.0	98.9	97.8	99.4	101.5	99.6	99.3
干 鲜 瓜 果	101.5	102.5	95.8	99.9	80.4	78.9	84.4	81.2	89.8
鲜　　果	98.9	101.2	93.0	97.6	75.3	73.9	79.9	76.4	85.9
干（坚）果及瓜果制品	110.2	106.6	105.6	107.4	101.7	100.6	102.7	101.6	104.5
糕点饼干面包	102.1	102.5	100.0	101.5	100.3	100.7	100.0	100.3	100.9
奶及奶制品	106.4	106.9	106.9	106.7	108.8	109.6	108.2	108.9	107.8
在外用膳食品	102.1	102.1	102.1	102.1	102.1	101.8	101.8	101.9	102.0
其它食品及食品加工服务	100.0	100.0	100.0	100.0	103.6	103.6	101.8	103.0	101.5
二、烟酒及用品	98.4	97.6	96.9	97.6	96.9	99.2	99.4	98.5	98.0
烟　　草	96.7	96.3	94.9	95.9	94.6	95.3	95.8	95.3	95.6
酒	100.4	98.7	98.7	99.3	99.1	105.3	105.1	103.2	101.2
三、衣　　着	101.8	99.5	97.6	99.7	99.6	99.6	99.3	99.5	99.6
服　　装	104.8	103.0	100.3	102.7	103.5	104.1	103.2	103.6	103.2
衣 着 材 料	94.7	93.6	94.5	94.3	94.5	96.7	96.7	95.9	95.1
四、家庭设备用品及维修服务	103.0	101.3	101.3	101.8	99.5	99.7	100.0	99.7	100.8
五、医疗保健和个人用品	94.1	93.8	93.7	93.8	97.7	101.2	100.3	99.7	96.7
医 疗 保 健	90.0	89.6	89.6	89.7	95.5	100.1	99.1	98.2	93.8
中药材及中成药	83.3	82.1	82.1	82.5	94.1	94.3	91.2	93.2	87.5
西　　药	90.9	90.9	90.9	90.9	94.7	94.7	94.8	94.8	92.8
医疗保健服务	100.0	100.0	100.0	100.0	100.0	128.2	128.2	118.8	109.4
个人用品及服务	102.6	102.7	102.3	102.5	102.1	103.1	102.6	102.6	102.6
六、交通和通讯	97.1	97.9	97.5	97.5	97.3	97.3	97.5	97.4	97.4
交　　通	98.7	101.9	100.3	100.3	100.3	100.2	100.0	100.1	100.2
通　　信	96.1	95.6	95.9	95.9	95.6	95.6	96.1	95.8	95.8
七、娱乐教育文化用品及服务	98.8	97.9	98.9	98.6	98.1	98.9	99.2	98.8	98.7
文娱用耐用消费品及服务	93.4	90.9	91.5	91.9	92.8	94.0	96.0	94.3	93.1
教　　育	99.9	99.9	100.1	100.0	100.1	100.1	100.1	100.1	100.0
八、居　　住	104.7	103.8	102.8	103.8	102.8	104.5	104.8	104.0	103.9
租　　房	100.0	100.0	100.0	100.0	100.0	100.0	100.0	100.0	100.0
水、电、燃料	108.4	106.4	103.4	106.0	103.4	106.3	106.6	105.4	105.7

4-4 续表 (2005年，以上年同期价格为100)

类别	7月	8月	9月	三季度平均	1-9月平均	10月	11月	12月	四季度平均	全年
居民消费价格总指数	**100.4**	**99.8**	**100.1**	**100.1**	**101.0**	**101.0**	**100.8**	**100.9**	**100.9**	**101.0**
一、食品	102.3	100.1	101.3	101.2	103.4	103.1	103.2	104.4	103.6	103.5
粮食	99.3	99.3	98.3	99.0	102.5	100.0	100.4	102.4	100.9	102.1
大米	99.2	99.2	99.0	99.1	102.3	99.3	100.9	103.4	101.2	102.0
淀粉及薯类	97.5	99.6	99.4	98.8	100.5	101.0	96.0	107.8	101.6	100.7
干豆类及豆制品	101.0	100.7	100.6	100.8	103.0	101.1	100.2	100.3	100.5	102.3
油脂	95.1	93.9	92.9	94.0	94.0	92.6	92.0	94.2	93.0	93.8
肉禽及其制品	97.8	92.7	95.3	95.3	104.4	92.8	89.1	89.2	90.3	100.8
蛋	110.0	105.4	99.7	105.1	110.9	98.4	98.9	94.8	97.4	107.3
水产品	101.9	104.3	106.5	104.3	106.4	103.7	102.7	103.2	103.2	105.6
菜	122.5	109.6	109.0	113.7	111.3	122.6	132.4	146.9	134.0	116.6
鲜菜	126.5	111.2	110.4	116.0	113.2	125.8	137.4	154.4	139.2	119.1
干菜及菜制品	98.7	98.7	98.7	98.7	98.3	98.7	98.7	98.7	98.7	98.4
调味品	101.0	99.8	100.1	100.3	100.7	100.9	100.9	100.7	100.8	100.7
糖	106.6	107.8	106.9	107.1	106.4	108.9	110.3	111.0	110.1	107.4
茶及饮料	101.5	101.6	101.0	101.4	100.0	101.4	102.5	101.6	101.8	100.4
干鲜瓜果	94.9	96.6	107.2	99.6	92.9	121.4	122.9	120.5	121.6	99.2
鲜果	92.7	95.3	108.5	98.8	90.0	127.1	128.3	125.2	126.9	97.8
干（坚）果及瓜果制品	102.5	100.2	100.6	101.1	103.4	101.1	104.0	104.7	103.3	103.3
糕点饼干面包	99.6	99.2	100.0	99.6	100.5	100.0	100.7	100.2	100.3	100.4
奶及奶制品	108.3	108.3	108.6	108.4	108.0	108.2	107.6	100.7	105.5	107.3
在外用膳食品	101.8	101.8	101.8	101.8	102.0	100.7	100.7	100.7	100.7	101.6
其它食品及食品加工服务	103.6	103.6	103.6	103.6	102.2	106.0	106.0	103.6	105.2	102.9
二、烟酒及用品	99.7	99.8	99.5	99.7	98.6	98.7	99.5	99.5	99.2	98.7
烟草	95.8	95.8	95.8	95.8	95.7	94.3	95.7	95.7	95.2	95.6
酒	106.3	106.5	105.5	106.1	102.8	105.5	105.4	105.5	105.5	103.5
三、衣着	94.1	98.2	92.0	94.8	98.0	96.0	92.6	88.7	92.4	96.6
服装	98.9	102.5	95.2	98.9	101.7	98.7	93.5	87.9	93.4	99.6
衣着材料	96.7	98.8	103.1	99.5	96.5	105.4	111.9	111.9	109.7	99.7
四、家庭设备用品及维修服务	99.8	100.4	100.7	100.3	100.6	101.4	101.4	100.9	101.2	100.8
五、医疗保健和个人用品	97.0	97.1	98.6	97.6	97.0	98.7	99.8	99.5	99.4	97.6
医疗保健	95.2	95.4	97.7	96.1	94.6	97.8	99.1	99.1	98.7	95.5
中药材及中成药	79.8	79.8	81.5	80.4	85.2	81.5	84.8	84.8	83.7	84.9
西药	94.8	94.8	98.7	96.1	93.8	98.7	98.7	98.7	98.7	95.0
医疗保健服务	128.2	128.2	128.2	128.2	115.7	128.2	128.2	128.2	128.2	118.8
个人用品及服务	100.7	100.4	100.4	100.5	101.9	100.5	101.3	100.4	100.7	101.6
六、交通和通讯	97.9	98.2	98.5	98.2	97.7	98.5	98.5	98.7	98.6	97.9
交通	101.2	101.7	101.8	101.5	100.7	101.3	101.0	101.0	101.1	100.8
通信	96.1	96.2	96.5	96.3	96.0	96.9	97.1	97.4	97.2	96.3
七、娱乐教育文化用品及服务	99.2	98.5	98.7	98.8	98.7	97.6	96.9	96.9	97.2	98.3
文娱用耐用消费品及服务	95.9	92.2	90.1	92.7	93.0	88.9	88.6	89.9	89.1	92.0
教育	100.1	100.1	100.0	100.1	100.0	100.0	100.0	100.0	100.0	100.0
八、居住	105.0	104.2	105.6	104.9	104.2	105.3	105.8	106.5	105.9	104.7
租房	100.0	100.0	100.0	100.0	100.0	100.0	100.0	100.0	100.0	100.0
水、电、燃料	107.2	105.5	108.4	107.0	106.2	108.0	110.4	111.9	110.1	107.2

4-5 居民消费价格分月指数

（2005年，以上月价格为100）

类　　别	1月	2月	3月	4月	5月	6月
居民消费价格总指数	**100.9**	**101.7**	**98.7**	**99.4**	**101.1**	**99.3**
一、食　　品	102.9	106.3	97.6	97.6	100.9	98.5
粮　　食	99.5	100.8	102.2	100.8	100.3	98.7
大　　米	99.6	100.9	101.9	101.4	100.0	99.2
淀粉及薯类	111.1	107.6	100.7	101.4	101.3	100.0
干豆类及豆制品	100.7	100.3	99.9	100.0	99.7	99.9
油　　脂	100.0	99.5	99.9	99.9	99.1	98.8
肉禽及其制品	99.4	107.6	97.4	99.9	99.5	98.8
蛋	100.9	102.3	98.1	96.8	101.5	103.3
水 产 品	101.0	104.9	100.5	100.3	100.4	100.3
菜	123.1	125.9	90.2	84.5	103.9	92.5
鲜　　菜	126.7	129.1	89.3	82.9	104.4	91.7
干菜及菜制品	99.3	100.0	99.4	100.0	100.0	98.9
调 味 品	100.4	100.1	99.3	100.2	100.0	100.0
糖	99.0	100.2	101.8	99.6	100.4	98.1
茶及饮料	100.0	100.0	98.5	100.0	101.5	100.0
干鲜瓜果	106.8	113.1	93.5	94.0	103.1	98.0
鲜　　果	106.8	116.4	92.3	92.9	104.5	97.4
干（坚）果及瓜果制品	106.9	101.9	97.7	98.1	98.2	100.2
糕点饼干面包	99.5	100.0	99.3	100.0	100.8	100.0
奶及奶制品	100.1	100.4	100.0	101.6	100.7	99.3
在外用膳食品	100.0	100.0	100.0	100.0	100.7	100.0
其它食品及食品加工服务	100.0	100.0	100.0	103.6	100.0	98.3
二、烟酒及用品	99.8	99.5	99.2	99.9	101.7	100.0
烟　　草	99.5	99.4	98.5	99.8	100.0	100.0
酒	100.0	99.5	99.9	100.1	105.3	100.0
三、衣　　着	98.9	96.0	97.6	103.5	100.7	99.8
服　　装	98.5	96.1	96.7	105.4	101.5	100.0
衣着材料	100.0	100.0	100.9	100.0	100.0	100.0
四、家庭设备用品及维修服务	100.4	99.9	100.8	98.9	100.4	99.8
五、医疗保健和个人用品	99.8	100.2	100.1	100.0	103.6	98.8
医疗保健	100.0	100.0	100.0	100.0	104.7	98.5
中药材及中成药	100.0	100.0	100.0	100.0	100.0	97.0
西　　药	100.0	100.0	100.0	100.0	100.0	98.7
医疗保健服务	100.0	100.0	100.0	100.0	128.2	100.0
个人用品及服务	99.5	100.7	100.2	100.0	101.2	99.4
六、交通和通讯	99.9	100.3	99.3	99.9	99.8	99.9
交　　通	100.1	101.9	98.5	100.3	100.0	99.9
通　　信	99.8	99.4	99.7	99.7	99.7	99.9
七、娱乐教育文化用品及服务	99.5	100.3	99.2	100.5	100.9	99.4
文娱用耐用消费品及服务	96.9	98.7	99.8	102.2	100.0	100.0
教　　育	100.0	100.0	100.2	100.0	100.0	100.0
八、居　　住	100.4	98.2	100.5	100.0	102.1	100.2
租　　房	100.0	100.0	100.0	100.0	100.0	100.0
水、电、燃料	100.8	96.5	100.0	100.0	104.0	100.5

4－5　续表　　　　　　　　　（2005年，以上月价格为100）

类　　别	7　月	8　月	9　月	10　月	11　月	12　月
居民消费价格总指数	**99.4**	**100.2**	**100.5**	**100.8**	**98.6**	**100.2**
一、食　　品	100.1	100.4	101.7	100.9	97.4	100.4
粮　　食	100.0	100.6	99.0	100.9	99.1	100.5
大　　米	99.9	100.0	99.8	100.0	100.0	100.6
淀粉及薯类	100.0	111.0	92.6	93.6	91.6	98.9
干豆类及豆制品	100.0	99.8	100.0	100.0	100.1	100.0
油　　脂	100.2	97.9	99.2	99.9	99.4	100.2
肉禽及其制品	98.2	98.1	100.3	98.1	92.7	99.2
蛋	100.4	99.1	101.2	97.6	97.4	96.5
水 产 品	100.9	99.6	100.8	97.7	97.1	99.6
菜	101.2	104.4	108.1	111.6	94.9	107.0
鲜　　菜	101.2	104.9	109.1	112.9	94.4	107.7
干菜及菜制品	101.1	100.0	100.0	100.0	100.0	100.0
调 味 品	100.0	100.5	100.4	100.0	100.0	99.8
糖	104.5	102.4	101.8	101.3	100.2	101.1
茶及饮料	100.0	100.0	100.0	100.3	101.2	100.0
干鲜瓜果	102.1	103.4	110.9	100.4	99.6	95.9
鲜　　果	102.7	104.4	113.7	100.6	99.4	94.6
干（坚）果及瓜果制品	100.1	99.5	100.2	99.8	100.7	101.5
糕点饼干面包	100.0	100.0	100.0	100.0	100.6	100.0
奶及奶制品	99.4	100.0	99.9	100.0	99.3	100.0
在外用膳食品	100.0	100.0	100.0	100.0	100.0	100.0
其它食品及食品加工服务	101.7	100.0	100.0	100.0	100.0	100.0
二、烟酒及用品	100.0	100.1	100.2	99.1	100.0	100.0
烟　　草	100.0	100.0	100.0	98.4	100.0	100.0
酒	100.0	100.3	100.6	99.9	100.0	99.9
三、衣　　着	93.5	99.8	96.8	104.3	97.4	100.2
服　　装	93.4	100.0	96.3	104.2	95.9	100.0
衣着材料	100.0	100.0	104.4	100.0	106.2	100.0
四、家庭设备用品及维修服务	100.2	99.9	100.6	100.6	99.8	99.7
五、医疗保健和个人用品	96.8	100.0	100.0	99.9	100.2	100.2
医疗保健	96.1	100.0	100.0	100.0	100.0	100.0
中药材及中成药	87.5	100.0	100.0	100.0	100.0	100.0
西　　药	100.0	100.0	100.0	100.0	100.0	100.0
医疗保健服务	100.0	100.0	100.0	100.0	100.0	100.0
个人用品及服务	98.4	99.9	100.1	99.7	100.6	100.6
六、交通和通讯	100.0	100.1	100.0	99.7	99.8	99.9
交　　通	100.3	100.6	100.1	99.6	100.0	100.0
通　　信	99.8	99.9	100.0	99.8	99.7	99.9
七、娱乐教育文化用品及服务	101.4	99.3	99.6	99.0	98.2	99.5
文娱用耐用消费品及服务	100.0	96.1	97.9	98.3	99.7	100.0
教　　育	100.0	100.0	99.8	100.0	100.0	100.0
八、居　　住	100.3	100.9	101.1	101.5	100.6	100.6
租　　房	100.0	100.0	100.0	100.0	100.0	100.0
水、电、燃料	100.5	101.7	102.2	102.9	101.4	101.1

4-6 商品零售价格分月指数

(2005年，以上年同期价格为100)

类别	1月	2月	3月	一季度平均	4月	5月	6月	二季度平均	上半年平均
商品零售价格总指数	**100.6**	**102.1**	**100.7**	**101.1**	**98.5**	**99.5**	**100.0**	**99.4**	**100.2**
一、食品类	105.6	111.8	108.5	108.6	100.8	102.9	104.1	102.6	105.6
粮食	114.2	113.9	105.4	111.0	97.3	98.8	98.5	98.2	104.1
油脂	94.6	95.1	95.3	95.0	95.0	94.2	94.2	94.5	94.8
肉禽及其制品	109.3	114.8	112.4	112.2	107.3	106.8	107.0	107.1	109.6
水产品	117.8	115.1	109.2	113.8	103.1	101.4	102.5	102.3	107.7
鲜菜	95.1	126.2	123.1	114.4	95.8	113.4	123.9	111.1	112.2
干菜及菜制品	98.6	98.6	98.1	98.4	97.3	98.7	97.7	97.9	98.2
调味品	101.6	101.5	100.9	101.3	101.2	101.4	101.5	101.4	101.3
食糖	97.7	102.2	103.7	101.2	103.7	108.8	99.1	103.9	102.5
糖果	109.2	108.1	107.2	108.2	111.9	111.9	106.7	110.2	109.1
鲜果	98.9	101.2	93.0	97.6	75.3	73.9	79.9	76.4	85.9
干（坚）果及瓜果制品	110.2	106.6	105.6	107.4	101.7	100.6	102.7	101.6	104.5
糕点饼干面包	101.8	102.2	100.0	101.3	100.3	100.6	100.0	100.3	100.8
奶及奶制品	106.3	106.8	106.8	106.6	108.8	109.6	108.2	108.9	107.7
在外用膳食品	102.0	102.0	102.0	102.0	102.0	101.8	101.8	101.9	101.9
其它食品	100.0	100.0	100.0	100.0	103.7	103.7	101.9	103.1	101.6
二、饮料、烟酒	98.8	98.0	97.3	98.1	97.4	100.0	100.4	99.3	98.7
茶及饮料	99.5	99.5	98.2	99.1	98.0	99.5	101.5	99.7	99.4
烟草	96.9	96.4	95.0	96.1	94.9	95.6	95.9	95.4	95.8
酒	100.4	99.0	99.3	99.6	99.7	104.7	104.4	103.0	101.3
三、服装、鞋帽类	101.5	99.8	97.1	99.5	98.5	98.2	97.7	98.1	98.8
四、纺织品类	97.1	96.6	95.6	96.4	89.1	89.9	90.3	89.8	93.1
五、家用电器及音像器材	98.7	98.4	100.1	99.0	99.8	100.2	101.0	100.3	99.7
六、文化办公用品	91.4	90.6	90.6	90.9	92.9	92.6	94.2	93.2	92.0
七、日用品	100.2	101.5	100.4	100.7	100.8	101.9	102.0	101.6	101.1
八、体育娱乐用品	100.4	99.8	99.0	99.7	99.0	99.0	99.0	99.0	99.3
体育用品	100.0	100.0	100.0	100.0	100.0	100.0	100.0	100.0	100.0
娱乐用品	100.7	99.6	98.2	99.5	98.2	98.2	98.2	98.2	98.8
九、交通、通信用品	87.1	86.6	87.2	86.9	86.6	86.6	87.7	86.9	86.9
十、家具	83.3	83.3	83.3	83.3	83.3	83.3	83.3	83.3	83.3
十一、化妆品类	98.9	99.5	99.5	99.3	99.5	99.5	99.5	99.5	99.4
十二、金银珠宝类	110.3	107.4	104.9	107.5	104.0	104.4	104.4	104.2	105.8
十三、中西药品及医疗保健用品类	90.2	89.9	89.9	90.0	94.5	94.6	93.4	94.2	92.0
十四、书报杂志及电子出版物类	99.9	99.3	100.9	100.0	100.9	101.0	101.0	101.0	100.5
十五、燃料类	114.2	113.6	110.2	112.6	110.8	111.0	108.8	110.2	111.4
十六、建筑材料及五金电料类	101.2	100.6	100.4	100.7	100.5	101.4	102.5	101.5	101.1

4－6 续表 （2005年，以上年同期价格为100）

类别	7月	8月	9月	三季度平均	1－9月平均	10月	11月	12月	四季度平均	全年
商品零售价格总指数	**99.5**	**99.1**	**99.2**	**99.3**	**99.9**	**100.2**	**100.4**	**100.6**	**100.4**	**100.0**
一、食品类	102.9	100.3	101.5	101.6	104.2	103.5	103.6	105.2	104.1	104.2
粮食	99.1	99.2	98.1	98.8	102.3	99.9	100.0	101.6	100.5	101.8
油脂	95.5	94.2	93.3	94.3	94.6	92.9	92.2	94.1	93.0	94.2
肉禽及其制品	98.4	93.4	95.9	95.9	104.7	93.4	89.6	89.7	90.9	101.2
水产品	101.9	104.3	106.5	104.2	106.5	103.6	102.5	103.0	103.0	105.6
鲜菜	126.5	111.2	110.4	116.0	113.2	125.8	137.4	154.4	139.2	119.1
干菜及菜制品	98.7	98.7	98.7	98.7	98.3	98.7	98.7	98.7	98.7	98.4
调味品	101.5	100.0	100.4	100.6	101.1	100.9	100.9	100.8	100.9	101.0
食糖	115.8	120.3	121.4	119.1	108.1	127.2	130.2	129.8	129.0	113.3
糖果	103.0	103.0	98.4	101.5	106.4	98.4	99.4	100.0	99.3	104.5
鲜果	92.7	95.3	108.5	98.8	90.0	127.1	128.3	125.2	126.9	97.8
干（坚）果及瓜果制品	102.5	100.2	100.6	101.1	103.4	101.1	104.0	104.7	103.3	103.3
糕点饼干面包	99.7	99.3	100.0	99.7	100.4	100.0	100.6	100.2	100.3	100.4
奶及奶制品	108.3	108.3	108.5	108.4	108.0	108.2	107.5	100.7	105.5	107.3
在外用膳食品	101.8	101.8	101.8	101.8	101.9	100.8	100.8	100.8	100.8	101.6
其它食品	103.7	103.7	103.7	103.7	102.3	106.2	106.2	103.7	105.4	103.1
二、饮料、烟酒	100.8	101.0	100.6	100.8	99.4	100.0	100.8	100.6	100.4	99.6
茶及饮料	101.5	101.6	101.1	101.4	100.1	101.4	102.4	101.4	101.8	100.5
烟草	95.9	95.9	95.9	95.9	95.8	94.3	95.7	95.7	95.2	95.7
酒	105.4	106.0	105.0	105.5	102.7	105.0	105.0	105.1	105.0	103.2
三、服装、鞋帽类	94.4	98.1	92.2	94.9	97.5	96.9	93.5	89.7	93.3	96.4
四、纺织品类	90.3	91.1	92.3	91.2	92.5	95.2	98.4	97.9	97.2	93.6
五、家用电器及音像器材	100.7	100.6	99.9	100.4	99.9	98.7	98.6	99.0	98.8	99.6
六、文化办公用品	93.8	91.3	91.3	92.1	92.1	91.5	96.1	96.1	94.6	92.7
七、日用品	101.8	102.1	102.1	102.0	101.4	102.1	102.4	102.0	102.2	101.6
八、体育娱乐用品	99.0	98.2	97.9	98.4	99.0	97.9	95.8	95.5	96.4	98.4
体育用品	100.0	100.0	100.0	100.0	100.0	100.0	100.0	100.0	100.0	100.0
娱乐用品	98.2	96.8	96.4	97.1	98.3	96.4	92.6	92.1	93.7	97.1
九、交通、通信用品	91.3	91.3	93.1	91.9	88.5	93.8	94.2	94.7	94.2	89.9
十、家具	83.3	86.1	86.1	85.2	83.9	86.1	86.1	86.1	86.1	84.4
十一、化妆品类	99.5	99.5	99.5	99.5	99.4	99.5	100.5	101.2	100.4	99.7
十二、金银珠宝类	104.4	104.4	105.1	104.6	105.4	105.1	104.7	102.4	104.1	105.1
十三、中西药品及医疗保健用品类	90.6	91.6	93.6	91.9	92.0	93.9	95.4	95.4	94.9	92.7
十四、书报杂志及电子出版物类	101.0	101.0	100.3	100.8	100.6	100.3	100.3	100.3	100.3	100.5
十五、燃料类	112.8	114.0	113.7	113.5	112.1	112.9	113.8	115.1	113.9	112.6
十六、建筑材料及五金电料类	102.5	102.9	103.2	102.9	101.7	102.5	102.1	100.9	101.8	101.7

4-7 价格指数

（以主要年份为基期，2005年）

指标	居民消费价格指数	零售物价指数	服务项目价格指数
以1950年价格为100		510.0	
以1952年价格为100	602.0	453.1	1 507.9
以1957年价格为100	595.9	417.9	1 688.6
以1962年价格为100	486.2	354.6	1 248.1
以1965年价格为100	550.5	403.3	1 567.3
以1970年价格为100	584.3	423.5	1 710.4
以1975年价格为100	591.8	426.8	1 718.4
以1978年价格为100	592.6	437.5	1 718.0
以1980年价格为100	549.8	393.8	1 718.4
以1985年价格为100	460.4	330.6	1 372.2
以1989年价格为100	271.3	191.8	985.8
以1990年价格为100	263.0	188.3	844.4
以1992年价格为100	222.6	160.6	675.3
以1993年价格为100	181.4	138.0	402.9
以1994年价格为100	143.7	112.1	326.5
以1995年价格为100	123.8	98.2	262.6
以1996年价格为100	113.6	91.6	229.7
以1997年价格为100	109.5	92.1	179.4
以1998年价格为100	108.5	93.6	171.3
以1999年价格为100	108.7	96.6	150.4
以2000年价格为100	106.1	98.8	120.0
以2001年价格为100	105.3	101.2	108.4
以2002年价格为100	104.7	101.0	103.4
以2003年价格为100	104.2	101.3	103.2
以2004年价格为100	101.0	100.0	101.1

4-8 工业品出厂价格指数

(以上年价格为100)

项目	2005	项目	2005
工业品出厂价格总指数	**103.27**	四、按行业大类分	
一、按轻重工业分		农副食品加工业	100.23
轻工业	100.91	食品制造业	100.93
以农产品为原料	101.03	饮料制造业	102.57
以非农产品为原料	100.76	烟草制品业	100.08
重工业	104.55	纺织业	101.76
原料	109.26	纺织服装、鞋、帽制造业	102.00
加工	100.83	皮革、毛皮、羽毛(绒)及其制品业	106.38
二、按生产生活资料分		木材加工及木、竹、藤、棕、草制品业	101.35
生产资料	104.98	家具制造业	100.00
原料	109.39	造纸及纸制品业	103.00
加工	101.28	印刷业和记录媒介的复制	100.79
生活资料	100.11	文教体育用品制造业	100.47
食品	100.88	石油加工、炼焦及核燃料加工业	104.65
衣着	104.2	化学原料及化学制品制造业	105.83
一般日用品	102.25	医药制造业	101.41
耐用消费品	97.68	化学纤维制造业	105.81
三、按工业部门分		橡胶制品业	102.05
冶金工业	102.96	塑料制品业	116.18
电力工业	109.91	非金属矿物制品业	97.43
煤炭及炼焦工业	103.06	黑色金属冶炼及压延加工业	102.54
石油工业	113.17	有色金属冶炼及压延加工业	115.54
化学工业	104.48	金属制品业	99.77
机械工业	99.38	通用设备制造业	102.95
建筑材料工业	85.37	专用设备制造业	101.52
森林工业	101.14	交通运输设备制造业	97.66
食品工业	100.5	电气机械及器材制造业	113.59
纺织工业	96.92	通信设备、计算机及其他电子设备制造业	98.17
缝纫工业	104.26	仪器仪表及文化、办公用机械制造业	101.47
皮革工业	106.38	工艺品及其他制造业	101.33
造纸工业	103.01	电力、热力的生产和供应业	109.91
文教艺术用品工业	100.76	燃气生产和供应业	102.80
其它工业	105.11	水的生产和供应业	100.00

4－9 原材料、燃料、动力购进价格指数

（以上年价格为100）

项目	2005	项目	2005
原材料、燃料、动力购进价格总指数	**106.74**	家具制造业	100.99
一、按九大类分		造纸及纸制品业	106.52
燃料、动力类	111.87	印刷业和记录媒介的复制	100.85
黑色金属材料类	114.54	文教体育用品制造业	120.63
其中：钢　材	112.82	石油加工、炼焦及核燃料加工业	120.10
其　它	123.59	化学原料及化学制品制造业	114.88
有色金属材料和电线类	107.91	医药制造业	105.12
化工原料类	114.16	化学纤维制造业	120.36
木材及纸浆类	100.03	橡胶制品业	116.58
建筑材料及非金属矿类	100.96	塑料制品业	107.87
其它工业原材料及半成品类	103.01	非金属矿物制品业	110.06
农副产品类	101.20	黑色金属冶炼及压延加工业	111.78
纺织原料类	99.85	有色金属冶炼及压延加工业	119.88
二、按工业行业分		金属制品业	107.04
非金属矿采选业	134.57	通用设备制造业	108.44
农副食品加工业	103.65	专用设备制造业	107.32
食品制造业	105.57	交通运输设备制造业	105.00
饮料制造业	113.00	电气机械及器材制造业	108.88
烟草制品业	112.15	通信设备、计算机及其他电子设备制造业	101.69
纺　织　业	107.48	仪器仪表及文化、办公用机械制造业	99.03
纺织服装、鞋、帽制造业	113.40	工艺品及其他制造业	106.24
皮革、毛皮、羽毛（绒）及其制品业	104.41	电力、热力的生产和供应业	133.60
木材加工及木、竹、藤、棕、草制品业	101.42	水的生产和供应业	120.66

4-10 工业品出厂价格分月指数

（2005年，以上年同期价格为100）

类别	1月	2月	3月	4月	5月	6月	上半年平均
工业品出厂价格指数	**103.75**	**103.30**	**103.07**	**103.19**	**105.47**	**105.92**	**104.06**
一、按轻重工业分							
轻工业	102.70	101.76	102.18	101.79	101.72	102.00	102.03
以农产品为原料	103.20	102.80	101.23	101.07	101.27	101.07	101.77
以非农产品为原料	102.07	100.44	103.38	102.68	102.28	103.21	102.34
重工业	104.44	104.29	103.64	104.00	107.45	107.95	105.20
原料	108.06	107.51	107.16	108.40	112.09	112.13	109.18
加工	100.71	101.09	100.19	100.26	104.05	104.92	101.18
二、按生产生活资料分							
生产资料	104.88	104.57	105.01	104.84	108.06	108.91	105.93
原料	108.76	107.85	108.42	109.04	111.60	112.13	109.63
加工	100.33	100.85	101.21	101.10	105.39	106.52	102.46
生活资料	102.06	101.34	100.02	100.29	100.50	100.05	100.71
食品	102.89	102.41	101.44	101.42	101.16	100.88	101.69
衣着	109.25	109.01	102.88	102.01	104.40	104.09	105.27
一般日用品	101.28	100.87	101.15	103.40	104.70	102.77	102.36
耐用消费品	99.84	98.62	97.42	97.58	97.44	97.43	98.06
三、按工业部门分							
冶金工业	103.69	100.35	98.42	120.06	112.80	115.19	108.42
电力工业	107.93	107.34	107.12	108.94	112.21	112.39	109.32
煤炭及炼焦工业	111.55	111.34	111.42	97.50	99.19	99.64	105.11
石油工业	108.82	108.82	114.71	114.71	108.72	108.11	110.65
化学工业	108.44	106.69	109.56	108.50	106.02	107.45	107.78
机械工业	100.03	100.44	100.17	99.10	99.76	100.16	99.94
建筑材料工业	82.69	75.50	77.05	83.09	81.82	83.18	80.56
森林工业	105.12	100.85	100.94	98.78	100.92	100.87	101.25
食品工业	102.81	102.29	101.27	101.50	101.05	100.93	101.64
纺织工业	93.14	92.53	93.08	95.80	93.69	94.68	93.82
缝纫工业	109.50	109.26	102.75	101.89	104.52	104.11	105.34
皮革工业	110.10	112.31	111.68	105.71	103.18	103.27	107.71
造纸工业	103.93	104.25	102.29	103.61	103.28	100.90	103.04
文教艺术用品工业	98.77	98.38	98.89	102.64	104.37	100.98	100.67
其它工业	101.42	102.72	102.29	107.02	106.90	107.13	104.58

4－10 续表1　　　　　　　　　　　　(2005年，以上年同期价格为100)

类　　　　　　别	7　月	8　月	9　月	10　月	11　月	12　月	全　年
工业品出厂价格指数	**103.58**	**103.50**	**102.55**	**102.25**	**101.67**	**101.33**	**103.27**
一、按轻重工业分							
轻　工　业	100.51	100.87	99.21	99.47	99.22	99.47	100.91
以农产品为原料	100.91	100.84	100.08	100.85	99.57	99.41	101.03
以非农产品为原料	99.99	100.90	98.08	97.75	98.77	99.55	100.76
重　工　业	105.16	104.90	104.31	103.72	102.96	102.31	104.55
原　　料	109.87	109.66	109.54	109.41	108.70	108.93	109.26
加　　工	101.69	101.39	100.46	99.53	98.69	97.38	100.83
二、按生产生活资料分							
生产资料	105.51	105.48	104.13	103.60	103.00	102.46	104.98
原　　料	110.20	109.82	109.31	108.80	107.99	108.79	109.39
加　　工	101.95	102.18	100.19	99.63	99.15	97.49	101.28
生活资料	99.79	99.72	99.53	99.70	99.15	99.23	100.11
食　　品	100.39	100.07	100.00	100.25	99.79	99.86	100.88
衣　　着	105.49	103.13	103.88	106.14	100.14	99.95	104.20
一般日用品	101.73	103.35	102.10	100.99	102.03	102.58	102.25
耐用消费品	97.40	97.35	97.32	97.22	97.28	97.27	97.68
三、按工业部门分							
冶金工业	104.95	103.77	103.01	100.20	97.73	93.41	102.96
电力工业	110.64	110.51	110.65	110.65	110.00	110.65	109.91
煤炭及炼焦工业	99.62	99.69	99.65	99.87	100.99	102.79	103.06
石油工业	109.59	115.07	121.62	117.33	112.10	118.42	113.17
化学工业	105.93	104.15	101.19	99.50	98.28	99.19	104.48
机械工业	98.74	99.50	97.99	98.36	99.00	98.92	99.38
建筑材料工业	85.16	88.89	91.07	92.84	91.92	93.59	85.37
森林工业	101.06	101.77	100.84	100.80	99.80	99.88	101.14
食品工业	100.03	100.03	99.28	99.24	98.89	98.81	100.50
纺织工业	101.00	101.07	99.34	99.42	100.85	100.48	96.92
缝纫工业	105.69	103.22	103.84	106.29	100.12	99.94	104.26
皮革工业	101.02	102.20	107.05	105.41	109.52	104.39	106.38
造纸工业	104.49	105.34	98.05	108.50	98.69	102.81	103.01
文教艺术用品工业	100.28	102.41	100.89	100.07	100.40	101.38	100.76
其它工业	104.71	106.30	104.93	104.65	107.71	107.77	105.11

4-10 续表 2-1 （2005 年，以上年同期价格为 100）

类别	1 月	2 月	3 月	4 月	5 月	6 月	上半年平均
四、按工业行业分							
农副食品加工业	106.40	104.63	103.55	103.50	102.01	101.66	103.63
食品制造业	106.65	103.67	101.49	101.82	100.59	100.54	102.46
饮料制造业	99.56	99.28	99.44	99.95	103.10	103.10	100.74
烟草制品业	100.00	100.95	100.00	100.00	100.00	100.00	100.16
纺 织 业	104.48	104.22	98.94	97.78	100.47	100.35	101.04
纺织服装、鞋、帽制造业	103.51	102.88	101.62	102.89	102.05	101.60	102.43
皮革、毛皮、羽毛（绒）及其制品业	110.10	112.31	111.69	106.37	103.18	103.27	107.82
木材加工及木、竹、藤、棕、草制品业	106.11	101.01	101.12	100.95	101.10	101.03	101.89
家具制造业	100.00	100.00	100.00	100.00	100.00	100.00	100.00
造纸及纸制品业	103.94	104.25	102.28	103.53	103.29	100.90	103.03
印刷业和记录媒介的复制	98.56	98.15	98.73	102.57	104.99	100.96	100.66
文教体育用品制造业	100.00	100.00	100.00	100.00	100.00	101.12	100.19
石油加工、炼焦及核燃料加工业	102.96	93.66	97.26	96.61	86.61	95.38	95.41
化学原料及化学制品制造业	108.81	109.51	108.19	108.24	107.16	108.76	108.45
医药制造业	101.47	101.35	101.80	102.14	101.25	101.09	101.52
化学纤维制造业	118.18	109.93	124.72	113.82	110.62	115.08	115.39
橡胶制品业	101.25	100.61	100.03	100.37	102.19	100.39	100.81
塑料制品业	126.82	119.51	118.70	120.58	119.71	123.13	121.41
非金属矿物制品业	90.37	87.40	87.73	94.34	97.56	98.80	92.70
黑色金属冶炼及压延加工业	102.32	98.11	99.46	101.80	113.27	115.56	105.09
有色金属冶炼及压延加工业	108.38	105.39	104.16	105.76	112.32	124.36	110.06
金属制品业	100.95	102.28	99.32	101.29	103.23	103.93	101.83
通用设备制造业	107.71	106.93	108.95	103.20	102.39	101.15	105.06
专用设备制造业	105.48	103.30	104.90	99.58	100.11	100.55	102.32
交通运输设备制造业	97.92	98.57	97.20	97.20	97.61	97.63	97.69
电气机械及器材制造业	118.81	112.73	114.90	115.08	118.11	115.10	115.79
通信设备、计算机及其他电子设备制造业	98.67	99.26	101.44	99.06	97.57	102.31	99.72
仪器仪表及文化、办公用机械制造业	100.00	100.61	100.61	100.61	101.82	105.79	101.57
工艺品及其他制造业	110.37	110.56	114.05	107.17	105.64	102.31	108.35
电力、热力的生产和供应业	107.93	107.34	107.12	108.83	112.21	112.39	109.30
燃气生产和供应业	111.21	111.21	111.21	100.00	100.00	100.00	105.61
水的生产和供应业	100.00	100.00	100.00	100.00	100.00	100.00	100.00

4－10 续表2－2 （2005年，以上年同期价格为100）

类别	7月	8月	9月	10月	11月	12月	全年
四、按工业行业分							
农副食品加工业	97.95	98.76	96.70	95.62	96.12	95.87	100.23
食品制造业	100.18	97.76	97.75	100.40	100.41	99.88	100.93
饮料制造业	106.33	106.59	105.75	105.85	101.00	100.87	102.57
烟草制品业	100.00	100.00	100.00	100.00	100.00	100.00	100.08
纺织业	103.05	103.08	102.30	105.68	100.54	100.20	101.76
纺织服装、鞋、帽制造业	108.26	100.77	101.40	99.64	99.64	99.76	102.00
皮革、毛皮、羽毛（绒）及其制品业	101.02	102.20	107.05	105.41	109.52	104.39	106.38
木材加工及木、竹、藤、棕、草制品业	101.26	102.10	101.00	100.95	99.76	99.86	101.35
家具制造业	100.00	100.00	100.00	100.00	100.00	100.00	100.00
造纸及纸制品业	104.49	105.34	98.04	108.49	98.69	102.81	103.00
印刷业和记录媒介的复制	100.19	102.53	100.87	100.08	100.33	101.52	100.79
文教体育用品制造业	101.12	101.12	101.12	100.00	101.12	100.00	100.47
石油加工、炼焦及核燃料加工业	95.55	98.83	100.13	102.99	123.87	162.00	104.65
化学原料及化学制品制造业	107.47	106.06	100.73	102.40	101.23	101.38	105.83
医药制造业	101.88	100.40	101.21	101.58	101.39	101.61	101.41
化学纤维制造业	108.68	105.35	97.93	89.74	86.20	89.48	105.81
橡胶制品业	100.47	100.69	101.47	102.14	105.82	109.15	102.05
塑料制品业	121.89	120.14	119.09	104.92	100.61	99.00	116.18
非金属矿物制品业	96.95	101.39	100.97	101.76	105.40	106.45	97.43
黑色金属冶炼及压延加工业	105.11	103.67	102.91	99.77	97.22	92.71	102.54
有色金属冶炼及压延加工业	117.36	121.09	119.19	120.05	124.29	124.18	115.54
金属制品业	94.74	97.43	98.50	101.43	98.12	96.01	99.77
通用设备制造业	100.92	100.83	101.41	100.02	100.89	101.04	102.95
专用设备制造业	100.64	100.69	100.86	100.11	100.31	101.67	101.52
交通运输设备制造业	97.64	97.79	97.06	97.63	97.75	97.86	97.66
电气机械及器材制造业	112.72	116.24	115.84	108.66	109.06	105.79	113.59
通信设备、计算机及其他电子设备制造业	94.22	98.59	91.80	95.86	99.32	99.93	98.17
仪器仪表及文化、办公用机械制造业	100.89	100.06	101.82	101.82	101.82	101.82	101.47
工艺品及其他制造业	97.43	97.80	96.77	94.71	87.75	91.37	101.33
电力、热力的生产和供应业	110.64	110.51	110.65	110.65	110.00	110.65	109.91
燃气生产和供应业	100.00	100.00	100.00	100.00	100.00	100.00	102.80
水的生产和供应业	100.00	100.00	100.00	100.00	100.00	100.00	100.00

4-11 原材料、燃料、动力购进价格分月指数

(2005年 以上年同期价格为100)

类别	1月	2月	3月	4月	5月	6月	上半年平均
原材料、燃料、动力购进价格指数	**110.19**	**109.19**	**108.71**	**107.45**	**107.17**	**106.03**	**108.12**
一、按九大类分							
(一)燃料、动力类	112.41	112.54	113.97	109.57	110.69	112.00	111.86
(二)黑色金属材料类	124.42	121.56	119.85	121.19	121.45	116.28	120.79
其中:钢材	125.44	122.01	118.46	119.77	121.79	116.14	120.60
其它	118.50	118.97	127.90	128.92	119.57	117.00	121.81
(三)有色金属材料和电线类	107.57	108.50	104.42	105.75	105.51	108.36	106.69
(四)化工原料类	119.74	117.93	120.69	122.97	119.75	117.98	119.84
(五)木材及纸浆类	103.92	102.25	101.31	100.66	99.83	100.39	101.39
(六)建筑材料及非金属矿类	94.74	94.65	94.89	94.72	94.76	94.76	94.75
(七)其它工业原材料及半成品类	107.02	106.20	103.91	103.06	102.62	101.63	104.07
(八)农副产品类	102.56	101.83	99.34	98.33	98.57	94.19	99.14
(九)纺织原料类	100.04	99.95	99.88	100.54	100.41	99.97	100.13
二、按工业行业分							
非金属矿采选业	0.00	0.00	0.00	144.09	150.72	144.83	146.55
农副食品加工业	106.78	105.39	105.45	106.07	105.80	103.59	105.51
食品制造业	112.90	118.52	113.22	106.81	103.92	107.68	110.51
饮料制造业	112.54	113.54	114.81	112.14	111.09	108.14	112.04
烟草制品业	113.29	112.73	111.73	113.87	110.23	114.14	112.67
纺织业	107.85	107.76	106.34	101.55	102.50	106.06	105.34
纺织服装、鞋、帽制造业	109.82	107.97	108.41	109.92	109.79	117.72	110.61
皮革、毛皮、羽毛(绒)及其制品业	108.56	107.50	103.62	105.05	107.39	103.88	106.00
木材加工及木、竹、藤、棕、草制品业	101.41	101.71	102.95	103.02	98.66	99.41	101.19
家具制造业	100.89	102.69	100.89	100.89	100.89	100.29	101.09
造纸及纸制品业	118.45	115.46	108.39	103.44	103.13	105.80	109.11
印刷业和记录媒介的复制	102.99	100.09	100.36	101.63	101.04	98.19	100.72
文教体育用品制造业	127.43	123.48	130.95	134.34	126.02	121.92	127.36
石油加工、炼焦及核燃料加工业	113.33	114.29	121.01	121.01	120.64	119.35	118.27
化学原料及化学制品制造业	116.29	119.24	120.01	116.05	113.49	112.00	116.18
医药制造业	107.17	109.26	108.94	106.23	103.70	104.08	106.56
化学纤维制造业	113.28	116.60	126.72	126.02	123.74	121.28	121.27
橡胶制品业	122.61	116.43	120.59	118.52	116.59	116.57	118.55
塑料制品业	116.38	112.39	111.22	112.00	110.83	112.21	112.51
非金属矿物制品业	111.29	112.89	110.89	110.59	109.48	111.69	111.14
黑色金属冶炼及压延加工业	118.88	110.89	110.50	109.22	111.89	116.98	113.06
有色金属冶炼及压延加工业	119.94	118.92	123.71	117.17	117.59	126.10	120.57
金属制品业	110.67	109.06	112.65	110.23	108.40	108.49	109.92
通用设备制造业	113.01	112.03	109.54	108.40	109.72	109.85	110.43
专用设备制造业	118.53	113.44	109.88	111.08	110.79	108.06	111.96
交通运输设备制造业	107.99	104.89	103.06	104.75	104.27	104.19	104.86
电气机械及器材制造业	113.03	109.42	107.84	110.44	109.42	108.56	109.79
通信设备、计算机及其他电子设备制造业	104.03	103.77	103.18	104.50	103.29	101.95	103.45
仪器仪表及文化、办公用机械制造业	98.65	99.88	99.69	98.73	99.24	99.24	99.24
工艺品及其他制造业	106.99	106.99	106.99	106.03	100.00	100.00	104.50
电力、热力的生产和供应业	128.89	138.65	163.66	146.94	145.03	142.76	144.32
水的生产和供应业	107.92	117.19	123.78	112.99	127.17	128.72	119.63

4-11 续表 (2005年，以上年同期价格为100)

类别	7月	8月	9月	10月	11月	12月	全年
原材料、燃料、动力购进价格指数	**106.80**	**105.90**	**105.17**	**105.64**	**104.68**	**104.04**	**106.74**
一、按九大类分							
燃料、动力类	112.59	113.66	111.87	111.19	111.24	110.67	111.87
黑色金属材料类	113.66	111.07	111.21	109.43	103.90	100.46	114.54
#钢材	112.49	109.46	106.80	104.71	100.73	96.06	112.82
其它	119.80	119.55	134.40	134.26	120.57	123.60	123.59
有色金属材料和电线类	111.03	108.07	108.91	109.64	108.53	108.65	107.91
化工原料类	114.97	112.61	109.69	105.98	104.61	102.98	114.16
木材及纸浆类	100.21	98.68	98.58	98.49	97.79	98.23	100.03
建筑材料及非金属矿类	92.38	112.34	112.37	112.42	109.40	104.09	100.96
其它工业原材料及半成品类	102.03	101.01	102.43	101.62	102.08	102.48	103.01
农副产品类	99.17	100.81	103.07	104.02	104.47	108.02	101.20
纺织原料类	99.71	99.79	97.51	100.02	100.17	100.22	99.85
二、按工业行业分							
非金属矿采选业	146.25	121.69	125.53	120.09	129.54	128.40	134.57
农副食品加工业	100.93	103.54	101.62	101.91	101.24	101.52	103.65
食品制造业	107.04	101.52	98.68	97.64	98.53	100.34	105.57
饮料制造业	116.60	116.20	113.99	115.30	108.88	112.72	113.00
烟草制品业	111.87	112.78	112.32	112.11	108.48	112.20	112.15
纺织业	107.69	107.54	107.40	111.99	112.08	111.02	107.48
纺织服装、鞋、帽制造业	119.63	113.97	116.98	113.73	116.92	115.89	113.40
皮革、毛皮、羽毛(绒)及其制品业	103.91	103.51	102.36	102.20	102.50	102.41	104.41
木材加工及木、竹、藤、棕、草制品业	104.47	103.30	97.96	103.09	100.58	100.48	101.42
家具制造业	100.89	100.89	100.89	100.89	100.89	100.89	100.99
造纸及纸制品业	106.46	103.78	101.63	102.74	103.45	105.47	106.52
印刷业和记录媒介的复制	101.65	102.92	102.35	98.85	99.67	100.42	100.85
文教体育用品制造业	120.49	120.43	115.67	109.54	108.98	108.36	120.63
石油加工、炼焦及核燃料加工业	117.46	123.81	132.31	125.37	109.80	122.86	120.10
化学原料及化学制品制造业	117.64	113.75	116.91	113.56	111.64	107.97	114.88
医药制造业	105.81	105.35	103.98	102.36	102.44	102.16	105.12
化学纤维制造业	121.97	115.85	122.30	116.84	121.42	118.29	120.36
橡胶制品业	113.83	115.32	115.47	114.30	114.50	114.19	116.58
塑料制品业	110.13	111.29	108.90	94.63	96.62	97.80	107.87
非金属矿物制品业	113.29	110.67	110.74	110.57	105.12	103.46	110.06
黑色金属冶炼及压延加工业	114.02	109.57	113.52	110.31	109.03	106.57	111.78
有色金属冶炼及压延加工业	124.48	118.27	116.60	119.82	117.43	118.55	119.88
金属制品业	104.06	106.38	105.92	105.44	102.19	100.96	107.04
通用设备制造业	109.01	108.01	107.29	105.65	105.55	103.25	108.44
专用设备制造业	109.49	106.07	102.73	100.58	98.85	98.39	107.32
交通运输设备制造业	103.97	104.57	107.78	107.06	103.49	103.94	105.00
电气机械及器材制造业	108.17	105.32	107.99	110.87	107.26	108.19	108.88
通信设备、计算机及其他电子设备制造业	102.00	100.88	100.04	100.91	99.12	96.65	101.69
仪器仪表及文化、办公用机械制造业	98.06	95.83	99.01	100.00	100.00	100.00	99.03
工艺品及其他制造业	100.00	109.58	109.58	109.58	109.58	109.58	106.24
电力、热力的生产和供应业	117.81	126.43	118.79	120.28	120.39	118.57	133.60
水的生产和供应业	129.02	129.32	117.71	117.36	118.36	118.36	120.66

4－12 工业品出厂价格分月指数

（2005年，以上月价格为100）

项　　目	1　月	2　月	3　月	4　月	5　月	6　月
工业品出厂价格指数	**100.59**	**99.64**	**100.38**	**100.19**	**101.74**	**99.42**
一、按轻重工业分						
轻　工　业	101.54	99.55	100.82	99.95	100.41	99.75
以农产品为原料	101.67	99.77	100.36	99.20	100.15	99.80
以非农产品为原料	101.37	99.27	101.40	100.89	100.74	99.69
重　工　业	99.99	99.68	100.10	100.32	102.45	99.24
原　　料	100.25	99.97	100.89	99.89	105.70	99.80
加　　工	99.73	99.39	99.33	100.69	100.06	98.84
二、按生产生活资料分						
生 产 资 料	100.00	99.74	100.83	100.35	102.65	99.19
原　　料	100.35	99.75	101.41	99.58	105.54	99.85
加　　工	99.59	99.73	100.19	101.03	100.46	98.70
生 活 资 料	101.52	99.45	99.67	99.92	100.02	99.86
食　　品	100.87	99.90	100.22	99.98	100.09	99.96
衣　　着	109.07	100.62	100.47	92.81	100.76	100.68
一般日用品	103.19	99.24	100.07	104.12	99.43	98.87
耐用消费品	99.97	98.77	98.75	100.01	99.98	99.94
三、按工业部门分						
冶 金 工 业	98.69	100.16	102.34	103.59	98.91	96.17
电 力 工 业	100.00	100.00	101.02	100.00	106.32	100.05
煤炭及炼焦工业	98.81	99.81	100.09	92.57	99.55	100.52
石 油 工 业	97.37	100.00	105.41	100.00	103.85	98.77
化 学 工 业	101.65	98.60	102.25	99.22	99.99	99.74
机 械 工 业	99.91	99.49	99.25	100.05	101.02	100.02
建筑材料工业	98.79	98.47	99.91	98.52	99.71	99.99
森 林 工 业	100.01	99.99	100.00	99.66	100.02	99.98
食 品 工 业	100.32	99.75	100.50	100.40	100.30	99.81
纺 织 工 业	99.16	98.39	99.28	100.17	99.73	100.00
缝 纫 工 业	109.33	100.64	100.49	92.93	100.78	100.54
皮 革 工 业	102.10	101.31	100.20	101.24	98.80	101.18
造 纸 工 业	101.90	100.90	99.96	101.09	99.68	98.55
文教艺术用品工业	105.11	98.90	100.00	105.14	98.62	97.92
其 它 工 业	98.93	100.61	100.01	100.84	101.50	100.21

4－12 续表1 （2005年，以上月价格为100）

项目	7月	8月	9月	10月	11月	12月
工业品出厂价格指数	**99.19**	**100.47**	**99.71**	**101.11**	**99.41**	**99.65**
一、按轻重工业分						
轻工业	99.87	100.50	99.31	99.86	99.29	100.22
以农产品为原料	100.07	100.00	99.97	99.86	99.29	100.20
以非农产品为原料	99.61	101.14	98.46	99.87	99.29	100.25
重工业	98.84	100.46	99.93	100.22	99.46	99.35
原料	99.50	100.19	99.80	99.96	99.94	99.74
加工	98.36	100.66	100.02	100.42	99.11	99.06
二、按生产生活资料分						
生产资料	98.58	100.62	99.60	100.17	99.27	99.49
原料	99.91	99.97	99.70	99.72	99.87	100.29
加工	97.57	101.12	99.52	100.52	98.80	98.87
生活资料	100.39	100.18	99.95	99.96	99.68	99.94
食品	100.13	99.63	99.95	100.07	99.29	100.03
衣着	102.84	102.89	101.36	100.02	100.07	100.11
一般日用品	101.06	100.94	99.11	99.73	99.47	99.37
耐用消费品	99.98	99.93	99.96	99.91	100.10	100.00
三、按工业部门分						
冶金工业	94.53	102.72	100.21	99.79	97.35	96.20
电力工业	100.00	100.00	100.00	100.00	100.00	100.00
煤炭及炼焦工业	100.01	100.06	99.98	100.11	101.13	101.12
石油工业	100.00	105.00	107.14	97.78	100.00	102.27
化学工业	100.22	99.34	98.75	99.14	99.42	100.94
机械工业	99.37	100.12	99.48	100.88	99.90	100.18
建筑材料工业	99.18	99.09	98.40	100.63	98.51	102.45
森林工业	99.97	99.96	100.00	99.95	99.99	99.97
食品工业	99.85	99.90	99.78	99.64	98.98	100.17
纺织工业	101.51	100.93	100.75	100.16	100.27	101.16
缝纫工业	102.94	102.97	100.58	100.00	100.07	100.10
皮革工业	99.59	100.49	110.95	100.32	104.77	100.28
造纸工业	100.21	102.01	97.15	101.37	99.04	100.06
文教艺术用品工业	101.21	99.70	98.39	99.50	98.95	98.97
其它工业	100.00	104.26	99.81	99.19	100.90	100.00

4－12 续表 2－1　　(2005 年，以上月价格为 100)

项目	1月	2月	3月	4月	5月	6月
四、按工业行业分						
农副食品加工业	99.76	99.20	101.47	101.01	99.85	99.41
食品制造业	104.23	99.89	100.03	100.00	99.98	100.02
饮料制造业	99.03	100.24	100.17	100.08	103.27	100.00
烟草制品业	100.00	100.00	100.00	100.00	100.00	100.00
纺织业	107.10	99.30	99.69	93.28	99.88	100.00
纺织服装、鞋、帽制造业	103.07	101.67	101.29	100.00	102.05	101.99
皮革、毛皮、羽毛(绒)及其制品业	102.10	101.31	100.20	101.53	98.80	101.18
木材加工及木、竹、藤、棕、草制品业	100.01	99.99	99.99	99.95	100.03	99.97
家具制造业	100.00	100.00	100.00	100.00	100.00	100.00
造纸及纸制品业	101.90	100.90	99.96	100.99	99.67	98.54
印刷业和记录媒介的复制	105.93	98.75	100.00	107.15	98.43	97.71
文教体育用品制造业	100.00	100.00	100.00	100.00	100.00	100.00
石油加工、炼焦及核燃料加工业	104.38	91.95	103.77	100.28	92.14	110.08
化学原料及化学制品制造业	101.57	99.13	99.41	99.23	101.72	100.70
医药制造业	101.45	99.65	100.99	100.29	99.39	99.68
化学纤维制造业	102.42	96.23	109.54	95.71	98.36	97.78
橡胶制品业	99.88	97.85	100.20	107.54	100.74	100.01
塑料制品业	101.67	97.61	99.95	100.02	99.73	102.39
非金属矿物制品业	97.75	99.83	99.95	99.81	101.76	100.31
黑色金属冶炼及压延加工业	100.31	100.01	102.36	103.26	98.77	95.90
有色金属冶炼及压延加工业	95.29	100.32	103.10	105.59	102.50	100.59
金属制品业	96.44	100.67	101.48	100.19	99.17	99.84
通用设备制造业	100.64	100.14	100.65	100.42	100.03	100.27
专用设备制造业	100.02	100.70	102.51	99.98	99.75	100.36
交通运输设备制造业	99.98	99.20	98.59	100.01	100.46	100.00
电气机械及器材制造业	98.92	100.44	101.83	99.61	101.45	100.03
通信设备、计算机及其他电子设备制造业	100.01	100.01	99.99	99.77	103.85	100.02
仪器仪表及文化、办公用机械制造业	100.00	100.00	100.00	100.00	100.00	100.00
工艺品及其他制造业	100.40	100.63	99.88	98.31	101.45	98.20
电力、热力的生产和供应业	100.00	100.00	101.02	100.00	106.32	100.05
燃气生产和供应业	98.42	100.00	100.00	89.92	100.00	100.00
水的生产和供应业	100.00	100.00	100.00	100.00	100.00	100.00

4－12 续表2－2 （2005年，以上月价格为100）

项目	7月	8月	9月	10月	11月	12月
四、按工业行业分						
农副食品加工业	99.11	99.66	99.52	98.88	98.22	100.54
食品制造业	100.00	100.05	99.93	100.05	100.03	100.01
饮料制造业	101.36	100.00	99.44	100.00	95.76	100.00
烟草制品业	100.00	100.00	100.00	100.00	100.00	100.00
纺 织 业	101.10	100.42	100.34	100.07	100.12	100.50
纺织服装、鞋、帽制造业	108.87	107.77	102.14	100.00	100.25	100.37
皮革、毛皮、羽毛(绒)及其制品业	99.59	100.49	110.95	100.32	104.77	100.28
木材加工及木、竹、藤、棕、草制品业	99.97	99.95	100.00	99.94	99.99	99.97
家具制造业	100.00	100.00	100.00	100.00	100.00	100.00
造纸及纸制品业	100.21	102.01	97.14	101.36	99.03	100.06
印刷业和记录媒介的复制	101.33	99.67	98.23	99.45	98.85	98.86
文教体育用品制造业	100.00	100.00	100.00	100.00	100.00	100.00
石油加工、炼焦及核燃料加工业	100.13	102.88	101.94	101.51	122.61	123.25
化学原料及化学制品制造业	99.68	98.47	97.13	100.28	100.54	101.39
医药制造业	100.70	99.09	100.52	100.78	100.09	100.01
化学纤维制造业	100.24	100.46	97.27	93.92	96.99	102.25
橡胶制品业	100.00	100.35	100.11	100.01	100.85	100.63
塑料制品业	100.03	101.24	100.63	100.98	96.11	99.91
非金属矿物制品业	99.55	105.09	98.74	99.40	100.34	101.54
黑色金属冶炼及压延加工业	94.50	102.66	100.33	99.88	97.33	95.88
有色金属冶炼及压延加工业	94.64	103.03	94.54	102.81	100.78	104.14
金属制品业	94.98	103.73	99.88	96.86	96.43	99.84
通用设备制造业	99.82	100.25	100.14	100.65	100.30	100.33
专用设备制造业	100.05	100.15	101.05	99.38	99.81	101.46
交通运输设备制造业	100.02	99.91	100.00	100.58	100.00	100.12
电气机械及器材制造业	99.21	100.07	100.22	100.26	100.34	99.74
通信设备、计算机及其他电子设备制造业	95.98	101.25	96.04	102.99	99.06	100.57
仪器仪表及文化、办公用机械制造业	100.00	100.00	100.00	100.00	100.00	100.00
工艺品及其他制造业	97.14	98.43	100.14	96.88	96.81	99.64
电力、热力的生产和供应业	100.00	100.00	100.00	100.00	100.00	100.00
燃气生产和供应业	100.00	100.00	100.00	100.00	100.00	100.00
水的生产和供应业	100.00	100.00	100.00	100.00	100.00	100.00

4－13 原材料、燃料、动力购进价格分月指数

（2005年，以上月价格为100）

项目	1月	2月	3月	4月	5月	6月
原材料、燃料、动力购进价格指数	**101.36**	**100.75**	**100.79**	**100.43**	**100.40**	**99.50**
一、按九大类分						
燃料、动力类	100.48	100.61	100.77	100.00	101.87	101.76
黑色金属材料类	103.30	101.17	102.86	103.07	101.42	96.96
#钢材	103.55	100.94	102.58	103.47	101.73	96.92
其它	101.88	102.48	104.47	100.86	99.71	97.17
有色金属材料和电线类	99.75	100.24	100.59	100.96	100.10	101.27
化工原料类	104.27	100.45	100.99	100.40	98.98	99.76
木材及纸浆类	100.95	100.09	99.24	99.88	99.10	100.06
建筑材料及非金属矿类	98.94	100.01	99.36	99.52	99.83	99.78
其它工业原材料及半成品类	102.03	101.69	100.12	100.27	100.00	99.76
农副产品类	98.56	100.51	101.27	99.91	100.59	96.10
纺织原料类	100.09	99.93	100.07	99.68	99.93	99.56
二、按工业行业分						
非金属矿采选业				110.55	106.51	102.21
农副食品加工业	101.14	99.60	100.65	101.53	99.86	98.84
食品制造业	101.17	103.46	96.00	97.77	100.09	101.59
饮料制造业	98.10	100.89	100.48	101.88	100.86	100.98
烟草制品业	100.00	102.13	100.00	100.75	100.58	104.58
纺织业	102.50	100.23	100.93	101.56	101.35	101.76
纺织服装、鞋、帽制造业	109.01	100.00	99.56	100.00	100.78	104.58
皮革、毛皮、羽毛（绒）及其制品业	101.22	96.99	100.00	97.25	98.85	97.82
木材加工及木、竹、藤、棕、草制品业	97.16	101.32	99.49	99.99	97.95	102.71
家具制造业	100.89	100.00	100.00	100.00	100.00	100.00
造纸及纸制品业	99.41	101.19	100.24	100.48	100.27	99.72
印刷业和记录媒介的复制	99.95	97.61	100.62	101.82	99.08	100.01
文教体育用品制造业	112.23	99.18	108.33	100.64	96.69	98.55
石油加工、炼焦及核燃料加工业	97.14	100.00	105.88	100.00	105.56	97.37
化学原料及化学制品制造业	100.87	101.97	100.56	99.60	100.57	99.87
医药制造业	100.81	100.53	99.97	99.81	99.92	100.18
化学纤维制造业	104.99	103.00	109.96	99.78	98.69	98.31
橡胶制品业	101.94	96.01	105.64	104.10	101.30	100.39
塑料制品业	99.99	98.53	100.90	100.97	98.38	100.23
非金属矿物制品业	98.97	100.83	99.87	100.94	99.87	99.94
黑色金属冶炼及压延加工业	102.27	100.24	103.62	99.51	99.12	98.73
有色金属冶炼及压延加工业	99.75	102.36	106.01	99.91	104.12	103.79
金属制品业	101.30	99.75	105.62	100.80	97.67	99.34
通用设备制造业	102.23	100.70	101.17	102.42	101.03	98.96
专用设备制造业	100.29	100.62	102.77	102.25	99.65	99.05
交通运输设备制造业	99.47	100.20	101.69	100.85	99.95	99.31
电气机械及器材制造业	99.71	101.42	100.83	100.99	100.63	100.53
通信设备、计算机及其他电子设备制造业	101.93	99.74	99.94	99.86	99.96	98.18
仪器仪表及文化、办公用机械制造业	100.00	100.19	99.81	100.00	100.74	100.00
工艺品及其他制造业	100.00	100.00	100.00	100.00	100.00	100.00
电力、热力的生产和供应业	100.34	116.46	118.34	90.47	99.20	100.65
水的生产和供应业	97.94	105.15	105.53	95.73	112.55	100.34

4－13 续表 （2005年，以上月价格为100）

项 目	7 月	8 月	9 月	10 月	11 月	12 月
原材料、燃料、动力购进价格指数	**100.14**	**100.07**	**100.24**	**100.28**	**100.16**	**100.07**
一、按九大类分						
燃料、动力类	101.69	100.69	99.27	100.53	100.76	101.09
黑色金属材料类	98.10	99.00	99.99	99.07	98.92	99.64
#钢 材	98.01	98.81	99.95	98.79	98.55	99.01
其 它	98.57	99.99	100.19	100.55	100.84	102.98
有色金属材料和电线类	100.87	99.84	101.70	101.17	99.93	100.33
化工原料类	100.22	98.96	100.65	100.29	99.83	97.74
木材及纸浆类	99.69	98.52	99.92	99.88	99.54	100.55
建筑材料及非金属矿类	100.19	101.01	100.46	100.21	100.27	99.31
其它工业原材料及半成品类	99.15	100.13	100.48	100.52	100.46	100.36
农副产品类	102.72	101.75	101.34	101.55	101.13	100.75
纺织原料类	100.07	100.21	100.29	100.11	100.01	100.00
二、按工业行业分						
非金属矿采选业	100.00	90.26	108.75	102.56	99.36	96.55
农副食品加工业	99.91	100.34	99.82	99.62	99.79	99.73
食品制造业	99.87	99.87	100.55	101.12	99.16	101.82
饮料制造业	107.62	100.06	100.94	101.34	98.40	103.63
烟草制品业	102.48	102.26	101.57	100.00	101.66	100.00
纺 织 业	100.85	101.32	99.95	101.64	100.44	99.19
纺织服装、鞋、帽制造业	101.85	100.98	100.80	100.24	100.36	100.00
皮革、毛皮、羽毛（绒）及其制品业	99.66	100.48	100.30	100.06	100.29	100.20
木材加工及木、竹、藤、棕、草制品业	101.92	99.94	99.44	102.43	99.83	100.50
家具制造业	100.00	100.00	100.00	100.00	100.00	100.00
造纸及纸制品业	100.12	99.36	98.90	100.17	100.38	100.68
印刷业和记录媒介的复制	99.82	100.49	99.94	99.81	99.15	101.18
文教体育用品制造业	99.74	100.45	100.63	100.00	98.21	99.51
石油加工、炼焦及核燃料加工业	100.00	105.41	110.26	97.67	100.00	102.38
化学原料及化学制品制造业	100.41	100.68	100.23	100.07	100.59	100.00
医药制造业	101.17	100.71	99.78	99.83	100.54	99.85
化学纤维制造业	101.75	98.44	107.04	97.04	102.33	99.62
橡胶制品业	98.52	102.94	100.48	102.18	100.81	100.97
塑料制品业	100.04	101.12	100.85	99.21	99.44	97.76
非金属矿物制品业	99.89	100.17	101.60	101.35	98.94	99.81
黑色金属冶炼及压延加工业	98.95	102.86	103.00	98.65	99.85	99.83
有色金属冶炼及压延加工业	97.39	97.04	100.13	103.64	98.88	100.66
金属制品业	95.37	100.99	100.11	100.01	99.07	100.13
通用设备制造业	99.60	99.96	100.63	99.89	99.67	99.46
专用设备制造业	99.76	99.52	99.22	99.80	99.04	98.96
交通运输设备制造业	99.67	100.28	102.41	99.14	99.54	100.18
电气机械及器材制造业	99.58	99.27	100.51	102.36	100.43	99.89
通信设备、计算机及其他电子设备制造业	100.27	98.26	99.43	101.11	99.11	98.27
仪器仪表及文化、办公用机械制造业	100.00	100.00	100.00	100.00	100.00	100.00
工艺品及其他制造业	100.00	108.46	100.00	100.00	100.00	100.00
电力、热力的生产和供应业	93.66	100.59	96.77	102.53	102.26	100.00
水的生产和供应业	100.00	100.23	98.69	100.00	100.00	100.00

主 要 统 计 指 标 解 释

居民消费价格指数 （Consumer Price Index，简称 CPI）是反映居民购买并用于消费的一组代表性商品和服务项目价格水平的变化趋势和变动幅度的统计指标。调查内容既有城乡居民日常生活需要的各类消费品，也包括多种与人民生活密切相关的服务项目，如水、电、交通、教育、医疗等费用。该价格指数为分析和制定货币政策、价格政策、居民消费政策、工资政策以及进行国民经济核算提供科学依据。国际上通常将居民消费价格指数作为反映通货膨胀（或通货紧缩）程度的重要指标。

按照国际标准，居民消费价格的调查内容分为食品、烟酒及用品、衣着、家庭设备用品及服务、医疗保健及个人用品、交通和通信、娱乐教育文化用品及服务、居住等八大类。根据我国城乡居民消费模式、消费习惯，参照抽样调查原理选中的城乡居民家庭的消费支出数据，并结合其它相关资料，选取了 251 个基本分类、约 700 种商品和服务项目，作为经常性调查项目。国家统计局直属的全国调查系统采取定人、定时、定点的直接调查方式，由专职调查员到不同类型、不同规模的农贸市场和商店现场采集价格资料。对于与居民生活密切相关、价格变动比较频繁的商品，至少每五天调查一次价格，从而保证了居民消费价格指数能够及时、准确地反映市场价格的变动情况。

由于价格指数是用一定数量的代表品种反映价格总水平的变化，必须确定每一种调查商品或服务项目价格对价格总水平影响的重要程度（称为权数），用以加权计算分类价格指数直至价格总指数。随着人民消费结构不断变化，还要根据城市居民家庭消费支出结构变化，每年对权数进行调整。

商品零售价格指数 是反映城市商品零售价格变动趋势的一种经济指数。零售物价的调整变动直接影响到城市居民的生活支出和国家的财政收入，影响居民购买力和市场供需平衡，影响消费与积累的比例。因此，计算零售价格指数，可以从一个侧面对上述经济活动进行观察和分析。

工业品出厂价格指数 是反映全部工业品出厂价格变化趋势和变动幅度的统计指标。其中包括工业企业销给商业、外贸、物资部门的产品，还包括销给工业和其他部门的生产资料，以及直接销给居民的生活消费品。其目的在于准确地反映工业产品价格的变动趋势及程度，为国民经济核算、计算工业发展速度、宏观经济分析和调控、理顺价格体系提供科学、准确的依据。

原材料、燃料、动力购进价格指数 是反映全部原材料、燃料、动力价格变化趋势和变动幅度的统计指标。其调查内容包括：燃料动力类、黑色金属材料类、有色金属材料和电线类、化工原料类、木材及纸浆类、建筑材料及非金属矿类、其它工业原材料及半成品类、农副产品类、纺织原料类。其目的在于准确反映中间投入的原材料、燃料、动力价格的变动趋势及程度，为国民经济核算、分析提供科学、准确的依据。

五、固定资产投资

INVESTMENT IN FIXED ASSETS

本篇内容包括：

1. 全社会固定资产投资完成情况
2. 分行业的固定资产投资情况
3. 房地产开发投资情况

资料整理	微机处理
刘　程	万明刚
罗新瑜	
万明刚	
吴婉芸	
王　娟	

全社会固定资产投资

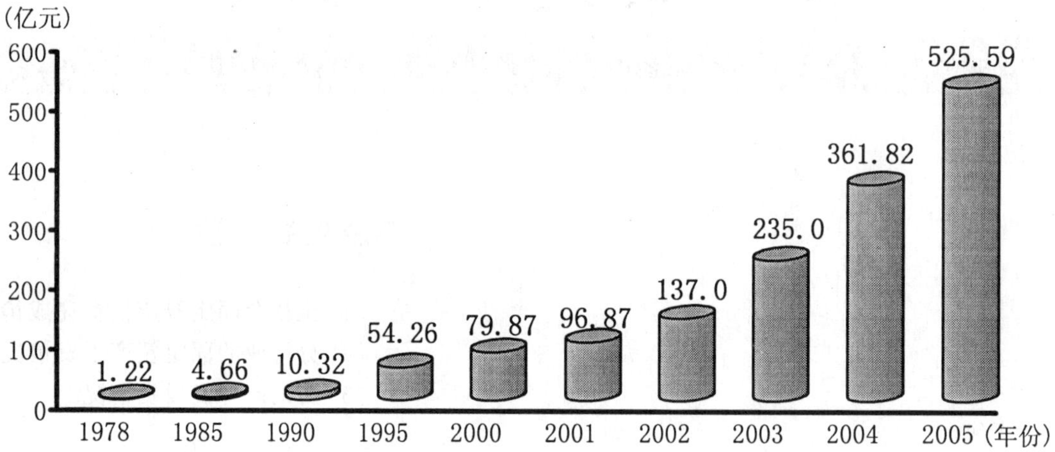

三次产业完成固定资产投资(%)

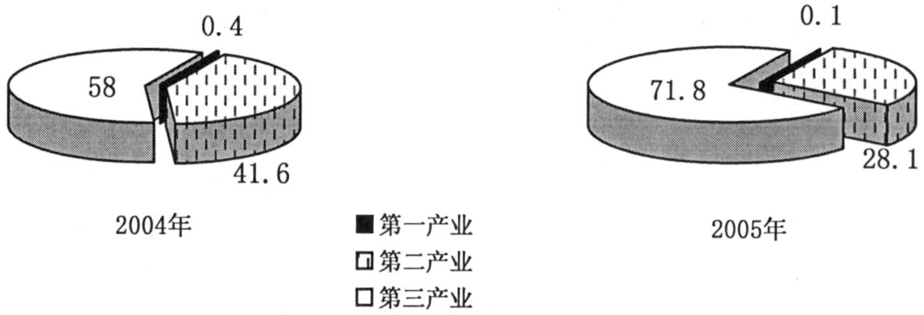

房地产开发投资

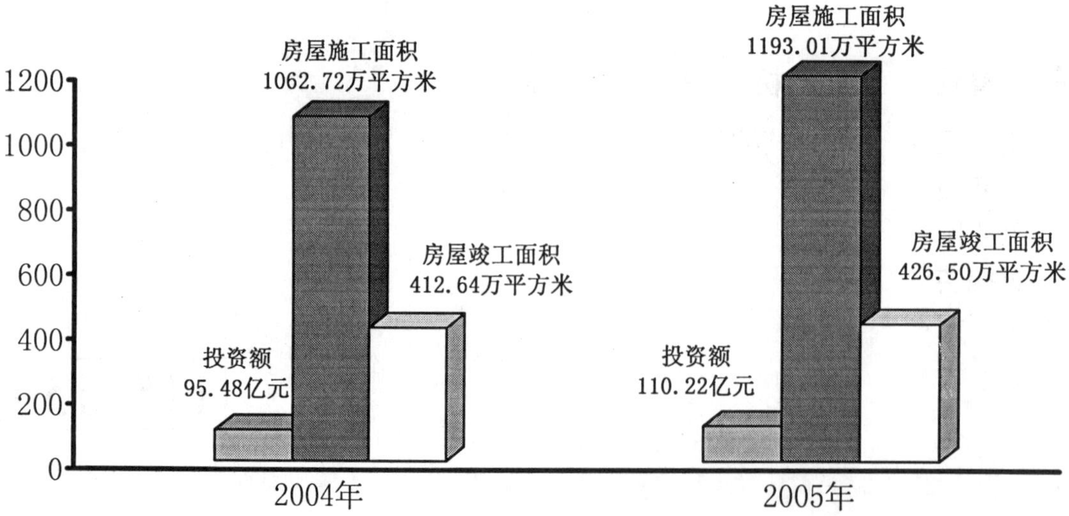

5-1 全社会固定资产投资

单位：万元

项　　目	2004	2005	2005年比上年增长%
总　计	**3 618 162**	**5 255 946**	**45.3**
中央、省属	635 716	972 576	53.0
市　属	2 982 446	4 283 370	43.6
城镇以上固定资产投资	3 358 930	4 806 491	43.1
中央、省属	635 716	972 576	53.0
市　属	2 723 214	3 833 915	40.8
#建设与改造投资	2 342 084	3 704 322	58.2
中央、省属	578 027	860 307	48.8
市　属	1 764 057	2 844 015	61.2
房地产开发	954 884	1 102 169	15.4
中央、省属	57 689	112 269	94.6
市　属	897 195	989 900	10.3
农村投资	259 232	449 455	73.4
非农户	182 292	367 283	101.5
农　户	76 940	82 172	6.8

5－2 主要年份全社会固定资产投资

项目	1978	1980	1985	1990	1995	2000	2003	2004	2005
一、投资总额（万元）	12 209	21 075	46 575	103 225	542 553	798 684	2 350 044	3 618 162	5 255 946
按隶属关系分									
中央、省属	7 831	9 099	23 758	37 947	120 705	238 557	651 083	635 716	972 576
市属	4 378	11 976	22 817	65 278	421 848	560 127	1 698 961	2 982 446	4 283 370
按经济类型分									
城镇国有	11 624	19 765	42 700	82 902	352 530	539 651	998 163	1 459 794	2 028 308
#房地产开发				7 792	96 396	131 968	91 116	90 291	76 486
城镇集体	325	840	1 811	2 905	5 943	17 564	18 573	57 860	81 157
其他经济类型							1 085 597	1 841 276	2 697 026
农村非农户	100	230	520	4 320	151 549	178 096	179 906	182 292	367 283
农村个人	80	120	840	8 732	25 975	53 006	72 757	76 940	82 172
二、新增固定资产（万元）	7 775	18 092	25 501	86 174	425 293	367 220	843 959	1 342 257	2 251 905
#房地产开发				8 147	24 396	73 626	289 242	572 019	506 388
三、竣工房屋面积（万平方米）	39.57	101.24	106.05	190.19	233.97	355.48	427.83	592.54	942.64
#房地产开发				29.28	84.4	92.1	134.03	412.64	426.5
#住宅	22.71	57.69	61.51	131.72	160.44	265.75	232.58	403.12	485.93
#房地产开发				24.81	64.71	83.69	103.71	341.74	352.35

5-3 城镇以上固定资产投资

(2005年)

指标	总计	中央	省	市	县	其他
一、本年完成投资（万元）	4 806 491	141 434	831 142	707 487	848 541	2 277 887
#住宅投资	871 299	63 280	46 183	55 213	49 676	656 947
1. 按企业登记注册类型分						
内资	4 126 432	136 504	757 792	662 497	844 141	1 725 498
国有	1 906 796	65 237	625 000	407 213	739 367	69 979
集体	44 585			200	9 830	34 555
股份合作	59 068			1 172	710	57 186
联营	540			270	200	70
有限责任公司	1 182 611	60 061	87 816	164 337	31 835	838 562
股份有限公司	355 391	10 206	41 657	84 305	51 865	167 358
私营	414 455	1 000	3 319	5 000	10 098	395 038
其他内资	162 986				236	162 750
港澳台投资	358 706		38 158	30 115	3 500	286 933
外商投资	246 703	4 930	35 192	14 875	900	190 806
个体经营	74 650					74 650
2. 按建设性质分						
#新建	3 505 273	28 065	560 163	413 376	446 210	924 276
扩建	466 345	8 575	40 841	68 798	229 512	118 619
改建和技术改造	530 083	38 263	55 079	108 145	93 275	235 321
3. 按构成分						
建筑工程	2 855 822	100 550	480 093	432 867	559 758	1 282 554
安装工程	298 202	5 047	35 344	62 865	30 781	164 165
设备工器具购置	844 356	24 091	237 978	141 196	50 551	390 540
其他费用	808 111	11 746	77 727	70 559	207 451	440 628
4. 按产业分						
第一产业	6 130				2 265	3 865
第二产业	1 348 117	52 632	184 280	164 845	56 612	889 748
第三产业	3 452 244	88 802	646 862	542 642	789 664	1 384 274
二、本年新增固定资产（万元）	2 251 905	29 912	335 496	323 214	300 502	1 262 781
三、本年资金来源合计（万元）						
#本年资金来源	5 300 341	200 696	979 495	676 022	871 512	2 572 616
国家预算内资金	318 107	46 153	112 155	76 846	79 083	3 870
国内贷款	955 327	36 300	291 314	176 966	153 696	297 051
债券	8 630				230	8 400
利用外资	217 959		9 700	7 133	2 228	198 898
自筹资金	2 847 088	62 473	452 331	378 391	542 006	1 411 887
其他资金来源	953 230	55 770	113 995	36 686	94 269	652 510

注：按照国民经济新的行业分类，2003年及以后废弃资源和废旧材料回收加工业由批发零售贸易业（第三产业）划入工业行业（第二产业），后同。

5-4 分行业固定资产投资

单位：万元

行　　业	2004年	2005年	2005年比2004年增长 %
总　　计	**2 381 174**	**3 673 308**	**54.3**
农、林、牧、渔业	10 143	6 130	-39.6
工　　业			
#采　矿　业	1 600	2 671	66.9
制　造　业	890 965	1 274 734	43.1
#农副食品加工业	12 505	18 952	51.6
食品制造业	34 381	34 811	1.3
饮料制造业	10 429	24 142	131.5
烟草制品业	34 129	17 018	-50.1
纺　织　业	19 705	92 226	368.0
纺织服装、鞋、帽制造业	26 183	61 548	135.1
家具制造业	16 052	10 612	-33.9
造纸及纸制品业	252 007	96 983	-61.5
印刷业和记录媒介的复制	24 958	55 111	120.8
文教体育用品制造业	740	26 340	3459.5
化学原料及化学制品制造业	12 626	29 325	132.3
医药制造业	64 201	142 362	121.7
化学纤维制造业	21 758	13 977	-35.8
橡胶制品业	11 485	11 064	-3.7
塑料制品业	14 602	31 319	114.5
非金属矿物制品业	49 153	87 990	79.0
黑色金属冶炼及压延加工业	46 899	28 763	-38.7
有色金属冶炼及压延加工业	8 362	48 266	477.2
金属制品业	38 239	58 941	54.1
通用设备制造业	13 602	52 373	285.0
专用设备制造业	18 625	33 324	78.9
交通运输设备制造业	44 293	110 420	149.3
电气机械及器材制造业	50 187	38 332	-23.6
通信设备、计算机及其他电子设备	40 138	107 374	167.5
仪器仪表及文化、办公用机械制造	5 199	2 550	-51.0
工艺品及其他制造业	2 423	6 767	179.3

注：本表固定资产投资是指城镇固定资产投资完成额，不含房地产开发和农村投资，下同。

单位：万元

行　　　　　　业	2004年	2005年	2005年比2004年增长 %
电力、燃气及水的生产和供应业	83 834	52 004	-38.0
#电力、热力的生产和供应业	38 649	26 916	-30.4
燃气生产和供应业	7 357	9 199	25.0
水的生产和供应业	37 828	15 889	-58.0
建筑业	13 369	18 708	39.9
交通运输、仓储和邮政业	187 309	309 763	65.4
#铁路运输业	1 800	3 500	94.4
道路运输业	150 600	284 070	88.6
城市公共交通业	22 108	15 596	-29.5
邮政业	3 510	1 308	-62.7
信息传输、计算机服务和软件业	87 597	107 511	22.7
#电信和其他信息传输服务业	75 204	69 072	-8.2
批发和零售业	81 220	128 582	58.3
住宿和餐饮业	29 657	122 284	312.3
金融业	18 706	20 244	8.2
房地产业	2 004	49 011	2345.7
租赁和商务服务业	23 227	57 484	147.5
科学研究、技术服务和地质勘查业	7 265	10 218	40.6
水利、环境和公共设施管理业	409 380	809 885	97.8
#水利管理业	19 350	18 462	-4.6
环境管理业	1 565	420	-73.2
公共设施管理业	388 465	791 003	103.6
居民服务和其他服务业	7 710	6 963	-9.7
教育	346 602	385 914	11.3
卫生、社会保障和社会福利业	40 430	54 774	35.5
#卫生	40 347	53 094	31.6
文化、体育和娱乐业	47 477	57 545	21.2
公共管理和社会组织	92 679	198 883	114.6

5-5 各 行 业 固

（2005年，按登

指标	总计	内资			
			国有	集体	股份合作
总计	**3 673 308**	**3 278 076**	**1 835 460**	**34 360**	**46 477**
农、林、牧、渔业	6 130	6 130			690
工业	1 329 409	1 064 638	224 876	16 990	33 672
#采矿业	2 671	2 671			
制造业	1 274 734	1 013 073	184 470	16 990	33 672
#农副食品加工业	18 952	13 119	870		
食品制造业	34 811	26 846	1 500		
饮料制造业	24 142	17 125	300		645
烟草制品业	17 018	17 018	17 018		
纺织业	92 226	86 556	19 112	5 460	2 700
纺织服装、鞋、帽制造业	61 548	30 433			2 300
皮革、毛皮、羽毛(绒)及其制品业	5 364	1 964		100	
木材加工及木、竹、藤、棕、草制	22 901	22 901	142		
家具制造业	10 612	10 612			
造纸及纸制品业	96 983	95 383			
印刷业和记录媒介的复制	55 111	53 316	26 820	200	4 810
文教体育用品制造业	26 340	17 860			1 360
石油加工、炼焦及核燃料加工业	32	32			
化学原料及化学制品制造业	29 325	29 325	381	1 250	3 947
医药制造业	142 362	130 424	13 050	5 050	550
化学纤维制造业	13 977	13 977	13 477		
橡胶制品业	11 064	6 929	2 200		
塑料制品业	31 319	29 247			1 292
非金属矿物制品业	87 990	63 991	24 900	1 560	400
黑色金属冶炼及压延加工业	28 763	28 763	14 060		
有色金属冶炼及压延加工业	48 266	5 698			
金属制品业	58 941	39 613		530	14
通用设备制造业	52 373	31 347	12 026		
专用设备制造业	33 324	29 928	2 067	2 640	380
交通运输设备制造业	110 420	95 673	35 825	200	15 274
电气机械及器材制造业	38 332	25 573			
通信设备、计算机及其他电子设备	107 374	75 126	722		
仪器仪表及文化、办公用机械制造	2 550	2 500			

定资产投资

记注册类型分）

单位：万元

联营	有限责任公司	股份有限	私营	其他	港澳台投资	外商投资	个体经营
390	**674 298**	**287 219**	**292 610**	**107 262**	**204 895**	**146 701**	**43 636**
	1 605	2 265	1 570				
200	404 862	196 943	175 134	11 961	140 874	122 662	1 235
	750		1 921				
200	398 443	195 224	172 113	11 961	137 996	122 430	1 235
	1 320		10 929		1 400	4 433	
	5 347	12 080	7 919		1 537	6 028	400
	15 200		980			7 017	
	6 080	24 250	28 654	300	3 350	2 320	
	9 950	10 433	6 950	800	17 920	13 195	
		14	1 850		2 600	800	
	22 759						
	1 800	1 620	7 192				
	93 636	417	1 330			1 600	
	6 208	2 000	13 278		795	1 000	
	16 000		500		8 480		
	32						
	10 462	5 481	7 804				
	69 988	14 172	27 614		3 358	8 580	
			500				
	1 200	400	3 129		3 858		277
	4 060	16 979	6 916		2 072		
	29 805	4 230	3 032	64	22 655	1 344	
		14 703					
	3 698	2 000			9 999	32 569	
	27 045	8 695	3 329		520	18 700	108
	11 125	1 506	6 690		14 125	6 901	
200	7 356	70	17 215		2 846	150	400
	13 060	21 675	433	9 206	3 977	10 770	
	14 687	5 500	5 386		7 030	5 729	
	27 325	43 079	4 000		30 954	1 294	
		1 500	1 000				50

指　　　标	总　计	内　资	国　有	集　体	股份合作
工艺品及其他制造业	6 767	6 247			
废弃资源和废旧材料回收加工业	5 547	5 547			
电力、燃气及水的生产和供应业	52 004	48 894	40 406		
#电力、热力的生产和供应业	26 916	26 916	22 810		
燃气生产和供应业	9 199	6 321	4 652		
水的生产和供应业	15 889	15 657	12 944		
建　筑　业	18 708	18 708	2 463		792
交通运输、仓储和邮政业	309 763	308 863	188 880		
#铁路运输业	3 500	3 500	3 500		
道路运输业	284 070	284 070	167 979		
城市公共交通业	15 596	14 696	13 269		
水上运输业	2 240	2 240	2 075		
仓　储　业	3 049	3 049	749		
邮　政　业	1 308	1 308	1 308		
信息传输、计算机服务和软件业	107 511	77 841	33 584		130
#电信和其他信息传输服务业	69 072	39 452	32 106		130
批发和零售业	128 582	119 134	18 841	4 890	1 356
住宿和餐饮业	122 284	55 240	4 722	6 500	5 920
金　融　业	20 244	20 244	9 721		
房 地 产 业	49 011	39 511	6 476	3 300	
租赁和商务服务业	57 484	56 626	4 993		1 023
科学研究、技术服务和地质勘查业	10 218	9 235	6 335		
水利、环境和公共设施管理业	809 885	809 885	739 836	2 380	
#水利管理业	18 462	18 462	18 039		
环境管理业	420	420	420		
公共设施管理业	791 003	791 003	721 377	2 380	
居民服务和其他服务业	6 963	4 615			163
教　　育	385 914	380 411	313 691		
卫生、社会保障和社会福利业	54 774	54 664	50 733	300	2 731
#卫　　生	53 094	52 984	49 053	300	2 731
文化、体育和娱乐业	57 545	53 448	31 648		
公共管理和社会组织	198 883	198 883	198 661		

记注册类型分）　　单位：万元

联营	有限责任公司	股份有限	私营	其他	港澳台投资	外商投资	个体经营
	300	3 920	436	1 591	520		
	500	5 047					
	5 669	1 719	1 100		2 878	232	
	2 956	50	1 100				
		1 669			2 878		
	2 713					232	
	10 355	3 820	1 278				
	103 345	6 638	10 000		100		800
	102 680	3 411	10 000				
		1 427			100		800
	165						
	500	1 800					
	21 418	4 117	16 592	2 000	26 748		2 922
	5 134	1 000	1 082		26 698		2 922
	49 536	13 948	22 145	8 418	6 469		2 979
	11 086	1 705	25 252	55	14 804	22 296	29 944
		10 523					
	3 935			25 800	9 500		
	14 250	35 000	1 360			760	98
	2 900					983	
	11 363			56 306			
	423						
	10 940			56 306			
	52	4 280	120				2 348
70	23 391	4 300	37 159	1 800	4 300		1 203
120	80			700			110
120	80			700			110
	16 120	3 680	2 000		2 100		1 997
				222			

5-6 各行业固定资产投资

（2005年，按技术构成分）　　单位：万元

指　　标	本年完成投　资	建筑工程	安装工程	设备工器具购置	其他费用
总　计	**3 673 308**	**2 125 364**	**247 878**	**830 286**	**469 780**
农、林、牧、渔业	6 130	4 291	60	1 280	499
工　业	1 329 409	628 761	120 512	449 258	130 878
#采　矿　业	2 671	1 451	20	580	620
制　造　业	1 274 734	606 255	104 876	437 890	125 713
#农副食品加工业	18 952	10 271	492	7 821	368
食品制造业	34 811	16 751	1 345	10 239	6 476
饮料制造业	24 142	11 219	2 090	8 701	2 132
烟草制品业	17 018	8 161	40	8 391	426
纺　织　业	92 226	53 728	7 783	22 479	8 236
纺织服装、鞋、帽制造业	61 548	32 876	5 066	16 502	7 104
皮革、毛皮、羽毛(绒)及其制品业	5 364	3 204	150	1 150	860
木材加工及木、竹、藤、棕、草制	22 901	6 759	4 106	9 033	3 003
家具制造业	10 612	6 490	2 092	1 690	340
造纸及纸制品业	96 983	14 600	17 280	56 120	8 983
印刷业和记录媒介的复制	55 111	20 518	2 796	25 907	5 890
文教体育用品制造业	26 340	21 410	480	3 950	500
石油加工、炼焦及核燃料加工业	32	32			
化学原料及化学制品制造业	29 325	14 703	1 791	8 540	4 291
医药制造业	142 362	69 507	18 687	42 992	11 176
化学纤维制造业	13 977	2 974	2 487	6 407	2 109
橡胶制品业	11 064	4 249	530	6 285	
塑料制品业	31 319	19 263	1 523	8 494	2 039
非金属矿物制品业	87 990	51 912	9 505	17 583	8 990
黑色金属冶炼及压延加工业	28 763	13 730	1 521	13 427	85
有色金属冶炼及压延加工业	48 266	12 194	701	25 299	10 072
金属制品业	58 941	18 323	1 580	27 574	11 464
通用设备制造业	52 373	29 261	5 476	14 670	2 966
专用设备制造业	33 324	20 025	1 782	10 027	1 490
交通运输设备制造业	110 420	56 839	9 801	22 784	20 996
电气机械及器材制造业	38 332	25 164	1 703	10 355	1 110
通信设备、计算机及其他电子设备	107 374	52 275	3 514	47 942	3 643
仪器仪表及文化、办公用机械制造	2 550	1 060	185	1 185	120

指标	本年完成投资	建筑工程	安装工程	设备工器具购置	其他费用
工艺品及其他制造业	6 767	4 862	330	751	824
废弃资源和废旧材料回收加工业	5 547	3 895	40	1 592	20
电力、燃气及水的生产和供应业	52 004	21 055	15 616	10 788	4 545
#电力、热力的生产和供应业	26 916	12 577	5 212	6 825	2 302
燃气生产和供应业	9 199	1 108	6 530	369	1 192
水的生产和供应业	15 889	7 370	3 874	3 594	1 051
建筑业	18 708	3 570	304	14 034	800
交通运输、仓储和邮政业	309 763	262 391	2 310	21 570	23 492
#铁路运输业	3 500	3 000			500
道路运输业	284 070	247 079	1 700	12 459	22 832
城市公共交通业	15 596	7 030		8 506	60
水上运输业	2 240	1 165	600	475	
仓储业	3 049	2 809	10	130	100
邮政业	1 308	1 308			
信息传输、计算机服务和软件业	107 511	35 398	14 733	49 277	8 103
#电信和其他信息传输服务业	69 072	9 997	11 406	41 990	5 679
批发和零售业	128 582	73 609	13 357	18 528	23 088
住宿和餐饮业	122 284	54 799	23 716	21 506	22 263
金融业	20 244	7 383	677	10 868	1 316
房地产业	49 011	34 763	1 749	10 968	1 531
租赁和商务服务业	57 484	24 858	7 243	19 288	6 095
科学研究、技术服务和地质勘查业	10 218	8 927	345	6	940
水利、环境和公共设施管理业	809 885	576 842	30 798	12 069	190 176
#水利管理业	18 462	17 851	120	53	438
环境管理业	420	360			60
公共设施管理业	791 003	558 631	30 678	12 016	189 678
居民服务和其他服务业	6 963	4 058	49	1 628	1 228
教育	385 914	296 213	13 574	39 977	36 150
卫生、社会保障和社会福利业	54 774	27 251	3 264	18 333	5 926
#卫生	53 094	25 621	3 264	18 333	5 876
文化、体育和娱乐业	57 545	26 465	4 362	19 920	6 798
#新闻出版业	1 906	50		1 856	
公共管理和社会组织	198 883	55 785	10 825	121 776	10 497

5-7 各行业固定资产投资

（2005年，按建设性质分） 单位：万元

指标	本年完成投资	#新建	#扩建	#改建和技术改造
总计	**3 673 308**	**2 372 090**	**466 345**	**530 083**
农、林、牧、渔业	6 130	6 130		
工业	1 329 409	896 708	147 125	186 294
#采矿业	2 671	1 050		
制造业	1 274 734	849 967	142 626	184 536
#农副食品加工业	18 952	8 332	17	5 960
食品制造业	34 811	18 319	644	920
饮料制造业	24 142	15 221	2 645	1 200
烟草制品业	17 018		17 018	
纺织业	92 226	68 377	3 962	9 981
纺织服装、鞋、帽制造业	61 548	53 048	900	1 500
皮革、毛皮、羽毛（绒）及其制品业	5 364	3 564		100
木材加工及木、竹、藤、棕、草制	22 901	22 811		
家具制造业	10 612	10 542		
造纸及纸制品业	96 983	96 206		777
印刷业和记录媒介的复制	55 111	25 202	5 194	15 458
文教体育用品制造业	26 340	24 480	1 360	
石油加工、炼焦及核燃料加工业	32	32		
化学原料及化学制品制造业	29 325	18 469	5 867	4 687
医药制造业	142 362	68 415	26 147	31 321
化学纤维制造业	13 977	500	12 287	1 190
橡胶制品业	11 064	5 729		3 858
塑料制品业	31 319	13 610	15 000	2 163
非金属矿物制品业	87 990	69 877	3 610	10 503
黑色金属冶炼及压延加工业	28 763	7 200	4 666	16 897
有色金属冶炼及压延加工业	48 266	44 568	3 656	42
金属制品业	58 941	44 933	3 110	6 956
通用设备制造业	52 373	27 261	2 800	14 158
专用设备制造业	33 324	14 742	9 200	8 627
交通运输设备制造业	110 420	76 948	619	28 046
电气机械及器材制造业	38 332	30 887		4 922
通信设备、计算机及其他电子设备	107 374	69 530	23 624	13 720
仪器仪表及文化、办公用机械制造	2 550	1 000		1 550
工艺品及其他制造业	6 767	4 917	300	
废弃资源和废旧材料回收加工业	5 547	5 247		

（2005年，按建设性质分） 单位：万元

指标	本年完成投资	#新建	#扩建	#改建和技术改造
电力、燃气及水的生产和供应业	52 004	45 691	4 499	1 758
#电力、热力的生产和供应业	26 916	22 117	3 041	1 758
燃气生产和供应业	9 199	9 199		
水的生产和供应业	15 889	14 375	1 458	
建筑业	18 708	1 376	2 357	1 485
交通运输、仓储和邮政业	309 763	258 414	1 461	36 589
#铁路运输业	3 500			3 500
道路运输业	284 070	245 692	1 296	32 289
城市公共交通业	15 596	6 290		800
水上运输业	2 240	2 075	165	
仓储业	3 049	3 049		
邮政业	1 308	1 308		
信息传输、计算机服务和软件业	107 511	56 672	14 050	34 333
#电信和其他信息传输服务业	69 072	27 024	7 740	32 098
批发和零售业	128 582	81 402	7 965	30 727
住宿和餐饮业	122 284	50 629	4 988	65 056
金融业	20 244	5 293	100	5 218
房地产业	49 011	17 814		20 816
租赁和商务服务业	57 484	16 206		41 120
科学研究、技术服务和地质勘查业	10 218	6 050		4 168
水利、环境和公共设施管理业	809 885	489 716	244 753	67 380
#水利管理业	18 462	10 145	3 655	2 226
环境管理业	420	420		
公共设施管理业	791 003	479 151	241 098	65 154
居民服务和其他服务业	6 963	3 800	130	1 240
教育	385 914	338 412	30 518	14 665
卫生、社会保障和社会福利业	54 774	30 833	7 168	6 680
#卫生	53 094	29 203	7 168	6 630
文化、体育和娱乐业	57 545	38 601	3 380	7 448
#新闻出版业	1 906	50		
公共管理和社会组织	198 883	74 034	2 350	6 864

5-8 分行业新增固定资产和项目

（2005 年）　　　　单位：万元、个

指　　标	本年完成投　资	本年新增固定资产	施工项目	#本　年新开工	本年投产项　目
总　　计	**3 673 308**	**1 714 503**	**1 324**	**749**	**700**
农、林、牧、渔业	6 130	5 070	5		3
工　　业	1 329 409	766 260	559	281	287
#采　矿　业	2 671	2 671	3	1	2
制　造　业	1 274 734	760 755	530	273	279
#农副食品加工业	18 952	14 935	18	10	15
食品制造业	34 811	23 775	29	20	18
饮料制造业	24 142	20 727	7	5	2
烟草制品业	17 018		1		
纺　织　业	92 226	72 018	53	35	30
纺织服装、鞋、帽制造业	61 548	42 516	26	14	20
皮革、毛皮、羽毛（绒）及其制品业	5 364	2 490	7	5	4
木材加工及木、竹、藤、棕、草制	22 901	22 331	4	3	3
家具制造业	10 612	2 850	5	3	1
造纸及纸制品业	96 983	6 686	10	6	6
印刷业和记录媒介的复制	55 111	38 691	37	25	16
文教体育用品制造业	26 340	2 610	6	4	1
石油加工、炼焦及核燃料加工业	32	300	1		1
化学原料及化学制品制造业	29 325	23 275	29	20	17
医药制造业	142 362	106 635	53	17	39
化学纤维制造业	13 977	2 454	4		2
橡胶制品业	11 064	7 156	5	4	2
塑料制品业	31 319	14 045	15	4	4
非金属矿物制品业	87 990	69 647	31	14	19
黑色金属冶炼及压延加工业	28 763		8	2	
有色金属冶炼及压延加工业	48 266	11 057	8	5	
金属制品业	58 941	53 688	25	10	15
通用设备制造业	52 373	24 032	22	12	6
专用设备制造业	33 324	29 264	24	12	11
交通运输设备制造业	110 420	55 323	42	23	18
电气机械及器材制造业	38 332	35 932	18	5	7
通信设备、计算机及其他电子设备	107 374	69 991	29	7	13
仪器仪表及文化、办公用机械制造	2 550	1 050	3	2	2
工艺品及其他制造业	6 767	6 477	8	5	6
废弃资源和废旧材料回收加工业	5 547	800	2	1	

指标	本年完成投资	本年新增固定资产	施工项目	#本年新开工	本年投产项目
电力、燃气及水的生产和供应业	52 004	2 834	26	7	6
#电力、热力的生产和供应业	26 916	1 658	13	3	4
燃气生产和供应业	9 199	188	5	2	
水的生产和供应业	15 889	988	8	2	2
建筑业	18 708	17 270	8	6	5
交通运输、仓储和邮政业	309 763	47 759	33	11	14
#铁路运输业	3 500		1		
道路运输业	284 070	29 044	19	5	7
城市公共交通业	15 596	8 906	5	3	2
水上运输业	2 240	2 240	2		2
仓储业	3 049	2 589	4	2	2
邮政业	1 308	4 980	2	1	1
信息传输、计算机服务和软件业	107 511	76 779	43	24	21
#电信和其他信息传输服务业	69 072	54 399	24	16	13
批发和零售业	128 582	92 700	80	55	44
住宿和餐饮业	122 284	82 157	97	89	76
金融业	20 244	17 494	10	7	8
房地产业	49 011	39 979	17	14	12
租赁和商务服务业	57 484	53 358	17	9	11
科学研究、技术服务和地质勘查业	10 218	6 284	16	5	4
水利、环境和公共设施管理业	809 885	138 407	158	85	70
#水利管理业	18 462	10 428	17	4	7
环境管理业	420	420	3	3	3
公共设施管理业	791 003	127 559	138	78	60
居民服务和其他服务业	6 963	11 963	15	14	15
教育	385 914	242 972	150	73	77
卫生、社会保障和社会福利业	54 774	22 787	34	20	15
#卫生	53 094	22 737	31	18	14
文化、体育和娱乐业	57 545	36 421	24	16	14
#新闻出版业	1 906	1 856	1		
公共管理和社会组织	198 883	56 843	58	40	

5－9 分行业固定资产投资资金来源

(2005 年)

单位：万元

指标	本年累计资金来源	#本年到位资金	国家预算内资金	国内贷款	债券	利用外资	自筹资金	其他
总计	**4 282 512**	**4 024 491**	**318 107**	**738 358**	**8 630**	**207 770**	**2 523 347**	**228 279**
农、林、牧、渔业	6 130	5 680		10			5 670	
工业	1 597 662	1 425 464	40 929	184 020	8 200	195 359	966 468	30 488
#采矿业	2 671	2 671					2 671	
制造业	1 532 943	1 369 558	39 030	183 864	8 200	194 541	914 239	29 684
#农副食品加工业	21 062	21 062	70			1 000	19 992	
食品制造业	38 155	37 572	500	7 500			29 572	
饮料制造业	24 642	24 642				6 154	18 408	80
烟草制品业	17 018	17 018					17 018	
纺织业	93 856	88 041		4 000		4 958	78 883	200
纺织服装、鞋、帽制造业	73 028	72 028				33 800	38 228	
皮革、毛皮、羽毛(绒)及其制品业	5 764	5 764				3 400	2 364	
木材加工及木、竹、藤、棕、草制	20 421	20 392	2 542	8 000			9 307	543
家具制造业	12 410	12 410		50			12 160	200
造纸及纸制品业	147 932	93 787		26 000		36 640	31 147	
印刷业和记录媒介的复制	59 344	59 044	2 000	300			56 744	
文教体育用品制造业	26 490	26 490				8 480	18 010	
石油加工、炼焦及核燃料加工业	32	32					32	
化学原料及化学制品制造业	33 107	30 335		2 331			23 304	4 700
医药制造业	148 709	139 519	1 285	13 135		8 532	115 147	1 420
化学纤维制造业	14 568	14 568					14 568	
橡胶制品业	16 397	16 397		1 066		3 858	11 473	
塑料制品业	36 537	36 265		540			34 910	815
非金属矿物制品业	80 117	79 409		21 641		6 038	48 874	2 856
黑色金属冶炼及压延加工业	37 831	37 831		12 892			24 939	
有色金属冶炼及压延加工业	57 316	53 269	150	15 790		9 700	25 046	2 583
金属制品业	67 094	65 022		21 003		7 698	36 321	
通用设备制造业	54 591	54 341		5 200		20 197	28 227	717
专用设备制造业	38 464	38 238		2 360	8 200	150	27 328	200
交通运输设备制造业	214 479	167 549	32 423	37 356		6 120	91 650	
电气机械及器材制造业	41 393	39 479				428	39 051	
通信设备、计算机及其他电子设备	134 367	101 235	60	4 700		34 313	47 142	15 020
仪器仪表及文化、办公用机械制造	2 550	2 550					2 550	

指标	本年累计资金来源	#本年到位资金	国家预算内资金	国内贷款	债券	利用外资	自筹资金	其他
工艺品及其他制造业	9 722	9 722				3 075	6 297	350
废弃资源和废旧材料回收加工业	5 547	5 547					5 547	
电力、燃气及水的生产和供应业	62 048	53 235	1 899	156		818	49 558	804
#电力、热力的生产和供应业	32 405	28 960	1 299	100			27 561	
燃气生产和供应业	7 975	7 975				588	6 583	804
水的生产和供应业	21 668	16 300	600	56		230	15 414	
建筑业	18 811	18 580					18 580	
交通运输、仓储和邮政业	446 782	428 387	7 896	242 923	200	800	170 778	5 790
#铁路运输业	3 500	3 500	3 500					
道路运输业	420 951	402 556	3 896	241 196			152 639	4 825
城市公共交通业	15 596	15 596		1 427			13 369	800
水上运输业	2 240	2 240					2 075	165
仓储业	3 049	3 049	500	300	200	800	1 249	
邮政业	1 446	1 446					1 446	
信息传输、计算机服务和软件业	124 434	122 705		16 480			104 988	1 237
#电信和其他信息传输服务业	72 490	70 761		4 500			65 161	1 100
批发和零售业	135 140	132 935	110	3 700		3 130	124 168	1 827
住宿和餐饮业	127 475	114 973	915	10 700		6 481	92 882	3 995
金融业	20 588	20 565		2 000			17 552	1 013
房地产业	50 476	50 458	3 000	39		500	37 554	9 365
租赁和商务服务业	37 513	32 549	1 545	200			27 354	3 450
科学研究、技术服务和地质勘查业	11 587	11 172	4 319				6 520	333
水利、环境和公共设施管理业	856 136	846 811	124 577	161 567		1 500	476 973	82 194
#水利管理业	31 157	29 755	11 301	6 100			12 154	200
环境管理业	420	420	420					
公共设施管理业	824 559	816 636	112 856	155 467		1 500	464 819	81 994
居民服务和其他服务业	6 963	6 928					6 928	
教育	522 453	497 309	21 189	95 906	150		299 210	80 854
卫生、社会保障和社会福利业	65 235	61 315	9 609	20 403	80		28 893	2 330
#卫生	63 472	59 736	8 080	20 403	80		28 843	2 330
文化、体育和娱乐业	58 707	58 707	5 130				50 915	2 662
#新闻出版业	3 706	3 706					3 706	
公共管理和社会组织	196 420	189 953	98 888	410			87 914	2 741

5-10 各县区固定资产投资

（2005年，按技术构成分） 单位：万元

指标	本年完成投资	建筑工程	安装工程	设备工器具购置	其他费用
南昌市	**3 673 308**	**2 125 364**	**247 878**	**830 286**	**469 780**
东湖区	249 359	72 005	9 869	134 518	32 967
西湖区	266 114	113 208	30 537	104 629	17 740
青云谱区	204 666	110 652	13 221	45 731	35 062
湾里区	30 054	23 621	2 104	3 105	1 224
红谷滩新区	347 803	265 698	21 904	24 628	35 573
经济技术开发区	714 431	416 150	54 845	128 464	114 972
青山湖区	508 588	259 672	58 619	124 193	66 104
高新技术开发区	372 741	166 479	20 010	109 634	76 618
桑海经济开发区	9 346	2 357	20	1 265	5 704
英雄经济开发区	2 092	2 092			
南昌县	415 252	316 390	19 165	61 577	18 120
新建县	177 621	126 746	4 322	32 743	13 810
安义县	49 322	30 912	2 137	14 099	2 174
进贤县	67 347	25 622	2 042	14 837	24 846
跨区项目	258 572	193 760	9 083	30 863	24 866

5－11 各县区固定资产投资

（2005 年，按登记注册类型分）　　单位：万元

指标	总计	内资					
			国有	集体	股份合作	联营	有限责任公司
南昌市	**3 673 308**	**3 278 076**	**1 835 460**	**34 360**	**46 477**	**390**	**674 298**
东湖区	249 359	237 833	191 796	2 380	256	70	15 732
西湖区	266 114	205 246	114 096	4 070	3 916		16 140
青云谱区	204 666	191 345	102 743			120	43 510
湾里区	30 054	28 512	14 849				7 241
红谷滩新区	347 803	329 364	309 101	1 420			14 714
经济技术开发区	714 431	662 876	355 680		2 385		213 465
青山湖区	508 588	450 429	168 535	17 800	16 667		97 983
高新技术开发区	372 741	285 599	165 841	3 300	273		67 189
桑海经济开发区	9 346	9 346	6 381				
英雄经济开发区	2 092	2 092	2 092				
南昌县	415 252	357 381	149 241		21 368	200	61 842
新建县	177 621	165 181	29 053	2 770			55 527
安义县	49 322	47 103	17 427		712		632
进贤县	67 347	60 097	30 570	2 620	900		12 706
跨区项目	258 572	245 672	178 055				67 617

5－11 续表　　（2005 年，按登记注册类型分）　　单位：万元

指标	内资			港澳台投资	外商投资	个体经营
	股份有限	私营	其他			
南昌市	**287 219**	**292 610**	**107 262**	**204 895**	**146 701**	**43 636**
东湖区	9 183	16 943	1 473	4 461	1 712	5 353
西湖区	53 973	13 051		28 810	3 142	28 916
青云谱区	17 641	14 173	13 158	4 060	7 491	1 770
湾里区	2 800	1 700	1 922		382	1 160
红谷滩新区	1 719	2 410		7 239	11 200	
经济技术开发区	19 751	13 397	58 198	35 386	16 169	
青山湖区	52 243	84 690	12 511	36 188	21 571	400
高新技术开发区	36 426	12 570		26 760	60 382	
桑海经济开发区	1 720	1 245				
英雄经济开发区						
南昌县	18 990	85 740	20 000	42 040	11 002	4 829
新建县	59 681	18 150		4 460	7 980	
安义县	11 092	17 240		2 111		108
进贤县	2 000	11 301		480	5 670	1 100
跨区项目				12 900		

5－12 各县区城镇工业投资

（2005年）　　　　单位：万元

指　　标	总　　计	采矿业	制造业	电力、燃气及水的生产和供应业
南昌市	1 329 409	2 671	1 274 734	52 004
东湖区	5 208		495	4 713
西湖区	11 332		9 221	2 111
青云谱区	86 416		86 171	245
湾里区	1 312		680	632
红谷滩新区	17 218		531	16 687
经济技术开发区	300 577	1 050	299 527	
青山湖区	290 525		289 822	703
高新技术开发区	189 415		189 415	
桑海经济开发区	2 965		2 965	
南昌县	236 068		231 612	4 456
新建县	105 349	1 621	102 258	1 470
安义县	29 480		28 380	1 100
进贤县	34 260		33 657	603
跨区项目	19 284			19 284

5－13 各县区新增固定资产施工项目和资金到位情况

（2005 年） 单位：万元、个

指 标	本年新增固定资产	本年施工项目	#本年新开工	本年投产项目	本年累计到位资金	#本年实际到位
南昌市	**1 714 503**	**1 324**	**749**	**700**	**4 282 512**	**4 024 491**
东湖区	54 364	132	103	67	265 801	257 890
西湖区	268 316	171	137	146	250 418	237 434
青云谱区	116 373	114	74	36	299 645	271 070
湾里区	33 173	37	26	29	30 913	30 913
红谷滩新区	59 721	52	18	7	455 326	419 860
经济技术开发区	162 356	123	40	45	688 947	633 865
青山湖区	410 268	216	127	137	523 201	509 691
高新技术开发区	132 685	101	39	31	430 281	373 161
桑海经济开发区	2 762	5	5	2	3 845	3 845
英雄经济开发区		3			2 092	2 092
南昌县	257 682	146	64	85	630 833	604 191
新建县	109 102	101	65	64	180 685	169 736
安义县	45 774	52	19	13	52 131	51 206
进贤县	45 250	51	27	35	70 392	70 266
跨区项目	16 677	20	5	3	398 002	389 271

5-14 新增生产能力

（2005年）

指标	建设规模	本年施工		累计新增	
		规模	#本年新开工	生产能力	#本年新增
炼钢（万吨/年）	197	197	197		
水力发电（万千瓦）	0.08	0.08	0.08		
发电机组容量（万千瓦）	0.08	0.08	0.08		
变电设备能力(11万伏及以上)(万千伏安)	100	100	100		
水泥（万吨/年）	178	178	178		
平板玻璃（万重量箱/年）	11	11	11	11	11
纯碱（吨/年）	900	900	900	800	800
精甲醇（吨/年）	300	300	300	300	300
化学原料药（吨/年）	8 515	1 015	1 015	515	515
中成药（吨/年）	1 420	1 420	1 420	1 420	1 420
拖拉机制造（台/年）	10 000	10 000	10 000		
电视机（万部/年）	5	5	5	5	5
#彩色电视机（万部/年）	5	5	5	5	5
化学纤维（吨/年）	18	18	18		
棉纺锭（锭）	30 000	30 000	30 000		
酒（万吨/年）	15	15	15	15	15
啤酒（万吨/年）	15	15	15	15	15
卷烟（箱/年）	500 000	500 000		479 812	479 812
机制纸浆（万吨/年）	35	35			
机制纸（万吨/年）	200	200	200	200	200
自行车（万辆/年）	0.5	0.5	0.5	0.5	0.5

5-14 续表 (2005年)

指标	建设规模	本年施工规模	#本年新开工	累计新增生产能力	#本年新增
家用电冰箱（万台/年）	10	10			
房间空气调节器（万台/年）	185.4	182.9	2.9	5.4	2.9
新建公路（公里）	53	53	12	12	12
改建公路（公里）	45.21	45.21	45.21		
新建独立公路桥梁（延长米）	3 880	585	585		
新建独立公路桥梁（座）	1	1	1		
新（扩）建港口码头（年吞吐量：万吨）	5	5	5	5	5
高等院校：学生席位（个）	165 878	155 878	111 383	21 624	16 624
建筑面积（平方米）	1 722 826	1 512 248	722 026	362 404	226 104
中等学校：学生席位（个）	59 701	57 701	57 701	31 725	29 725
建筑面积（平方米）	412 791	380 291	380 291	235 091	202 591
小学校：学生席位（个）	16 185	16 185	14 185	14 185	14 185
建筑面积（平方米）	121 094	121 094	88 010	107 398	93 915
其他学校：学生席位（个）	28 629	28 629	28 629	8 300	8 300
建筑面积（平方米）	68 733	68 733	64 308	22 557	22 557
宾馆、旅馆、招待所客房数（间）	192	192	192	192	192
宾馆、旅馆、招待所客房数（平方米）	12 150	12 150	12 150	12 150	12 150
城市自来水供水能力（万吨/日）	65.5	65.5	35.5	5.5	5.5
城市煤气生产能力（万立方米/日）	671	571.56	55.01	571.56	55.01
城市天然气储气能力（万立方米/日）	98.45	98.45	59.76	62.45	23.76
城市公共交通车辆购置（辆）	259	259	259	259	259
城市道路扩建长度（公里）	45.31	45.31	45.31	10.4	10.4
城市道路扩建面积（万平方米）	2.1	2.1	2.1	2.1	2.1
城市排水管道铺设长度（公里）	1.5	1.5	1.5	1.5	1.5
城市污水处理能力（万吨/日）	33	33	33	33	33

5-15 房地产开发情况

(2005年)　　单位：万元

指　　标	计划总投资	自开始建设累计完成投资	本年计划投资
按登记注册类型分	**5 870 969**	**2 367 110**	**1 546 550**
内　　资	4 497 643	1 865 613	1 224 974
国有单位投资	687 298	263 981	111 356
集体单位投资	62 415	33 387	29 836
私营及个体投资	743 774	330 360	214 312
国　　有	627 298	250 271	104 856
集　　体	27 815	18 337	13 969
股份合作	34 600	15 050	15 867
联　　营	40 000	150	1 500
国有联营	40 000	150	1 500
有限责任公司	2 567 648	1 045 513	723 713
国有独资公司	20 000	13 560	5 000
其他有限责任公司	2 547 648	1 031 953	718 713
股份有限公司	277 778	96 047	93 647
私　　营	743 774	330 360	214 312
私营独资	800	380	380
私营有限责任公司	636 754	270 058	182 250
私营股份有限公司	106 220	59 922	31 682
其他内资	178 730	109 885	57 110
港澳台投资	719 241	336 885	196 497
港澳台合作经营	194 905	102 769	61 405
港澳台独资	521 536	234 116	132 492
港澳台股份有限	2 800		2 600
外商投资	654 085	164 612	125 079
外商合资经营	291 264	63 760	67 406
外商合作经营	230 000	49 637	20 637
外商独资	129 321	51 115	35 536
外商股份有限	3 500	100	1 500
按隶属关系分	**5 870 969**	**2 367 110**	**1 546 550**
中　　央	124 000	101 000	61 000
省	311 800	191 861	78 787
市	259 548	96 800	91 766
县	199 112	87 966	71 468
镇	7 255	7 255	2 609
乡	2 500	2 500	500
其　　他	4 966 754	1 879 728	1 240 420
按资质等级分	**5 870 969**	**2 367 110**	**1 546 550**
一　　级	188 550	115 571	75 571
二　　级	1 980 245	1 073 800	526 876
三　　级	1 173 671	522 011	355 365
四　　级	72 148	32 076	27 358
暂　　定	2 456 355	623 652	561 380

指标	本年完成投资	建筑工程	安装工程	设备工器具购置	其他费用	#土地购置费
按登记注册类型分	**1 102 169**	**699 444**	**50 324**	**14 070**	**338 331**	**236 454**
内资	848 356	540 657	41 188	7 768	258 743	162 158
国有单位投资	76 486	68 696	2 826	553	4 411	2 383
集体单位投资	22 816	18 284	980		3 552	3 160
私营及个体投资	121 845	65 887	8 783	1 186	45 989	26 956
国有	71 336	66 196	826	103	4 211	2 243
集体	10 225	10 015	100		110	
股份合作	12 591	8 269	880		3 442	3 160
联营	150				150	140
国有联营	150				150	140
有限责任公司	508 313	318 851	25 258	3 108	161 096	90 768
国有独资公司	5 000	2 500	2 000	450	50	
其他有限责任公司	503 313	316 351	23 258	2 658	161 046	90 768
股份有限公司	68 172	43 460	2 521	1 265	20 926	17 193
私营	121 845	65 887	8 783	1 186	45 989	26 956
私营独资	380	190	190			
私营有限责任公司	93 932	46 007	6 220	1 098	40 607	22 074
私营股份有限公司	27 533	19 690	2 373	88	5 382	4 882
其他内资	55 724	27 979	2 820	2 106	22 819	21 698
港澳台投资	153 811	82 312	6 492	5 106	59 901	57 767
港澳台合作经营	39 729	28 360	3 308	2 859	5 202	5 000
港澳台独资	114 082	53 952	3 184	2 247	54 699	52 767
外商投资	100 002	76 475	2 644	1 196	19 687	16 529
外商合资经营	59 020	55 344	496	532	2 648	1 113
外商合作经营	17 727	7 690	600	300	9 137	9 137
外商独资	23 155	13 341	1 548	364	7 902	6 279
外商股份有限	100	100				
按隶属关系分	**1 102 169**	**699 444**	**50 324**	**14 070**	**338 331**	**236 454**
中央	61 000	60 800	200			
省	51 269	45 613	1 127	14 070	338 331	236 454
市	74 990	59 684	4 665	532	3 997	2 314
县	50 221	31 432	421	925	9 716	5 277
镇	2 609	2 609		326	18 042	9 687
乡	500	400	50		50	
其他	861 580	498 906	43 861	12 287	306 526	219 176
按资质等级分	**1 102 169**	**699 444**	**50 324**	**14 070**	**338 331**	**236 454**
一级	75 768	44 867			30 901	28 330
二级	406 921	303 427	26 421	9 071	68 002	49 462
三级	255 418	184 308	17 346	3 901	49 863	38 126
四级	18 614	10 394	1 351	277	6 592	6 129
暂定	345 448	156 448	5 206	821	182 973	114 407

5－15　续表2　　(2005年)　　单位：万元

指　　标	商品房建设投资额	土地开发投资额	住宅投资
按登记注册类型分	**720 070**	**90 197**	**817 308**
内　　资	556 629	80 561	633 793
国有单位投资	69 896	113	59 516
集体单位投资	11 917	892	17 243
私营及个体投资	83 918	8 282	94 553
国　　有	65 896	103	54 366
集　　体	8 539	290	8 766
股份合作	3 378	602	8 477
联　　营		10	150
国有联营		10	150
有限责任公司	331 819	52 513	383 189
国有独资公司	4 000		5 000
其他有限责任公司	327 819	52 513	378 189
股份有限公司	32 379	17 651	43 221
私　　营	83 918	8 282	94 553
私营独资	304		
私营有限责任公司	61 573	8 082	76 078
私营股份有限公司	22 041	200	18 475
其他内资	30 700	1 110	41 071
港澳台投资	88 768	1 636	105 976
港澳台合作经营	34 598		24 365
港澳台独资	54 170	1 636	81 611
外商投资	74 673	8 000	77 539
外商合资经营	49 607	8 000	53 263
外商合作经营	8 190		7 090
外商独资	16 876		17 136
外商股份有限			50
按隶属关系分	**720 070**	**90 197**	**817 308**
中　　央	61 000		60 980
省	39 760	212	38 367
市	42 831	16 058	52 043
县	38 356	1 055	45 723
镇	2 609		1 786
乡	500		400
其　　他	535 014	72 872	618 009
按资质等级分	**720 070**	**90 197**	**817 308**
一　　级	30 167	16 371	60 197
二　　级	318 203	13 061	322 258
三　　级	201 649	7 313	215 026
四　　级	9 849	1 167	12 811
暂　　定	160 202	52 285	207 016

5－15　续表 3　　　　(2005 年)　　　　单位：万元

指　　标	住宅投资			办公楼	商业营业用房	其　他
	# 普通住房	# 经济适用房	# 别墅高档公寓			
按登记注册类型分	**721 593**	**24 495**	**16 023**	**25 741**	**155 641**	**103 479**
内　　资	539 393	24 495	16 023	18 522	122 973	73 068
国有单位投资	39 913	14 700		10 605	3 630	2 735
集体单位投资	17 243			752	1 199	3 622
私营及个体投资	80 383			385	14 351	12 556
国　　有	39 913	13 700		10 605	3 630	2 735
集　　体	8 766			80	1 199	180
股份合作	8 477			672		3 442
有限责任公司	343 080	6 647		1 987	95 295	
国有独资公司		1 000				
其他有限责任公司	343 080	5 647		1 987	95 295	27 842
股份有限公司	39 389	1 338		4 393	3 402	27 842
私　　营	80 383			385	14 351	17 156
私营独资					380	12 556
私营有限责任公司	62 108			385	6 030	
私营股份有限公司	18 275				7 941	11 439
其他内资	19 385	2 810	16 023	400	5 096	1 117
港澳台投资	105 774			2 733	23 201	9 157
港澳台合作经营	24 365			2 733	500	21 901
港澳台独资	81 409				22 701	12 131
外商投资	76 426			4 486	9 467	9 770
外商合资经营	52 150			4 436	286	8 510
外商合作经营	7 090				9 137	1 035
外商独资	17 136			50	44	1 500
外商股份有限	50					5 925
按隶属关系分	**721 593**	**24 495**	**16 023**	**25 741**	**155 641**	**50**
中　　央	60 980			20		103 479
省	34 660			2 986	8 658	1 258
市	44 337	3 340		10	1 582	21 355
县	39 370	5 600		807	1 327	2 364
镇	1 786				673	150
乡	400				100	
其　　他	540 060	15 555	16 023	21 918	143 301	78 352
按资质等级分	**721 593**	**24 495**	**16 023**	**25 741**	**155 641**	**103 479**
一　　级	60 197					15 571
二　　级	282 672	18 510	16 023	17 582	36 913	30 168
三　　级	192 472	1 338		3 782	13 914	22 696
四　　级	12 111	500		290	676	4 837
暂　　定	174 141	4 147		4 087	104 138	30 207

(2005年)

指　　标	本年新增固定资产（万元）	本年完成开发土地面积（平方米）	待开发土地面积（平方米）	本年购置土地面积（平方米）	本年土地成交价款（万元）
按登记注册类型分	**506 388**	**2 836 215**	**5 125 312**	**3 821 854**	**297 257**
内　资	372 452	2 645 485	4 230 027	3 512 451	251 415
国有单位投资	37 320	93 177	524 642	130 985	14 417
集体单位投资	23 899	53 967	46 856	53 280	3 160
私营及个体投资	54 245	624 262	1 304 299	1 323 611	35 127
国　有	37 320	77 477	431 142	21 785	1 307
集　体	19 710	39 335	3 606		-
股份合作	4 189	14 632	43 250	53 280	3 160
联　营			93 500	109 200	13 110
国有联营			93 500	109 200	13 110
有限责任公司		15 700	2 072 291	915 228	95 177
国有独资公司		15 700			
其他有限责任公司	212 736	1 015 342	2 072 291	915 228	95 177
股份有限公司	212 736	1 015 342	233 300	289 450	13 576
私　营	20 338	827 305	1 304 299	1 323 611	35 127
私营独资	54 245	624 262			
私营有限责任公司	980		1 302 966	1 297 020	29 491
私营股份有限公司	49 904	621 262	1 333	26 591	5 636
其他内资	3 361	3 000	48 639	799 897	89 958
港澳台投资	23 914	31 432	656 873	284 304	39 563
港澳台合作经营	93 026	163 604	171 074	140 000	22 000
港澳台独资	36 992		485 799	144 304	17 563
外商投资	56 034	163 604	238 412	25 099	6 279
外商合资经营	40 910	27 126	143 313		
外商合作经营	20 550	19 300	70 000		
外商独资	19 300	7 826	25 099	25 099	6 279
外商股份有限	1 060				
按隶属关系分			**5 125 312**	**3 821 854**	**297 257**
中　央	506 388	2 836 215			
省	36 906	21 015	199 535	8 685	148
市	28 108	824 492	126 436	159 469	16 747
县	43 829	231 102	347 262	22 369	1 511
镇	14 000	8 535	3 606		
乡	985				
其　他	382 560	1 751 071	4 448 473	3 631 331	278 851
按资质等级分	**506 388**	**2 836 215**	**5 125 312**	**3 821 854**	**297 257**
一　级	15 300	782 000	204 900		
二　级	236 836	259 292	1 250 824	1 028 537	115 296
三　级	136 315	891 595	849 882	899 242	50 929
四　级	12 014	39 006	53 600	96 042	5 252
暂　定	105 923	864 322	2 766 106	1 798 033	125 780

5－16 房地产面积及销售情况

（2005年）

指标	合计	住宅	#普通住房	#经济适用房	办公楼	商业营业用房	其他
房屋施工面积（平方米）	11 930 128	9 350 708	8 601 160	618 943	347 328	1 348 664	883 428
本年新开工面积（平方米）	5 347 499	4 203 108	3 836 550	288 190	82 480	730 655	331 256
房屋竣工面积（平方米）	4 264 995	3 523 520	3 275 862	197 118	49 344	439 401	252 730
不可销售面积（平方米）	40 697	14 257	14 257			3 555	22 885
商品住宅竣工套数（套）		21 064	19 569	1 091			
竣工房屋价值（万元）	502 801	418 259	393 846	13 838	6 910	54 283	23 349
出租房屋面积（平方米）	47 995	29 500			3 516	14 979	
商品房销售面积（平方米）	3 814 195	3 599 103	3 431 456	50 033	36 974	161 278	16 840
现房销售面积（平方米）	1 682 789	1 538 159	1 482 683	15 033	17 994	113 173	13 463
期房销售面积（平方米）	2 131 406	2 060 944	1 948 773	35 000	18 980	48 105	3 377
商品房销售额（万元）	986 882	906 441	859 985	3 508	14 327	63 399	2 715
现房销售额（万元）	414 959	367 053	354 997	1 338	6 278	39 738	1 890
期房销售额（万元）	571 923	539 388	504 988	2 170	8 049	23 661	825
商品住宅销售套数（套）		24 503	23 249	467			
现房销售套数（套）		9 838	9 488	176			
期房销售套数（套）		14 665	13 761	291			
现房平均销售价格（元）	2 466	2 386	2 394	890	3 489	3 511	1 404
期房平均销售价格（元）	2 683	2 617	2 591	620	4 241	4 919	2 443
空置面积（平方米）	232 977	148 807	148 807		2 290	56 594	25 286
空置1－3年面积（平方米）	179 050	122 340	122 340			35 191	21 519

5－17 房地产企业财务指标

(2005年)　　单位：万元

指　　标	年初存货	流动资产合计	#存　货	固定资产原价
按登记注册类型分	**904 559**	**2 354 771**	**1 043 570**	**86 067**
内　　资	712 980	1 926 542	855 871	57 415
国有单位投资	240 660	551 431	267 246	10 144
集体单位投资	12 391	38 975	13 690	3 419
私营及个体投资	100 753	322 550	108 358	9 001
国　　有	217 771	406 922	242 784	6 767
集　　体	9 387	22 303	6 509	2 473
股份合作	3 004	16 672	7 181	946
有限责任公司	315 747	973 252	385 033	31 714
国有独资公司	22 889	144 509	24 462	3 377
其他有限责任公司	292 858	828 743	360 571	28 337
股份有限公司	14 259	65 980	28 865	2 692
私　　营	100 753	322 550	108 358	9 001
私营独资		1 058		2
私营有限责任公司	85 020	263 561	93 206	7 718
私营股份有限公司	15 733	57 931	15 152	1 281
其他内资	52 059	118 863	77 141	3 822
港澳台投资	144 286	276 490	117 506	26 202
港澳台合作经营	22 059	100 600	54 400	9 544
港澳台独资	122 227	175 890	63 106	16 658
外商投资	47 293	151 739	70 193	2 450
外商合资经营	10 610	34 141	11 594	1 084
外商合作经营	24 244	61 357	23 898	413
外商独资	12 439	56 241	34 701	953
按隶属关系分	**904 559**	**2 354 771**	**1 043 570**	**86 067**
中　　央	40 950	38 548	23 901	4 141
省	34 166	92 492	28 839	1 556
市	31 766	229 571	39 978	6 977
县	63 286	160 099	87 861	4 871
镇	2 121	5 355	1 881	481
乡	842	3 084	834	2 754
其　　他	731 428	1 825 622	860 276	65 287
按资质等级分	**904 559**	**2 354 771**	**1 043 570**	**86 067**
一　　级	81 669	27 979	16 814	246
二　　级	433 423	1 036 164	488 878	28 734
三　　级	195 614	531 378	225 338	40 958
四　　级	16 431	56 114	21 800	960
暂　　定	177 422	703 136	290 740	15 169

指标	固定资产累计折旧	本年折旧	资产总计	负债总计
按登记注册类型分	**14 575**	**4 090**	**2 934 525**	**2 132 526**
内　　资	9 192	2 544	2 363 956	1 762 747
国有单位投资	1 596	195	654 195	549 003
集体单位投资	439	107	52 753	35 134
私营及个体投资	1 722	570	465 724	350 100
国　　有	1 536	171	447 613	380 534
集　　体	397	72	29 720	18 526
股份合作	42	35	23 033	16 608
联　　营			920	
国有联营			820	
国有与集体联营			100	
有限责任公司	4 219	1 343	1 129 782	806 588
国有独资公司	60	24	205 762	168 469
其他有限责任公司	4 159	1 319	924 020	638 119
股份有限公司	745	191	125 298	69 619
私　　营	1 722	570	465 724	350 100
私营独资	1		1 179	38
私营有限责任公司	1 604	526	398 584	303 681
私营股份有限公司	117	44	65 961	46 381
其他内资	531	162	141 866	120 772
港澳台投资	4 759	1 260	382 574	237 840
港澳台合作经营	2 683	622	118 296	82 169
港澳台独资	2 076	638	263 978	155 671
港澳台股份有限			300	
外商投资	624	286	187 995	131 939
外商合资经营	348	99	46 603	29 901
外商合作经营	80	74	68 682	49 037
外商独资	196	113	72 510	53 001
外商股份有限			200	
按隶属关系分	**14 575**	**4 090**	**2 934 525**	**2 132 526**
中　　央	603		43 998	33 106
省	713	20	115 011	73 148
地　　区	493	64	325 031	271 382
县	1 147	385	171 905	119 330
镇	172	37	6 928	2 992
乡	363	219	5 801	2 042
其　　他	11 084	3 365	2 265 851	1 630 526
按资质等级分	**14 575**	**4 090**	**2 934 525**	**2 132 526**
一　　级	93	18	34 365	17 686
二　　级	5 564	1 146	1 277 067	1 031 000
三　　级	6 721	1 831	653 368	442 241
四　　级	248	127	64 729	42 962
暂　　定	1 949	968	904 996	598 637

指　　　　标	所有者权益	所　　　有		
		#实收资本	实	
			国家资本	集体资本
按登记注册类型分	**801 999**	**676 753**	**101 714**	**13 651**
内　　资	601 209	513 918	100 109	13 651
国有单位投资	105 192	97 537	90 619	
集体单位投资	17 619	15 135	100	6 646
私营及个体投资	115 624	99 834		
国　　有	67 079	60 217	53 299	
集　　体	11 194	8 710	100	6 646
股份合作	6 425	6 425		
联　　营	920	420	320	
国有联营	820	320	320	
国有与集体联营	100	100		
有限责任公司	323 194	272 546	38 350	4 355
国有独资公司	37 293	37 000	37 000	
其他有限责任公司	285 901	235 546	1 350	4 355
股份有限公司	55 679	46 332	8 040	
私　　营	115 624	99 834		
私营独资	1 141	1 100		
私营有限责任公司	94 903	79 384		
私营股份有限公司	19 580	19 350		
其他内资	21 094	19 434		2 650
港澳台投资	144 734	116 853	94	
港澳台合作经营	36 127	29 433	94	
港澳台独资	108 307	87 120		
港澳台股份有限	300	300		
外商投资	56 056	45 982	1 511	
外商合资经营	16 702	13 252	1 511	
外商合作经营	19 645	15 819		
外商独资	19 509	16 711		
外商股份有限	200	200		
按隶属关系分	**801 999**	**676 753**	**101 714**	**13 651**
中　　央	10 892	10 892		
省	41 863	27 322	14 040	
地　　区	53 649	50 732	29 959	
县	52 575	46 915	28 637	1 300
镇	3 936	1 840		1 840
乡	3 759	3 718		
其　　他	635 325	535 334	29 078	10 511
按资质等级分	**801 999**	**676 753**	**101 714**	**13 651**
一　　级	16 679	15 800		
二　　级	246 067	193 137	61 990	3 006
三　　级	211 127	177 332	8 781	5 500
四　　级	21 767	17 976	540	240
暂　　定	306 359	272 508	30 403	4 905

年）　　　　　　　　　　　　　　　　　　　　　　　　　　　　　　　　　　　单位：万元

者权益				主营业务收入	商品房屋销售收入	房屋出租收入	其他收入
收资本							
法人资本	个人资本	港澳台资本	外商资本				
221 770	**228 695**	**91 312**	**19 611**	**498 286**	**472 398**	**7 960**	**17 928**
176 183	223 975			408 968	389 415	6 637	12 916
4 874	2 044			69 480	69 226	187	67
3 649	4 740			20 139	17 639		2 500
24 119	75 715			33 834	32 870		964
4 874	2 044			65 228	65 206		22
624	1 340			19 232	16 732		2 500
3 025	3 400			907	907		
	100						
	100						
110 155	119 686			239 895	229 560	6 637	3 698
				4 252	4 020	187	45
110 155	119 686			235 643	225 540	6 450	3 653
18 198	20 094			33 000	27 325		5 675
24 119	75 715			33 834	32 870		964
1 000	100						
17 169	62 215			28 200	27 236		964
5 950	13 400			5 634	5 634		
15 188	1 596			16 872	16 815		57
26 017	2 670	88 072		71 966	66 828	207	4 931
11 604	1 370	16 365		25 610	22 604		3 006
14 413	1 000	71 707		46 356	44 224	207	1 925
	300						
19 570	2 050	3 240	19 611	17 352	16 155	1 116	81
4 918	1 650	2 573	2 600	81			81
14 652		667	500	17 271	16 155	1 116	–
	200		16 511				
	200						
221 770	**228 695**	**91 312**	**19 611**	**498 286**	**472 398**	**7 960**	**17 928**
10 692	200			60 000	60 000		
6 596	6 686			40 957	40 957		
12 273	8 500			39 017	37 642	187	1 188
2 700	13 774	504		20 986	14 333	6 450	203
				13 372	13 372		
818	2 900			2 473	1 635		838
188 691	196 635	90 808	19 611	321 481	304 459	1 323	15 699
221 770	**228 695**	**91 312**	**19 611**	**498 286**	**472 398**	**7 960**	**17 928**
5 000		10 800		32 264	32 251		13
69 867	32 972	23 642	1 660	271 100	268 027	187	2 886
54 307	87 056	14 919	6 769	152 523	139 500	6 450	6 573
5 540	10 511	1 145		7 800	7 174	207	419
87 056	98 156	40 806	11 182	34 599	25 446	1 116	8 037

指　　标	主营业务成本	主营业务税金及附加	主营业务利润	其他业务收入
按登记注册类型分	**377 500**	**32 283**	**70 907**	**4 170**
内　资	310 976	23 028	63 354	209
国有单位投资	61 011	2 775	5 355	98
集体单位投资	16 885	1 082	1 821	
私营及个体投资	23 026	2 627	5 530	
国　有	57 591	2 553	4 745	98
集　体	16 022	837	2 054	
股份合作	863	245	－233	
有限责任公司	176 606	13 928	42 634	96
国有独资公司	3 420	222	610	
其他有限责任公司	173 186	13 706	42 024	96
股份有限公司	25 758	1 907	4 487	15
私　营	23 026	2 627	5 530	
私营独资		29	－29	
私营有限责任公司	18 846	1 878	5 166	
私营股份有限公司	4 180	720	393	
其他内资	11 110	931	4 137	
港澳台投资	49 088	8 471	11 046	3 961
港澳台合作经营	14 976	4 275	5 296	
港澳台独资	34 112	4 196	5 750	3 961
外商投资	17 436	784	－3 493	
外商合资经营	185	14	－1 498	
外商合作经营	17 251	770	－1 184	
外商独资			－811	
按隶属关系分	**377 500**	**32 283**	**70 907**	**4 170**
中　央	50 000	3 000	5 000	
省	26 360	2 265	11 360	22
地　区	34 796	1 168	2 828	17
县	17 666	1 397	1 302	128
镇	10 478	735	1 969	
乡	2 263	106	104	
其　他	235 937	23 612	48 344	4 003
按资质等级分	**377 500**	**32 283**	**70 907**	**4 170**
一　级	21 537	3 606	5 981	15
二　级	207 782	16 738	38 298	71
三　级	110 563	9 632	28 681	76
四　级	6 881	544	220	
暂　定	30 737	1 763	－2 273	4 008

单位：万元

其他业务利润	销售费用	管理费用	管理费用 #税金	管理费用 #差旅费	管理费用 #工会经费	管理费用 #财务费用	管理费用 #利息支出
13 198	**17 596**	**31 657**	**2 367**	**2 114**	**225**	**12 016**	**7 433**
10 605	11 610	23 926	1 163	1 363	198	6 811	3 772
1 086	339	3 776	132	130	13	556	77
613	351	859	89	224	19	232	210
6 846	2 651	5 566	143	361	3	1 224	951
1 086	339	3 479	100	124	12	487	48
613	319	733	88	213	18	183	161
	32	126	1	11	1	49	49
1 976	6 727	11 432	806	549	160	4 046	1 953
		297	32	6	1	69	29
1 976	6 727	11 135	774	543	159	3 977	1 924
13	848	1 925	25	104	3	754	610
6 846	2 651	5 566	143	361	3	1 224	951
		39		2			
6 708	2 310	4 707	137	329	3	1 185	925
138	341	820	6	30		39	26
71	694	665		1	1	68	
2 509	3 361	5 623	1 177	298	27	4 855	3 381
1 118	1 063	1 484	79	106	13	1 034	754
1 391	2 298	4 139	1 098	192	14	3 821	2 627
84	2 625	2 108	27	453		350	280
82	1 380	574	13	62		282	280
2	434	169	1	4		4	
	811	1 365	13	387		64	
13 198	**17 596**	**31 657**	**2 367**	**2 114**	**225**	**12 016**	**7 433**
	2 000	500				200	
830	972	2 345	55	15	5	356	48
33	225	1 465	54	50	4	270	198
504	621	2 720	60	171	7	375	311
	190	546	88	211	17	141	141
		57		4			
11 831	13 588	24 024	2 110	1 663	192	10 674	6 735
13 198	**17 596**	**31 657**	**2 367**	**2 114**	**225**	**12 016**	**7 433**
153	1 140	1 202				626	
2 469	8 282	12 400	1 419	497	66	5 266	3 399
7 560	3 647	8 836	762	767	153	3 199	2 404
222	155	797	104	13		119	62
2 794	4 372	8 422	82	837	6	2 806	1 568

指　　标	营业利润	投资收益	营业外收入	营业外支出
按登记注册类型分	**40 432**	**1 433**	**1 789**	**1 306**
内　　资	43 222	1 414	1 090	792
国有单位投资	2 109	－15	93	135
集体单位投资	1 343		33	2
私营及个体投资	5 586	1 382	4	84
国　　有	1 865	－15	90	130
集　　体	1 751		33	
股份合作	－408			2
联　　营				
国有联营				
国有与集体联营				
有限责任公司	29 132	43	692	567
国有独资公司	244		3	5
其他有限责任公司	28 888	43	689	562
股份有限公司	1 821	4	271	6
私　　营	5 586	1 382	4	84
私营独资	－68			
私营有限责任公司	5 982	1 382	4	67
私营股份有限公司	－328			17
其他内资	3 475			3
港澳台投资	3 077	19	694	222
港澳台合作经营	3 896		11	1
港澳台独资	－819	19	683	221
港澳台股份有限				
外商投资	－5 867		5	292
外商合资经营	－2 272		3	73
外商合作经营	－1 355			10
外商独资	－2 240		2	209
外商股份有限				
按隶属关系分	**40 432**	**1 433**	**1 789**	**1 306**
中　　央	4 300			
省	9 489	－15	21	86
地　　区	1 126	4	270	38
县	－1 289		101	184
镇	1 282			
乡	47			
其　　他	25 477	1 444	1 397	998
按资质等级分	**40 432**	**1 433**	**1 789**	**1 306**
一　　级	4 306	23	875	80
二　　级	23 101	1 361	107	496
三　　级	24 206	8	215	313
四　　级	－474		43	2
暂　　定	－10 707	41	549	415

年）

单位：万元

利润总额	应缴所得税	劳动失业、保险费	住房公积金及补贴	本年应付工资	本年应付福利费	年平均人数
42 348	**13 313**	**273**	**58**	**17 001**	**2 091**	**11 504**
44 934	13 028	217	44	12 907	1 677	9 075
2 052	283	162	30	1 908	312	1 282
1 374	513	6	3	653	76	611
6 888	1 638	17		2 867	404	2 383
1 810	203	86	30	1 673	283	1 187
1 784	513			299	33	281
-410		6	3	354	43	330
				12	2	12
				10	1	10
				2	1	2
29 300	9 677	102	9	6 427	748	3 797
242	80	76		225	28	85
29 058	9 597	26	9	6 202	720	3 712
2 090	466	2	1	1 033	122	888
6 888	1 638	17		2 867	404	2 383
-68				49	5	47
7 301	1 196			2 371	346	1 968
-345	442	17		447	53	368
3 472	531	4	1	242	42	197
3 568	276	37	2	2 809	293	1 907
3 906	261	5	0	1 162	151	569
-338	15	32	2	1 641	139	1 331
				6	3	7
-6 154	9	19	12	1 285	121	522
-2 342	9			678	47	331
-1 365				95	13	77
-2 447		19	12	508	59	110
				4	2	4
42 348	**13 313**	**273**	**58**	**17 001**	**2 091**	**11 504**
4 300				699	16	257
9 409	3 374	3	12	1 006	130	760
1 362	235	96	15	1 131	175	922
-1 372	204	41	2	1 413	190	935
1 282	423			46	4	35
47	17			658	75	130
27 320	9 060	133	29	12 048	1 501	8 465
42 348	**13 313**	**273**	**58**	**17 001**	**2 091**	**11 504**
5 124	24	2	1	176	21	180
24 073	6 904	151	29	5 037	618	3 038
24 116	5 767	58	13	5 663	757	3 960
-433	263	5		625	83	636
-10 532	355	57	15	5 500	612	3 690

5－18 房　地　产　企

（2005

指　　　标	本年资金来源合计	上年末结余	本年资金来源小计	国内贷款
按登记注册类型分	**1 487 894**	**243 058**	**1 244 836**	**216 969**
内　　资	1 129 133	175 079	954 054	177 972
国有单位投资	136 518	33 425	103 093	45 770
集体单位投资	30 874	5 247	25 627	4 984
私营及个体投资	166 948	37 815	129 133	24 334
国　　有	106 831	28 458	78 373	21 370
集　　体	13 601	2 166	11 435	934
股份合作	17 273	3 081	14 192	4 050
联　　营	320		320	
国有联营	320		320	
有限责任公司	694 324	77 337	616 987	111 884
国有独资公司	29 367	4 967	24 400	24 400
其他有限责任公司	664 957	72 370	592 587	87 484
股份有限公司	68 214	14 282	53 932	15 100
私　　营	166 948	37 815	129 133	24 334
私营独资	380		380	
私营有限责任公司	133 407	30 918	102 489	18 003
私营股份有限公司	33 161	6 897	26 264	6 331
其他内资	61 622	11 940	49 682	300
港澳台投资	221 054	29 981	191 073	12 497
港澳台合作经营	64 590	16 411	48 179	9 000
港澳台独资	156 464	13 570	142 894	3 497
外商投资	137 707	37 998	99 709	26 500
外商合资经营	66 010	8 510	57 500	9 500
外商合作经营	38 352	25 344	13 008	9 000
外商独资	33 245	4 144	29 101	8 000
外商股份有限	100		100	
按隶属关系分	**1 487 894**	**243 058**	**1 244 836**	**216 969**
中　　央	60 800	30	60 770	
省	71 080	17 868	53 212	3 000
市	112 991	16 568	96 423	46 374
县	82 171	19 771	62 400	9 680
镇	3 223	1 222	2 001	100
乡	720	320	400	
其　　他	1 156 909	187 279	969 630	157 815
按资质等级分	**1 487 894**	**243 058**	**1 244 836**	**216 969**
一　　级	110 577	4 859	105 718	4 000
二　　级	543 745	83 452	460 293	85 660
三　　级	352 495	71 922	280 573	36 075
四　　级	30 575	6 162	24 413	4 455
暂　　定	450 502	76 663	373 839	86 779

业资金情况

年）

单位：万元

利用外资	#外商直接投资	自筹资金	#自有资金	其他资金来源	#定金及预付款
10 189	**867**	**323 741**	**189 543**	**693 937**	**605 878**
		287 180	169 650	488 902	405 884
		20 342	16 530	36 981	32 543
		7 509	791	13 134	8 498
		47 797	37 326	57 002	50 871
		20 022	16 210	36 981	32 543
		6 681	791	3 820	2 480
		828		9 314	6 018
		320	320		
		320	320		
		182 268	102 808	322 835	260 570
		182 268	102 808	322 835	260 570
		22 682	7 845	16 150	13 427
		47 797	37 326	57 002	50 871
		380	380		
		41 115	33 844	43 371	39 931
		6 302	3 102	13 631	10 940
		6 582	4 350	42 800	39 975
8 088	466	30 671	15 064	139 817	137 350
		10 150	10 000	29 029	28 979
8 088	466	20 521	5 064	110 788	108 371
				65 218	62 644
2 101	401	5 890	4 829	41 471	38 997
1 700		4 829	4 829	3 747	3 747
		261		19 900	19 900
401	401	800		100	
10 189	**867**	**323 741**	**189 543**	**693 937**	**605 878**
		5 000	5 000	55 770	55 770
		15 778	7 210	34 434	32 934
		23 996	17 563	26 053	25 127
		18 633	14 425	34 087	22 413
		691	691	1 210	900
		340	340	60	60
10 189	867	259 303	144 314	542 323	468 674
10 189	**867**	**323 741**	**189 543**	**693 937**	**605 878**
		5 500	4 000	96 218	96 218
		117 438	71 723	257 195	233 489
2 101	401	64 763	39 919	177 634	141 239
		11 274	5 174	8 684	5 795
8 088	466	124 766	68 727	154 206	129 137

指标	本年各项应付款	#工程款
按登记注册类型分	**160 341**	**93 282**
内资	126 654	71 757
国有单位投资	7 773	6 158
集体单位投资	9 576	1 988
私营及个体投资	27 297	16 058
国有	7 773	6 158
集体	8 776	1 188
股份合作	800	800
联营		
国有联营		
有限责任公司	56 654	34 366
国有独资公司		
其他有限责任公司	56 654	34 366
股份有限公司	19 722	9 087
私营	27 297	16 058
私营独资	37	
私营有限责任公司	16 279	9 924
私营股份有限公司	10 981	6 134
其他内资	5 632	4 100
港澳台投资	16 507	9 870
港澳台合作经营	6 978	5 021
港澳台独资	9 529	4 849
外商投资	17 180	11 655
外商合资经营	11 300	10 304
外商合作经营	1 200	
外商独资	4 680	1 351
外商股份有限		
按隶属关系分	**160 341**	**93 282**
中央	200	
省	7 538	2 644
市	3 435	2 012
县	8 276	1 714
镇	378	
乡	82	82
其他	140 432	86 830
按资质等级分	**160 341**	**93 282**
一级		
二级	63 711	42 355
三级	52 528	33 033
四级	7 655	5 011
暂定	36 447.	12 883

主 要 统 计 指 标 解 释

全社会固定资产投资 固定资产投资额（又称固定资产投资完成额）是以货币形式表现的在一定时期内建造和购置固定资产的工作量以及与此有关的费用的总称。它是反映固定资产投资规模、结构和发展速度的综合性指标，又是观察工程进度和考核投资效果的重要依据。

全社会固定资产投资包括国有经济单位投资、城乡集体经济制单位投资、其他各种经济类型的单位投资和城乡居民个人投资。城乡居民个人投资包括城市、县城、镇、工矿区所辖范围内的个人建房和农村个人建房及购买生产性固定资产（使用年限在二年以上，单位价值在50元以上的生产资料）的投资。

房地产开发投资 是指各种登记注册类型的房地产开发公司、商品房建设公司及其他房地产开发单位统一开发的统代建、拆迁还建的商品住宅、厂房、仓库、饭店、度假村、写字楼、办公楼等房屋建筑物和配套的服务设施、土地开发工程，，如通路、给水、排水、供电、供热、通讯、平整场地等（也称七通一平）基础设施工程。包括实际从事房地产开发经营活动的附营房地产开发单位。

固定资产按国民经济行业分 国民经济行业类别是按企业、事业、事业、行政单位所从事的生产或其他社会经济活动性质的同一性进行的分类。固定资产投资统计中的国民经济行业分类，基本建设项目按项目建成投产后主要产品种类或主要用途及社会活动种类来划分。一般情况下，一个基本建设项目只能属于一种国民经济行业；更新改造、其他固定资产投资根据整个企、事业单位所属的行业来划分，一般情况下，一个企、事业单位只能属于一种国民经济行业。为了更准确地反映国民经济和行业之间的比例关系，联合企业（总厂）所属分厂属于不同行业的，原则上按分厂划分行业。

固定资产投资按建设性质分 建设项目的性质一般分为新建、扩建、改建、单纯建造生活设施、迁建、恢复、单纯购置。是指固定资产再生产的性质。基本建设根据整个建设项目的情况确定；更新改造和其他固定资产投资按整个企业、事业、行政单位的情况确定。一般情况下，一个基本建设项目或企业、事业、行政单位只能有一种建设性质。目前基本建设和更新改造是根据我国现行的计划管理体制区分的，所以基本建设和更新改造都可以分别按新建、扩建和改建等划分。

（1）新建 一般是指从无到有，“平地起家”开始建设的企业、事业和行政单位或独立的工程。现有企业、事业、行政单位一般不属于新建。但如有的单位原有基础很小，经过建设后新增的固定资产价值超过该企业、事业、行政单位原有固定资产价值（原值）三部以上的也应作为新建。

（2）扩建 是指在厂内或其他地点，为扩大原有产品的生产能力（或效益）或增加新的产品生产能力，而增建主要的生产车间（或主要工程）、分厂、独立的生产线的企业、事业单位。行政、事业单位在原单位增建业务用房（如学校增建教学用房、医院增建门诊部、病房等）也作为扩建。

（3）改建 是指原有设施进行技术改造或更新（包括相应配套的辅助性生产、生活福利设施），没有增建主要生产车间、分厂等的企业、事业单位。现有企业、事业单位为适应市场变化的需要，而改变企业的主要产品种类，或原有产品生产作业线由于各工序（车间）之间能力不平衡，为填平补充充分发挥原有生产能力而增建不增加本企业主要产品设计能力的车间，也应作为改建。

（4）单纯建造生活设施 是指在不扩建、改建生产性工程和业务用房的情况下，单纯建造职工住宅、托儿所、子弟学校、医务室、浴室、食堂等生活福利设施的企业、事业及行政单位。

（5）迁建 是指为改变生产力布局或由于城市环境保护和安全生产的需要等原因而搬迁到另地建设的企业、事业单位。在搬迁另地建设过程中，不论是维持原来规模还是扩大规模都按迁建统计。

（6）恢复 是指因自然灾害、战争等原因，使原有的固定资产全部或部分报废，以后又投资恢复建设的单位。不论是按原规模恢复还是在恢复的同时进行扩建的都按恢复统计。尚未建成投产的基本建设项目或企业、事业单位，因自然灾害而损坏的，不作为恢复项目，仍按原有建设性质划分。

（7）单纯购置 是指现有企业、事业、行政单位单纯购置不需要安装的设备、工具、器具，而不进行工程建设的单位。有些单位当年虽然只从事一些购置活动，但其设计中规定有建筑安装活动，应根据文件的内容来确定建设性质，不得作为单纯购置统计。

固定资产投资按构成分 固定资产投资活动按其工作内容和实现方式分为建筑工程、安装工程、设备、工具、器具购置、用于更新的设备、购置旧设备、其他费用、其中：土地购置费、旧建筑物购置费。

（1）建筑工程 是指各种房屋、建筑物的建造工程，又称建筑工作量。这部分投资额必须兴工动料，通过施工活动才能实现，是固定资产投资额的重要组成部分。

（2）安装工程 是指各种设备、装置的安装工程，又称安装工作量。安装工程包括：①生产、动力、起重、运输、传动和医疗、实验等各种需要安装设备的装配和安装，与设备相连的工作台、梯子、栏杆等装设工程，附属于被安装设备的管线敷设工程，被安装设备的绝缘、附腐、保温、油漆等工作；②为测定安装工程质量，对单个设备、系统设备进行单机试运、系统联动无负荷试运工作（投料试运工作台不包括在内）。

在安装工程中，不包括被安装设备本身价值。

（3）设备、工具、器具购置 是指建设单位或企、事业单位购置或自制的，达到固定资产标准的设备、工具、器具的价值。①设备：指各种生产设备、传导设备、动力设备、运输设备等。分为需要安装的设备和不需要安装的设备两种。②工具、器具：是指具有独立用途的各种生产用具、工作工具和仪器。

（4）用于更新的设备 是指为更换陈旧设备而购置的设备。用于更新的设备与原有设备在台数和价值上不一定相等。

（5）购置旧设备 是指从外单位购入的，已经使用过的各种设备，不包括从国外购进的旧设备。

（6）其他费用 是指在固定资产建造和购置过程中发生的。

（7）其中：土地购置费 是指建设项目通过划拨方式或出让方式取得土地使用权而支付的各项费用。

（8）旧建筑物购置费 是指购置已使用过的各种旧房屋及其他建筑物的费用。

施工项目 是指报告期内进行过建筑或安装施工活动的项目。凡是报告期内施过工的建设项目，不论施工时间长短，均作为施工项目统计。施工项目个数可以反映一定时期固定资产投资的实际规模，与同期建成投产的建设项目个数相比，可以从建设速度的角度反映固定资产投资的效果。根据建设项目施工活动的不同性质，施工项目又分为：本年正式施工项目、本年收尾项目和以前年度全部停缓建项目。

全部建成投产项目 工业项目是指设计文件规定形成能力的主体工程及其相应配套的辅助设施全部建成，经负荷试运转，证明具备生产设计规定合格产品的条件，并经过验收鉴定合格或达到竣工验收标准，与生产性工程配套的生活福利设施可满足近期正常生产的需要，正式移交生产的建设项目；非工业项目是指设计文件规定的主体工程和相应配套工程全部建成，能够发挥设计规定的工程效益，经验收鉴定合格或达到竣工标准，正式移交使用的建设项目。

新增生产能力 是指通过固定资产投资活动而增加的设计能力（或工程效益），是以实物形态表现的固定资产投资成果的指标，也是考核投资经济效果的重要依据之一。新增生产能力的计算，是以能独立发挥生产能力或效益的单项工程（或项目）为对象。当单项工程（或项目）建成，经有关部门鉴定合格、正式移交投入生产，即可计算新增生产能力。新增生产能力的数量一般按设计能力计算。设计文件中规定的在正常情况下能够达到的生产能力，而不论投产后的实际产量如何。以设备数量、建筑物容积、面积、长度等表示为新增生产能力（或效益），则按建成的实际数量计算。

施工和竣工房屋建设面积 房屋建筑面积是从房屋建筑物勒脚以上外墙外围的水平截面积，包括房屋建筑物的有效面积和结构面积。包括房屋结构（如柱、墙）占用的面积和地下室面积。多层建筑按各自然层面积计算，包括房屋内的楼隔层，突出墙面的眺望间、门斗、有柱雨罩的面积。不包括突出墙面结构的构件、艺术装饰等所占的面积。如台阶等。凹阳台、挑台按其水平投影面积一半计算建筑面积。

施工面积 是指报告期内施工的全部房屋建筑面积。包括本期新开工的面积和上期开工跨入本期继续施工的房屋面积，以及上期已停建在本期恢复施工的房屋面积。以及上期已停建在本期继续施工的房屋建筑面积。

竣工面积 是指在报告期内房屋建筑按照设计要求已经全部完工，达到住人和使用条件，经验收鉴定合格（或达到竣工验收标准），正式移交使用单位的各栋房屋建设面积的总和。

新增固定资产 新增固定资产（又称交付使用的固定资产），是指已经完成建造和购置过程，并已交付生产或使用单位的固定资产的价值。新增固定资产是表示固定资产投资成果的价值指标，也是反映建设进度，计算固定资产投资效果的重要数据。

六、城市公用事业

URBAN PUBLIC UTKITIES

本篇内容包括：

1. 城市自来水供应
2. 市政公共设施
3. 城市公共交通
4. 园林绿化
5. 环境保护，环境卫生
6. 用电情况

资料整理　　**微机处理**

姜同文　　刘　程

刘　程　　姜同文

城 市 供 水

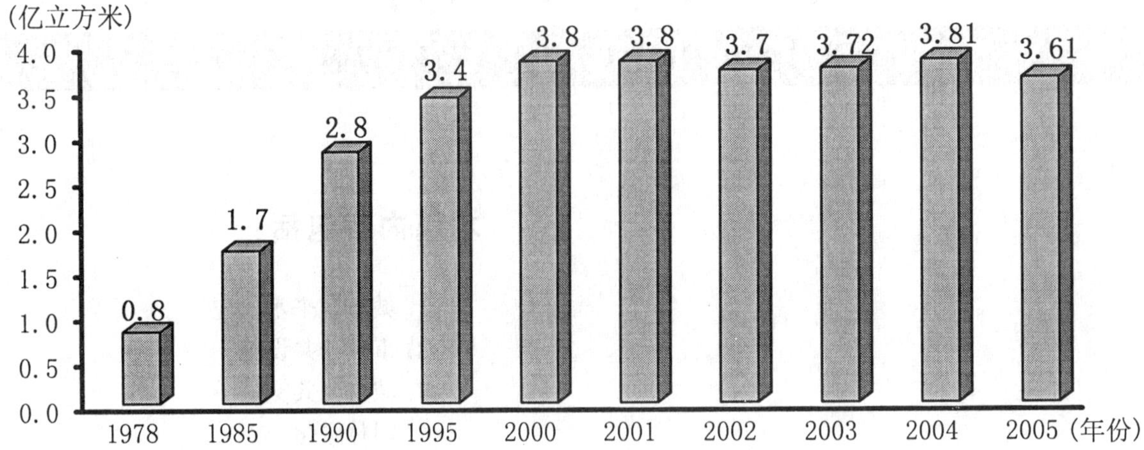

城 市 用 电

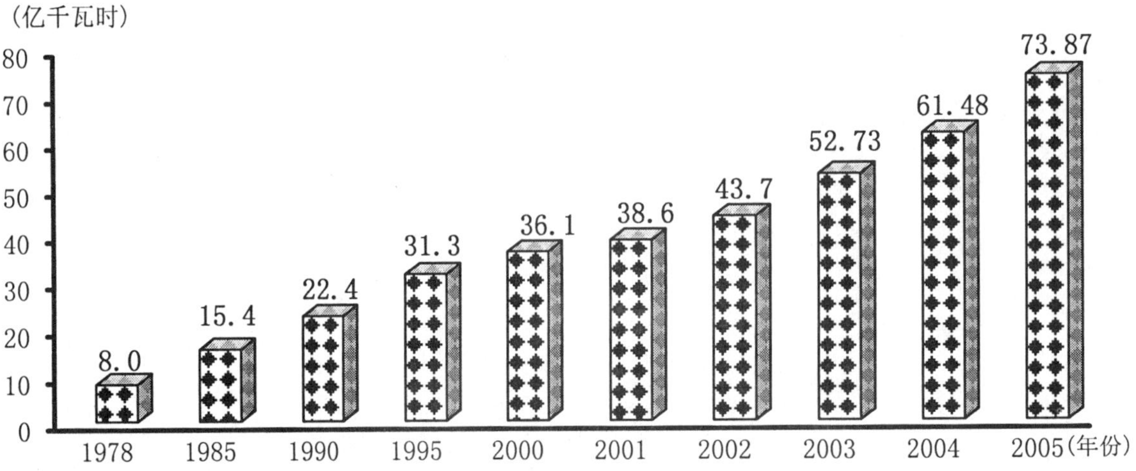

市 政 道 路 面 积

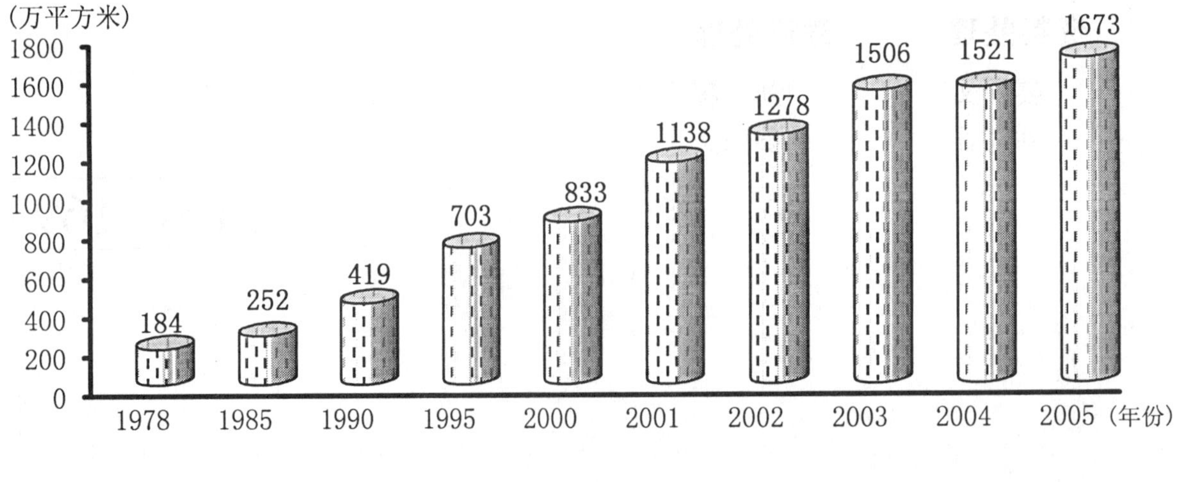

6-1 市 政 公 用 设 施

（2005 年）

项　　目	城　　市	城建系统内	其　　他
一、道路总长度（公里）	833	632	201
二、道路总面积（万平方米）	1 673	1 453	217
三、人行道总面积（万平方米）	256	248	8
四、桥　　梁（座）	107	107	
#立交桥	13	13	
五、排水管长度（公里）	875	811	64
六、城镇路灯盏数（盏）	115 025	98 592	16 433
七、液化气储气能力（吨）	3 328	2 335	993
八、液化气供应总量（吨）	62 972	60 140	2 832
#家庭用量	61 412	58 580	2 832
九、液化气用气户数（万户）	37.82	36.14	1.38
#家庭户	37.81	36.13	1.68
十、液化气用气人口（万人）	143.7	137.3	6.4
十一、煤气供应总量（万立方米）	4 644	4 644	
#家庭用量	3113	3113	
十二、煤气用气户数（万户）	13.61	13.61	
#家庭户	13.58	13.58	
十三、煤气用气人口（万人）	51.6	51.6	
十四、气化率（%）	91.0		

6－2 城市自来水供应

（2005年）

项目	城区	公共供水公司	自建设施供水单位
水厂个数（个）	8		
综合生产能力（万立方米/日）	151	131	20
年末供水管长度（公里）	2 051	1 952	99
全年供水总量（万立方米）	36 087	31 314	4 773
#生产用水（万立方米）	6 734	3 736	2 998
生活用水（万立方米）	15 097	13 322	1 775
用水人口（万人）	222.3	208.8	13.5
平均每人每天生活用水（升）	200		
自来水普及率（%）	97		
实际利润（万元）	3 611	3 611	

6－3 城市公共交通

项目	2004	2005
一、年末实有营运车辆（辆）	1 650	1 824
公共汽车	1 558	1 735
无轨电车	92	89
二、运营线路网长度（公里）	860	1 018
三、全年客运量（万人次）	33 165	36 285
公共汽车	29 485	32 661
无轨电车	3 680	3 624
四、全年实现利润总额（万元）	1 857	623
五、年末出租汽车营运车数（辆）	3 539	3 569

6-4 城 市 园 林 绿 化

（2005年）

项 目	城 区	城建系统内	城建系统外
城市园林绿地面积（公顷）	4 914	1 822	3 092
公共绿地面积（公顷）	1 566	1 192	374
人均公共绿地面积（平方米）	7.32		
城市绿化覆盖面积（公顷）	5 211	2 060	3 151
城区绿化覆盖率（%）	38.60		
苗圃面积（公顷）	87.40	87.40	
公 园（含动物园，个）	19	11	8
公园面积（公顷）	341.08	168.58	172.50

6-5 城 市 环 境 卫 生

（2005年）

项 目	城 区
全年清扫面积（万平方米）	1051
全年清运生活垃圾（万吨）	60.00
生活垃圾无害化处理（万吨）	60.00
公共厕所数（座）	216
粪便无害化处理（万吨）	0.3
环卫机械数量（辆）	162
清洁卫生工作人员（人）	7 933
垃圾中转站（座）	89
果壳箱（个）	5 000

6-6 全 市 用 电 量

单位：万千瓦小时

行 业	2004	2005
总 计	**614 828**	**738 684**
农、林、牧、渔、水利业	44 278	60 525
工 业	361 535	395 741
地质勘查勘探业	2 501	
建 筑 业	2 286	6 272
交通运输、邮电业	15 280	11 050
商业、饮食及物资供销业	19 159	25 600
其 他 事 业	79 806	48 174
居民生活用电	89 983	170 289
乡 村	31 264	41 371
城 市	58 719	128 918

6-7 环　境　保　护

（2005年）

项　目	全　市
一、环 境 质 量	
可吸入颗粒物年日平均值（毫克/立方米）	0.089
二氧化硫年日平均值（毫克/立方米）	0.05
二氧化氮年日平均值（毫克/立方米）	0.031
降尘（吨/月、平方公里）	8.89
城市交通干线噪声平均值（分贝）	69.9
区域环境噪声（分贝）	55.9
饮用水源水质达标率（%）	98.3
二、“三废”排放、处理及综合利用情况	
废水排放总量（万吨）	21 401.45
#工业废水（万吨）	7 486.45
工业废水排放达标率（%）	95.43
工业废气排放总量（亿标立方米）	447.29
#燃料燃烧过程中废气排放量（亿标立方米）	180.10
工艺废气排放量（亿标立方米）	267.19
工业二氧化硫排放量（吨）	27 002.06
工业烟尘排放量（吨）	24 852.34
工业固废产生量（吨）	153.59
工业固废综合利用量（万吨）	135.31
工业固废综合利用率（%）	88.10
“三废”综合利用产品产值（万元）	5 491
三、城市生活污水处理情况	
生活污水产生量（万吨）	15 202.25
生活污水处理量（万吨）	11 116.30
生活污水处理率（%）	73.12
四、污染治理情况	
工业企业用于污染治理资金（万元）	3 435.8
#治理废水（万元）	2 572
治理废气（万元）	632.8
治理固体废弃物（万元）	231
当年竣工的污染治理项目设计处理利用“三废”能力	
1. 废水（吨/日）	7 642
2. 废气（万标立方米/时）	43.5
3. 治理固体废弃物（吨/日）	181

主 要 统 计 指 标 解 释

年末自来水生产能力 指年末城建部门管理的自来水厂和社会单位自备水源的取水、净化、送水出厂输水干管等环节的实际生产能力。

年末供水管道长度 指从送水泵至用户水表之间所有管道的长度。

全年供水总量 指公用自来水厂和社会单位自备水源全年的供水总量，包括有效供水量及损失水量。

生活用水量 指居民日常生活与公共福利设施的用水量。包括饮食店、旅馆、医院、理发店、浴池、洗衣店、游泳池、商店、学校、机关、部队等单位的用水量。

年末实有铺装道路长度 指除土路外，路面经过铺装宽度在3.5米以上的道路，包括高级、次高级道路和普通道路。

城市下水道总长度 指所有排水总管、干管、支管及暗渠、检查井、连接井进出水口等长度之和。

年末实有公共汽（电）车辆 指年底可参加营运的全部车辆数。包括年底营运车辆数和库存查封未参加营运的车辆，不包括非营运车辆，如架线车、油罐车、工程车、货车及其他专用车辆和借入的客运车辆。

营运线路长度 指设置的固定营运线路长度，包括郊区营运线路长度。不包括临时行驶的线路长度。

城市园林绿地面积 指城市公共绿地、专用绿地、生活绿地、防护绿地、郊区风景名胜区的全部面积。

公共绿地 指供游览休息的各种公园、动物园、植物园、陵园以及花园、游园和供游览休息用的林荫道绿地、广场绿地。不包括一般栽植的行道树及林荫道的面积。

废水排放总量 包括生产废水和生活污水。生产废水 指企、事业单位在生产、科研过程中向外环境排放的所有排放口的废水量总和。生活污水指城镇居民区和企事业单位职工集中居住区排放的污水量。

工业废水排放量 指经过企业所有排放口排到企业外的生产废水总量，包括外排的直接冷却水和矿区超标排放的有毒有害矿井地下水，但不包括外排的间接冷却水（清污不分流的应计算在内）。

符合排放标准的工业废水量 指全面达到国家排放标准的外排工业废水量（包括经过处理和未经过处理的），但不包括虽经处理仍未达到国家排放标准的工业废水。国家尚未正式颁布标准的，以地方制定的标准为准。

工业废水处理量 指报告期内各种水治理设施实际处理的工业废水量，包括处理后外排的和处理后回用的工业废水量。虽经处理但未达到国家或地方排放标准的废水量也应计算在内。计算时，如遇有车间和厂排放口均有治理设施，并对同一废水分级处理时，不应重复计算工业废水处理量。

工业废气排放量 指企业厂区燃料燃烧和生产工艺过程中产生的各种排入空气的含有污染物的气体的总量，以标准状态［273K，101325Pa］计。

工业粉尘排放量 指企业在生产工艺过程中排放的颗粒物重量。如钢铁企业的耐火材料粉尘、焦化企业的筛焦系统粉尘、烧结机的粉尘、石灰窑的粉尘、建材企业的水泥粉尘等。不包括电厂排入大气的烟尘。

工业粉尘回收量 指经过各种回收处理装置回收的工业粉尘和尘泥量（包括干法和湿法）。

工业固体废物产生量 指企业在生产过程中产生的固体状、半固体状和高浓度液体状废弃物的总量，包括危险废物、冶炼废渣、粉煤灰、炉渣、煤矸石、尾矿、放射性废物和其他废物等；不包括矿山开采的剥离废石和掘进废石（煤矸石和呈酸性或碱性的废石除外）。酸性或碱性废石是指采掘的废石其流经水、雨淋水的PH值小于4或PH值大于10.5。

工业固体废物处置量 指将固体废物焚烧或者最终置于符合环境保护规定要求的场所并不再回取

的工业固体废物量（包括当年处置往年的工业固体废物累计贮存量）。处置方法如：填埋（其中危险废物应安全填埋）、焚烧、专业贮存场（库）封场处理、深层灌注、回填矿井等。

工业固体废物排放量 指将所产生的固体为物排到固体废物污染防治设施、场所以外的量。不包括矿山开采的剥离为石和掘进废石（煤矸石和呈酸性或碱性的废石除外）。

二氧化硫排放量 指企业在燃烧和生产工艺过程中排入大气的二氧化硫量。

工业固体废物综合利用量 指通过回收、加工、循环、交换等方式，从固体废物中提取或者使其转化为可以利用的资源、能源和其他原材料的固体废物量（包括当年利用往年的工业固体废物累计贮存量）。如用作农业肥料、生产建筑材料、筑路等。综合利用量由原产生固体废物的单位统计。

“三废”综合利用产品产值 指利用“三废”（废液、废气、废渣）作为主要原料生产的产品产值（现价），已经销售或准备销售的，应计算产品产值；但留作生产上自用的，不应计算产品产值。

七、外贸和旅游

FOREIGN ECONOMIC TRANE AND TOURISM RELATIONS

本篇内容包括：

1. 外贸进出口情况
2. 利用外资情况
3. 接待入境旅游、国内旅游情况
4. 星级饭店住宿接待入境旅游情况
5. 星级宾馆一览表

资料整理	微机处理
罗小云	褚艳红
褚艳红	罗小云

171/179

海关出口总值

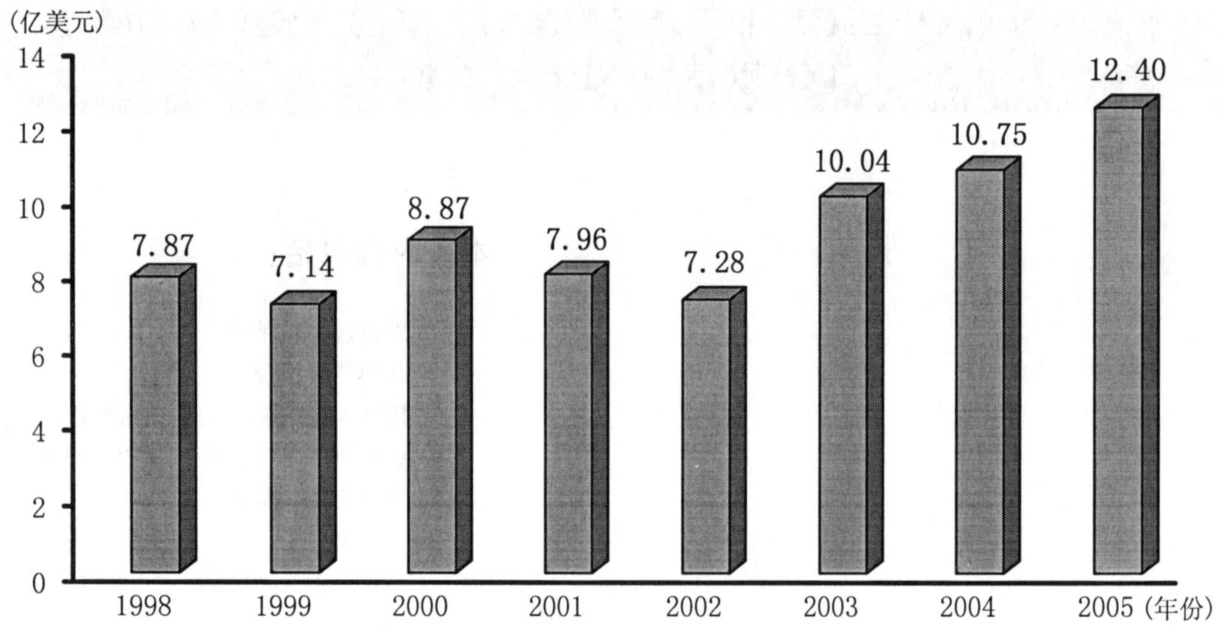

实际利用外资

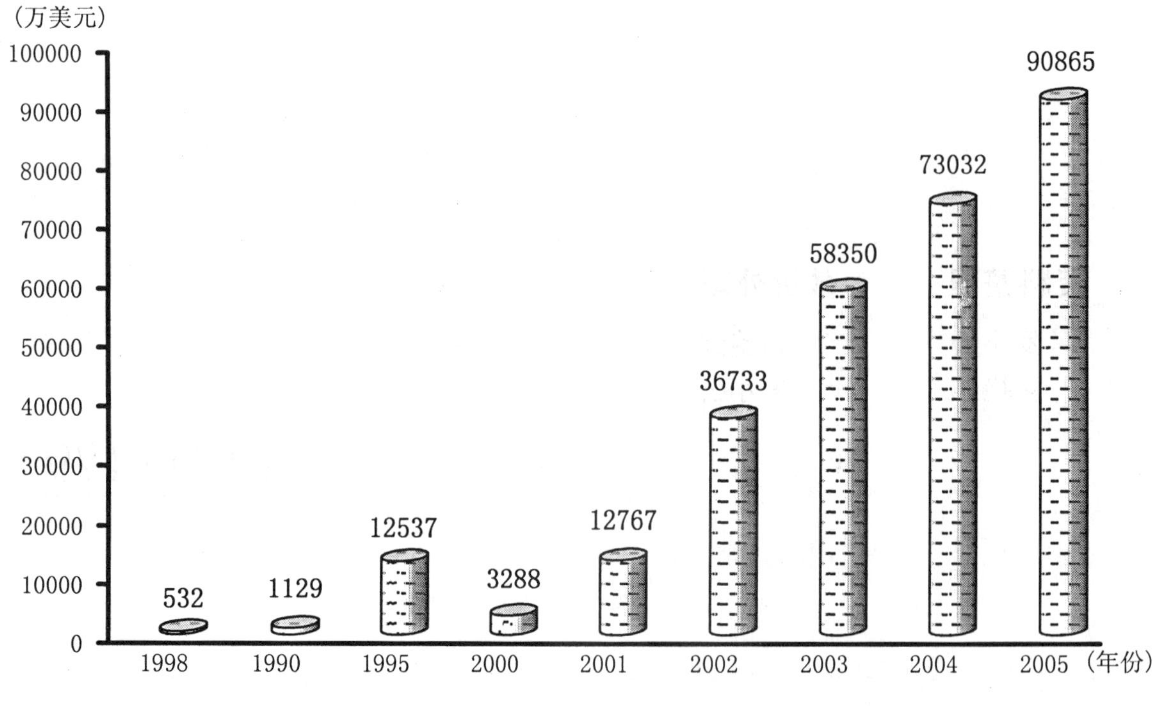

7－1 海关进出口总值

单位：万美元

项　　目	2004	2005	2005年比上年增长（%）
进出口总值	**165 946**	**174 536**	**5.2**
#出口总值	107 503	124 036	15.4
进口总值	58 443	50 500	－13.6

7－2 主要年份实际利用外资

单位：万美元

项　　目	1988	1989	1990	1992	1994	1995	1998	1999	2000	2001	2002	2003	2004	2005
合　　计	**532**	**1 197**	**1 129**	**4 242**	**13 578**	**12 537**	**13 635**	**13 360**	**3 288**	**12 767**	**36 733**	**58 350**	**73 032**	**90 865**
一、对外借款	149	783	634	376	2 139	5 115								
二、外商直接投资	148	322	393	3 866	11 439	7 422	13 635	13 209	3 141	12 767	36 733	58 350	73 032	90 865
合资经营	113	184	149	3 137	6 030	4 132	7 059	9 493	2 654	7 288	19 978	17 337	21 207	17 321
合作经营	15	77	203	203	1 769	720	1 103	600	2	17	1 149	6 990	4 295	2 898
独资经营	20	61	41	526	3 640	2 570	5 473	3 116	485	5 462	15 606	34 023	47 530	70 646

7－3　1994—2005年签订利用外资协议（合同）

年份		合计	对外借款	外商直接投资	合资经营	合作经营	独资经营
1994	项目（个）	212		212	136	11	65
	金额（万美元）	15 324		15 324	7 086	3 695	4 543
1995	项目（个）	106	2	104	59	1	44
	金额（万美元）	7 579	1 195	6 384	2 696	325	3 363
1996	项目（个）	64		64	40	1	23
	金额（万美元）	12 419		12 419	8 615	540	3 264
1997	项目（个）	64		64	24	5	35
	金额（万美元）	13 610		13 610	2 798	7 033	3 779
1998	项目（个）	74		74	41	3	30
	金额（万美元）	11 740		11 740	6 642	1 510	3 588
1999	项目（个）	52	1	50	22		28
	金额（万美元）	12 007	360	12 007	6 252	590	5 165
2000	项目（个）	43		43	23	2	18
	金额（万美元）	2 856		2 856	1 932	42	882
2001	项目（个）	65		65	28	1	36
	金额（万美元）	17 381		17 381	3 395	83	13 903
2002	项目（个）	149		149	66	8	75
	金额（万美元）	53 239		53 239	22 033	3 092	28 114
2003	项目（个）	172		172	69	10	93
	金额（万美元）	73 579		73 579	13 377	8 884	51 318
2004	项目（个）	195		195	67	9	119
	金额（万美元）	104 743		104 743	20 278	8 461	76 004
2005	项目（个）	187		187	57	4	126
	金额（万美元）	111 479		111 479	20 694	7 005	83 780

7－4 1991—2005年接待入境旅游、国内旅游情况

年份	入境旅游情况				国内旅游情况			
	旅游外汇收入（万美元）		接待入境旅游人数（人次）		国内旅游收入（亿元）		接待国内旅游人数（万人次）	
	绝对值	比上年增长%	绝对值	比上年增长%	绝对值	比上年增长%	绝对值	比上年增长%
1991	250	40.5	21 330	19.2				
1992	405	62.0	19 370	-9.2				
1993	633	56.3	16 287	-15.9				
1994	981	54.9	15 432	-5.3				
1995	888	-9.5	19 871	28.8				
1996	1 171	31.9	23 832	19.9				
1997	1 478	26.2	30 018	26.0				
1998	1 743	17.9	28 722	-4.3				
1999	2 155	23.6	34 141	18.9				
2000	2 578	19.6	37 010	8.4	22		391.78	
2001	2 913	13.0	41 430	11.9	27.16	13.0	446.86	14.1
2002	1 643	-43.6	44 840	8.2	32.76	20.6	507.68	13.6
2003	1 103	-31.2	34 549	-23.0	33.4	2.0	510.0	0.5
2004	1 723	56.8	54 282	58.1	37.77	13.1	587.15	15.1
2005	1 807	4.9	65 154	20.0	44.79	18.6	718.45	22.4

7－5 星级饭店住宿接待入境旅游人数和天数

项目	接待总人数（人）		接待人天数（人天）	
	2004	2005	2004	2005
合计	**54 282**	**65 154**	**127 099**	**138 448**
外国人	**34 949**	**51 099**	**82 258**	**113 367**
亚洲小计	**7 473**	**8 215**		
日本	3 992	4 992		
新加坡	1 017	681		
韩国	788	1 094		
马来西亚	573	477		
印度	226	295		
泰国	349	113		
印尼	87	236		
菲律宾	82	139		
欧洲小计	**11 187**	**17 319**		
英国	2 673	7 190		
法国	798	2 510		
德国	1 100	1 236		
意大利	524	650		
瑞士	175	109		
瑞典	305	902		
俄罗斯	315	630		
西班牙	4 152	3 284		
荷兰				
其他	1 145	808		
美洲小计	**6 728**	**21 920**		
美国	5 236	20 013		
加拿大	1 269	1 827		
其他	223	80		
大洋洲小计	**1 264**	**2 184**		
澳大利亚	865	1 503		
新西兰	360	650		
其他	39	31		
非洲小计	**436**	**562**		
其他小计	**7 861**	**899**		
港澳同胞	**8 555**	**7 767**	**20 555**	**15 177**
台湾同胞	**10 778**	**6 288**	**24 286**	**9 904**

7-6 星级宾馆一览表

项目	客房数（间）	床位数（床）	电话	地址	邮编
五星级					
江西宾馆	228	407	6206666	八一大道368号	330006
凯莱大酒店	327	442	6738855	沿江北路88号	330008
四星级					
五湖大酒店	298	490	8521888	湖滨南路33号青山湖湖心岛	330077
锦峰大酒店	167	307	8867777	站前西路281号	330002
富豪大酒店	219	360	6408888	洪城路160号	330002
赣江宾馆	312	589	6221159	八一大道138号	330006
瑞都大酒店	112	212	6204598	广场南路399号	330003
七星商务酒店	230	352	8866666	南京西路225号	330006
锦江皇冠酒店	214	353	6429999	洪城路99号	330002
三星级					
青山湖宾馆	260	347	8861872	福州路169号	330006
江西饭店	318	505	8858888	八一大道356号	330006
洪都宾馆	277	505	8829999	阳明路249号	330006
富洲大饭店	118	230	6232666	孺子路37号	330003
吉伟宾馆	87	140	6237700	二七北路76号	330046
九九隆大酒店	198	357	7061199	八一大道122号	330003
锦昌大酒店	153	237	6128888	站前西路107号	330002
天圆饭店	100	183	8869999	福州路82号	330006
铁路大酒店	129	218	6108108	南昌火车站	330002
鄱阳湖大酒店	270	432	8856666	井冈山大道1128号	330002
华鑫大酒店	138	254	6777888	象山北路237号	330008
新天地酒店	165	300	6163888	二七南路184号	330003
环湖宾馆	172	368	8855888	环湖路99号	330006
灌城度假村	40	120	8311987	高新大道8号	330029
金山城大酒店	158	270	8896666	中山路135号	330008
桂花村大酒店	49	88	5761999	南昌县迎宾大道1089号	330200
君来大酒店	223	458	6200333	北京西路259号	330046
预备三星级					
明园大酒店	150	283	7038888	二七南路527号	330002
金袁州宾馆	131	257	8861666	叠山路248号	330006
二星级					
洪城宾馆	113	180	8857188	洪城路63号	330002
江铃宾馆	96	154	5233348	迎宾大道238号	330001
进园宾馆	45	80	8167666	青山湖大道388号	330039
金城宾馆	100	170	2175099	青山南路538号	330077
邮政大厦	70	126	7037900	站前路86号	330002
华财大厦	75	102	6690168	沿江中路19号	330009
惠苑宾馆	70	110	6221140	福州路4号	330006
江龙大酒店	251	498	7068168	洪都北大道10号	330046
交通宾馆	96	137	6256918	八一大道261号	330006
江西核工业宾馆	90	182	6351118	北京西路134号	330046
华昌宾馆	72	152	6120008	广场南路11号	330003
体育宾馆	130	278	6203288	福州路28号	330002
实际已达星级标准，但未报评					
民航大酒店	139	253	8898888	洪城路587号	330025

主 要 统 计 指 标 解 释

外贸出口商品收购额 指对外贸易企业单位以现金或通过银行划拨等方式，从对外贸易系统以外的单位或个人购进直接供应出口的以及经过加工后再供应出口的商品总额。

外贸进出口总额 对外贸易进出口总额是指从国外（境外）进入国境的进口商品和从国内运出国境的出口商品的总金额，包括一般贸易（含进料加工）、技术成套设备进口和出口、补偿贸易、加工装配、易货贸易以及中外合资、合作和外商独资企业的进口和出口等。外贸进口按到岸价格（CIF）计算，出口按离岸价格（FOB）计算。

利用外资 是指我国各级政府、部门、企业、中国银行和其他单位通过对外借款、吸收外商直接投资和用其他方式的境外现汇、设备、技术等。不包括赠款、援款。

对外借款 是我国利用外资的主要部分，包括我国通过外国政府贷款、国际金融组织贷款、外国银行商业贷款、出口信贷以及对外发行证券等方式，从国外和港澳地区筹措的资金。

外商直接投资 是指外国企业和经济组织或个人（包括华侨、港澳同胞以及我国在境外注册的企业）按我国有关政策、法规，用现汇、实物、技术等在我国境内开办外商独资企业、与我国境内的企业或经济组织共同举办中外合资经营企业、合作经营企业或合作开发资源的投资（包括外商投资收益的再投资）以及政府有关部门批准的项目投资总额内，企业从境外借入的资金。

外商其他投资 指对外借款和外商直接投资以外，用其他方式吸收的外资，包括补偿贸易、加工装配以及国际租赁等。

入境旅游者 指来中国（大陆）观光、度假、探亲访友、就医疗养、购物、参加会议或从事经济、文化、体育、宗教活动的外国人、港澳台同胞等游客（即入境旅游人数）中在中国（大陆）的旅游住宿设施内至少停留一夜的外国人、港澳台同胞。

入境旅游者不包括下列人员：

（1）应邀来华访问的政府部长以上官员及其随行人员；

（2）外国驻华使领官员、外交人员以及随行的家庭服务人员和受赡养者；

（3）常驻中国（大陆）一年以上的外国专家、留学生、记者、商务机构人员等；

（4）乘坐国际航班过境不需要通过护照检查进入中国（大陆）口岸的中转旅客；

（5）边境地区往来的边民；

（6）回大陆定居的港澳台同胞；

（7）已在中国（大陆）定居的外国人和原已出境又返回在中国（大陆）定居的外国侨民；

（8）归国的中国（大陆）出国人员。

旅游收入 游客（入境游客和国内游客）在旅游过程中（由游客或游客的代表为游客）支付的一切旅游支出就是国家（省、区、市）的旅游收入。旅游支出应包括（过夜）旅游者和一日游游客在整个游程中食、住、行、游、购、娱，以及为亲友、家人购买纪念品、礼品等方面的旅游支出，不包括为商业目的购物、购买房、地、车、船等资本性或交易性的技资、馈赠亲友的现金及给公共机构的捐赠。旅游收入包括国际旅游（外汇）收入和国内旅游收入。

国际旅游（外汇）收入 入境游客在中国（大陆）境内旅行、游览过程中用于交通、参观游览、住宿、餐饮、购物、娱乐等全部花费。

国内旅游者 指中国（大陆）居民离开惯常居住地在境内其他地方的旅游住宿设施内至少停留一夜，最长不超过12个月的国内游客。

国内旅游者应包括在中国（大陆）境内常住一年以上的外国人、港澳台同胞。但不包括到各地巡视工作的部以上领导、驻外地办事机构的临时工作人员、调遣的武装人员、到外地学习的学生、到基层锻炼的干部、到境内其他地区定居的人员和无固定居住地的无业游民。

国内旅游收入 指办内游客在国内旅行、游览过程中用于交通、参观游览、住宿、餐饮、购物、娱乐等全部花费。

星级宾馆 指符合中华人民共和国《旅游饭店星级的划分与评定国家标准》暨《旅游涉外饭店星级的划分与评定国家标准1997年版》并经过有关旅游管理权威部门评定（验收）后授予“星级”称号的宾馆、饭店。

八、财政·金融

PUBLIC FINANCE，BANKING AND INSURANCE

本篇内容包括：

1. 财政收支
2. 银行存贷款及现金收支

资料整理　　微机处理
陈　锋　　陈　锋

财 政 收 入

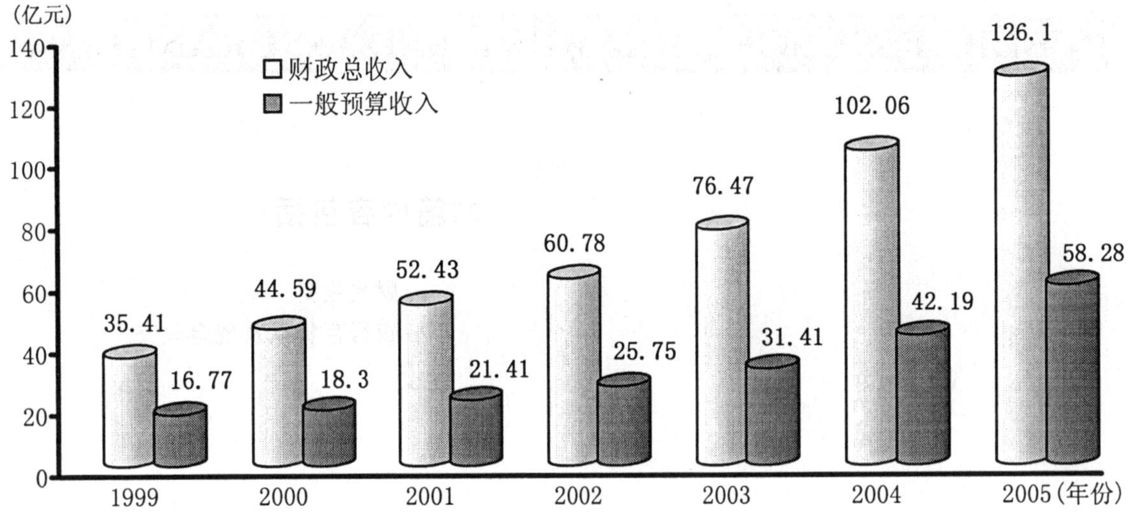

财政总收入增长速度

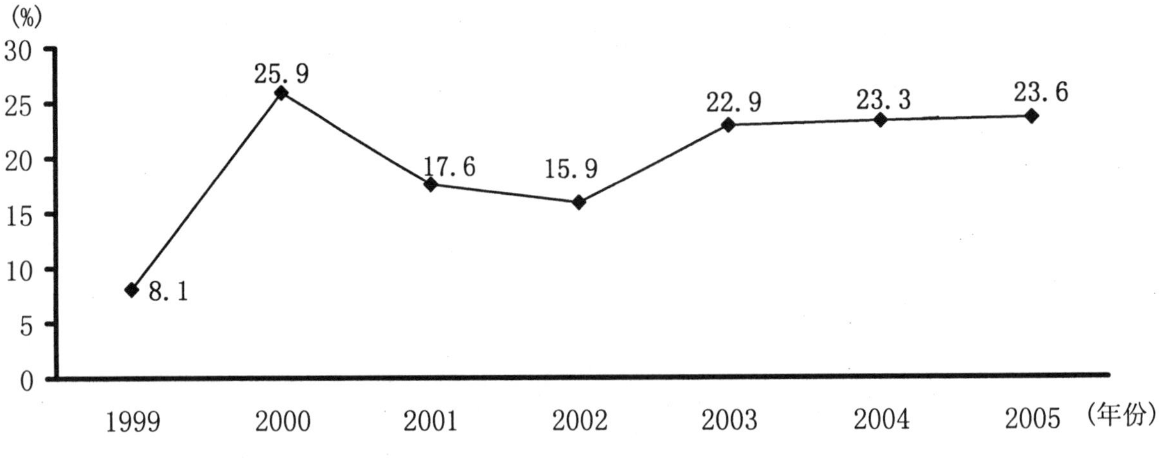

银 行 存 贷 款 余 额

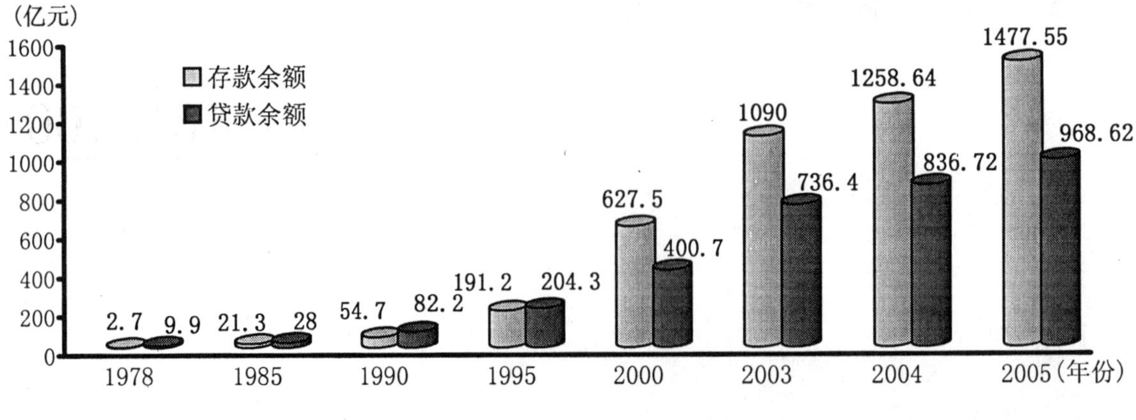

8-1 历年财政总收入和财政支出

单位：万元

年份	财政收入					财政支出		
	合计	企业收入	各项税收	#工商税收类	其他收入	合计	#文教、科学、卫生事业费支出	#行政管理费支出
1949	56	1	54		1	18		18
1950	1 910	4	1 303		233	149		80
1951	2 357	23	1 696	1 427	207	428		84
1952	3 653	46	3 111	1 865	395	804		314
1953	4 571	71	3 784	3 112	194	933	377	366
1954	4 363	85	3 518	3 069	139	1 086	515	361
1955	5 341	98	4 578	3 914	166	1 335	686	402
1956	6 800	140	5 825	5 242	139	1 791	764	559
1957	7 779	262	7 225	6 153	293	1 776	838	491
1958	9 871	1 004	8 556	7 486	59	3 658	720	458
1959	15 333	4 767	10 546	9 575	20	5 170	803	553
1960	18 113	6 827	10 665	9 576	48	5 421	1 224	557
1961	9 740	2 497	7 203	6 463	40	1 895	985	611
1962	9 689	1 514	8 112	7 485	64	1 806	904	512
1963	10 157	1 543	8 551	7 691	61	2 890	878	393
1964	10 985	1 343	9 588	8 713	53	3 135	961	424
1965	11 911	1 596	10 232	9 317	85	3 022	968	569
1966	12 860	2 299	10 515	9 514	37	3 162	1 125	642
1967	10 922	2 988	7 823	7 169	24	3 004	1 256	399
1968	13 413	4 370	8 944	8 860	98	2 880	1 157	578
1969	21 420	10 101	11 216	11 170	110	5 685	1 178	519
1970	29 507	13 830	15 588	14 684	89	10 408	947	661
1971	28 261	12 680	15 508	14 585	35	9 639	1 196	847
1972	26 081	11 087	14 912	13 957	83	9 360	1 484	880
1973	23 132	6 076	17 022	16 275	34	5 429	1 676	943
1974	12 875	-131	12 980	12 054	24	5 696	1 954	979
1975	16 089	966	15 090	14 207	32	6 078	2 032	951
1976	9 320	-3 001	12 262	11 351	60	6 178	2 045	978
1977	19 231	1 779	17 395	16 504	56	6 761	2 235	989
1978	25 486	4 316	21 091	19 505	78	9 046	2 703	1 036
1979	29 645	6 283	23 329	22 331	31	12 452	3 180	1 034
1980	34 194	7 639	24 194	23 509	31	11 411	3 563	1 040
1981	37 608	8 805	27 216	25 545	106	12 589	3 904	1 399
1982	37 864	7 165	28 969	28 086	311	12 449	4 411	1 450
1983	39 338	6 632	31 038	30 101	420	13 456	4 707	1 692
1984	42 362	6 605	34 388	33 250	368	17 687	5 467	2 315
1985	55 665	1 285	53 337	55 887	1 043	24 455	6 402	2 262
1986	62 807	8 366	55 240	54 833	1 265	33 970	8 066	2 753
1987	66 114	4 801	58 355	56 597	2 320	34 442	8 430	2 970
1988	77 380	6 832	68 521	66 709	1 668	42 103	10 543	3 073
1989	88 600	3 796	81 364	78 903	2 868	49 048	11 962	5 206
1990	101 910	6 642	88 528	86 039	3 225	55 090	13 563	5 856
1991	108 438	8 238	98 136	95 441	2 386	62 186	14 015	6 426
1992	125 651	14 284	111 605	108 538	2 975	69 867	16 993	8 500
1993	164 968	9 916	145 662	142 394	4 681	71 828	19 990	7 115
1994	189 351	9 220	174 639	169 135	5 492	81 546	26 140	14 018
1995	220 392	10 644	200 734	179 762	9 014	102 101	30 186	18 828
1996	268 553	8 325	244 437	232 149	15 764	119 608	34 884	26 744
1997	290 225	13 856	248 346	238 888	28 023	145 353	39 320	14 486
1998	327 654	5 325	290 549	285 944	31 780	160 993	42 114	15 361
1999	354 125	5 755	314 022	309 045	34 348	218 821	46 863	18 886
2000	445 915	16 096	409 558	397 984	20 261	237 928	54 255	21 499
2001	524 268	30 603	444 056	444 056	49 609	283 229	65 106	25 644
2002	607 828					347 114	78 716	35 478
2003	764 711					395 944	88 017	41 808
2004	1 020 556					521 873	104 387	51 335
2005	1 261 018					757 947	130 092	69 547

8－2 地 方 财 政 收 入

(2005 年)　　　　单位：万元

项　　目	实　际　收　入
一般预算收入合计	**582 783**
工商税收类	387 154
农牧业税和耕地占用税类	5 644
企业所得税类	48 429
国有资产经营收益	72 906
罚没收入	21 733
行政性收费收入	20 578
专项收入	17 850
其他收入	8 489
基金收入	**110 982**

8－3 地 方 财 政 支 出

(2005 年)　　　　单位：万元

项　　目	实际支出数	项　　目	实际支出数
合　　计	**757 947**	文化、教育、科学事业费	98 782
基本建设支出	78 440	卫生经费	31 310
企业挖潜改造资金类	77 215	税务统计等部门的事业费类	30 227
科技三项费用类	9 019	抚恤和社会福利救济费类	24 156
支农支出（含农林水事业费）	39 802	行政管理费及公检法支出类	127 327
工业交通等部门的事业费类	2 824	国防、外交外事、武警部队支出	596
流通部门事业费类	1 195	政策性补贴支出类	1 372
城市维护费类	93 762	专项支出	14 947
行政事业单位离退休经费	27 497	车辆税费支出	4 186
支援不发达地区支出	1 445	其他支出类	35 742
社会保障补助支出	58 103	**基金支出**	**107 720**

8-4 县区财政收入与支出

单位：万元

地区	财政收入		财政支出	
	2004	2005	2004	2005
全市	**421 911**	**582 783**	**521 873**	**757 947**
市本级	244 297	345 099	196 132	313 280
南昌县	33 202	44 671	4 949	83 275
新建县	21 263	26 296	38 598	59 314
进贤县	14 527	16 031	36 026	47 394
安义县	6 455	7 397	17 852	21 621
湾里区	6 543	8 000	12 488	14 562
青山湖区	22 235	22 700	29 884	38 749
东湖区	12 861	22 338	28 052	34 238
西湖区	15 453	27 202	31 626	42 370
青云谱区	5 876	11 481	13 649	18 295
经济技术开发区	14 630	17 276	22 513	28 220
高新技术开发区	16 125	20 112	25 084	34 006
红谷滩新区	8 444	13 292	9 301	21 592
桑海经济开发区		888		1 031

8-5 历年银行存款与贷款

单位：万元

年份	年末存款		年末贷款			
	余额	#企业存款	余额	#工业贷款	#商业贷款	#农业贷款
1949	179	153	18	10	8	
1950	1 990	865	53	31	4	18
1951	4 195	828	578	90	245	243
1952	4 390	2 165	991	155	638	198
1953	4 339	1 556	3 780	242	3 243	294
1954	9 355	1 960	13 854	431	13 172	250
1955	5 298	1 682	6 611	226	6 043	341
1956	8 331	2 181	9 489	1 493	7 106	889
1957	7 998	1 710	13 808	1 980	10 981	847
1958	15 617	5 252	18 447	5 918	11 479	1 049
1959	20 528	4 734	43 651	18 216	24 452	982
1960	16 211	7 428	59 895	31 564	26 784	1 547
1961	24 389	7 468	42 237	14 815	25 670	1 691
1962	22 624	12 703	32 305	8 990	20 953	2 332
1963	8 928	9 609	28 300	8 323	17 646	2 300
1964	11 002	9 794	27 860	7 812	17 854	2 162
1965	18 022	13 350	30 845	9 941	18 688	2 202
1966	21 892	13 746	46 930	12 149	32 511	2 270
1967	34 191	13 585	49 699	16 237	30 888	2 574
1968	25 819	13 094	51 511	18 429	30 778	2 304
1969	11 769	12 010	47 428	19 284	26 940	1 205
1970	18 353	17 103	57 709	27 511	28 762	1 436
1971	14 337	11 498	70 368	37 999	30 841	1 528
1972	17 206	11 644	72 872	43 296	28 023	1 552
1973	22 997	15 481	73 464	42 267	29 336	2 043
1974	18 121	13 936	80 783	48 217	30 429	2 138
1975	28 874	21 462	75 590	42 852	30 602	2 136
1976	27 697	18 352	79 059	44 563	31 892	2 604
1977	31 630	20 021	84 511	43 641	38 112	2 758
1978	27 496	19 370	99 214	48 701	46 288	4 226
1979	36 590	24 829	109 026	53 071	51 808	4 146
1980	79 069	48 804	124 495	57 121	34 142	4 134
1981	118 722	50 109	158 491	68 155	81 466	4 061
1982	127 706	55 480	178 328	73 572	90 758	5 166
1983	104 543	43 164	122 963	70 602	51 841	5 237
1984	148 283	60 799	180 938	84 498	57 074	6 064
1985	212 594	85 489	280 325	102 072	126 745	9 512
1986	279 120	111 091	395 046	144 164	156 847	14 820
1987	326 295	128 210	467 779	166 560	182 686	18 240
1988	365 653	150 960	542 327	192 165	215 193	22 057
1989	411 551	151 482	671 863	242 878	270 014	26 567
1990	547 088	197 074	821 966	309 931	331 201	32 956
1991	697 950	245 715	982 895	354 253	40 042	42 145
1992	877 537	298 643	1 180 044	403 147	486 634	50 005
1993	1 120 739	349 387	1 426 183	475 958	558 854	60 746
1994	1 462 587	589 639	1 721 185	553 347	582 808	55 316
1995	1 912 127	759 818	2 043 053	672 039	627 058	70 696
1996	2 484 361	1 062 407	2 430 659	787 246	738 668	86 713
1997	2 990 353	1 299 735	2 908 996	897 179	921 886	100 710
1998	4 538 105	1 848 596	3 563 115	1 138 465	990 572	123 813
1999	5 447 080	2 350 951	4 054 545	1 218 517	1 034 144	130 735
2000	6 274 761	2 834 300	4 007 426	1 176 822	763 782	91 349
2001	7 481 703	3 195 355	4 837 239	1 176 305	861 226	83 490
2002	8 836 436	3 650 208	5 808 029	1 185 852	935 022	82 334
2003	10 900 197	4 439 313	7 364 103	1 375 116	979 089	78 099
2004	12 586 370	5 097 725	8 367 189	1 179 402	883 896	78 110
2005	14 775 539	5 390 667	9 686 177	1 330 594	864 938	84 351

8－6 金融机构信贷资金（资金来源）

单位：万元

项　　目	2005年	比年初增减额	
		2004年	2005年
资金来源合计	**14 719 455**	**1 712 253**	**2 249 771**
一、各项存款	15 566 474	1 841 396	2 180 153
1.企业存款	5 451 296	620 253	258 761
#定　　期	1 445 425	160 239	434 697
2.财政存款	1 216 246	220 334	22 756
3.机关团体存款	933 736	68 946	608 994
4.储蓄存款	6 437 518	756 063	853 428
#定　　期	4 085 856	464 211	603 476
5.农业存款	154 971	26 370	37 471
6.信托存款	117 860	－13 167	117 860
7.委托存款	28 059	79 429	－17 820
8.其他存款	1 226 788	83 168	298 704
二、金融债券	2	－9	
三、应付及暂收款	212 653	－2 771	379 063
#应付及预收利息	60 345	11 845	14 669
四、同业往来	126 704	－188 033	16 270
五、各项准备	90 406	77 525	－19 994
#贷款损失准备金	79 332	35 852	7 489
六、所有者权益	409 614	40 764	146 803
#实收资本	211 568	－3 625	55 786
当年结益	244 346	144 367	244 346
七、其　　他	－1 686 398	－56 648	－452 525

8－7　金融机构信贷资金（资金运用）

（年末余额）　　单位：万元

项　　目	2005年	比年初增减额	
		2004年	2005年
资金运用合计	**14 719 455**	**1 712 253**	**2 249 771**
一、各项贷款	10 274 984	1 409 194	1 737 748
1.短期贷款	4 197 390	38 886	868 599
工业贷款	1 330 594	－117 258	360 455
商业贷款	864 938	45 771	16 772
建筑业贷款	158 614	－94 729	28 216
农业贷款	405 711	47 964	151 233
乡镇企业贷款	49 502	1 428	－87 900
三资企业贷款	28 556	18 682	－20 517
私营企业及个体贷款	75 075	21 915	23 317
其他短期贷款	1 284 401	115 114	396 664
2.中长期贷款	5 060 009	1 221 077	430 156
基本建设贷款	2 631 356	866 159	96 781
技术改造贷款	178 534	71 463	－30 254
其他中长期贷款	2 250 119	283 455	363 629
3.信托贷款	132 441	－17 971	50 094
4.融资租赁		－44	－99
5.委托贷款	24 798	－17 891	－11 968
6.票据融资	855 709	183 535	401 884
7.各项垫款	4 637	1 601	－918
二、有价证券及投资	655 995	25 371	292 662
三、应收及预付款	41 533	－19 428	－137 341
#应收利息	32 326	－23 997	－7 373
四、同业往来	16 197	－4 699	－62 860
五、二级准备金	1 130 834	206 933	－66 422
六、行内资金往来	2 280 249	72 041	472 574
七、委托投资		4 758	－10 000
八、金银占款		－1	
九、外汇占款	4 785	－4 290	9 567
十、固定资产	234 900	8 298	16 883
十一、库存现金	79 977	14 077	－3 041

8－8 银行机构信贷资金（资金来源）

单位：万元

项　　目	2005年	比年初增减额	
		2004年	2005年
资金来源合计	**13 706 356**	**1 721 328**	**2 062 141**
一、各项存款	14 775 539	1 686 147	1 970 817
1.企业存款	5 390 667	603 791	253 327
#定　　期	1 420 381	153 391	424 717
2.财政存款	1 215 115	220 491	21 625
3.机关团体存款	933 524	68 186	612 520
4.储蓄存款	5 999 287	706 878	789 389
#定　　期	3 811 355	437 818	572 799
5.农业存款	15 504	4 654	－802
6.其他存款	1 221 442	82 147	294 758
二、委托存款及委托投资基金	3 261	105 913	948
三、金融债券	2	－9	
四、应付及暂收款	179 709	2 310	394 801
#应付利息	55 237	10 975	16 059
五、卖出回购资产	26 350		26 296
六、各项准备	74 597	72 418	－24 928
#贷款损失准备金	66 304	33 138	2 153
七、同业往来	146 001	－119 061	－15 128
八、所有者权益	291 356	67 367	154 886
#实收资本	102 789	－8 276	76 124
当年结益	239 009	150 309	239 009
九、其　　他	－1 790 458	－93 756	－445 551

8－9 银行机构信贷资金（资金运用）

（年末余额）

单位：万元

项目	2005年	比年初增减额	
		2004年	2005年
资金运用合计	**13 706 356**	**1 721 328**	**2 062 141**
一、各项贷款	9 686 177	1 365 554	1 631 390
1.短期贷款	3 780 800	－43 660	798 168
工业贷款	1 330 594	－117 255	360 718
商业贷款	864 938	45 771	16 772
建筑业贷款	158 614	－94 729	28 216
农业贷款	84 351	20	6 493
乡镇企业贷款	49 052	－5 464	－2 119
三资企业贷款	28 556	18 682	－20 157
私营企业及个体贷款	64 384	15 988	18 553
其他短期贷款	1 199 862	93 327	389 693
2.中长期贷款	5 048 826	1 235 760	419 861
基本建设贷款	2 631 356	869 909	96 781
技术改造贷款	178 534	71 463	－30 254
其他中长期贷款	2 238 936	294 388	353 334
3.票据融资	851 914	171 853	414 279
4.各项垫款	4 637	1 601	－918
二、有价证券及投资	543 169	109 520	279 224
三、应收及预付款	24 492	－6 913	－106 022
#应收利息	30 753	－17 171	－8 170
四、买入返售资产		27 159	－56 554
五、同业往来	20 575	－24 311	－57 864
六、二级准备金	1 130 834	206 933	－66 422
七、行内资金往来	2 225 772	35 692	431 360
八、金银占款		－1	
九、外汇占款	5 541	－3 858	9 341
十、库存现金	69 795	11 554	－2 313

8－10 农村信用社存款与贷款

单位：万元

项　　　目	2005年	比年初增减额	
		2004年	2005年
资金来源合计	**638 910**	**123 723**	**44 836**
一、各项存款	600 761	78 030	107 282
1.企业存款	17 505	5 348	4 550
2.储蓄存款	438 231	49 185	64 039
定　　期	274 501	26 393	30 677
活　　期	163 730	22 792	33 362
3.机关团体存款	212	760	－3 526
4.农业存款	139 467	21 716	38 273
5.其他存款	5 346	1 021	3 946
二、代理财政性存款	1 131	－157	1 131
三、应付及暂收款	17 581	12 387	－7 460
#应付及预提利息	5 108	931	1 250
四、向中央银行借款		－4 000	－2 000
五、同业往来	74 936	58 276	－11 827
六、委托存款及委托投资基金（净）		－13	－1
七、代理金融机构委托贷款基金	1 504	1 500	4
八、各项准备	9 648	1 013	5 198
九、所有者权益	38 562	23 813	8 234
十、其　　他	－105 213	－47 126	－55 725
资金运用合计	**638 910**	**123 723**	**44 836**
一、各项贷款	427 572	83 249	81 287
1.短期贷款	416 590	81 939	70 694
农业贷款	321 360	47 944	144 741
乡镇企业贷款		6 892	－85 781
其他短期贷款	84 539	21 177	6 970
2.中长期贷款	10 982	1 310	10 593
二、有价证券及投资	11 143	8 011	－10 366
三、应收及预付款	5 255	147	1 221
#应收利息	1 385	20	1 081
四、存放中央银行准备金存款	159 314	72 552	－3 341
五、缴存中央银行财政性存款	122		122
六、同业往来	23 829	－44 212	－23 492
存放同业	19 529	－48 502	－23 492
拆放同业	4 300	4 290	
七、代理金融机构贷款	1 500	1 501	
八、库存现金	10 175	2 475	－595

8-11 历年银行现金收支

单位：万元

年份	现金收入	#商品销售收入	#储蓄存款收入	现金支出	#工资性支出	#国家工资性支出	#农副产品采购支出	货币投放（+）或回笼（-）
1949			8					
1950			91					
1951			194					
1952	8 995	4 880	326	8 537	2 505		621	-458
1953	9 867	5 115	424	9 743	3 271		722	-124
1954	12 680	8 103	408	12 180	4 092		1 971	-500
1955	14 585	8 624	510	14 303	4 637		2 440	-282
1956	19 052	11 222	717	19 401	6 567		2 212	349
1957	19 935	11 437	854	19 583	6 453		1 367	-352
1958	24 430	13 141	1 367	23 606	6 657		1 117	-824
1959	31 930	17 079	1 710	30 926	10 858		1 469	-1 004
1960	36 483	18 482	2 024	35 397	13 507		1 009	-1 086
1961	31 009	16 515	1 283	30 468	12 751		923	-541
1962	31 994	19 235	1 106	28 014	10 390		2 300	-3 980
1963	29 725	18 331	1 318	27 448	10 139		2 849	-2 777
1964	29 932	18 989	1 752	28 870	11 002		3 049	-1 062
1965	31 722	19 113	2 035	31 328	11 620		3 719	-394
1966	34 181	21 083	2 415	33 819	12 236		4 180	-362
1967	35 413	22 257	2 538	34 991	12 674		1 599	-422
1968	33 869	21 219	2 261	33 998	12 725		4 311	129
1969	33 869	20 945	2 098	31 913	12 264		3 118	-1 956
1970	34 345	21 373	2 256	31 415	12 509		2 488	-2 930
1971	37 161	26 514	2 757	34 937	19 495	7 718	2 432	-2 224
1972	41 886	29 278	3 438	39 866	21 611	8 303	2 934	-2 020
1973	45 568	31 998	4 016	43 142	23 202	8 712	3 029	-2 426
1974	46 845	32 857	4 643	46 334	24 613	8 969	2 970	-511
1975	48 464	33 479	5 156	46 412	24 946	9 143	2 567	-2 052
1976	49 821	36 006	5 823	49 673	25 790	8 903	2 787	-148
1977	53 134	37 800	6 850	50 944	26 639	9 161	4 004	-2 190
1978	57 428	40 665	8 281	56 308	30 936	10 518	2 523	-1 120
1979	70 734	47 802	10 877	70 775	34 616	10 631	5 103	-41
1980	91 887	60 471	15 675	91 649	46 622	26 285	7 570	-238
1981	104 342	70 049	19 909	104 455	48 322	26 708	8 696	113
1982	121 306	75 716	23 342	122 221	49 848	27 082	15 227	915
1983	143 082	83 990	28 331	140 039	49 504	28 211	18 713	-3 043
1984	168 972	98 987	39 660	168 491	59 881	32 902	15 463	-481
1985	219 582	119 360	62 637	226 322	72 401	47 479	21 046	6 740
1986	274 079	139 568	89 238	274 805	106 616	50 243	26 438	726
1987	359 061	157 766	134 597	367 261	121 937	55 228	34 715	8 220
1988	509 682	204 126	211 771	543 149	153 412	67 714	45 151	33 467
1989	638 181	215 194	313 284	633 286	170 075	74 999	53 666	-4 895
1990	725 525	220 405	362 830	698 679	196 702	93 278	46 771	-26 846
1991	913 142	254 841	478 361	888 494	217 841	100 279	48 685	-24 648
1992	1 323 137	305 479	736 208	1 288 576	276 993	121 685	45 926	-34 561
1993	2 114 707	456 305	1 164 999	1 993 367	339 421	148 464	52 789	-121 340
1994	3 073 920	623 815	1 682 566	2 816 022	459 529	240 155	64 493	-257 898
1995	5 913 891	793 701	2 189 604	5 306 336	522 033	276 637	70 269	-607 555
1996	6 898 095	845 923	2 484 774	6 225 983	566 526	301 549	63 503	-672 112
1997	5 950 968	882 694	3 180 275	5 184 822	612 385	312 181	87 265	-766 146
1998	8 861 234	1 177 557	4 909 982	7 915 865	734 443	374 249	81 022	-945 369
1999	10 484 320	1 228 770	6 245 042	9 560 045	712 727	380 815	111 572	-924 275
2000	12 313 681	1 448 782	7 335 285	11 313 210	728 473	430 957	141 042	-1 000 471
2001	14 966 034	1 594 517	9 542 241	13 969 515	697 531	414 575	163 266	-996 519
2002	18 924 006	1 754 163	13 048 085	17 945 465	769 297	407 778	194 053	-978 541
2003	24 521 122	2 419 031	17 571 153	23 375 672	1 188 334	620 315	349 710	-1 145 450
2004	29 237 623	2 884 919	20 604 943	27 750 785	1 670 314	854 755	389 762	-1 486 838
2005	33 021 974	3 311 106	23 459 697	31 454 672	2 025 624	1 032 415	503 544	-1 567 302

8－12 金融机构现金收入

单位：万元

项　　　　　　　　目	2005	比上年增长%
收入合计	**35 385 054**	**13.4**
一、商品销售收入	3 451 802	18.0
二、服务业收入	1 698 852	19.8
三、税款收入	135 098	22.2
四、城乡个体经营收入	1 537 786	12.7
五、储蓄存款收入	24 840 005	13.7
六、其他金融机构收入	121 039	－24.5
七、居民归还贷款收入	397 894	28.4
八、汇兑收入	231 782	－28.1
九、有价证券收入	64 663	－21.8
十、其他收入	2 906 133	8.8
投放（＋）回笼（－）	－1 231 409	12.9

8－13 金融机构现金支出

单位：万元

项　　目	2005	比上年增长%
支出合计	**34 153 645**	**13.4**
一、工资性支出	2 106 703	22.8
国家工资及奖金支出	1 049 757	20.6
国家对个人其他支出	398 910	21.2
部队存款支出	36 519	11.7
其他单位工资性支出	621 517	28.3
二、农副产品采购支出	565 531	31.2
三、工矿及其他产品采购支出	340 702	-0.1
四、行政企事业管理费支出	1 773 604	4.3
五、城乡个体经营支出	1 553 778	8.1
六、储蓄存款支出	25 036 539	14.8
七、其他金融机构支出	146 930	-20.5
八、居民提取贷款支出	462 423	34.2
九、汇兑支出	82 922	-55.7
十、有价证券支出	31 422	-16.3
十一、其他支出	2 053 091	6.5

8－14 银行机构现金收入

单位：万元

项　　　　　目	2005	比上年增长%
收入合计	**33 021 974**	**12.9**
一、商品销售收入	3 311 106	14.8
二、服务业收入	1 637 726	18.5
三、税款收入	125 424	28.7
四、城乡个体经营收入	1 184 841	10.9
五、储蓄存款收入	23 459 697	13.9
六、其他金融机构收入	97 675	－34.2
七、居民归还贷款收入	143 809	38.6
八、汇兑收入	230 617	－28.3
九、有价证券收入	64 564	－21.1
十、其他收入	2 766 515	8.7
投放（＋）回笼（－）	－1 567 302	5.4

8-15 银行机构现金支出

单位：万元

项目	2005	比上年增长%
支出合计	**31 454 672**	**13.3**
一、工资性支出	2 025 624	21.3
国家工资及奖金支出	1 032 415	20.8
国家对个人其他支出	383 757	23.2
部队存款支出	36 516	12.1
其他单位工资性支出	572 936	21.5
二、农副产品采购支出	503 544	29.2
三、工矿及其他产品采购支出	320 847	持平
四、行政企事业管理费支出	1 593 631	-2.8
五、城乡个体经营支出	1 045 345	4.6
六、储蓄存款支出	23 705 441	15.0
七、其他金融机构支出	123 942	-27.7
八、居民提取贷款支出	118 019	23.7
九、汇兑支出	81 910	-56.1
十、有价证券支出	31 419	-16.2
十一、其他支出	1 904 950	17.0

8－16　1978—2005年城乡居民储蓄种类

单位：万元

年份	城乡居民储蓄余额	城镇居民储蓄存款余额	定期	活期	农民储蓄存款余额	定期	活期
1978	8 947	8 281			666		
1979	11 610	10 877			1 033		
1980	17 596	15 675	8 145	7 530	1 921		
1981	21 868	18 908	14 792	4 116	2 960		
1982	29 154	24 381	18 711	5 670	4 773		
1983	38 824	31 960	25 768	6 192	6 864	3 991	2 893
1984	51 655	44 110	35 194	8 906	7 546	3 805	3 740
1985	70 563	60 019	47 204	12 815	10 550	6 099	4 451
1986	100 067	85 442	69 831	15 611	14 625	9 613	5 012
1987	136 269	116 939	94 212	22 727	19 330	12 820	6 510
1988	165 215	140 921	110 979	29 942	24 294	15 323	8 971
1989	230 534	200 275	170 660	29 615	30 259	21 825	6 744
1990	321 481	281 214	243 425	37 789	40 267	30 920	7 815
1991	421 877	368 485	317 413	51 072	53 392	40 184	11 916
1992	538 803	471 670	396 592	75 078	67 133	51 422	15 113
1993	706 424	619 431	505 154	114 277	86 993	64 430	22 075
1994	966 108	843 982	690 928	153 054	122 126	84 321	37 805
1995	1 259 559	1 103 752	920 136	183 616	155 807	120 745	35 062
1996	1 563 937	1 373 462	1 141 716	231 746	190 475	150 723	39 752
1997	1 824 475	1 608 930	1 310 741	298 189	215 545	172 936	42 609
1998	2 400 626	2 171 193	1 704 976	466 217	229 433	184 878	44 555
1999	2 640 460	2 206 159	1 656 006	550 153	434 301	344 132	90 169
2000	2 768 864	2 367 121	1 659 329	707 792	401 743	303 382	98 361
2001	3 239 324	2 799 586	1 872 405	927 181	439 738	317 703	122 035
2002	4 010 363	3 510 109	2 258 942	1 251 167	500 254	340 113	160 141
2003	4 828 029	4 222 067	2 625 906	1 596 161	605 962	392 260	213 702
2004	5 584 094	4 874 705	3 035 819	1 838 886	709 389	446 562	262 827
2005	6 437 518	5 616 704	3 582 116	2 034 588	820 814	503 740	317 074

8－17 城 乡 居 民 储 蓄

单位：万元

项　　　　　目	2005	比上年增长%
年末储蓄存款余额	**6 437 518**	**15.3**
城镇居民储蓄存款	5 616 704	15.2
定　　期	3 582 116	18.0
活　　期	2 034 588	10.6
农村存款	820 814	15.7
定　　期	503 740	12.8
活　　期	317 074	20.6

8－18 商 业 保 险 业 务 概 况

单位：亿元

项　　　　　目	2004	2005
保费收入	**18.5**	**20.6**
财产险	3.8	4.3
人身险	14.7	16.3
赔款支出	**3.5**	**3.4**
财产险	2.1	2.1
人身险	1.4	1.3

主 要 统 计 指 标 解 释

财政收入 国家财政参与社会产品分配所得的收入，是实现国家职能的财力保证。财政收入所包括的内容几经变化，目前主要包括：

（1）各项税收 包括增值税、营业税、消费税、土地增值税、城市维护建设税、资源税、城镇土地使用税、印花税、固定资产投资方向调节税、个人所得税、企业所得税、关税、农牧业税和耕地占用税等。

（2）专项收入 包括征收排污费、征收城市水资源费收入、教育费附加收入等。

（3）其他收入 包括基本建设贷款归还收入、国家能源交通重点建设基金收入、国家预算调节基金收入等。

（4）国有企业计划亏损补贴 这项为负收入，冲减财政收入。

财政支出 国家财政将筹集起来的资金进行分配使用，以满足经济建设和各项事业的需要，主要包括：

（1）基本建设支出 指按国家有关规定，属于基本建设范围内的基本建设有偿使用、拨款、资本金支出以及经国家批准对专项和政策性基建投资贷款，在部门的基建投资额中统筹支付的贴息支出。

（2）企业挖潜改造资金 指国家预算内拨给的用于企业挖潜、革新和改造方面的资金。包括各部门企业挖潜改造资金和企业挖潜改造贷款资金，为农业服务的县办“五小”企业技术改造补助，挖潜改造贷款贴息支出。

（3）地质勘探费用 国家预算用于地质勘探单位的勘探工作费用，包括地质勘探管理机构及其事业单位经费、地质勘探经费。

（4）科技三项费用 国家预算用于科技支出的费用，包括新产品试制费、中间试验费、重要科学研究补助费。

（5）支援农村生产支出 国家财政支援农村集体（户）各项生产的支出。包括对农村举办的小型农田水利和打井、喷灌等的补助费；对农村水土保持措施的补助费；对农村举办的小水电站的补助费；特大抗旱的补助费；农村开荒补助费；扶持乡镇企业资金；农村农技推广和植保补助费；农村草场和畜禽保护补助费；农村造林和林木保护补助费；农村水产补助费；发展粮食生产专项资金。

（6）农林水利气象等部门的事业费用 国家财政用于农垦、农场、农业、畜牧、农机、林业、森工、水利、水产、气象、乡镇企业的技术推广、良种推广（示范）、植物（畜禽、森林）保护、水质监测、勘探设计、资源调查、干部训练等项费用，园艺特产场补助费，中等专业学校经费，飞播牧草试验补助费，营林机构、气象机构经费，渔政经费以及农业管理事业费等。

（7）工业交通商业等部门的事业费 国家预算支付的工交商各部门用于事业发展的经费。包括勘探设计费、中等专业学校经费、技工学校经费、干部训练费。

（8）文教科学卫生事业费 国家预算用于文化、出版、文物、教育、卫生、中医、公费医疗、体育、档案、地震、海洋、通讯、广播电影电视、计划生育、党政群干部训练、自然科学、社会科学、科协等项事业的经费支出和高技术研究专项经费。主要包括工资、补助工资、福利费、离退休费、助学金、公务费、设备购置费、修缮费、业务费、差额补助费。

（9）抚恤和社会福利救济费 国家预算用于抚恤和社会福利救济事业的经费，包括由民政部门开支的烈士家属和牺牲病故人员家属的一次性、定期抚恤金，革命伤残人员的抚恤金，各种伤残补助费、烈军属、复员退伍军人生活补助费、退伍军人安置费，优抚事业单位经费，烈士纪念建筑物管理、维修费，自然灾害救济事业费和特大自然灾害灾后重建补助费等。

（10）国防支出 国家预算用于国防建设和保卫国家安全的支出，包括驻防费、国防科研事业费、民兵建设以及专项工程支出等。

（11）行政管理费 包括行政管理支出，党派团体补助支出，外交支出，公安安全支出，司法支出，法院支出，检察院支出和公检法办案费用补助。

中央财政收入和地方财政收入 按财政体制划分的中央本级收入和地方本级收入。1994年分税制财政体制以后，属于中央财政的收入包括关税、海关代征消费税和增值税，消费税，中央企业所得税，地方银行和外资银行及非银行金融企业所得税，铁道、银行总行、保险总公司等集中缴纳的营业税、所得税、利润和城市维护建设税，增值税的75%部分，海洋石油资源税和证券（印花）税50%部分。属于地方财政的收入包括营业税，地方企业所得税，个人所得税，城镇土地使用税，固定资产投资方向调节税，城镇维护建设税，房产税，车船使用税，印花税，屠宰税，农牧业税，农业特产税，耕地占用税，契税，增值税的25%部分，证券交易税（印花税）的50%部分和除海洋石油资源税以外的其他资源税。

中央财政支出和地方财政支出 根据政府在经济和社会活动中的不同职责，划分中央和地方政府的事权，按照政府的事权划分确定的支出。中央财政支出包括国防支出，武装警察部队支出，中央级行政管理费和各项事业费，重点建设支出以及中央政府调整国民经济结构、协调地区发展，实施宏观调控的支出。地方财政支出主要包括地方行政管理和各项事业费，地方统筹的基本建设、技术改造支出，支援农村生产支出，城市维护和建设经费等。

信贷资金 国家银行用于发放贷款的资金叫信贷资金。中国人民银行信贷资金的来源有各项存款、对国际金融机构负债、流通中货币、银行自有资金及当年结益等。信贷资金的运用有各项贷款、黄金占款、外汇占款、财政借款及在国际金融机构中的资产等。

存款 企业、机关、团体或居民根据可以收回的原则，把货币资金存入银行或其他信用机构保管并取得一定利息的一种信用活动形式。根据存款对象的不同可划分：企业存款、财政存款、机关团体存款、信托、城乡居民储蓄存款、农村存款等科目。

贷款 银行或其他信用机构根据必须归还的原则，按一定利率，为企业、个人等提供资金的一种信用活动形式。我国银行贷款，分流动资金贷款、中短期设备贷款以及农户贷款等科目。

九、农　　业

AGRICULTURE

本篇内容包括：

1. 乡镇组织
2. 农村劳动力分布
3. 耕地面积变化
4. 农、林、牧、渔业生产
5. 主要农产品产量
6. 农业机械化水平

资料整理	微机处理
谢晓灿	谢晓灿
刘　军	黄　菲
黄　菲	刘　军

农业总产值

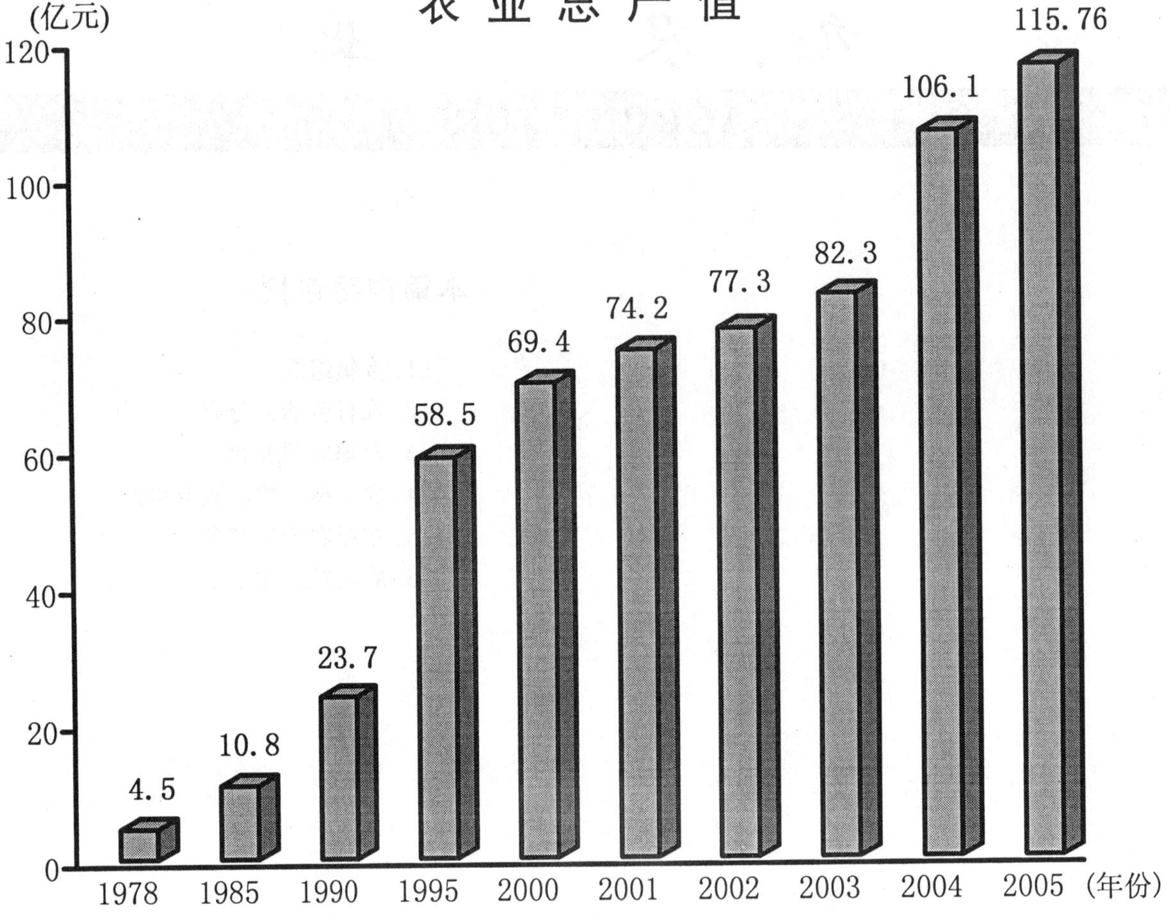

农林牧渔各业占总产值比重（%）

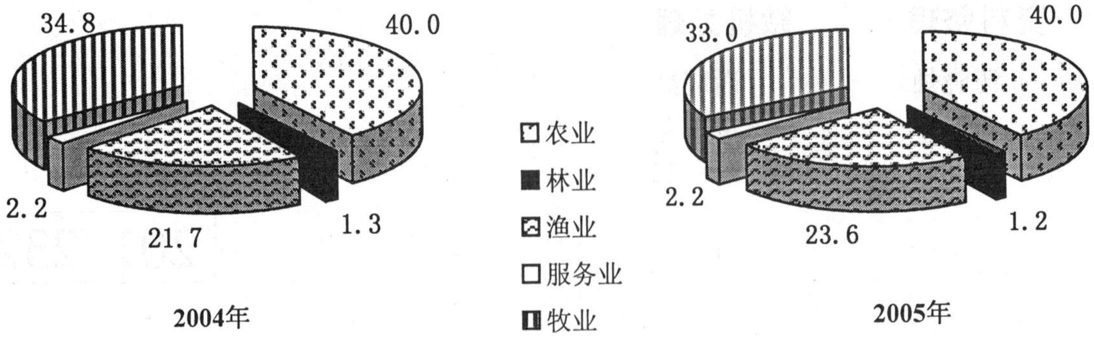

9-1 农 村 乡 镇 组 织

（2005年）

项 目	合 计
一、乡镇政府（个）	80
#镇 政 府	47
二、村民委员会（个）	1 181
三、村民小组（个）	9 525
四、乡村总户数（万户）	60.11
五、乡村总人口（万人）	262.04
六、乡村从业人员（万人）	128.8
#女 性	61.1

9-2 县 区 乡 镇 组 织

（2005年）

项 目	乡镇政府（个）	#镇政府	村民委员会（个）	村民小组（个）	乡村总户数（户）	乡村总人口（万人）
合 计	**80**	**47**	**1 181**	**9 525**	**601 089**	**262.04**
南 昌 县	16	9	267	2 268	178 641	72.96
新 建 县	19	10	309	2 079	117 880	58.70
进 贤 县	21	9	269	2 663	147 729	64.64
安 义 县	10	7	109	1 235	45 329	18.44
湾 里 区	4	3	40	246	10 998	4.41
青山湖区	5	4	75	362	35 409	14.42
青云谱区	1	1	12	68	5 758	2.33
经济技术开发区	1	1	21	147	8 503	3.47
高新技术开发区	2	2	48	299	35 811	16.78
红谷滩新区			12	71	5 981	2.59
东 湖 区			6	24	2 116	0.88
西 湖 区	1	1	13	63	6 934	2.42

9－3 主要年份耕地面积变化

项目	1985	1990	1995	2000	2001	2002	2003	2004	2005
一、当年增加耕地（公顷）	129	170	306	201	1 516	575	110	7 174	3 911
新开荒地	24	161	91	158	18	10	72	884	350
其他	104	9	215	43	1 473	564	38	6 290	3 561
二、当年减少耕地（公顷）	1 072	318	702	1 984	1 010	12 105	15 457	8 089	1 243
（1）国家基建	194	146	453	326	474	4 505	8 251	7 703	709
（2）其他基建占地						2 184	828	269	278
（3）退耕造林	137	3	41	108	18	2 324	3 957	62	58
（4）退耕改园	0	4	112	63		39	4		
（5）其他减少耕地	741	165	96	1 487	518	3 053	2 416	55	198
三、年末实有耕地面积（万公顷）	21.81	21.58	21.30	22.17	22.22	21.06	20.87	20.78	21.04
水田	17.86	17.72	17.58	18.44	18.48	17.66	17.73	17.60	17.79
旱地	3.95	3.86	3.72	3.72	3.74	3.4	3.14	3.17	3.25
#水浇地			0.31	0.19	0.06	0.27	0.35	0.24	0.21

9－4 县区耕地面积变化

（分区域，2005 年） 单位：公顷

项目	合计	南昌县	新建县	进贤县	安义县	湾里区	青山湖区	青云谱区	经济技术开发区	高新技术开发区	红谷滩新区	东湖区	西湖区
一、当年增加耕地	3 911	35	335	2 823	320	15				383			
新开荒地	350	9	209	132									
其他	3 561	26	126	2 691	320	15				383			
二、当年减少耕地	1 243	109	464	22	198	23	140	36		154	72	5	20
（1）国家基建	709	95	240	5	37		112			125	72	3	20
（2）其他基建占地	278	14	149	14		8	28	36		27		2	
（3）退耕还林还草	58		58										
（4）退耕改园													
（5）其他减少耕地	198		17	3	161	15				2			
三、年末实有耕地	210 419	71 767	51 811	55 117	16 535	2 473	3 639	321	542	7 044	726	8	436
水田	177 931	67 034	44 708	38 283	14 863	2 205	2 937	210	431	6 751	431		78
旱地	32 488	4 733	7 103	16 834	1 672	268	702	111	111	293	295	8	358
#水浇地	2 125			1 036	93		700			16			280

9-5 乡村从业人员

(2005年)　　单位：人

项目	合计	南昌县	新建县	进贤县	安义县	湾里区	青山湖区	青云谱区	经济技术开发区	高新技术开发区	红谷滩新区	东湖区	西湖区
总计	**1 288 253**	**363 016**	**284 864**	**328 154**	**83 010**	**19 942**	**65 993**	**12 305**	**15 751**	**87 918**	**12 489**	**3 938**	**10 873**
第一产业	758 606	236 710	216 105	159 961	40 182	12 557	20 647	5 714	7 611	47 763	6 803	1 041	3 512
第二产业	228 385	54 067	19 889	86 817	14 229	2 979	22 919	4 783	3 661	14 518	1 368	1 932	1 223
工业	132 923	27 215	11 489	55 003	5 851	1 379	15 140	3 804	2 516	7 203	402	1 797	1 124
建筑业	95 462	26 852	8 400	31 814	8 378	1 600	7 779	979	1 145	7 315	966	135	99
第三产业	301 262	72 239	48 870	81 376	28 599	4 406	22 427	1 808	4 479	25 637	4 318	965	6 138
交通、邮电、仓储	40 345	11 408	5 620	9 445	1 980	560	3 793	494	1 033	2 706	2 225	201	880
信息舆计算机和软件业	4 084	1 231	532	996	30	140	369	31	11	407	82	85	170
批发与零售业	56 658	13 433	4 782	13 305	1 903	763	9 636	692	776	7 953	740	287	2 388
住宿餐饮业	25 023	5 993	4 474	4 921	2 148	532	3 405	308	671	1 972	371	177	51
其他行业	175 152	40 174	33 462	52 709	22 538	2 411	5 224	283	1 988	12 599	900	215	2 649

9－6 县区农村劳动力资源及构成

（2005 年）　　　　　　　　　　　　单位：人

项　　目	合计	南昌县	新建县	进贤县	安义县	湾里区	青山湖区	青云谱区	经济技术开发区	高新技术开发区	红谷滩新区	东湖区	西湖区
一、乡村劳动力资源总数	1 527 473	392 824	377 766	411 347	93 466	20 432	70 561	12 561	20 775	95 748	13 641	4 478	13 874
劳动年龄内的劳动力	1 413 889	362 763	354 910	383 196	78 140	19 766	65 564	12 542	18 239	88 632	12 717	4 006	13 414
二、乡村从业人员合计	1 288 253	363 016	284 864	328 154	83 010	19 942	65 993	12 305	15 751	87 918	12 489	3 938	10 873
按性别分													
男　性	677 147	190 718	149 315	172 297	43 518	10 463	35 215	6 246	8 633	45 799	6 938	2 042	5 963
女　性	611 106	172 298	135 549	155 857	39 492	9 479	30 778	6 059	7 118	42 119	5 551	1 896	4 910
按部门分													
农、林、牧、渔业	758 606	236 710	216 105	159 961	40 182	12 557	20 647	5 714	7 611	47 763	6 803	1 041	3 512
工　业	132 923	27 215	11 489	55 003	5 851	1 379	15 140	3 804	2 516	7 203	402	1 797	1 124
建筑业	95 462	26 852	8 400	31 814	8 378	1 600	7 779	979	1 145	7 315	966	135	99
交通运输邮电业	40 345	11 408	5 620	9 445	1 980	560	3 793	494	1 033	2 706	2 225	201	880
信息、计算机、软件业	4 084	1 231	532	996	30	140	369	31	11	407	82	85	170
批发与零售业	56 658	13 433	4 782	13 305	1 903	763	9 636	692	776	7 953	740	287	2 388
住宿和餐饮业	25 023	5 993	4 474	4 921	2 148	532	3 405	308	671	1 972	371	177	51
其　他	175 152	40 174	33 462	52 709	22 538	2 411	5 224	283	1 988	12 599	900	215	2 649

9－7 1978－2005年农业总产值

（不变价） 单位：万元

年份	农林牧渔业总产值	农业	林业	牧业	渔业	农林牧渔服务业
	（按1970年不变价格计算）					
1978	38 044	32 654	359	4 496	535	
1979	41 652	36 236	315	4 522	579	
1980	39 708	33 738	384	4 869	717	
1981	39 716	33 483	340	5 060	833	
	（按1980年不变价格计算）					
1981	52 669	43 701	665	6 765	1 538	
1982	65 998	53 402	739	10 077	1 780	
1983	69 500	54 930	722	11 451	2 397	
1984	79 743	62 354	737	14 090	2 562	
1985	85 660	64 748	1 225	16 637	3 050	
1986	87 508	64 261	1 224	18 534	3 489	
1987	94 921	69 147	1 252	19 941	4 581	
1988	96 786	66 038	1 234	23 858	5 656	
1989	101 911	69 984	1 305	24 346	6 276	
1990	107 574	73 863	1 323	25 591	6 797	
	（按1990年不变价格计算）					
1990	245 082	151 599	2 920	66 455	24 108	
1991	261 761	161 070	4 662	70 645	25 384	
1992	272 671	163 763	4 716	76 580	27 612	
1993	299 558	159 471	7 396	96 440	36 251	
1994	337 755	171 376	7 563	112 900	45 916	
1995	353 335	161 630	7 392	125 616	58 697	
1996	393 885	173 170	8 452	134 784	77 479	
1997	427 930	177 088	8 169	150 544	92 129	
1998	385 144	132 277	8 673	144 753	99 441	
1999	438 549	163 811	7 556	149 796	117 386	
2000	451 772	167 752	7 696	154 143	122 181	
2001	472 010	170 510	7 770	162 108	131 622	
2002	496 260	167 228	7 874	169 937	151 221	
2003	509 871	145 964	8 987	177 024	161 903	15 994
2004	559 355	169 985	10 094	185 422	176 081	17 773
2005	587 449	175 943	9 825	192 029	190 403	19 249

9-8 县区农林牧渔业总产值

（2005年，按当年价格计算）　　单位：万元

地区	农林牧渔业总产值	农业产值	林业产值	牧业产值	渔业产值	农林牧渔服务业产值
合计	**1 157 615**	**463 109**	**13 870**	**382 134**	**273 444**	**25 058**
南昌县	401 128	163 257	1 370	156 271	71 546	8 684
新建县	271 022	130 704	3 170	68 372	61 689	7 087
进贤县	269 975	93 214	2 447	68 244	101 870	4 200
安义县	81 021	28 490	3 780	28 382	18 619	1 750
湾里区	27 407	7 725	2 408	15 261	383	1 630
青山湖区	23 990	11 805	177	9 607	2 299	102
青云谱区	15 015	2 333		11 237	1 195	250
经济技术开发区	20 723	4 490	410	14 653	480	690
高新技术开发区	39 256	15 304	108	8 787	14 402	655
红谷滩新区	1 700	1 175		473	42	10
东湖区	186	85		101		
西湖区	6 192	4 527		746	919	

9-9 县区农林牧渔业总产值

（2005年，按1990年不变价格计算）　　单位：万元

地区	农林牧渔业总产值	农业产值	林业产值	牧业产值	渔业产值	农林牧渔服务业产值
合计	**587 449**	**175 943**	**9 825**	**192 029**	**190 403**	**19 249**
南昌县	224 524	63 933	920	91 540	62 142	5 989
新建县	119 722	43 368	2 237	30 064	37 183	6 870
进贤县	136 635	36 427	987	31 298	64 823	3 100
安义县	39 511	11 145	2 950	12 885	11 531	1 000
湾里区	14 046	4 422	2 286	5 473	316	1 549
青山湖区	13 130	6 220	18	5 384	1 440	68
青云谱区	6 663	481		5 406	677	99
经济技术开发区	7 414	1 719	351	4 981	163	200
高新技术开发区	22 111	5 760	76	4 320	11 584	371
红谷滩新区	733	498		212	20	3
东湖区	71	26		45		
西湖区	2 889	1 944		421	524	

9-10 农、林、牧、渔业总产值

单位：万元

项目	按当年价格计算		按1990年不变价格计算		
	2004	2005	2004	2005	2005年比上年增长%
农林牧渔业总产值	**1 060 979**	**1 157 615**	**559 355**	**587 449**	**5.0**
一、农业产值	424 398	463 109	169 985	175 943	3.5
粮食作物	289 440	303 299	110 267	113 159	2.6
经济作物	27 707	29 051	12 718	13 502	6.2
蔬菜园艺	88 267	100 034	36 683	35 972	-1.9
水果、坚果、饮料和香料	6 906	7 830	3 884	3 936	1.3
中药材	591	603	464	477	2.8
其他农作物	11 487	22 292	5 969	8 897	49.1
#饲料、绿肥	574	758	487	191	-60.8
二、林业产值	13 818	13 870	10 094	9 825	-2.7
营林	4 443	5 306	2 582	2 826	9.5
林产品	6 450	6 479	5 558	5 383	-3.1
竹木采运	2 925	2 085	1 954	1 616	-17.3
三、牧业产值	369 028	382 134	185 422	192 029	3.6
牲畜饲养	28 615	31 007	11 330	12 880	13.7
#牛	11 419	12 023	5 620	6 292	12.0
羊	467	553	119	148	24.4
猪的饲养	213 756	217 390	89 170	89 322	0.2
家禽的饲养	125 084	131 594	84 189	88 619	5.3
狩猎和捕捉动物	62	50	48	43	-10.4
其他动物饲养	1 511	2 093	685	1 165	70.1
四、渔业产值	230 117	273 444	176 081	190 403	8.1
五、农林牧渔服务业产值	23 618	25 058	17 773	19 249	8.3
补充资料：农民家庭兼营工业	14 575	21 160			

9－11 主要年份农业商品产值和商品率

单位：万元

年　份	农业商品产值	农　业	林　业	牧　业	渔　业	农林牧渔服务业	农业商品率（%）
1 9 8 5	58 668	37 717	276	16 913	3 762		54.4
1 9 9 0	142 005	75 753	595	52 649	13 008		59.8
1 9 9 1	147 586	77 843	538	51 600	17 605		59.1
1 9 9 2	166 601	82 149	1 381	63 478	19 593		62.0
1 9 9 3	204 552	92 328	2 353	82 146	27 725		61.0
1 9 9 4	327 304	155 047	3 072	126 689	42 496		66.5
1 9 9 5	374 221	161 098	2 876	148 702	61 545		64.0
1 9 9 6	439 645	179 197	3 414	170 823	86 211		63.9
1 9 9 7	485 310	176 708	3 115	200 714	104 773		63.9
1 9 9 8	409 560	110 587	3 840	185 659	109 474		64.5
1 9 9 9	459 893	149 329	3 391	181 458	125 715		66.8
2 0 0 0	472 610	151 913	3 397	190 211	127 089		68.1
2 0 0 1	507 406	164 577	3 791	202 918	136 120		68.4
2 0 0 2	542 584	159 442	4 014	219 980	159 148		70.2
2 0 0 3	587 501	152 034	4 164	245 738	167 943	17 622	71.4
2 0 0 4	787 246	256 953	4 794	296 814	211 431	17 254	74.2
2 0 0 5	865 753	278 405	5 526	320 617	237 625	23 580	74.8

9－12 农业商品产值和商品率

（分县区，2005 年）

单位：万元

年　份	农业商品产值	农　业	林　业	牧　业	渔　业	农林牧渔服务业	农业商品率（%）
合　计	**865 753**	**278 405**	**5 526**	**320 617**	**237 625**	**23 580**	**74.8**
南昌县	299 460	96 028	520	127 753	66 475	8 684	74.7
新建县	211 297	85 044	489	62 666	56 011	7 087	78.0
进贤县	193 558	48 078	1 428	54 490	85 362	4 200	71.7
安义县	64 624	18 190	2 560	26 107	16 567	1 200	79.8
湾里区	19 898	4 571	350	13 557	320	1 100	72.6
青山湖区	16 418	7 990		6 741	1 616	71	68.4
青云谱区	12 454	1 218		10 250	837	149	82.9
经济技术开发区	16 038	2 593	179	12 245	331	690	77.4
高新技术开发区	25 401	9 935		5 711	9 362	393	64.7
红谷滩新区	1 061	727		299	29	6	62.4
东湖区	123	55		68			66.1
西湖区	5 421	3 976		730	715		87.5

9－13　农业总产出、中间消耗和增加值

项目	绝对数（万元）		构成（%）	
	2004	2005	2004	2005
一、农业总产出	1 060 979	1 157 615	100.0	100.0
农业	424 398	463 109	40.0	40.0
林业	13 818	13 870	1.3	1.2
牧业	369 028	382 134	34.8	33.0
渔业	230 117	273 444	21.7	23.6
农林牧渔服务业	23 618	25 058	2.2	2.2
二、农业中间消耗	373 145	431 625	100.0	100.0
农业	130 265	153 976	34.9	35.7
林业	3 521	3 581	0.9	0.8
牧业	169 144	179 347	45.3	41.6
渔业	60 936	85 031	16.3	19.7
农林牧渔服务业	9 279	9 690	2.6	2.2
三、农业增加值	687 834	725 990	100.0	100.0
农业	294 133	309 133	42.8	42.6
林业	10 297	10 289	1.5	1.4
牧业	199 884	202 787	29.1	27.9
渔业	169 181	188 413	24.6	26.0
农林牧渔服务业	14 339	15 368	2.0	2.1

9－14　农业中间物质消耗

项目	绝对数（万元）		构成（%）	
	2004	2005	2004	2005
总额	**373 145**	**431 625**	**100.0**	**100.0**
#用种费	40 248	59 479	10.8	13.8
饲料费	170 957	186 894	45.8	43.3
肥料费	44 699	48 492	12.0	11.2
燃料费	16 849	19 749	4.5	4.6
农药费	6 535	7 715	1.8	1.8
用电费	20 920	24 319	5.6	5.6
小农具购置费	2 196	1 869	0.6	0.4
办公用品消耗	284	383	0.1	0.1
物质性服务支出	37 288	41 839	10.0	9.7
其他物质消耗	33 169	40 886	8.8	9.5

9－15 农业总产出、中间消耗和增加值

（分县区，2005 年）

单位：万元

地区	农业总产出	中间消耗	增加值	占农业总产出比重（%）	
				中间消耗	增加值
合计	**1 157 615**	**431 625**	**725 990**	**37.3**	**62.7**
南昌县	401 128	150 070	251 058	37.4	62.6
新建县	271 022	102 954	168 068	38.0	62.0
进贤县	269 975	96 918	173 057	35.9	64.1
安义县	81 021	31 111	49 910	38.4	61.6
湾里区	27 407	9 939	17 468	36.3	63.7
青山湖区	23 990	9 090	14 900	37.9	62.1
青云谱区	15 015	6 265	8 750	41.7	58.3
经济技术开发区	20 723	8 390	12 333	40.5	59.5
高新技术开发区	39 256	13 766	25 490	35.1	64.9
红谷滩新区	1 700	595	1 105	35.0	65.0
东湖区	186	122	64	65.6	34.4
西湖区	6 192	2 405	3 787	38.8	61.2

9－16 农业中间消耗率

（分县区，2005年）　　单位：%

地区	农业	林业	牧业	渔业	农林牧渔服务业
合计	**33.2**	**25.8**	**46.9**	**31.1**	**38.7**
南昌县	27.1	28.0	50.2	32.9	39.6
新建县	42.3	22.4	38.8	27.8	46.7
进贤县	32.5	25.0	45.2	32.7	45.0
安义县	31.3	26.1	60.4	21.5	3.0
湾里区	35.0	26.8	39.0	31.3	31.7
青山湖区	32.1	29.9	47.0	30.0	44.1
青云谱区	27.8		46.2	27.0	40.0
经济技术开发区	19.3	38.5	48.3	59.6	
高新技术开发区	35.6	29.6	33.1	35.0	50.5
红谷滩新区	34.7		35.1	42.9	30.0
东湖区	36.5		90.1		
西湖区	30.5		59.9	62.9	

9－17 农业增加值

单位：万元

项目	2004年	2005年
一、农业总产出	1 060 979	1 157 615
二、农业中间消耗	373 145	431 625
农业物质消耗	335 857	389 786
生产服务支出	37 288	41 839
三、农业增加值	687 834	725 990

9-18 农作物播种面积和产量

项目	播种面积（万公顷）		单产（千克/公顷）		总产量（万吨）		
	2004年	2005	2004年	2005	2004年	2005	2005年比上年增长%
合计	**49.59**	**50.61**					
一、粮食作物	32.79	33.80	5 762	5 774	188.9	195.16	3.3
1.谷物	31.12	32.19	5 969	5 963	185.77	191.94	3.3
稻谷	30.87	32.00	6 009	5 991	185.47	191.72	3.4
早稻	13.03	13.87	5 576	5 803	72.65	80.48	10.8
晚稻	17.84	18.13	5 324	5 422	112.82	111.25	-1.4
一晚	4.39	3.45	6 896	6 536	30.25	22.56	-25.4
二晚	13.45	14.68	6 138	6 041	82.57	88.69	7.4
小麦	0.19	0.16	868	820	0.17	0.13	-20.4
杂谷	0.06	0.03	1 991	3 090	0.13	0.08	-36.4
2.豆类	1.23	1.19	1 163	1 229	1.43	1.47	2.4
#大豆	1.1	1.06	1 177	1 231	1.29	1.31	1.2
3.薯类	0.43	0.42	3 950	4 230	1.7	1.76	3.5
二、经济作物	6.61	7.23					
棉花	0.11	0.11	877	660	0.1	0.07	-26.2
油料	6.36	6.97	1 154	1 139	7.34	7.94	8.1
花生	1.46	1.49	2 643	2 534	3.85	3.78	-1.7
油菜籽	4.13	4.79	746	792	3.08	3.79	23.0
芝麻	0.77	0.69	522	527	0.4	0.36	-9.3
甘蔗	0.09	0.09	35 398	33 955	3.13	3.09	-1.3
三、其他农作物	10.19	9.59					
#瓜果类	0.25	0.27	18 803	20 481	4.61	5.62	21.9
蔬菜	3.45	3.29	27 236	26 849	94.03	88.33	-6.1
绿肥	5.90	5.15					

9-19 农作物播种面积

（分县区，2005年） 单位：公顷

项目	全市	南昌县	新建县	进贤县	安义县	湾里区	青山湖区	青云谱区	经济技术开发区	高新技术开发区	红谷滩新区	东湖区	西湖区
合计	**506 132**	**168 774**	**124 298**	**131 983**	**40 878**	**4 633**	**11 335**	**932**	**2 812**	**17 629**	**1 622**	**24**	**1 212**
一、粮食作物	337 969	119 388	90 527	79 862	23 972	2 842	5 419	340	1 087	13 187	1 109		236
1. 谷物	321 890	118 068	85 301	71 585	23 102	2 670	5 407	340	1 028	13 087	1 066		236
稻谷	320 012	117 970	85 039	70 113	23 102	2 670	5 407	340	982	13 087	1 066		236
早稻	138 679	52 967	36 904	31 946	6 884	489	2 524	170	226	6 223	279		67
晚稻	181 333	65 003	48 135	38 167	16 218	2 181	2 883	170	756	6 864	787		169
一晚	34 513	5 811	10 795	5 738	9 044	1 641	98		603	217	509		57
二晚	146 820	59 192	37 340	32 429	7 174	540	2 785	170	153	6 647	278		112
小麦	1 611		182	1 429									
杂谷	267	98	80	43					46				
2. 豆类	11 927	795	3 168	7 297	461	102	2		32	70			
#大豆	10 623	521	2 797	6 891	363	17	2		22	10			
3. 薯类	4 152	525	2 058	980	409	70	10		27	30	43		
二、经济作物	72 250	7 526	17 741	34 303	11 519	316	87		140	579	39		
棉花	1 126		113	850	163								
油料	69 693	7 259	17 553	32 480	11 277	293	87		140	565	39		
花生	14 938	784	4 281	8 150	1 496	81	3		39	65	39		
油菜籽	47 870	6 359	12 712	18 317	9 628	189	84		91	490			
芝麻	6 885	116	560	6 013	153	23			10	10			
甘蔗	911	267	44	582	8					10			
三、其他农作物	95 913	41 860	16 030	17 818	5 387	1 475	5 829	592	1 585	3 863	474	24	976
#蔬菜	32 897	12 274	4 334	6 496	2 913	426	3 423	436	149	1 017	429	24	976
瓜果类	2 742	482	356	1 085	351	13	35	4	284	87	45		
绿肥	51 478	27 581	6 720	9 166	2 012	777	2 371	152		2 699			

9-20 主要农作物总产量

（分县区，2005年）

单位：吨

项目	全市	南昌县	新建县	进贤县	安义县	湾里区	青山湖区	青云谱区	经济技术开发区	高新技术开发区	红谷滩新区	东湖区	西湖区
一、粮食作物	1 951 578	781 800	547 001	376 493	108 098	15 170	29 926	1 973	7 014	76 375	6 442		1 286
1.谷物	1 919 352	776 665	534 181	365 892	105 482	14 893	29 799	1 973	6 614	76 168	6 399		1 286
稻谷	1 917 206	776 184	533 850	364 615	105 482	14 893	29 799	1 973	6 557	76 168	6 399		1 286
早稻	804 759	327 392	219 210	172 368	30 074	2 376	12 872	989	1 017	36 865	1 263		333
晚稻	1 112 447	448 792	314 640	192 247	75 408	12 517	16 927	984	5 540	39 303	5 136		953
一晚	225 578	43 304	82 830	33 493	46 032	9 455	634		4 420	1 609	3 478		323
二晚	886 869	405 488	231 810	158 754	29 376	3 062	16 293	984	1 120	37 694	1 658		630
小麦	1 321		217	1 104									
杂谷	825	481	114	173					57				
2.豆类	14 664	1 810	4 281	7 605	697	101	20		45	105			
#大豆	13 080	1 271	3 970	7 140	617	17	20		30	15			
3.薯类	17 562	3 325	8 539	2 996	1 919	176	107		355	102	43		
二、经济作物													
#棉花	743		98	513	132								
油料合计	79 392	8 251	22 832	34 523	12 445	312	91		156	676	106		
花生	37 847	2 310	13 820	18 591	2 715	96	3		79	127	106		
油菜籽	37 918	5 825	8 691	12 881	9 628	189	88		69	547			
芝麻	3 627	116	321	3 051	102	27			8	2			
甘蔗	30 933	14 408	1 118	14 979	63					365			
三、其他农作物													
#蔬菜	883 253	440 566	80 290	124 672	47 372	4 854	102 019	9 577	4 127	30 410	1 156	850	37 360
瓜果类	56 158	10 522	6 435	21 929	7 202	132	1 432	120	5 680	2 301	405		

9-21 茶叶、蚕茧、水果生产情况

项　　　　目	2004年	2005年	2005年比上年增长%
一、产　　量（吨）			
茶　　叶	822	820	-0.2
#红　毛　茶	10	11	10.0
绿　毛　茶	800	801	0.1
蚕　　茧	16	7	-56.3
水　　果	12 989	12 256	-5.6
#柑　　桔	10 497	9 349	-10.9
梨　　子	595	597	0.3
桃　　子	958	1 384	44.5
二、年末茶园面积（公顷）	950	973	2.4
#当年采摘	698	673	-3.6
三、年末果园面积（公顷）	5 011	4 971	-0.8
#当年新增	56	64	14.3
当年产果	3 586	3 712	3.5

9－22 茶叶、蚕茧、水果产量

（分县区，2005年）　　单位：吨

地区	茶叶	#红毛茶	#绿毛茶	蚕茧	水果	#柑桔	#梨
合计	**820**	**11**	**801**	**7**	**12 256**	**9 349**	**597**
南昌县	391		391	7	3 230	3 008	117
新建县	83	2	75		1 078	852	74
进贤县	324	9	315		4 970	3 924	261
安义县	3		1		2 176	1 112	145
湾里区	19		19		485	164	
青山湖区					69	69	
经济技术开发区					98	80	
高新技术开发区					150	140	
红谷滩新区							

9－23 茶园、果园面积

（分县区，2005年）　　单位：公顷

地区	茶园	果园	#柑桔	#梨
合计	**973**	**4 971**	**2 675**	**750**
南昌县	169	397	288	77
新建县	153	671	459	116
进贤县	342	2 455	1 412	302
安义县	3	1 035	355	255
湾里区	306	243	35	
青山湖区		44	40	
经济技术开发区		120	80	
高新技术开发区		6	6	
红谷滩新区				

9－24 林 业 生 产 情 况

项　　　　　　目	2004	2005	2005年比上年增长%
一、当年造林面积（公顷）	546	1 533	180.8
用 材 林		651	
经 济 林	57	226	296.5
防 护 林	489	589	20.4
二、迹地更新面积（公顷）	8	80	900.0
#人工更新	8		－100.0
三、封山育林面积（公顷）	8 044	8 044	平
#本年新封	667		－100.0
四、零星（四旁）植树（万株）	658	731	11.1
五、育苗面积（公顷）	820	1 869	127.9
#本年新育	398	577	45.0
六、幼林抚育作业面积（公顷次）	13 167	5 800	－56.0
七、成林抚育面积（公顷）	333	500	50.2
八、低产林改造面积（公顷）	321	53	－83.5
九、抚育改造出材量（万立方米）	0.25	0.06	－76.0
十、主要产品产量			
油桐籽（吨）	107	120	12.1
油茶籽（吨）	2 223	2 578	16.0
板　栗（吨）	206	278	35.0
棕　片（吨）	80	74	－7.5
松　脂（吨）	1 120	1 140	1.8
木材采伐（万立方米）	0.39	14.46	3 607.7
竹林采伐（万根）	4.1	151	3 582.9

9－25 牧　业　生　产　情　况

项　　　目	2004	2005	2005年比上年增长%
一、肉猪出栏数（万头）	227.50	238.29	4.7
出售和自宰肉用牛（万头）	3.95	4.08	3.4
出售和自宰肉用羊（只）	20 778	26 769	28.8
出售和自宰肉用兔（只）	32 268	33 120	2.6
出售和自宰肉用禽（万只）	3 249.28	3 305.18	1.7
二、肉类总产量（万吨）	23.04	24.2	5.1
猪　　肉（万吨）	18.48	19.47	5.4
牛　　肉（吨）	4 859	5 079	4.5
羊　　肉（吨）	410	435	6.1
兔　　肉（吨）	92	94	2.2
禽　　肉（万吨）	3.95	4.03	1.9
三、牛奶产量（万吨）	6.14	6.45	5.1
四、年底养蜂数（箱）	4 919	4 611	－6.3
蜂蜜产量（吨）	235	220	－6.4
五、禽蛋产量（万吨）	10.90	11.58	6.2
六、牛年底数（万头）	23.06	23.35	1.3
#能繁殖母牛	12.36	11.92	－3.6
当年生仔牛	4.78	4.71	－1.4
黄　　牛	10.34	10.12	－2.2
水　　牛	10.93	11.24	2.8
良种及改良种乳牛	1.79	2.00	11.6
七、猪年底数（万头）	177.08	170.53	－3.7
#能繁殖母猪	10.82	10.66	－1.5
八、羊年底数（只）	21 350	20 291	－5.0
九、兔年底数（只）	24 090	24 287	0.8
十、家禽年底数（万只）	2 428.44	2 519.58	3.8

9－26 牧业生产情况

（分县区，2005年）

	全市	南昌县	新建县	进贤县	安义县	湾里区	青山湖区	青云谱区	经济技术开发区	高新技术开发区	红谷滩新区	东湖区	西湖区
一、出栏肉猪头数（万头）	238.29	94.20	46.17	47.14	19.76	11.74	10.57	0.51	1.92	4.60	0.69	0.17	0.81
出售和自宰肉用牛（头）	40 821	13 112	6 380	13 855	5 055	351	176	130	792	851	119		
出售和自宰肉用羊（只）	26 769	5 043	9 520	1 140	9 193	1 393	300			180			
出售和自宰肉用兔（只）	33 120	3 735	605	16 000	8 990	540	2 000			1 250			
出售和自宰肉用禽（万只）	3 305.2	1 984.5	345.4	529.9	209.5	16.0	123.1	32.9	3.0	55.2	1.5		4.3
二、肉类总产量（吨）	242 035	106 408	44 384	44 346	17 874	10 428	9 965	908	1 700	4 558	575	133	756
猪肉	194 725	79 947	39 030	35 535	14 554	10 148	8 458	408	1 566	3 684	549	133	713
牛肉	5 079	1 726	890	1 524	645	48	21	7	101	106	11		
羊肉	435	104	111	18	160	33	6			3			
兔肉	94	10	3	53	21	1	3			3			
禽肉	40 272	23 216	4 350	7 216	2 469	198	1 477	493	33	762	15		43
三、牛奶产量（吨）	64 497	505	6 936	660			739	17 041	38 000	215			401
四、年底养蜂数（箱）	4 611	2 350		1 374	887								
蜂蜜产量（吨）	220	52		51	117								
五、禽蛋产量（吨）	115 849	77 303	6 852	18 034	6 505	903	2 604	380		3 224	4		40
六、牛年底数（头）	233 537	39 568	64 219	67 686	29 947	2 441	2 196	5 173	13 997	5 808	2 150		352
#能繁殖母牛	119 224	20 352	38 127	30 636	13 292	718	1 584	5 155	5 866	2 994	411		89
当年生仔牛	47 091	8 393	12 723	11 742	7 136	185	690	8	4 211	1 801	201		1
黄牛	101 170	16 199	33 662	34 205	10 647	907	285		1 220	3 000	1 030		15
水牛	112 394	23 012	28 682	33 441	19 300	1 534	1 432	33	903	2 720	1 120		217
良种及改良种乳牛	19 973	357	1 875	40			479	5 140	11 874	88			120
七、生猪年底数（万头）	170.53	59.4	39.46	35.06	14.9	7.18	5.61	0.34	1.59	5.4	0.41	0.05	1.14
#能繁殖母猪（头）	106 619	28 723	26 610	24 466	11 500	6 723	3 650	174	1 700	2 128	538	10	397
八、羊年底数（只）	20 291	4 651	2 578	800	10 400	1 324	300			238			
九、兔年底数（只）	24 287	2 991	1 500	12 000	5 206	440	2 000			150			
十、家禽年底数（万只）	2 519.58	1 282.84	386.9	498.04	153.99	17.61	61.32	25.6	2.5	85.4	2.88		2.5

9-27 渔业生产情况

项目	2004	2005	2005年比上年增长%
一、渔业乡（个）			
二、渔业村（个）	34	34	平
三、渔业户（万户）	2.09	2.15	2.9
四、渔业人口（万人）	9.26	9.29	0.3
五、渔业劳动力（万人）	5.31	6.14	15.6
专业劳动力（万人）	2.78	2.89	4.0
#捕捞（人）	7 914	7 318	-7.5
养殖（人）	16 333	17 638	8.0
兼业劳动力（万人）	2.53	3.25	28.5
六、已养殖面积（万公顷）	5.32	5.37	0.9
#池塘	0.9	1.06	17.8
水库	0.48	0.48	平
湖泊	3.07	3.04	-1.0
七、养殖单产（千克/公顷）			
#池塘	9 446	9 227	-2.3
水库	5 018	5 115	1.9
湖泊	1 953	2 254	15.4
八、水产品总产量（万吨）	27.28	28.4	4.1
#养殖	21.82	22.96	5.2
#池塘	8.54	9.76	14.3
水库	2.38	2.46	3.4
湖泊	5.99	6.85	14.4
1.鱼类	23.98	25.05	4.5
2.甲壳类	1.56	1.42	-9.0
3.贝类	1.47	1.63	10.9
九、珍珠产量（千克）	94 000	129 000	37.2
十、鱼苗产量（亿尾）	26.2	13.46	-48.6
十一、鱼种产量（吨）	23 415	24 387	4.2

9-28 渔 业 生 产 情 况

（分县区，2005年）

项　　目	全市	南昌县	新建县	进贤县	安义县	湾里区	青山湖区	青云谱区	经济技术开发区	高新技术开发区	红谷滩新区	东湖区	西湖区
一、渔 业 乡（个）													
二、渔 业 村（个）	34	5	6	18			1	1	1	2			
三、渔 业 户（户）	21 457	6 330	3 927	8 834	925	20	309	176	144	792			
四、渔业人口（人）	92 860	23 830	13 617	45 116	4 769	190	1 236	290	602	3 210			
五、渔业劳动力（人）	61 387	19 101	10 332	23 418	3 144	146	1 081	175	308	3 682			
专业劳动力（人）	28 880	10 279	6 348	8 329	1 383	57	554	132	256	1 542			
#捕　　捞（人）	7 318	2 458	1 583	2 877	163		120		17	100			
养　　殖（人）	17 638	6 097	3 405	4 973	1 156	38	434	132	103	1 300			
兼业劳动力（人）	32 507	8 905	3 944	15 089	1 761	89	527		52	2 140			
六、已养殖面积（公顷）	53 669	9 541	7 750	30 267	2 334	133	252	290	156	2 738			209
#池　　塘	10 577	5 252	1 366	1 904	1 180	21	220	58	113	301			162
水　　库	4 804	105	2 218	1 344	967	112			43	15			
湖　　泊	30 387	1 314	2 072	24 590				200		2 200			11
七、养殖单产（千克/公顷）													
#池　　塘	9 227	9 090	10 590	10 245	7 035	5 719	11 777	9 375	6 930	6 135			9 525
水　　库	5 115	6 495	5 417	5 175	4 677	2 259			1 799	4 513			
湖　　泊	2 255	5 709	5 940	1 669				4 930		3 000			4 500
八、水产品总产量（吨）	283 982	96 268	58 759	92 802	16 686	380	2 876	1 470	966	12 005			1 770
#养　　殖	229 559	76 416	48 804	73 529	13 966	375	2 778	1 470	906	9 545			1 770
#池　　塘	97 593	47 903	14 340	19 503	8 302	122	2 591	625	821	1 845			1 541
水　　库	24 576	684	12 016	6 953	4 525	253			77	68			
湖　　泊	68 510	7 503	12 324	41 049				986		6 600			48
1.鱼　　类	250 460	88 717	51 521	76 863	14 123	377	2 852	1 420	964	11 853			1 770
2.甲 壳 类	14 165	3 712	4 579	5 540	197		2			135			
3.贝　　类	16 280	3 422	1 980	9 162	1 636		22	50	2	6			
九、珍珠产量（千克）	129 000	76 000	35 000	15 000	3 000								
十、鱼苗产量（亿尾）	13.46	7.65	1.6	2.51				0.1	0.08	1.52			
十一、鱼种产量（吨）	24 387	15 496	3 768	3 006	1 411	13				620			73

9－29 农 业 经 济 效 益

（2005 年）

项　　　目	全　市	南昌县	新建县	进贤县	安义县	湾里区
农业劳动力创造农业总产值（元/人）	15 260	16 946	12 541	16 878	20 164	21 826
农业劳动力创造农业商品产值（元/人）	11 412	12 651	9 778	12 100	16 083	15 846
农业劳动力生产农产品（千克/人）						
粮　　食	2 573	3 303	2 531	2 354	2 690	1 208
棉　　花	0.98		0.45	3.21	3.29	
油　　料	104.66	34.86	105.65	215.82	309.72	24.85
肉　　类	319.05	449.53	205.38	277.23	444.83	830.45
水 产 品	374.35	406.69	271.90	580.15	415.26	30.26
每公顷耕地产出农业总产值（元/公顷）	55 015	55 893	52 310	48 982	49 000	110 825

9－29　续表　（2005 年）

项　　　目	青山湖区	青云谱区	经济技术开发区	高新技术开发区	红谷滩新区	东湖区	西湖区
农业劳动力创造农业总产值（元/人）	11 619	26 278	27 228	8 219	2 499	1 787	17 631
农业劳动力创造农业商品产值（元/人）	7 952	21 796	21 072	5 318	1 560	1 182	15 436
农业劳动力生产农产品（千克/人）							
粮　　食	1 449	345	922	1 559	947		366
棉　　花							
油　　料	4.41		20.5	14.15	15.58		
肉　　类	482.64	158.91	223.36	95.43	84.52	127.76	215.26
水 产 品	139.29	257.26	126.92	251.35			503.99
每公顷耕地产出农业总产值（元/公顷）	65 925	467 757	382 343	55 730	23 416	232 500	142 018

9－30 主要农业机械年末拥有量

项　　　　　目	2004	2005	2005年比上年增长%
农业机械总动力（万千瓦）	174.41	209.32	20.02
大中型农用拖拉机（混合台）	4 367	5 390	23.4
（万千瓦）	11.46	13.43	17.2
小型及手扶拖拉机（混合台）	13 054	14 770	13.1
（万千瓦）	12.34	14.29	15.8
农用排灌动力机械（台）	71 843	79 894	11.21
（万千瓦）	51.17	58.49	14.3
#柴　油　机（台）	47 687	54 455	14.19
（万千瓦）	27.29	31.48	15.35
电　动　机（台）	24 156	26 439	9.45
（万千瓦）	23.88	27.02	13.15
农用水泵（台）	50 646	74 717	47.53
动力脱粒机（台）	85 415	99 508	16.5
机动喷（雾）粉机（部）	287	312	8.71
饲料粉碎机（台）	1 761	2 369	34.53

9－31 农业机耕、水电、化肥、水利情况

项　　目	2004	2005	2005年比上年增长%
一、农业机械化情况			
当年实际机耕面积（万公顷）	14.03	16.82	19.9
机耕面积占耕地面积比重（%）	67.52	79.94	18.4
二、农业电气化情况			
农村用电量（万千瓦小时）	53 949	61 383	13.8
乡镇村办水电站个数（个）	14	17	21.4
发电能力（千瓦）	1 315	1 602	21.8
三、农业化学化情况			
化肥施用量（实物量）（万吨）	32.89	35.78	8.8
氮　　肥（万吨）	11.84	12.27	3.6
磷　　肥（万吨）	9.54	9.78	2.5
钾　　肥（万吨）	4.94	5.00	1.2
复　合　肥（万吨）	6.57	8.73	32.9
化肥施用量（折纯量）（万吨）	12.48	13.88	11.2
氮　　肥（万吨）	4.01	4.18	4.2
磷　　肥（万吨）	3.29	3.39	3.2
钾　　肥（万吨）	2.44	2.48	1.7
复　合　肥（万吨）	2.75	3.83	39.4
每亩耕地用化肥（实物量）（千克）	105.54	113.36	7.4
每亩耕地用化肥（折纯量）（千克）	40.05	43.97	9.8
四、农业水利化情况			
有效灌溉面积（万公顷）	18.99	18.98	－0.05
有效灌溉面积占耕地面积比重（%）	91.39	90.21	－1.29
旱涝保收面积（万公顷）	15.37	15.57	1.3
旱涝保收面积占耕地面积比重（%）	73.97	73.99	0.03

9－32 农业电气化情况

（分县区，2005年）

地区	农村用电量（万千瓦小时）	每亩耕地用电量（千瓦小时）	乡镇村办水电站个数（个）	水电站发电能力（千瓦）
合计	**61 383**	**194**	**17**	**1 602**
南昌县	17 165	159	5	733
新建县	10 120	130	3	205
进贤县	12 091	146		
安义县	1 792	72	2	193
湾里区	614	166	3	116
青山湖区	10 417	1 908		
青云谱区	1 500	3 115		
经济技术开发区	912	1 122	1	150
高新技术开发区	6 445	610	3	205
红谷滩新区	16	15		
东湖区	35	2 917		
西湖区	276	422		

9－33 农业水利化情况

（分县区，2005年）

地区	有效灌溉面积（万公顷）	有效灌溉面积占耕地面积比重（%）	旱涝保收面积（万公顷）	旱涝保收面积占耕地面积比重（%）
合计	**18.98**	**90.21**	**15.57**	**74**
南昌县	6.58	91.64	5.63	78.41
新建县	4.86	93.82	3.66	70.66
进贤县	4.44	80.58	3.62	65.7
安义县	1.81	109.69	1.40	84.85
湾里区	0.30	120.00	0.28	112.00
青山湖区	0.36	100.00	0.36	100.00
青云谱区	0.04	133.00	0.04	133.00
经济技术开发区	0.02	40.00	0.02	40.00
高新技术开发区	0.57	81.43	0.55	78.57
红谷滩新区				
东湖区				
西湖区				

9-34 农业化学化情况

（分县区，2005年）　　单位：吨

地区	化肥施用量（实物量）	氮肥	磷肥	钾肥	复合肥
合计	**357 787**	**122 721**	**97 795**	**49 964**	**87 307**
南昌县	155 066	47 192	40 411	23 319	44 144
新建县	83 968	34 060	27 900	11 388	10 620
进贤县	71 161	24 826	17 899	8 087	20 349
安义县	30 347	10 517	7 879	4 576	7 375
湾里区	2 262	464	369	293	1 136
青山湖区	4 439	2 243	657	792	747
青云谱区	277	65	50	52	110
经济技术开发区	1 112	263	229	197	423
高新技术开发区	8 405	2 914	2 200	1 172	2 119
红谷滩新区	383	128	110	40	105
东湖区					
西湖区	367	49	91	48	179

9-34 续表　　（分县区，2005年）　　单位：吨

地区	化肥施用量（折纯量）	氮肥	磷肥	钾肥	复合肥
合计	**138 793**	**41 792**	**33 905**	**24 769**	**38 327**
南昌县	69 509	15 573	20 205	11 659	22 072
新建县	26 801	10 217	5 584	5 694	5 306
进贤县	21 265	8 690	3 759	3 882	4 934
安义县	14 496	4 952	3 570	2 288	3 686
湾里区	954	170	74	143	567
青山湖区	1 573	673	132	395	373
青云谱区	111	20	16	25	50
经济技术开发区	350	90	65	54	141
高新技术开发区	3 439	1 345	450	586	1 058
红谷滩新区	150	48	31	19	52
东湖区					
西湖区	145	14	19	24	88

9-35 水利灌溉设施

（年末数）

项目	2004	2005
一、工程座数		
蓄水工程（座）	5 400	5 377
中型水库（座）	7	7
小（一）型水库（座）	65	65
小（二）型水库（座）	419	416
塘　坝（座）	4 909	4 889
引水工程（座）	154	157
机电灌站（座）	2 108	2 667
机电井（眼）	68	72
二、蓄水工程总库容	4.53	4.35
中型水库（亿立方米）	1.36	1.20
小（一）型水库（亿立方米）	1.59	1.56
小（二）型水库（亿立方米）	1.21	1.23
塘　坝（亿立方米）	0.37	0.36
三、有效灌溉面积（万公顷）	18.99	18.98
蓄水工程（万公顷）	4.27	4.39
中型水库（万公顷）	1.18	1.21
小（一）型水库（万公顷）	1.23	1.25
小（二）型水库（万公顷）	1.07	1.15
塘　坝（万公顷）	0.79	0.78
引水工程（万公顷）	5.91	5.91
30万亩以上（万公顷）	5.09	5.56
10－30万亩（万公顷）	0.47	0.46
万亩以下（万公顷）	0.35	0.35

9-36 主要年份农作物受灾情况

单位：公顷

年份	受灾面积	旱灾	水灾	病虫灾	其他
1985	89 460	21 227	14 320	51 873	2 040
1990	212 673	115 160	70 073	4 767	22 673
1995	131 915		98 186		33 729
1996	23 510		10 700		
1997	65 000		56 000	4 000	
1998	164 148		164 000		148
1999	57 826		57 826		
2000	36 968	13 403	4 917		18 648
2001	32 824	12 658	15 143	5 023	
2002	93 116	11 265	23 170	36 248	22 433
2003	160 679	7 999	152 680		
2004	22 479	4 228	6 190		12 061
2005	153 010	13 086	28 467	70 844	40 613

9-36 续表1

单位：公顷

年份	成灾面积	旱灾	水灾	病虫灾	其他
1985	41 420	6 980	8 040	25 753	647
1990	105 327	62 280	33 860	2 287	6 900
1995	92 340		78 730		13 610
1996	16 430		7 490		
1997	43 000		38 000	2 000	
1998	164 148		164 000		148
1999	43 904		43 904		
2000	30 974	11 402	3 044		16 528
2001	30 181	10 963	14 207	5 011	
2002	64 686	9 020	16 960	27 825	10 881
2003	126 215	6 835	119 380		
2004	16 250	3 120	4 020		9 110

9-36 续表2

单位：公顷

	绝收面积	旱灾	水灾	病虫灾	其他
2005	45 342	1 565	5 148	21 455	17 174

主 要 统 计 指 标 解 释

农林牧渔业总产值 指以货币表现的农、林、牧、渔业全部产品和对农林牧渔业生产活动进行的各种支持性服务活动的价值总量，它反映一定时期内农林牧渔业生产总规模和总成果。1957年以前的农林牧渔业总产值中包括了厩肥和农民自给性手工业（如农民自制衣服、鞋、袜，自己从事粮食初步加工等）。1958年及以后，林业中增加了村及村以下竹木采伐产值；牧业中取消了厩肥产值；副业中取消了农民自给性手工业产值，增加了村及村以下办的工业产值；渔业中增加了海洋捕捞水产品产值。1980年及以后，在副业中增加了农民家庭兼营工业商品部分的产值。从1984年起村及村以下工业产值划归工业。从1993年起取消副业，将野生动物的捕猎划入牧业、野生植物采集和农民家庭兼营商品性工业划归农业。从2003年起，执行新的国民经济行业分类标准，农林牧渔业总产值中包括了农林牧渔服务业产值。林业中增加了森林采运业产值。农业中取消了家庭兼营商品性工业产值，将野生林产品的采集划归林业。

农林牧渔业总产值的计算方法通常是按农、林、牧、渔业产品及其副产品的产量分别乘以各自单位产品价格求得；少数生产周期较长，当年没有产品或产品产量不易统计的，则采用间接方法匡算其产值；然后将四业产品产值相加即为农林牧渔业总产值。

农林牧渔业中间消耗 指各种经济类型的农业生产单位和农户，在农业生产经营过程中消耗的各种物质产品和劳务价值的总和。包括物质消耗和生产服务支出两个部分。计入中间消耗必须具备以下两个条件：一是与总产值相对应的生产过程中所消耗的物质产品和劳务；二是本期消耗的不属于固定资产的低值易耗品。

农林牧渔业增加值 指各种经济类型的农业生产单位和农户从事农业生产经营活动所提供的社会最终产品的货币表现。增加值的计算方法有两种，一是生产法：农林牧渔业增加值＝农林牧渔业总产值－农林牧渔业中间消耗；二是分配法：农林牧渔业增加值＝固定资产折旧＋动者报酬＋生产税净额＋营业盈余。

粮食产量 指全社会的产量。包括国有经济经营的、集体统一经营的和农民家庭经营的粮食产量，还包括工矿企业办的农场和其他生产单位的产量。粮食除包括稻谷、小麦、玉米、高粱、谷子及其他杂粮外，还包括薯类和豆类。其产量计算方法，豆类按去豆荚后的干豆计算；薯类（包括甘薯和马铃薯，不包括芋头和木薯）1963年以前按每4公斤鲜薯折1公斤粮食计算，从1964年开始改为按5公斤鲜薯折1公斤粮食计算。城市郊区作为蔬菜的薯类（如马铃薯等）按鲜品计算，并且不作粮食统计。其他粮食一律按脱粒后的原粮计算。

油料产量 指全部油料作物的生产量。包括花生、油菜籽、芝麻、向日葵籽、胡麻籽（亚麻籽）和其他油料。不包括大豆、木本油料和野生油料。花生以带壳干花生计算。

水产品产量 指人工养殖的水产品和天然生长的水产品的捕捞量。包括海水的鱼类、虾蟹类、贝类和藻类以及内陆水域的鱼类、虾蟹类和贝类，不包括淡水生植物。水产品产量是通过各级水产和统计部门逐级上报取得数据。1995年及以前，贝类中牡蛎按鲜肉计算；蚶、蛤、蛏5公斤鲜品折1斤计算。1996年以后则统一按鲜品计算。

猪、牛、羊肉产量 指当年出栏并已屠宰、除去头蹄下水后带骨肉（即胴体重）的重量。包括全社会范围内的产量。

期初（末）畜禽存栏头（只）数 指报告期初（末）农村各种合作经济组织和国营农场、农民个人、机关、团体、学校、工矿企业、部队等单位以及城镇居民饲养的大牲畜、猪、羊、家禽等畜禽的存栏数。

耕地面积 指可以用来种植农作物、经常进行耕锄的田地，包括熟地、当年新开荒地、连续撂荒未满三年的耕地和当年的休闲地（轮歇地），还包括以种植农作物为主并附带种植桑树、茶树、果树和其他林木的土地，以及沿海、沿湖地区已围垦利用的“海涂”、“湖田”等面积。但不包括属于专业性的桑园、茶园、果园、果木苗圃、林地、芦苇地、天然或人工草地面积。

农作物播种面积 指实际播种或移植有农作物的面积。凡是实际种植有农作物的面积，不论种植在耕地上还是种植在非耕地上，均包括在农作物播种面积中。在播种季节基本结束后，因遭灾而重新改种和补种的农作物面积，也包括在内。它是反映耕地面积利用情况的一个重要指标。

有效灌溉面积 指具有一定的水源，地块比较平整，灌溉工程或设备已经配套，在一般年景下当年能够进行正常灌溉的耕地面积。在一般情况下，有效灌溉面积应等于灌溉工程或设备已经配套，能够进行正常灌溉的水田和水浇地面积之和。它是反映耕地抗旱能力的一个重要指标。

农用化肥施用量 指本年内实际用于农业生产的化肥数量，包括氮肥、磷肥、钾肥和复合肥。化肥施用量要求按折纯量计算数量。折纯量是指把氮肥、磷肥、钾肥分别按含氮、含五氧化二磷、含氧化钾的百分之一百成份进行折算后的数量。复合肥按其所含主要成分折算。公式为：

折纯量 = 实物量 × 某种化肥有效成分含量的百分比

农业机械总动力 指主要用于农、林、牧、渔业的各种动力机械的动力总和。包括耕作机械、排灌机械、收获机械、农用运输机械、植物保护机械、牧业机械、林业机械、渔业机械和其他农业机械〔内燃机按引擎马力折成瓦（特）计算、电动机按功率折成瓦（特）计算〕。不包括专门用于乡、镇、村、组办工业、基本建设、非农业运输、科学试验和教学等非农业生产方面用的动力机械与作业机械。这个指标的统计数据主要来源于农机部门。

乡村从业人员 指乡村人口中劳动年龄（16 周岁）以上实际参加生产经营活动并取得实物或货币收入的人员，包括劳动年龄内经常参加劳动的人员，也包括超过劳动年龄但经常参加劳动的人员。但不包括户口在家的在外学生、现役军人和丧失劳动能力的人，也不包括待业人员和家务劳动者。从业人员按从事主业时间最长（时间相同按收入）分为农业从业人员、工业从业人员、建筑业从业人员、交运仓储及邮政业从业人员、批零贸易和餐饮业从业人员、其他从业人员。

十、工　　　业

INDUSTRY

本篇内容包括：

1. 工业总产值
2. 支柱产业主要指标
3. 主要工业产品产量
4. 规模以上工业企业主要指标
5. 工业园区主要指标

资料整理	微机处理
张志萍	张志萍
许卫群	许卫群
黄　赟	黄　赟
袁　方	袁　方
邓　超	邓　超

全部工业增加值

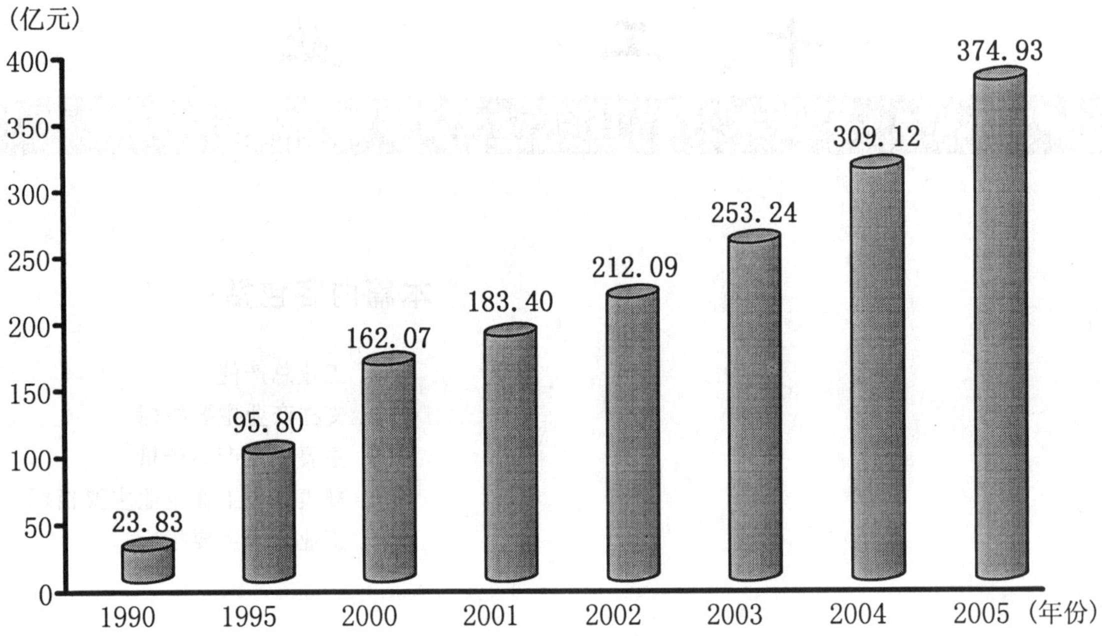

工业增加值构成(%)

(规模以上)

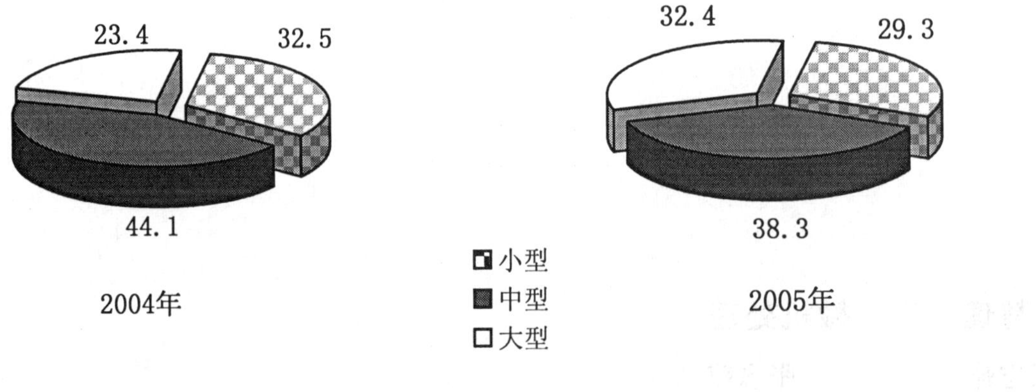

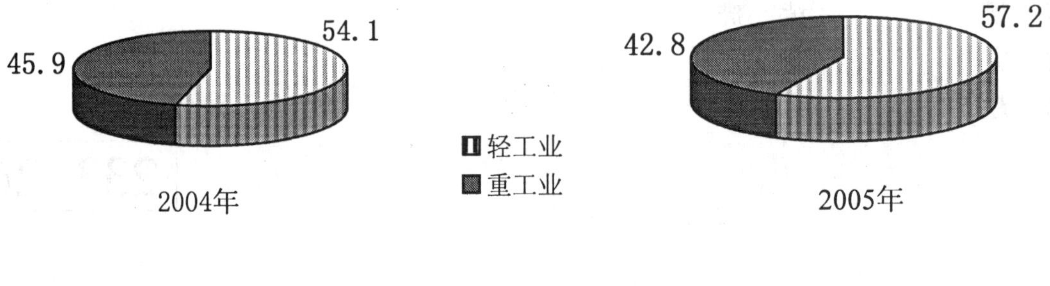

10－1 规模以上工业总产值

单位：万元

分　　类	2005	比上年增长%
工业总产值	**7 262 572**	**26.87**
1. 按经济类型分		
#国有企业	1 207 621	4.62
集体企业	97 611	－10.53
股份合作企业	165 987	－19.58
有限责任公司企业	2 055 871	25.27
股份有限企业	784 244	14.90
私营企业	815 351	73.38
港澳台及外商企业	2 132 028	107.92
2. 按轻、重工业分		
轻工业	3 398 905	31.97
重工业	3 863 667	22.69
3. 大中型工业	5 241 286	32.60

10－2 主要年份工业总产值

单位：万元

指　　标	2000	2001	2002		2003		2004	2005
				#规模以上		#规模以上	规模以上	规模以上
工业总产值	**2 854 683**	**3 057 718**	**3 474 895**	**3 299 897**	**4 293 353**	**4 149 169**	**5 543 352**	**7 262 572**
国有经济	690 148	759 354	785 496	785 496	845 317	837 606	1 117 698	1 207 621
集体经济	540 521	250 814	204 948	126 400	126 679	100 616	105 645	97 611
其他经济	1 624 014	2 047 550	2 484 451	2 388 001	3 321 357	2 728 268	4 320 009	5 957 340
#外商及港澳台投资企业	608 317	676 438	815 769	813 284	1 087 898	1 082 109	670 462	2 132 028
股份制企业	853 171	1 099 948	1 340 788	1 328 223	502 038	496 786	2 966 861	2 840 115

10－3　2000—2005年主要年份工业企业主要指标

单位：万元

指　　　　标	2000	2001	2002	#规模以上	2003	#规模以上	2004 规模以上	2005 规模以上
单　位　数（个）	1 778	1 659	1 135	504	1 020	500	794	769
从业人员（人）	246 998	221 905	216 811	191 899	218 372	195 487	206 053	215 277
工业总产值（万元）	2 854 683	3 057 718	3 474 895	3 299 897	4 293 353	4 149 169	5 543 352	7 262 572
主营业务收入（万元）	2 554 809	2 845 287	3 348 025	3 191 313	4 223 029	4 088 976	5 647 538	7 094 866
利润总额（万元）	114 048	105 448	144 343	141 251	236 067	232 231	272 558	341 750
税金总额（万元）	215 228	251 079	289 538	285 893	348 856	344 125	412 082	483 500
固定资产原价（万元）	2 189 293	2 266 253	2 418 904	2 339 926	2 690 677	2 623 086	2 974 318	3 811 439
固定资产净值（万元）	1 522 148	1 541 769	1 618 959	1 563 057	1 736 616	1 687 007	1 950 107	2 637 830

10－3　续表

单位：万元

指　　　　标	2000	2001	2002	#规模以上	2003	#规模以上	2004 规模以上	2005 规模以上
工业销售产值	2 750 044	2 967 162	3 385 189	3 217 833	4 239 275	4 099 999	5 443 377	7 141 936
出口交货值	113 693	155 389	176 407	175 922	214 461	213 238	381 037	493 841
工业增加值	885 881	936 282	1 118 478	1 072 538	1 399 707	1 356 247	1 720 611	2 311 874
固定资产净值年平均余额	1 532 372	1 495 596	1 618 798	1 563 262	1 717 461	1 665 369	1 888 683	2 493 399
流动资产合计	2 030 740	2 006 773	2 308 038	2 241 100	2 710 835	2 629 367	2 904 511	3 610 821
流动资产年平均余额	1 885 466	2 000 685	2 260 787	2 194 459	2 554 797	2 478 593	2 773 573	3 499 803
年末资产总计	4 190 310	4 179 194	4 701 199	4 562 298	5 437 780	5 281 145	6 415 476	7 577 563
年末负债合计	2 703 362	2 496 630	2 856 336	2 762 553	3 290 844	3 196 767	3 486 661	4 424 764
流动负债合计	1 980 054	2 058 309	2 371 865	2 290 174	2 747 022	2 666 410	2 961 408	3 536 357
年末所有者权益	1 486 948	1 682 564	1 651 787	1 606 669	1 910 991	1 848 433	2 843 094	2 854 041
成本费用总额	2 361 906	2 637 885	3 085 039	2 933 772	3 822 957	3 700 154	5 230 028	6 436 774

10－4 县区工业主要指标

(按属地原则分，2005 年)　　单位：万元

项目	企业数（个）	#大中型	年平均从业人员（人）	工业总产值（当年价）	工业增加值（当年价）
总计	**769**	**79**	**215 277**	**7 262 572**	**2 311 874**
东湖区	23	4	7 120	145 610	46 835
西湖区	31	3	5 719	91 081	26 570
青云谱区	64	10	45 208	1 708 411	451 738
湾里区	27		2 303	55 174	15 792
青山湖区	208	12	49 350	1 627 401	449 948
高新技术开发区	88	13	29 462	1 340 084	608 097
经济技术开发区	60	13	18 298	724 301	209 833
红谷滩新区	4		889	23 760	9 428
南昌县	87	9	21 688	713 332	241 735
新建县	68	7	16 349	402 548	115 162
安义县	40	2	3 842	79 474	24 553
进贤县	69	6	15 049	351 397	112 184

10－4 续表　　(按属地原则分，2005 年)　　单位：万元

项目	流动资产合计	固定资产合计	负债合计	主营业务收入	利税总额
总计	**3 610 821**	**3 058 447**	**4 424 764**	**7 094 866**	**825 250**
东湖区	92 232	147 929	229 016	131 984	－4 752
西湖区	53 845	38 979	72 561	80 936	2 578
青云谱区	1 287 096	665 464	1 300 893	1 727 834	199 954
湾里区	17 176	10 295	22 871	44 127	1 553
青山湖区	538 515	502 072	714 564	1 600 252	99 127
高新技术开发区	718 140	616 977	674 023	1 271 368	374 260
经济技术开发区	423 584	564 499	720 050	740 964	53 997
红谷滩新区	11 870	7 951	14 253	23 097	894
南昌县	212 684	292 414	340 279	702 224	49 118
新建县	142 377	90 582	204 592	361 891	22 275
安义县	30 196	28 355	32 934	77 728	5 942
进贤县	83 106	92 930	98 729	332 462	20 305

10-5 支柱产业主要指标

(2005年)　　单位：万元

指标名称	企业单位数（个）	工业总产值	工业增加值	工业销售产值	
					出口交货值
总计	**769**	**7 262 572**	**2 311 874**	**7 141 936**	**493 841**
农副食品加工业	58	385 611	102 046	381 848	3 142
食品制造业	36	180 258	56 711	175 415	234
方便食品制造	12	54 700	18 561	51 622	
液体乳及乳制品制造	2	37 995	12 010	38 015	
饮料制造业	12	95 820	34 818	90 959	674
烟草制品业	1	366 210	271 826	391 303	387
纺织业	102	392 468	148 943	387 417	84 657
纺织服装、鞋、帽制造业	53	145 101	50 497	141 012	57 535
造纸及纸制品业	14	154 757	51 069	139 953	11 640
印刷业和记录媒介的复制	34	171 346	65 399	164 965	
化学原料及化学制品制造业	40	253 116	81 674	247 104	27 028
医药制造业	48	739 644	289 709	722 368	8 801
化学药品原药制造	6	60 593	26 310	58 372	4 191
中成药制造	21	602 113	234 673	587 260	
化学纤维制造业	2	157 183	44 907	156 824	1 155
橡胶制品业	10	87 135	30 835	70 099	924
塑料制品业	25	49 030	17 674	47 289	2 051
非金属矿物制品业	50	235 046	77 254	231 707	6 463
水泥、石灰和石膏的制造	7	75 271	24 226	73 642	
黑色金属冶炼及压延加工业	7	828 948	154 026	830 596	16 010
钢压延加工	7	828 948	154 026	830 596	16 010
有色金属冶炼及压延加工业	13	166 281	43 759	167 292	62 768
有色金属合金制造	2	73 669	14 793	77 349	59 977
有色金属压延加工	8	83 501	26 141	80 898	
通用设备制造业	30	120 647	39 620	117 453	3 974
锅炉及原动机制造	6	76 078	23 953	76 007	2 934
专用设备制造业	33	115 196	38 710	107 514	13 171
交通运输设备制造业	33	1 362 804	312 152	1 363 633	114 585
汽车制造	25	1 064 996	256 900	1 037 503	64 251
航空航天器制造	2	284 227	51 281	311 571	50 335
电气机械及器材制造业	47	479 702	158 654	468 889	1 279
电机制造	4	103 459	33 764	97 688	1 160
输配电及控制设备制造	16	71 232	22 017	68 250	
电线、电缆、光缆及电工器材制造	13	98 444	29 737	99 699	
家用电力器具制造	5	188 631	66 889	185 946	119
通信设备、计算机及其他电子设备制造业	12	277 812	78 196	265 066	60 149
电子器件制造	2	177 010	54 659	164 548	52 882
家用视听设备制造	3	80 638	16 237	80 638	
电力、热力的生产和供应业	10	170 549	46 753	165 663	
水的生产和供应业	6	47 809	28 187	39 769	

指标名称	资产总计	主营业务收入	利润总额	本年应交增值税	全部从业人员年平均人数（人）
总计	**7 577 563**	**7 094 866**	**341 750**	**256 466**	**215 277**
农副食品加工业	202 419	397 458	15 891	2 514	8 432
食品制造业	101 970	167 411	10 145	4 040	5 920
方便食品制造	33 299	50 848	1 512	1 645	1 799
液体乳及乳制品制造	26 744	36 297	2 405	1 184	1 308
饮料制造业	98 532	92 401	9 940	5 324	3 083
烟草制品业	329 684	357 919	38 480	41 527	1 390
纺织业	200 007	375 480	9 175	9 326	23 261
纺织服装、鞋、帽制造业	74 240	141 394	3 269	2 118	8 656
造纸及纸制品业	404 859	144 521	11 441	2 021	2 339
印刷业和记录媒介的复制	197 737	157 073	13 996	7 652	7 069
化学原料及化学制品制造业	217 492	236 825	8 777	6 381	8 635
医药制造业	748 290	728 967	45 107	49 127	21 448
化学药品原药制造	77 465	56 787	－657	1 261	3 392
中成药制造	566 342	593 532	40 857	44 805	15 558
化学纤维制造业	184 109	152 260	－2 090	1 456	2 376
橡胶制品业	112 878	68 549	1 274	444	2 121
塑料制品业	50 987	47 251	2 721	1 170	2 368
非金属矿物制品业	168 874	228 973	14 105	5 252	5 901
水泥、石灰和石膏的制造	55 694	76 419	6 953	2 949	1 698
黑色金属冶炼及压延加工业	631 814	834 560	14 100	29 615	14 728
钢压延加工	631 814	834 560	14 100	29 615	14 728
有色金属冶炼及压延加工业	145 937	162 457	4 419	4 929	2 423
有色金属合金制造	47 174	73 966	2 183	4 072	987
有色金属压延加工	85 866	79 991	1 985	587	969
通用设备制造业	167 601	108 784	3 325	3 232	6 883
锅炉及原动机制造	110 662	68 834	2 452	1 908	3 539
专用设备制造业	184 192	103 603	5 303	3 092	11 682
交通运输设备制造业	1 735 486	1 406 167	91 461	48 022	32 768
汽车制造	1 046 801	1 063 781	83 286	46 884	18 901
航空航天器制造	669 345	327 194	8 106	337	12 555
电气机械及器材制造业	565 189	476 677	15 275	6 418	13 547
电机制造	168 295	99 249	5 110	2 646	3 082
输配电及控制设备制造	101 528	67 979	2 599	1 598	3 700
电线、电缆、光缆及电工器材制造	37 363	100 504	2 047	1 511	1 479
家用电力器具制造	250 363	192 245	4 979	309	4 276
通信设备、计算机及其他电子设备制造业	262 064	245 450	20 291	7 819	9 220
电子器件制造	206 799	146 314	8 392	5 247	7 246
家用视听设备制造	31 321	80 638	11 788	2 018	978
电力、热力的生产和供应业	362 378	165 687	－6 555	8 947	7 411
水的生产和供应业	191 227	39 833	3 548	978	2 646

10－6　主要工业产品生产量与销售量

（2005 年）

产　品　名　称	计量单位	生　产　量	销　售　量
精制食用植物油	吨	15 002.95	15 240
配混合饲料	吨	924 277.69	917 063.21
乳　制　品	吨	93 720.77	93 941.78
白酒（折 65 度，商品量）	千升	5 043	4 566.46
啤　　酒	千升	164 542	164 814
软　饮　料	吨	352 065.33	340 752
卷　　烟	万支	2 085 656	2 055 853
化学纤维	吨	87 930	86 881
合成纤维	吨	87 930	86 881
纱	吨	29 828.81	17 242
布	万米	10 920	10 945.74
棉　　布	万米	7 991.86	7 921.01
棉混纺布（混纺交织布）	万米	2 689.75	2 785.99
化学纤维布（纯化纤布）	万米	238.74	239
丝　织　品	万米	265.74	253
服　　装	万件	39 696	40 309.35
机制纸及纸板	吨	200 811.27	185 041.61
新　闻　纸	吨	19 774.87	16 165
润　滑　油	吨	8 596	8 645
焦　　炭	吨	463 613	
氢氧化钠（烧碱）（折 100%）	吨	29 509	9 787
合　成　氨	吨	98 966	946
农用氮磷钾化学肥料总计（折纯）	吨	55 444	55 156
氮肥（折含 N100%）	吨	53 260	52 954
尿　　素	吨	53 260	52 954
磷肥（折合 P2O5100%）	吨	2 184	2 202
纯　　苯	吨	433	433
涂料（油漆）	吨	37	37
初级形态的塑料（塑料树脂及共聚	吨	9 327	9 046
合成纤维聚合物	吨	103 232	91 889
合成洗涤剂	吨	10 829.59	10 558
化学药品原药（化学原料药）	吨	4 182	4 200.13
橡胶轮胎外胎（轮胎外胎）	条	2 906 042	2 757 839
塑料制品	吨	16 368.85	15 720.94

产　　品　　名　　称	计量单位	生　产　量	销　售　量
水　　泥	吨	2 883 350	2 902 028.55
生　　铁	吨	1 599 938	
粗　　钢	吨	2 138 261	
钢　　材	吨	2 630 435	2 515 228
中小型型钢	吨	127 811	127 871
棒　　材	吨	602 643	596 534
钢　　筋	吨	1 382 903	1 382 996
热轧窄钢带	吨	191 200	126 760
无缝钢管	吨	213 606	171 377
焊接钢管	吨	80 416	78 528
铜材（铜加工材）	吨	1 809	1 787
铝　　材	吨	7 334	7 166
工业锅炉	蒸发量吨	448	470.3
内 燃 机	千瓦	223 300	220 120
金属切削机床	台	2 186	2 167
数控机床	台	435	514
大中型拖拉机	台	1 510	903
小型拖拉机	台	9 077	8 008
汽　　车	辆	89 294	87 818
载货汽车	辆	51 619	50 885
公路客车	辆	37 675	36 933
摩 托 车	辆	3 465	9 679
两轮自行车（自行车）	辆	3 142	3 130
民用钢质船舶	总吨	5 823	5 823
发电设备	千瓦	122 830	131 200
交流电动机	千瓦	513 237	458 417
家用电冰箱	台	82 645	83 011
冷柜（含冷冻箱、冷藏箱、展示柜）	台	47 541	56 407
房间空气调节器	台	1 666 717	1 666 216
程控交换机	线	36 000	36 000
数字程控交换机	线	36 000	36 000
显 示 器	台	22 163	21 893
彩色电视机	台	891 068	891 029
激光视盘机	台	16 103	16 103

10－7 全市规模以上工业企业主要经济指标

（2005年）

单位：万元

项目	企业单位数（个）	#亏损企业	工业总产值（当年价）	新产品产值（当年价）	工业销售产值（当年价）	#出口交货值	全部从业人员年平均人数（人）
总计	**769**	**112**	**7 262 572**	**1 036 032**	**7 141 936**	**493 841**	**215 277**
一、按登记注册类型分							
内资企业	661	97	5 130 544	602 629	5 096 259	314 007	172 796
国有企业	105	35	1 207 621	216 527	1 218 593	18 633	39 501
集体企业	31	8	97 611	922	94 701	5 516	4 173
股份合作企业	35	3	165 987	365	164 889	20 473	4 216
联营企业	1		3 860		3 667		130
其他联营企业	1		3 860		3 667		130
有限责任公司	209	30	2 055 871	202 800	2 065 262	164 112	73 120
国有独资公司	8	2	1 032 675	59 946	1 053 608	65 703	29 822
其他有限责任公司	201	28	1 023 196	142 854	1 011 654	98 410	43 298
股份有限公司	55	6	784 244	179 142	753 164	56 793	24 187
私营企业	225	15	815 351	2 873	795 984	48 480	27 469
私营独资企业	46	3	120 071	15	114 642	10 836	5 204
私营合伙企业	13		34 447	2 393	33 507	2 610	1 190
私营有限责任公司	126	9	546 581	66	536 446	25 605	15 736
私营股份有限公司	40	3	114 252	400	111 389	9 429	5 339
港、澳、台商投资企业	41	4	518 517	843	490 638	28 094	12 681
合资经营企业（港或澳、台资）	23	1	330 065	843	322 176	16 489	6 469
合作经营企业（港或澳、台资）	1		14 096		13 665		200
港澳台商独资企业	15	3	109 123		89 564	11 605	4 378
港澳台商投资股份有限公司	2		65 233		65 233		1 634
外商投资企业	67	11	1 613 511	432 560	1 555 039	151 741	29 800
中外合资经营企业	45	6	454 226	2 755	426 452	71 232	10 499
中外合作经营企业	2		21 118		25 354	23	381
外资企业	18	5	107 689	2 257	99 649	16 238	2 356
外商投资股份有限公司	2		1 030 479	427 548	1 003 585	64 248	16 564
二、按企业经济类型分							
独资企业	215	54	1 642 115	219 720	1 617 148	62 827	55 612
国有企业	105	35	1 207 621	216 527	1 218 593	18 633	39 501
集体企业	31	8	97 611	922	94 701	5 516	4 173
私营独资企业	46	3	120 071	15	114 642	10 836	5 204
港澳台商独资经营企业	15	3	109 123		89 564	11 605	4 378
外资企业	18	5	107 689	2 257	99 649	16 238	2 356
合作、合伙企业	52	3	239 508	2 758	241 082	23 106	6 117
股份合作企业	35	3	165 987	365	164 889	20 473	4 216
其他联营企业	1		3 860		3 667		130
私营合伙企业	13		34 447	2 393	33 507	2 610	1 190
港或澳、台资合作经营企业	1		14 096		13 665		200
中外合作经营企业	2		21 118		25 354	23	381
股份有限公司	99	9	1 994 207	607 091	1 933 371	130 470	47 724
股份有限公司（内资）	55	6	784 244	179 142	753 164	56 793	24 187
私营股份有限公司	40	3	114 252	400	111 389	9 429	5 339
港澳台商投资股份有限公司	2		65 233		65 233		1 634
外商投资股份有限公司	2		1 030 479	427 548	1 003 585	64 248	16 564
有限责任公司	403	46	3 386 743	206 464	3 350 336	277 438	105 824
国有独资公司	8	2	1 032 675	59 946	1 053 608	65 703	29 822
私营有限责任公司	126	9	546 581	66	536 446	25 605	15 736

10－7　续表1　　(2005年)　　单位：万元

项　　目	企业单位数（个）	#亏损企业	工业总产值（当年价）	新产品产值（当年价）	工业销售产值（当年价）	#出口交货值	全部从业人员年平均人数（人）
港澳台合资经营企业	23	1	330 065	843	322 176	16 489	6 469
中外合资经营企业	45	6	454 226	2 755	426 452	71 232	10 499
其他有限责任公司	201	28	1 023 196	142 854	1 011 654	98 410	43 298
三、总计中：							
亏损企业	112	112	607 466	70 275	623 138	47 388	33 310
国有控股企业	223	59	4 407 304	904 663	4 391 402	302 201	125 933
农村工业	15	2	52 201	10	51 790	12 212	2 367
四、按轻重工业分							
轻　工　业	466	61	3 398 905	210 694	3 340 236	191 896	107 182
重　工　业	303	51	3 863 667	825 338	3 801 700	301 945	108 095
五、按企业规模分							
大型企业	13	2	2 918 471	740 112	2 899 675	175 766	71 548
中型企业	66	10	2 322 816	276 187	2 270 106	153 017	61 750
小型企业	690	100	2 021 286	19 733	1 972 155	165 058	81 979
六、按工业行业大类分							
非金属矿采选业	2		5 090		5 090		193
农副食品加工业	58	5	385 611	400	381 848	3 142	8 432
食品制造业	36	6	180 258	62	175 415	234	5 920
饮料制造业	12	1	95 820		90 959	674	3 083
烟草制品业	1		366 210	100 300	391 303	387	1 390
纺　织　业	102	9	392 468	17 320	387 417	84 657	23 261
纺织服装、鞋、帽制造业	53	5	145 101		141 012	57 535	8 656
皮革、毛皮、羽毛（绒）及其制品业	11	2	15 821	1 885	14 588	6 018	1 339
木材加工及木、竹、藤、棕、草制品业	7		27 510	3 645	27 650	1 510	531
家具制造业	4		5 818		5 706		318
造纸及纸制品业	14	3	154 757		139 953	11 640	2 339
印刷业和记录媒介的复制	34	5	171 346	132	164 965		7 069
文教体育用品制造业	16		27 845		26 953	1 431	1 617
石油加工、炼焦及核燃料加工业	3		17 817		17 721		157
化学原料及化学制品制造业	40	6	253 116	11 980	247 104	27 028	8 635
医药制造业	48	8	739 644	76 266	722 368	8 801	21 448
化学纤维制造业	2	1	157 183	13 928	156 824	1 155	2 376
橡胶制品业	10		87 135	10	70 099	924	2 121
塑料制品业	25	2	49 030		47 289	2 051	2 368
非金属矿物制品业	50	9	235 046		231 707	6 463	5 901
黑色金属冶炼及压延加工业	7	1	828 948	59 269	830 596	16 010	14 728
有色金属冶炼及压延加工业	13	1	166 281	41 781	167 292	62 768	2 423
金属制品业	33	9	124 368	371	114 940	4 844	4 828
通用设备制造业	30	8	120 647	50 201	117 453	3 974	6 883
专用设备制造业	33	5	115 196	4 044	107 514	13 171	11 682
交通运输设备制造业	33	7	1 362 804	485 580	1 363 633	114 585	32 768
电气机械及器材制造业	47	11	479 702	81 693	468 889	1 279	13 547
通信设备、计算机及其他电子设备制造业	12	3	277 812	87 163	265 066	60 149	9 220
仪器仪表及文化、办公用机械制造业	8		12 621		12 346		809
工艺品及其他制造业	6	1	31 796		31 618	3 412	787
废弃资源和废旧材料回收加工业	2		7 814		7 589		92
电力、热力的生产和供应业	10	2	170 549		165 663		7 411
燃气生产和供应业	1		3 600		3 600		299
水的生产和供应业	6	2	47 809		39 769		2 646

10－7 续表2－1　　(2005年)　　单位：万元

项目	工业增加值（当年价）	流动资产合计	流动资产年平均余额	固定资产合计	固定资产原价	固定资产净值年平均余额
总计	**2 311 874**	**3 610 821**	**3 499 803**	**3 058 447**	**3 811 439**	**2 493 399**
一、按登记注册类型分						
内资企业	1 716 464	2 441 498	2 385 865	2 126 717	2 684 594	1 811 543
国有企业	502 229	584 955	606 469	574 585	725 069	492 421
集体企业	31 625	20 674	20 645	18 218	23 385	15 862
股份合作企业	55 068	30 085	30 010	17 023	20 057	15 791
联营企业	1 149	1 121	1 072	257	633	215
其他联营企业	1 149	1 121	1 072	257	633	215
有限责任公司	574 217	1 172 495	1 095 249	859 440	1 134 889	742 893
国有独资公司	235 609	772 285	705 844	493 545	673 404	412 239
其他有限责任公司	338 608	400 209	389 405	365 895	461 486	330 654
股份有限公司	249 134	448 670	455 861	510 363	615 677	409 102
私营企业	303 042	183 498	176 559	146 832	164 884	135 259
私营独资企业	42 821	23 585	23 067	18 764	21 906	17 231
私营合伙企业	13 495	3 752	3 806	2 813	3 251	2 637
私营有限责任公司	205 482	136 231	129 292	106 070	117 099	96 783
私营股份有限公司	41 243	19 930	20 395	19 185	22 628	18 609
港、澳、台商投资企业	166 148	283 211	266 257	155 163	171 384	122 659
合资经营企业（港或澳、台资）	106 997	114 325	96 564	52 209	60 180	36 862
合作经营企业（港或澳、台资）	3 191	2 910	2 910	3 063	8 668	3 063
港澳台商独资企业	36 213	42 577	44 316	71 919	73 248	60 066
港澳台商投资股份有限公司	19 747	123 400	122 468	27 972	29 288	22 667
外商投资企业	429 262	886 112	847 681	776 567	955 462	559 197
中外合资经营企业	152 808	197 645	229 067	474 266	473 611	305 299
中外合作经营企业	3 936	10 424	9 250	8 861	17 494	8 826
外资企业	25 466	34 178	27 164	31 962	34 980	22 559
外商投资股份有限公司	247 052	643 864	582 200	261 479	429 378	222 512
二、按企业经济类型分						
独资企业	638 354	705 969	721 661	715 448	878 587	608 139
国有企业	502 229	584 955	606 469	574 585	725 069	492 421
集体企业	31 625	20 674	20 645	18 218	23 385	15 862
私营独资企业	42 821	23 585	23 067	18 764	21 906	17 231
港澳台商独资经营企业	36 213	42 577	44 316	71 919	73 248	60 066
外 资 企 业	25 466	34 178	27 164	31 962	34 980	22 559
合作、合伙企业	76 839	48 293	47 048	32 016	50 102	30 532
股份合作企业	55 068	30 085	30 010	17 023	20 057	15 791
其他联营企业	1 149	1 121	1 072	257	633	215
私营合伙企业	13 495	3 752	3 806	2 813	3 251	2 637
港或澳、台资合作经营企业	3 191	2 910	2 910	3 063	8 668	3 063
中外合作经营企业	3 936	10 424	9 250	8 861	17 494	8 826
股份有限公司	557 177	1 235 864	1 180 924	818 998	1 096 971	672 891
股份有限公司（内资）	249 134	448 670	455 861	510 363	615 677	409 102
私营股份有限公司	41 243	19 930	20 395	19 185	22 628	18 609
港澳台商投资股份有限公司	19 747	123 400	122 468	27 972	29 288	22 667
外商投资股份有限公司	247 052	643 864	582 200	261 479	429 378	222 512
有限责任公司	1 039 503	1 620 695	1 550 171	1 491 985	1 785 779	1 181 837
国有独资公司	235 609	772 285	705 844	493 545	673 404	412 239
私营有限责任公司	205 482	136 231	129 292	106 070	117 099	96 783

项　　目	工业增加值（当年价）	流动资产合计	流动资产年平均余额	固定资产合计	固定资产原价	固定资产净值年平均余额
港澳台合资经营企业	106 997	114 325	96 564	52 209	60 180	36 862
中外合资经营企业	152 808	197 645	229 067	474 266	473 611	305 299
其他有限责任公司	338 608	400 209	389 405	365 895	461 486	330 654
三、总计中：						
亏损企业	149 346	499 768	453 283	504 099	575 159	407 872
国有控股企业	1 332 931	2 535 675	2 411 869	1 990 315	2 676 500	1 694 242
农村工业	18 039	7 710	6 723	4 550	5 454	4 557
四、按轻重工业分						
轻　工　业	1 322 638	1 353 492	1 383 362	1 450 971	1 670 480	1 135 781
重　工　业	989 236	2 257 329	2 116 441	1 607 475	2 140 960	1 357 618
五、按企业规模分						
大型企业	749 382	1 756 122	1 606 850	1 035 207	1 449 459	866 498
中型企业	884 305	1 154 109	1 187 864	1 333 260	1 550 801	999 660
小型企业	678 186	700 590	705 089	689 980	811 179	627 242
六、按工业行业大类分						
非金属矿采选业	1 024	3 542	3 130	1 288	1 709	831
农副食品加工业	102 046	85 587	87 001	93 648	111 475	85 544
食品制造业	56 711	44 574	42 793	44 727	56 616	40 511
饮料制造业	34 818	42 926	51 581	44 394	67 709	42 512
烟草制品业	271 826	208 693	199 227	117 842	178 929	129 155
纺　织　业	148 943	91 618	90 551	85 713	128 868	78 864
纺织服装、鞋、帽制造业	50 497	36 137	34 041	29 941	34 315	26 830
皮革、毛皮、羽毛（绒）及其制品业	4 860	4 070	4 019	3 124	3 393	2 095
木材加工及木、竹、藤、棕、草制品业	10 644	6 557	6 146	8 932	7 970	6 419
家具制造业	2 105	1 611	1 714	1 526	1 724	1 280
造纸及纸制品业	51 069	52 416	83 381	298 680	253 250	136 040
印刷业和记录媒介的复制	65 399	85 533	84 244	95 915	145 973	87 668
文教体育用品制造业	8 420	4 693	4 761	7 350	7 928	6 811
石油加工、炼焦及核燃料加工业	5 826	1 004	982	982	972	872
化学原料及化学制品制造业	81 674	91 535	86 123	96 331	130 135	91 845
医药制造业	289 709	345 121	338 716	290 049	316 643	228 235
化学纤维制造业	44 907	36 822	38 979	112 109	104 790	87 703
橡胶制品业	30 835	37 006	39 010	61 478	61 769	49 400
塑料制品业	17 674	20 821	21 738	26 091	30 590	24 077
非金属矿物制品业	77 254	56 930	58 451	93 786	108 064	87 676
黑色金属冶炼及压延加工业	154 026	323 030	306 049	237 346	339 019	193 024
有色金属冶炼及压延加工业	43 759	53 068	46 277	84 024	97 414	79 536
金属制品业	36 556	65 487	57 875	62 600	76 064	50 088
通用设备制造业	39 620	94 443	95 270	54 610	73 378	48 403
专用设备制造业	38 710	82 966	79 703	92 410	83 114	66 944
交通运输设备制造业	312 152	1 094 860	980 222	438 411	658 981	371 084
电气机械及器材制造业	158 654	336 087	362 784	132 834	145 469	98 125
通信设备、计算机及其他电子设备制造业	78 196	145 322	148 098	97 001	132 348	87 818
仪器仪表及文化、办公用机械制造业	5 177	11 153	11 555	2 040	2 484	2 086
工艺品及其他制造业	9 561	2 464	3 941	3 512	3 662	3 009
废弃资源和废旧材料回收加工业	3 288	709	751	402	460	398
电力、热力的生产和供应业	46 753	71 653	64 004	229 802	307 605	191 783
燃气生产和供应业	997	6 661	6 661	3 114	8 775	3 110
水的生产和供应业	28 187	65 722	60 028	106 437	129 847	83 623

项　　目	固定资产净　值	资产总计	流动负债合　计	长期负债合　计	负债合计	所有者权益合计
总　　计	**2 637 830**	**7 577 563**	**3 536 357**	**590 571**	**4 424 764**	**2 854 041**
一、按登记注册类型分						
内资企业	1 810 667	5 241 068	2 551 388	504 479	3 132 610	2 067 510
国有企业	475 676	1 304 055	667 041	176 333	875 698	428 358
集体企业	14 464	41 857	36 144	5 049	42 862	－1 004
股份合作企业	16 531	53 075	27 929	1 082	29 056	24 019
联营企业	196	1 481	479		479	1 002
其他联营企业	196	1 481	479		479	1 002
有限责任公司	758 976	2 309 706	1 269 411	160 765	1 448 094	820 663
国有独资公司	412 882	1 452 838	884 948	111 554	996 516	415 374
其他有限责任公司	346 094	856 868	384 463	49 211	451 579	405 289
股份有限公司	405 175	1 148 402	420 973	139 099	578 277	570 125
私营企业	139 648	382 492	129 412	22 150	158 144	224 347
私营独资企业	17 368	46 235	14 151	2 793	20 883	25 352
私营合伙企业	2 671	7 120	3 329		3 704	3 415
私营有限责任公司	100 631	283 568	95 246	18 682	115 535	168 033
私营股份有限公司	18 978	45 569	16 686	675	18 021	27 547
港、澳、台商投资企业	139 979	472 514	204 852	2 730	284 419	188 095
合资经营企业（港或澳、台资）	47 434	179 325	115 417	1 873	117 333	61 992
合作经营企业（港或澳、台资）	3 063	8 668	3 033		3 033	5 635
港澳台商独资企业	61 510	133 150	44 946	857	45 859	87 291
港澳台商投资股份有限公司	27 972	151 372	41 456		118 194	33 178
外商投资企业	687 184	1 863 981	780 117	83 362	1 007 735	598 436
中外合资经营企业	424 880	767 096	210 620	57 062	411 025	356 072
中外合作经营企业	8 061	19 306	11 867		11 867	7 439
外资企业	30 326	67 088	28 291	1 068	30 262	36 827
外商投资股份有限公司	223 917	1 010 491	529 339	25 232	554 583	198 098
二、按企业经济类型分						
独资企业	599 345	1 592 386	790 572	186 100	1 015 564	576 822
国有企业	475 676	1 304 055	667 041	176 333	875 698	428 358
集体企业	14 464	41 857	36 144	5 049	42 862	－1 004
私营独资企业	17 368	46 235	14 151	2 793	20 883	25 352
港澳台商独资经营企业	61 510	133 150	44 946	857	45 859	87 291
外资企业	30 326	67 088	28 291	1 068	30 262	36 827
合作、合伙企业	30 522	89 649	46 637	1 082	48 139	41 510
股份合作企业	16 531	53 075	27 929	1 082	29 056	24 019
其他联营企业	196	1 481	479		479	1 002
私营合伙企业	2 671	7 120	3 329		3 704	3 415
港或澳、台资合作经营企业	3 063	8 668	3 033		3 033	5 635
中外合作经营企业	8 061	19 306	11 867		11 867	7 439
股份有限公司	676 043	2 355 833	1 008 454	165 007	1 269 074	828 949
股份有限公司（内资）	405 175	1 148 402	420 973	139 099	578 277	570 125
私营股份有限公司	18 978	45 569	16 686	675	18 021	27 547
港澳台商投资股份有限公司	27 972	151 372	41 456		118 194	33 178
外商投资股份有限公司	223 917	1 010 491	529 339	25 232	554 583	198 098
有限责任公司	1 331 920	3 539 695	1 690 694	238 382	2 091 987	1 406 760
国有独资公司	412 882	1 452 838	884 948	111 554	996 516	415 374
私营有限责任公司	100 631	283 568	95 246	18 682	115 535	168 033

项目	固定资产净值	资产总计	流动负债合计	长期负债合计	负债合计	所有者权益合计
港澳台合资经营企业	47 434	179 325	115 417	1 873	117 333	61 992
中外合资经营企业	424 880	767 096	210 620	57 062	411 025	356 072
其他有限责任公司	346 094	856 868	384 463	49 211	451 579	405 289
三、总计中：						
亏损企业	390 883	1 187 250	744 930	202 487	974 980	212 270
国有控股企业	1 677 057	5 110 873	2 595 900	500 828	3 148 107	1 664 008
农村工业	4 517	14 453	4 017	420	6 166	8 287
四、按轻重工业分						
轻　工　业	1 284 751	3 181 134	1 273 342	220 514	1 764 697	1 416 437
重　工　业	1 353 079	4 396 428	2 263 015	370 057	2 660 067	1 437 604
五、按企业规模分						
大型企业	868 959	3 157 124	1 734 949	220 030	1 955 275	903 091
中型企业	1 132 868	2 839 009	1 113 620	253 651	1 612 061	1 226 949
小型企业	636 004	1 581 429	687 789	116 890	857 429	724 001
六、按工业行业中类分						
非金属矿采选业	1 111	4 880	2 328		2 328	2 552
农副食品加工业	88 653	202 419	82 235	19 859	113 332	89 087
食品制造业	38 534	101 970	40 343	16 305	56 909	45 061
饮料制造业	42 556	98 532	43 273	540	43 925	54 607
烟草制品业	129 478	329 684	135 642	27 816	163 458	166 226
纺　织　业	79 306	200 007	109 970	13 604	124 894	75 113
纺织服装、鞋、帽制造业	29 402	74 240	37 137	7 940	45 367	28 873
皮革、毛皮、羽毛（绒）及其制品业	2 065	16 146	3 983	336	7 410	8 736
木材加工及木、竹、藤、棕、草制品业	7 434	18 591	3 294	6 100	9 694	8 897
家具制造业	1 510	4 399	1 116		1 318	3 081
造纸及纸制品业	250 343	404 859	120 419	3 310	268 595	136 265
印刷业和记录媒介的复制	83 901	197 737	66 974	10 208	82 142	115 595
文教体育用品制造业	6 633	12 241	3 798	506	4 304	7 936
石油加工、炼焦及核燃料加工业	839	2 187	1 034	89	1 124	1 063
化学原料及化学制品制造业	82 447	217 492	92 351	15 614	108 804	108 688
医药制造业	252 091	748 290	301 540	49 133	355 098	393 192
化学纤维制造业	76 491	184 109	101 106	41 552	142 658	41 451
橡胶制品业	51 402	112 878	41 955	515	43 036	69 842
塑料制品业	25 305	50 987	31 819	5 756	37 889	13 098
非金属矿物制品业	90 254	168 874	70 967	7 407	83 716	85 158
黑色金属冶炼及压延加工业	195 934	631 814	424 876	7 688	432 666	158 199
有色金属冶炼及压延加工业	81 873	145 937	63 197	28 339	93 548	52 389
金属制品业	59 823	143 819	77 425	17 349	94 781	49 038
通用设备制造业	51 358	167 601	107 509	10 884	120 735	46 866
专用设备制造业	66 630	184 192	83 252	15 591	99 763	84 429
交通运输设备制造业	372 211	1 735 486	973 978	112 148	1 086 315	391 362
电气机械及器材制造业	115 819	565 189	271 716	22 936	394 298	170 891
通信设备、计算机及其他电子设备制造业	90 930	262 064	67 300	35 256	103 064	159 000
仪器仪表及文化、办公用机械制造业	2 040	17 114	6 610	32	7 141	9 973
工艺品及其他制造业	3 053	8 598	4 622	21	4 792	3 805
废弃资源和废旧材料回收加工业	401	1 850	462		1 197	653
电力、热力的生产和供应业	169 604	362 378	95 008	93 343	194 276	168 101
燃气生产和供应业	630	9 775			6 663	3 113
水的生产和供应业	87 771	191 227	69 117	20 395	89 527	101 700

10－7　续表4－1　　　　(2005年)　　　　单位：万元

项　　　目	实收资本	国家资本	集体资本	法人资本	个人资本	港澳台资本	外商资本
总　　计	**1 654 851**	**633 198**	**36 987**	**595 151**	**208 488**	**88 363**	**92 664**
一、按登记注册类型分							
内资企业	1 218 792	515 232	36 529	459 948	203 176	33	3 874
国有企业	237 407	143 831	170	88 657	2 793		1 956
集体企业	12 153	323	10 039	496	1 294		
股份合作企业	13 817		468	10 383	2 966		
联营企业	600	240			360		
其他联营企业	600	240			360		
有限责任公司	601 644	324 496	3 484	175 946	95 848	33	1 838
国有独资公司	307 872	303 007	15	2 702	629		1 519
其他有限责任公司	293 772	21 488	3 469	173 244	95 219	33	318
股份有限公司	228 160	45 610	20 807	115 415	46 329		
私营企业	125 011	733	1 561	69 051	53 586		80
私营独资企业	19 134		1 000	6 837	11 297		
私营合伙企业	2 326			1 720	606		
私营有限责任公司	85 057		500	49 567	34 990		
私营股份有限公司	18 495	733	61	10 928	6 693		80
港、澳、台商投资企业	122 531	1 055	200	34 883	1 830	76 130	8 433
合资经营企业（港或澳、台资）	42 696	1 055		27 627	1 425	9 677	2 912
合作经营企业（港或澳、台资）	3 255						3 255
港澳台商独资企业	69 687			1 212	405	65 803	2 266
港澳台商投资股份有限公司	6 893		200	6 044		649	
外商投资企业	313 528	116 911	258	100 319	3 482	12 200	80 358
中外合资经营企业	176 600	10 024	258	98 661	3 428	12 200	52 028
中外合作经营企业	5 186	788					4 397
外资企业	25 404			1 658	53		23 693
外商投资股份有限公司	106 339	106 099					240
二、按企业经济类型分							
独资企业	363 784	144 154	11 209	98 860	15 843	65 803	27 915
国有企业	237 407	143 831	170	88 657	2 793		1 956
集体企业	12 153	323	10 039	496	1 294		
私营独资企业	19 134		1 000	6 837	11 297		
港澳台商独资经营企业	69 687			1 212	405	65 803	2 266
外资企业	25 404			1 658	53		23 693
合作、合伙企业	25 183	1 028	468	12 103	3 931		7 652
股份合作企业	13 817		468	10 383	2 966		
其他联营企业	600	240			360		
私营合伙企业	2 326			1 720	606		
港或澳、台资合作经营企业	3 255						3 255
中外合作经营企业	5 186	788					4 397
股份有限公司	359 887	152 442	21 068	132 386	53 022	649	320
股份有限公司（内资）	228 160	45 610	20 807	115 415	46 329		
私营股份有限公司	18 495	733	61	10 928	6 693		80
港澳台商投资股份有限公司	6 893		200	6 044		649	
外商投资股份有限公司	106 339	106 099					240
有限责任公司	905 997	335 575	4 242	351 801	135 691	21 911	56 777
国有独资公司	307 872	303 007	15	2 702	629		1 519
私营有限责任公司	85 057		500	49 567	34 990		

项　　目	实收资本	国家资本	集体资本	法人资本	个人资本	港澳台资本	外商资本
港澳台合资经营企业	42 696	1 055		27 627	1 425	9 677	2 912
中外合资经营企业	176 600	10 024	258	98 661	3 428	12 200	52 028
其他有限责任公司	293 772	21 488	3 469	173 244	95 219	33	318
三、总计中：							
亏损企业	311 260	103 074	17 021	116 479	17 329	17 623	39 734
国有控股企业	960 926	619 014	27 481	243 035	50 557	5 159	15 681
农村工业	6 899		537	2 920	3 442		
四、按轻重工业分							
轻　工　业	662 110	190 136	19 241	255 837	110 561	25 748	60 587
重　工　业	992 741	443 062	17 746	339 314	97 926	62 615	32 077
五、按企业规模分							
大型企业	478 995	437 440	98	6 533	33 086		1 838
中型企业	565 478	140 612	8 388	283 960	58 379	51 984	22 154
小型企业	610 378	55 146	28 501	304 658	117 022	36 379	68 672
六、按工业行业中类分							
非金属矿采选业	1 404		50	1 354			
农副食品加工业	57 057	8 346	508	16 342	17 367	4 067	10 427
食品制造业	32 583	548		20 322	11 713		
饮料制造业	39 409	8 080	92	18 390	130	1 591	11 126
烟草制品业	33 162	33 162					
纺　织　业	45 222	10 995	247	18 157	14 977	846	
纺织服装、鞋、帽制造业	27 208	661	215	19 023	4 698	1 000	1 611
皮革、毛皮、羽毛（绒）及其制品业	2 849	117	7	1 610	232		882
木材加工及木、竹、藤、棕、草制品业	4 601			2 661	1 940		
家具制造业	1 942			1 878	64		
造纸及纸制品业	39 210	78	16 107	20 858	2 127	40	
印刷业和记录媒介的复制	73 375	44 746	1 510	21 135	3 386	776	1 823
文教体育用品制造业	4 782			4 288	494		
石油加工、炼焦及核燃料加工业	1 080			580	500		
化学原料及化学制品制造业	54 741	8 232	2 634	30 563	10 609		2 703
医药制造业	170 752	27 132	540	72 282	35 569	7 435	27 794
化学纤维制造业	12 673	8 913		3 707			53
橡胶制品业	50 834		520	3 376	368	46 570	
塑料制品业	19 076	433	4 277	9 652	4 315	160	240
非金属矿物制品业	85 984	3 125	4 700	49 571	22 037	2 682	3 870
黑色金属冶炼及压延加工业	115 880	113 137	363	1 800	581		
有色金属冶炼及压延加工业	39 997	7 217		26 300	520		5 960
金属制品业	53 654	11 410	220	18 114	9 140	2 733	12 038
通用设备制造业	56 000	15 759	585	30 570	8 545	206	335
专用设备制造业	79 780	6 585	46	56 459	14 379	374	1 938
交通运输设备制造业	266 853	254 537	557	8 126	3 263		370
电气机械及器材制造业	88 509	11 298	3 447	50 726	11 051	8 739	3 249
通信设备、计算机及其他电子设备制造业	49 610	16 771	258	6 807	9 453	9 968	6 354
仪器仪表及文化、办公用机械制造业	6 772	1 150		3 165	1 280	1 177	
工艺品及其他制造业	2 163	744		470	575		373
废弃资源和废旧材料回收加工业	672		90	582			
电力、热力的生产和供应业	84 902	2 274		64 580	18 048		
燃气生产和供应业	10 000			9 500	500		
水的生产和供应业	42 115	37 751	15	2 202	629		1 519

项　　目	主营业务收入	主营业务成本	主营业务税金及附加	营业费用	管理费用	财务费用
总　　计	**7 094 866**	**5 634 610**	**226 720**	**363 261**	**374 312**	**64 591**
一、按登记注册类型分						
内资企业	4 988 748	3 961 322	198 148	240 018	254 953	49 471
国有企业	1 171 278	855 472	158 588	27 381	68 468	11 651
集体企业	90 257	83 290	174	1 658	2 565	407
股份合作企业	160 407	145 346	853	3 400	2 333	638
联营企业	3 895	3 598		106	104	
其他联营企业	3 895	3 598		106	104	
有限责任公司	2 030 153	1 705 388	10 956	89 966	110 952	20 212
国有独资公司	1 056 647	931 491	3 658	20 664	64 335	11 566
其他有限责任公司	973 506	773 897	7 298	69 302	46 618	8 646
股份有限公司	744 395	574 337	4 447	58 717	54 223	13 128
私营企业	788 364	593 892	23 130	58 790	16 307	3 434
私营独资企业	109 572	89 746	1 799	4 962	1 598	726
私营合伙企业	32 890	27 551	564	604	224	43
私营有限责任公司	533 675	387 814	18 670	48 815	12 557	2 309
私营股份有限公司	112 227	88 781	2 098	4 409	1 927	356
港、澳、台商投资企业	508 417	435 500	5 153	13 582	19 096	3 152
合资经营企业（港或澳、台资）	337 031	292 582	535	8 196	8 566	2 263
合作经营企业（港或澳、台资）	15 105	12 238		449	568	67
港澳台商独资企业	91 023	76 810	533	4 569	4 992	399
港澳台商投资股份有限公司	65 258	53 870	4 085	368	4 971	423
外商投资企业	1 597 701	1 237 789	23 420	109 662	100 263	11 968
中外合资经营企业	438 899	320 725	4 203	47 961	21 704	7 022
中外合作经营企业	25 176	17 340		4 703	1 236	68
外资企业	102 705	83 878	412	512	2 747	939
外商投资股份有限公司	1 030 921	815 845	18 804	56 487	74 577	3 939
二、按企业经济类型分						
独资企业	1 564 836	1 189 195	161 506	39 083	80 370	14 123
国有企业	1 171 278	855 472	158 588	27 381	68 468	11 651
集体企业	90 257	83 290	174	1 658	2 565	407
私营独资企业	109 572	89 746	1 799	4 962	1 598	726
港澳台商独资经营企业	91 023	76 810	533	4 569	4 992	399
外资企业	102 705	83 878	412	512	2 747	939
合作、合伙企业	237 473	206 072	1 417	9 261	4 465	816
股份合作企业	160 407	145 346	853	3 400	2 333	638
其他联营企业	3 895	3 598		106	104	
私营合伙企业	32 890	27 551	564	604	224	43
港或澳、台资合作经营企业	15 105	12 238		449	568	67
中外合作经营企业	25 176	17 340		4 703	1 236	68
股份有限公司	1 952 801	1 532 834	29 434	119 980	135 697	17 846
股份有限公司（内资）	744 395	574 337	4 447	58 717	54 223	13 128
私营股份有限公司	112 227	88 781	2 098	4 409	1 927	356
港澳台商投资股份有限公司	65 258	53 870	4 085	368	4 971	423
外商投资股份有限公司	1 030 921	815 845	18 804	56 487	74 577	3 939
有限责任公司	3 339 757	2 706 509	34 364	194 938	153 780	31 807
国有独资公司	1 056 647	931 491	3 658	20 664	64 335	11 566
私营有限责任公司	533 675	387 814	18 670	48 815	12 557	2 309

项目	主营业务收入	主营业务成本	主营业务税金及附加	营业费用	管理费用	财务费用
港澳台合资经营企业	337 031	292 582	535	8 196	8 566	2 263
中外合资经营企业	438 899	320 725	4 203	47 961	21 704	7 022
其他有限责任公司	973 506	773 897	7 298	69 302	46 618	8 646
三、总计中：						
亏损企业	609 321	567 468	2 988	9 792	46 314	13 051
国有控股企业	4 346 421	3 499 548	185 837	170 018	274 433	41 790
农村工业	51 419	41 524	722	3 466	733	240
四、按轻重工业分						
轻　工　业	3 296 393	2 387 405	195 978	252 948	152 283	30 639
重　工　业	3 798 474	3 247 205	30 743	110 313	222 029	33 951
五、按企业规模分						
大型企业	2 903 429	2 380 972	40 168	162 631	179 698	22 730
中型企业	2 264 588	1 678 848	169 894	129 383	126 086	28 971
小型企业	1 926 850	1 574 791	16 658	71 248	68 528	12 890
六、按工业行业大类分						
非金属矿采选业	6 700	5 375	8	455	570	211
农副食品加工业	397 458	346 691	533	11 085	10 315	1 990
食品制造业	167 411	136 464	546	10 937	5 656	957
饮料制造业	92 401	62 793	4 086	9 497	4 876	487
烟草制品业	357 919	121 341	154 220	14 156	23 569	3 319
纺　织　业	375 480	310 596	6 069	13 472	7 780	1 325
纺织服装、鞋、帽制造业	141 394	116 469	2 128	6 679	4 295	1 266
皮革、毛皮、羽毛（绒）及其制品业	14 896	13 631	98	359	339	51
木材加工及木、竹、藤、棕、草制品业	26 641	20 335	246	705	511	528
家具制造业	6 472	4 224	31	132	165	53
造纸及纸制品业	144 521	112 910	296	1 150	6 474	4 649
印刷业和记录媒介的复制	157 073	120 899	1 894	3 042	13 135	1 121
文教体育用品制造业	27 261	24 272	339	676	503	126
石油加工、炼焦及核燃料加工业	16 108	13 687	51	390	210	97
化学原料及化学制品制造业	236 825	202 642	2 272	5 724	7 820	2 203
医药制造业	728 967	431 255	18 999	170 134	49 608	9 007
化学纤维制造业	152 260	147 003	98	308	3 825	2 371
橡胶制品业	68 549	58 479	215	3 030	1 885	104
塑料制品业	47 251	37 896	350	1 425	1 563	306
非金属矿物制品业	228 973	195 461	779	7 430	6 270	1 956
黑色金属冶炼及压延加工业	834 560	780 961	3 134	7 492	21 973	6 887
有色金属冶炼及压延加工业	162 457	145 049	499	3 740	4 922	1 290
金属制品业	105 652	89 578	1 079	1 651	5 294	1 395
通用设备制造业	108 784	89 242	543	5 103	8 342	1 385
专用设备制造业	103 603	82 616	583	3 706	7 944	1 725
交通运输设备制造业	1 406 167	1 138 960	19 460	59 328	108 471	9 099
电气机械及器材制造业	476 677	400 791	6 233	12 864	21 874	4 812
通信设备、计算机及其他电子设备制造业	245 450	196 498	482	4 737	21 395	2 051
仪器仪表及文化、办公用机械制造业	12 263	9 628	43	417	951	182
工艺品及其他制造业	28 209	25 448	67	459	328	124
废弃资源和废旧材料回收加工业	7 589	6 461	75	19	68	4
电力、热力的生产和供应业	165 687	156 980	799	657	17 300	2 894
燃气生产和供应业	3 381	2 200			269	
水的生产和供应业	39 833	27 778	469	2 302	5 814	618

项目	营业利润	投资收益	补贴收入	营业外收入	利润总额	应交所得税
总计	**332 598**	**14 997**	**7 027**	**5 353**	**341 750**	**62 779**
一、按登记注册类型分						
内资企业	202 379	6 404	5 647	2 878	204 075	48 260
国有企业	40 109	1 813	1 038	693	37 630	20 746
集体企业	1 649	32	228	24	1 722	32
股份合作企业	2 740	16	56	24	2 818	37
联营企业	88				88	22
其他联营企业	88				88	22
有限责任公司	70 578	－3 847	2 907	1 416	66 442	13 606
国有独资公司	26 267	－2 751	2 025	730	24 997	7 706
其他有限责任公司	44 311	－1 096	883	686	41 446	5 900
股份有限公司	35 389	8 314	1 103	404	43 883	7 327
私营企业	51 826	76	314	318	51 492	6 489
私营独资企业	3 686	66	10	26	3 663	345
私营合伙企业	584			6	577	5
私营有限责任公司	41 399	10	304	286	41 473	5 960
私营股份有限公司	6 157				5 779	180
港、澳、台商投资企业	14 082		235	613	13 501	515
合资经营企业（港或澳、台资）	12 602		211	385	13 153	412
合作经营企业（港或澳、台资）	406			26	432	
港澳台商独资企业	217		24	133	－1 008	71
港澳台商投资股份有限公司	856			69	925	32
外商投资企业	116 138	8 594	1 145	1 863	124 174	14 005
中外合资经营企业	26 886	－389	305	722	26 481	768
中外合作经营企业	1 939			135	2 052	97
外资企业	12 701		240		12 939	890
外商投资股份有限公司	74 611	8 982	600	1 006	82 702	12 250
二、按企业经济类型分						
独资企业	58 363	1 910	1 541	876	54 946	22 083
国有企业	40 109	1 813	1 038	693	37 630	20 746
集体企业	1 649	32	228	24	1 722	32
私营独资企业	3 686	66	10	26	3 663	345
港澳台商独资经营企业	217		24	133	－1 008	71
外资企业	12 701		240		12 939	890
合作、合伙企业	5 757	16	56	190	5 966	161
股份合作企业	2 740	16	56	24	2 818	37
其他联营企业	88				88	22
私营合伙企业	584			6	577	5
港或澳、台资合作经营企业	406			26	432	
中外合作经营企业	1 939			135	2 052	97
股份有限公司	117 013	17 296	1 703	1 479	133 289	19 789
股份有限公司（内资）	35 389	8 314	1 103	404	43 883	7 327
私营股份有限公司	6 157				5 779	180
港澳台商投资股份有限公司	856			69	925	32
外商投资股份有限公司	74 611	8 982	600	1 006	82 702	12 250
有限责任公司	151 466	－4 225	3 727	2 808	147 549	20 746
国有独资公司	26 267	－2 751	2 025	730	24 997	7 706
私营有限责任公司	41 399	10	304	286	41 473	5 960

项目	营业利润	投资收益	补贴收入	营业外收入	利润总额	应交所得税
港澳台合资经营企业	12 602		211	385	13 153	412
中外合资经营企业	26 886	－389	305	722	26 481	768
其他有限责任公司	44 311	－1 096	883	686	41 446	5 900
三、总计中：						
亏损企业	－34 290	－1 967	2 823	927	－36 396	179
国有控股企业	174 241	15 752	5 140	3 339	186 495	48 499
农村工业	2 648				2 648	48
四、按轻重工业分						
轻　工　业	191 739	－357	1 698	2 344	189 428	35 431
重　工　业	140 860	15 354	5 329	3 010	152 322	27 348
五、按企业规模分						
大 型 企 业	133 798	7 684	2 936	1 996	141 103	28 434
中 型 企 业	108 201	5 740	1 123	1 833	107 823	30 013
小 型 企 业	90 599	1 573	2 969	1 525	92 824	4 332
六、按工业行业大类分						
非金属矿采选业	20		166	18	98	
农副食品加工业	15 605		185	286	15 891	872
食品制造业	10 221		95	346	10 145	666
饮料制造业	10 421	－394	3	143	9 940	448
烟草制品业	39 959	70	45	13	38 480	14 038
纺　织　业	9 555	－100	119	112	9 175	379
纺织服装、鞋、帽制造业	3 047		158	159	3 269	93
皮革、毛皮、羽毛（绒）及其制品业	317		8	3	213	4
木材加工及木、竹、藤、棕、草制品业	1 478				1 471	225
家具制造业	646				646	1
造纸及纸制品业	11 406	－8		43	11 441	21
印刷业和记录媒介的复制	14 069	117	23	185	13 996	4 672
文教体育用品制造业	1 345				1 345	
石油加工、炼焦及核燃料加工业	284	6			290	2
化学原料及化学制品制造业	7 378	1 224	494	168	8 777	1 189
医药制造业	45 344	－249	503	508	45 107	11 209
化学纤维制造业	－1 346		38	91	－2 090	
橡胶制品业	2 608			5	1 274	84
塑料制品业	2 705	38		15	2 721	149
非金属矿物制品业	13 793	5	648	136	14 105	432
黑色金属冶炼及压延加工业	14 816	86	25	96	14 100	4 850
有色金属冶炼及压延加工业	5 064	18	25	184	4 419	1 048
金属制品业	2 709	107	78	12	2 646	692
通用设备制造业	2 796	148	575	147	3 325	390
专用设备制造业	6 790		113	89	5 303	1 892
交通运输设备制造业	84 361	5 941	2 785	1 533	91 461	13 373
电气机械及器材制造业	17 026	－474	42	723	15 275	1 656
通信设备、计算机及其他电子设备制造业	18 377	1 624	663	135	20 291	2 140
仪器仪表及文化、办公用机械制造业	880			2	875	111
工艺品及其他制造业	387	1		9	397	1
废弃资源和废旧材料回收加工业	22		220		68	
电力、热力的生产和供应业	－13 072	6 672		76	－6 555	326
燃气生产和供应业	337				306	
水的生产和供应业	3 254	169	14	115	3 548	1 818

10－7 续表7－1　　(2005年)　　单位：万元

项　　　目	亏损企业亏损总额	利税总额	本年应付工资总额	本年应付福利费总额	本年应交增值税	工业中间投入合计
总　　计	**36 396**	**825 250**	**300 585**	**35 002**	**256 466**	**5 207 478**
一、按登记注册类型分						
内资企业	30 827	589 484	236 794	28 393	187 000	3 601 341
国有企业	18 436	259 182	53 006	5 605	62 965	768 357
集体企业	134	3 208	3 057	300	1 311	67 297
股份合作企业	107	5 625	4 011	343	1 954	112 873
联营企业		88	116	16		2 711
其他联营企业		88	116	16		2 711
有限责任公司	9 649	142 211	113 050	14 969	64 552	1 546 467
国有独资公司	3 928	58 992	66 794	8 744	30 299	827 403
其他有限责任公司	5 721	83 220	46 257	6 225	34 253	719 064
股份有限公司	2 154	80 289	40 051	5 165	31 958	567 068
私营企业	347	98 881	23 503	1 995	24 260	536 569
私营独资企业	16	7 304	3 980	324	1 842	79 091
私营合伙企业		2 054	963	83	913	21 865
私营有限责任公司	321	79 549	14 447	1 225	19 407	360 506
私营股份有限公司	11	9 974	4 112	363	2 098	75 106
港、澳、台商投资企业	2 570	21 989	14 697	1 368	3 334	355 704
合资经营企业（港或澳、台资）	97	16 133	9 173	963	2 445	225 514
合作经营企业（港或澳、台资）		433	500	70	1	10 906
港澳台商独资企业	2 473	231	4 551	263	706	73 616
港澳台商投资股份有限公司		5 192	474	73	182	45 668
外商投资企业	2 998	213 778	49 094	5 242	66 132	1 250 433
中外合资经营企业	1 135	47 324	13 421	1 712	16 639	318 056
中外合作经营企业		3 169	1 711	193	1 117	18 299
外资企业	1 863	15 824	2 862	395	2 420	84 697
外商投资股份有限公司		147 462	31 100	2 942	45 956	829 382
二、按企业经济类型分						
独资企业	22 921	285 748	67 456	6 886	69 245	1 073 057
国有企业	18 436	259 182	53 006	5 605	62 965	768 357
集体企业	134	3 208	3 057	300	1 311	67 297
私营独资企业	16	7 304	3 980	324	1 842	79 091
港澳台商独资经营企业	2 473	231	4 551	263	706	73 616
外资企业	1 863	15 824	2 862	395	2 420	84 697
合作、合伙企业	107	11 368	7 300	705	3 985	166 653
股份合作企业	107	5 625	4 011	343	1 954	112 873
其他联营企业		88	116	16		2 711
私营合伙企业		2 054	963	83	913	21 865
港或澳、台资合作经营企业		433	500	70	1	10 906
中外合作经营企业		3 169	1 711	193	1 117	18 299
股份有限公司	2 165	242 917	75 737	8 543	80 194	1 517 224
股份有限公司（内资）	2 154	80 289	40 051	5 165	31 958	567 068
私营股份有限公司	11	9 974	4 112	363	2 098	75 106
港澳台商投资股份有限公司		5 192	474	73	182	45 668
外商投资股份有限公司		147 462	31 100	2 942	45 956	829 382
有限责任公司	11 202	285 217	150 091	18 868	103 043	2 450 544
国有独资公司	3 928	58 992	66 794	8 744	30 299	827 403
私营有限责任公司	321	79 549	14 447	1 225	19 407	360 506

项目	亏损企业亏损总额	利税总额	本年应付工资总额	本年应付福利费总额	本年应交增值税	工业中间投入合计
港澳台合资经营企业	97	16 133	9 173	963	2 445	225 514
中外合资经营企业	1 135	47 324	13 421	1 712	16 639	318 056
其他有限责任公司	5 721	83 220	46 257	6 225	34 253	719 064
三、总计中：						
亏损企业	36 396	-20 373	49 163	6 206	12 816	471 155
国有控股企业	26 928	554 412	209 198	24 787	181 862	3 256 453
农村工业	17	4 087	2 014	81	718	34 880
四、按轻重工业分						
轻　工　业	11 369	518 749	117 288	13 085	133 344	2 209 611
重　工　业	25 026	306 501	183 297	21 917	123 122	2 997 867
五、按企业规模分						
大型企业	6 019	293 385	133 042	15 723	112 075	2 281 202
中型企业	18 211	376 607	89 452	11 310	98 890	1 537 401
小型企业	12 166	155 258	78 091	7 970	45 500	1 388 876
六、按工业行业大类分						
非金属矿采选业		219	154	3	113	4 179
农副食品加工业	387	18 937	9 558	1 239	2 514	286 078
食品制造业	225	14 732	5 583	1 478	4 040	127 587
饮料制造业	7	19 350	3 835	690	5 324	66 326
烟草制品业		234 227	9 000	1 260	41 527	135 911
纺　织　业	426	24 570	19 064	1 765	9 326	252 851
纺织服装、鞋、帽制造业	1 016	7 515	7 924	505	2 118	96 723
皮革、毛皮、羽毛（绒）及其制品业	9	671	949	91	359	11 320
木材加工及木、竹、藤、棕、草制品业		2 23 6	511	43	519	17 385
家具制造业		797	292	21	121	3 833
造纸及纸制品业	144	13 757	2 100	65	2 021	105 708
印刷业和记录媒介的复制	1 395	23 541	10 495	1 315	7 652	113 599
文教体育用品制造业		1 905	1 063	117	221	19 646
石油加工、炼焦及核燃料加工业		520	140	13	179	12 171
化学原料及化学制品制造业	1 893	17 431	8 078	1 000	6 381	177 824
医药制造业	2 442	113 232	27 062	2 370	49 127	499 061
化学纤维制造业	2 123	-536	2 286	299	1 456	113 732
橡胶制品业		1 933	2 269	92	444	56 745
塑料制品业	15	4 241	2 003	174	1 170	32 525
非金属矿物制品业	502	20 137	5 916	741	5 252	163 044
黑色金属冶炼及压延加工业	18	46 848	32 506	3 589	29 615	704 537
有色金属冶炼及压延加工业	33	9 847	3 489	601	4 929	127 452
金属制品业	2 530	5 795	5 521	1 155	2 018	89 882
通用设备制造业	816	7 099	7 565	975	3 232	84 259
专用设备制造业	899	9 201	11 896	1 180	3 092	79 801
交通运输设备制造业	4 404	158 982	67 119	7 903	48 022	1 098 712
电气机械及器材制造业	4 507	27 925	13 441	1 368	6 418	327 466
通信设备、计算机及其他电子设备制造业	649	28 592	15 509	2 119	7 819	207 435
仪器仪表及文化、办公用机械制造业		1 358	844	46	441	7 885
工艺品及其他制造业	647	973	833	84	509	22 744
废弃资源和废旧材料回收加工业		686	68	4	543	5 068
电力、热力的生产和供应业	11 228	3 191	18 892	2 111	8 947	132 743
燃气生产和供应业		346	210		40	2 644
水的生产和供应业	80	4 995	4 412	587	978	20 600

10－8　规模以上工业企业经济效益指数

（2005年）　　　　单位：%

项　　目	工业经济效益综合指数	总资产贡献率	资本保值增值率	资产负债率	流动资产周转率	成本费用利润率	全员劳动生产率	工业产品销售率
总　　计	**165.73**	**11.69**	**100.84**	**58.39**	**2.03**	**5.31**	**107 391**	**98.34**
一、按登记注册类型分								
内资企业	157.26	12.16	83.64	59.77	2.09	4.53	99 335	99.33
国有企业	182.79	20.73	72.48	67.15	1.93	3.91	127 143	100.91
中央企业	472.28	52	113.55	52.78	1.81	14.32	431 938	105.3
地方企业	86.93	2.53	51.54	75.52	2.02	－0.42	59 929	97.96
集体企业	124.41	8.31	－13.58	102.4	4.37	1.96	75 785	97.02
股份合作企业	190.19	11.46	33.03	54.75	5.35	1.86	130 618	99.34
联营企业	149.99	5.91	－133.43	32.35	3.63	2.3	88 385	95
其他联营企业	148.45	5.91	108.45	32.35	3.63	2.3	88 385	95
有限责任公司	132.25	6.99	116.12	62.7	1.85	3.45	78 531	100.46
国有独资公司	125.25	4.86	158.18	68.59	1.5	2.43	79 005	102.03
其他有限责任公司	146.85	10.6	91.26	52.7	2.5	4.61	78 204	98.87
股份有限公司	150.48	8.2	59.66	50.35	1.63	6.27	103 003	96.04
私营企业	236.11	26.53	161.06	41.35	4.47	7.66	110 321	97.62
私营独资企业	180.66	17.14	95.26	45.17	4.75	3.78	82 285	95.48
私营合伙企业	255.76	29.17	108	52.03	8.64	2.03	113 407	97.27
私营有限责任公司	258.07	28.65	185.17	40.74	4.13	9.19	130 581	98.15
私营股份有限公司	210.73	22.47	146.74	39.55	5.5	6.05	77 249	97.49
其他企业								
港、澳、台商投资企业	160.39	4.95	129.87	60.19	1.91	2.86	131 021	94.62
合资经营企业（港或澳、台资）	207.18	9.26	117.45	65.43	3.49	4.22	165 399	97.61
合作经营企业（港或澳、台资）	206.58	5.73	79.48	34.99	5.19	3.24	159 525	96.94
港澳台商独资企业	112.17	0.51	165.61	34.44	2.05	－1.16	82 717	82.08
港澳台商投资股份有限公司	125.12	3.71	102.86	78.08	0.53	1.55	120 853	100
外商投资企业	223.02	12.07	280.56	54.06	1.88	8.51	144 048	96.38
中外合资经营企业	196.5	7.02	198	53.58	1.92	6.66	145 546	93.89
中外合作经营企业	199.28	16.69	132.24	61.47	2.72	8.79	103 294	120.06
外资企业	246.29	24.54	132.29	45.11	3.78	14.69	108 088	92.53
外商投资股份有限公司	193.88	14.98		54.88	1.77	8.7	149 150	97.39
二、按经济组织类型分								
独资企业	176.83	18.77	81.75	63.78	2.17	4.15	114 787	98.48
国有企业	182.79	20.73	72.48	67.15	1.93	3.91	127 143	100.91
集体企业	124.41	8.31	－13.58	102.4	4.37	1.96	75 785	97.02
私营独资企业	180.66	17.14	95.26	45.17	4.75	3.78	82 285	95.48
港澳台商独资经营企业	112.17	0.51	165.61	34.44	2.05	－1.16	82 717	82.08
外资企业	246.29	24.54	132.29	45.11	3.78	14.69	108 088	92.53
合作、合伙企业	193.02	13.34	47.25	53.7	5.05	2.7	125 615	100.66
股份合作企业	190.19	11.46	33.03	54.75	5.35	1.86	130 618	99.34
其他联营企业	148.45	5.91	108.45	32.35	3.63	2.3	88 385	95
私营合伙企业	255.76	29.17	108	52.03	8.64	2.03	113 407	97.27
港或澳、台资合作经营企业	206.58	5.73	79.48	34.99	5.19	3.24	159 525	96.94
中外合作经营企业	199.28	16.69	132.24	61.47	2.72	8.79	103 294	120.06
其他企业（内资）								
股份有限公司	171.77	11.1	82.35	53.87	1.65	7.38	116 750	96.95
股份有限公司（内资）	150.48	8.2	59.66	50.35	1.63	6.27	103 003	96.04
私营股份有限公司	210.73	22.47	146.74	39.55	5.5	6.05	77 249	97.49
港澳台商投资股份有限公司	125.12	3.71	102.86	78.08	0.53	1.55	120 853	100
外商投资股份有限公司	193.88	14.98		54.88	1.77	8.7	149 150	97.39
有限责任公司	158.97	8.85	136.57	59.1	2.15	4.78	98 229	98.93

项 目	工业经济效益综合指数	总资产贡献率	资本保值增值率	资产负债率	流动资产周转率	成本费用利润率	全员劳动生产率	工业产品销售率
国有独资公司	125.25	4.86	158.18	68.59	1.5	2.43	79 005	102.03
私营有限责任公司	258.07	28.65	185.17	40.74	4.13	9.19	130 581	98.15
港澳台合资经营企业	207.18	9.26	117.45	65.43	3.49	4.22	165 399	97.61
中外合资经营企业	196.5	7.02	198	53.58	1.92	6.66	145 546	93.89
其他有限责任公司	146.85	10.6	91.26	52.7	2.5	4.61	78 204	98.87
三、在总计中:								
亏损企业	42.6	－0.65	42.69	82.12	1.34	－5.72	44 835	102.58
国有控股企业	157.85	11.66	85.87	61.6	1.8	4.68	105 844	99.64
农村工业	236.08	29.27	93.94	42.66	7.65	5.76	76 210	99.21
四、按轻重工业分								
轻 工 业	197.8	17.21	125.33	55.47	2.38	6.71	123 401	98.27
重 工 业	139.91	7.69	84.57	60.51	1.79	4.22	91 515	98.4
五、按企业规模分								
大型企业	160.38	10.02	120.58	61.93	1.81	5.14	104 738	99.36
中型企业	190.49	14.23	92.54	56.78	1.91	5.49	143 207	97.73
小型企业	154.9	10.45	95.85	54.22	2.73	5.37	82 727	97.57
六、按工业行业大类分								
非金属矿采选业	112.05	8.79	84.18	47.7	2.14	1.48	53 041	100
农副食品加工业	192.7	9.96	105.32	55.99	4.57	4.29	121 022	99.02
食品制造业	186.84	15.07	89.86	55.81	3.91	6.59	95 796	97.31
饮料制造业	212.01	20.02	114.78	44.58	1.79	12.8	112 936	94.93
烟草制品业	1 468.82	72.05	114.94	49.58	1.8	23.7	1 955 582	106.85
纺 织 业	152.87	12.84	105.82	62.44	4.15	2.75	64 031	98.71
纺织服装、鞋、帽制造业	149.64	11.57	129.47	61.11	4.15	2.54	58 337	97.18
皮革、毛皮、羽毛(绒)及其制品业	186.55	4.45	671.77	45.89	3.71	1.48	36 294	92.21
木材加工及木、竹、藤、棕、草制品业	263.85	14.66	160.75	52.14	4.33	6.66	200 454	100.51
家具制造业	219.60	19.25	207.44	29.96	3.78	14.12	66 201	98.08
造纸及纸制品业	2 396.62	4.53	16 364.19	66.34	1.73	9.14	218 338	90.43
印刷业和记录媒介的复制	176.21	12.43	114.39	41.54	1.86	10.13	92 515	96.28
文教体育用品制造业	174.88	15.81	92.33	35.16	5.73	5.26	52 072	96.8
石油加工、炼焦及核燃料加工业	473.6	24.72	57.05	51.38	16.4	2.02	371 051	99.46
化学原料及化学制品制造业	161.6	8.82	151.99	50.03	2.75	4.02	94 585	97.62
医药制造业	199.82	16.45	112.11	47.45	2.15	6.83	135 075	97.66
化学纤维制造业	180.88	0.96	81.49	77.49	3.91	－1.36	189 003	99.77
橡胶制品业	162.9	1.99	174.49	38.13	1.76	2.01	145 378	80.45
塑料制品业	153.24	8.76	183.61	74.31	2.17	6.61	74 638	96.45
非金属矿物制品业	205.72	12.55	102.68	49.57	3.92	6.68	130 917	98.58
黑色金属冶炼及压延加工业	150.15	8.48	108.47	68.48	2.73	1.73	104 580	100.2
有色金属冶炼及压延加工业	226.51	7.39	250.88	64.1	3.51	2.85	180 597	100.61
金属制品业	121.62	4.71	119.76	65.9	1.83	2.7	75 717	92.42
通用设备制造业	98.34	5.06	68.26	72.04	1.14	3.19	57 562	97.35
专用设备制造业	107.02	5.64	135.69	54.16	1.3	5.52	33 136	93.33
交通运输设备制造业	147.7	9.67	50.46	62.59	1.43	6.95	95 261	100.06
电气机械及器材制造业	144.93	5.66	112.56	69.76	1.31	3.47	117 113	97.75
通信设备、计算机及其他电子设备制造业	165.45	11.78	125.09	39.33	1.66	9.03	84 811	95.41
仪器仪表及文化、办公用机械制造业	131.08	9	76.78	41.73	1.06	7.83	63 988	97.83
工艺品及其他制造业	223.09	12.46	182.98	55.74	7.16	1.51	121 483	99.44
废弃资源和废旧材料回收加工业	509.85	37.1	724.2	64.73	10.1	1.04	357 380	97.12
电力、热力的生产和供应业	92.08	1.68	104.39	53.61	2.59	－3.69	63 085	97.14
燃气生产和供应业	101.64	3.54		68.16	0.51	12.38	33 338	100
水的生产和供应业	148.67	3.06	89.38	46.82	0.66	9.72	106 526	83.18

10－9　规模以上工业企业能源购进、消费与库存

（2005年）　　　　　　　　　　　　　　　　单位：吨

项　　　　目	年初库存	购进量		消费量					年末库存
		实物量	金额（万元）	消费合计	工业生产消费	#用于原材料	非工业生产消费	合计中：车辆用油	
原　　煤	138 725	3 624 305	126 272	3 584 450	3 584 238	319 467	212		243 091
洗精煤	5 839	681 622	55 135	713 873	713 873				34 994
其他洗煤	32	620	26	630	630				12
型　　煤	609	8 573	379	210 462	210 460		2		554
焦　　炭	2 820	418 097	44 306	855 613	855 613				28 917
焦炉煤气（万立方米）		3 560	1 044	23 078	18 153		4 925		
液化天然气		129	60	129	129				
汽　　油	70	5 089	2 077	5 111	3 783		1 328	1 261	61
煤　　油	14	1 323	578	1 323	1 310		13		8
柴　　油	840	24 038	9 182	24 074	21 733		2 341	3 138	758
燃料油	1 655	25 631	7 128	25 079	25 079				2 206
液化石油气	21	271	131	163	163				1
热　　力（百万千焦）		2 378 893	6 830	2 378 893	2 378 893				
电　　力（万千瓦时）		352 913	187 824	380 779	370 937		9 842		
其他燃料（吨标准煤）		582	36	582	582				

10－10　规模以上工业企业水消费量

（2005年）

项　　　　目	水消费数量（万立方米）	水消费金额（万元）
工业取水总量	41 599	9 887
1.地　表　水	37 093	5 629
2.地　下　水	1 275	473
3.自　来　水	3 232	3 785
重复用水	19 876	

10－11 规模以上工业企业主要能源库存量

（2005 年，按行业分） 单位：吨

项目	原煤	洗精煤	其他洗煤	型煤	焦炭	汽油	煤油	柴油	燃料油	液化石油气
总计	**243 091**	**34 994**	**12**	**554**	**28 917**	**61**	**8**	**758**	**2 206**	**1**
农副食品加工业	470		12					1		
食品制造业	1 892					3		14		
饮料制造业	3 131									
烟草制品业										
纺织业	6 525					13	1	14		
纺织服装、鞋、帽制造业						1		3		
皮革、毛皮、羽毛（绒）及其制品业	3									
木材加工及木、竹、藤、棕、草制品业	57							2		
造纸及纸制品业	3 173									
印刷业和记录媒介的复制	1					11	6	2		
文教体育用品制造业	12									
石油加工、炼焦及核燃料加工业				12						
化学原料及化学制品制造业	24 945	2				1		9		
医药制造业	2 636							3		
化学纤维制造业	310									
橡胶制品业	1					3		11	294	
塑料制品业	71	35								
非金属矿物制品业	11 110	303						17	150	
黑色金属冶炼及压延加工业	12 325	34 477		542	28 238	12		5	445	
有色金属冶炼及压延加工业	6					5		4		1
金属制品业	153									
通用设备制造业	2	5								
专用设备制造业	23					4		6		
交通运输设备制造业	29	172			679	6	1	19		
电气机械及器材制造业	332					2		32		
设备、计算机及其他电子设备制造业								6		
工艺品及其他制造业	204							1		
电力、热力的生产和供应业	175 680							609	1 317	

10－12　规模以上工业企业主要能源消费量

（2005年，按行业分）　　单位：吨

项　　目	原　煤	洗精煤	其他洗煤	型　煤	焦　炭	焦炉煤气（万立方米）	液化天然气（万立方米）
总　计	**3 584 450**	**713 873**	**630**	**210 462**	**855 613**	**23 078**	**129**
非金属矿采选业							
农副食品加工业	15 560		620				
食品制造业	40 296	300					
饮料制造业	53 257						
烟草制品业	10 498	5 398					
纺　织　业	75 579	1 542					
纺织服装、鞋、帽制造业	180						
皮革、毛皮、羽毛（绒）及其制品业	128						
木材加工及木、竹、藤、棕、草制品业	3 133						
家具制造业							
造纸及纸制品业	50 449	25		1 810			
印刷业和记录媒介的复制	540						
文教体育用品制造业	603						
石油加工、炼焦及核燃料加工业	110			420			
化学原料及化学制品制造业	396 490	506		200 314			
医药制造业	110 841						
化学纤维制造业	7 159						
橡胶制品业	169	1 050					
塑料制品业	3 216	180					
非金属矿物制品业	212 835	2 150					80
黑色金属冶炼及压延加工业	285 804	692 648		6 700	849 259	19 518	
有色金属冶炼及压延加工业	16 088	2 321			20		49
金属制品业	4 319	1 790	10				
通用设备制造业	342	478			67		
专用设备制造业	166			1 218	898		
交通运输设备制造业	46 954	3 491			5 342		
电气机械及器材制造业	5 923	1 994			27		
设备、计算机及其他电子设备制造业							
仪器仪表及文化、办公用机械制造业							
工艺品及其他制造业	2 948						
废弃资源和废旧材料回收加工业							
电力、热力的生产和供应业	2 240 863						
燃气生产和供应业						3 560	
水的生产和供应业							

10－12　续表　　　　　　　　（2005 年，按行业分）　　　　　　　　单位：吨

项　　目	汽　油	煤　油	柴　油	燃料油	液　化 石油气	热　力 （百万 千焦）	电　力 （万千 瓦时）	其　他 燃　料 （吨标煤）
总　　计	**5 111**	**1 323**	**24 074**	**25 079**	**163**	**2 378 893**	**380 779**	**582**
非金属矿采选业			1 599				243	
其他采矿业								
农副食品加工业	646		1 135	35			5 487	
食品制造业	50		843	26			3 462	
饮料制造业	37		67				4 495	
烟草制品业	129		2 316				2 323	
纺　织　业	389	9	681	77			17 294	
纺织服装、鞋、帽制造业	19	97	279	24			3 056	
皮革、毛皮、羽毛（绒）及其制品业	5						247	
木材加工及木、竹、藤、棕、草制品业	45		36				494	
家具制造业							99	
造纸及纸制品业	22		8				45 033	
印刷业和记录媒介的复制	417	33	1 099		5		3 761	
文教体育用品制造业	10		2				637	
石油加工、炼焦及核燃料加工业							258	
化学原料及化学制品制造业	155	6	1 315	119		2 378 893	52 795	
医药制造业	240	29	296	56			11 031	
化学纤维制造业	16		34				13 495	
橡胶制品业	231		249	6 587			3 123	
塑料制品业	18		14				2 397	
非金属矿物制品业	57	17	1 756	2 024	130		12 225	
黑色金属冶炼及压延加工业	240		2 038	11 615			106 985	
有色金属冶炼及压延加工业	662		1 898	150	20		6 028	582
金属制品业	31	32	247	25			3 928	
通用设备制造业	70		193	7			1 888	
专用设备制造业	237	2	334	26			4 594	
交通运输设备制造业	847	1 097	6 346	844	8		28 595	
电气机械及器材制造业	139	1	149	59			5 697	
设备、计算机及其他电子设备制造业	60		101	25			1 859	
仪器仪表及文化、办公用机械制造业	1						97	
工艺品及其他制造业	15		95	7			193	
废弃资源和废旧材料回收加工业			46	20			167	
电力、热力的生产和供应业	112		601	3 353			28 792	
燃气生产和供应业							971	
水的生产和供应业	211		297				9 032	

10－13　工业园区主要经济指标

项　　目	开发面积（平方公里）	投产工业企业数（个）		招商实际到位资金（万元）		工业增加值（万元）		出口交货值（万元）	
		2005	2004	2005	比上年增长%	2005	比上年增长%	2005	比上年增长%
总　　计	**61.53**	**1 228**	**1 050**	**1 909 234**	**37.5**	**1 630 572**	**16.8**	**367 274**	**39.9**
南昌昌南工业园区	1.91	59	15	37 814	－0.9	19 334	60.5	8 221	－20.0
民营科技园	2.55	160	109	97 380	57.6	94 712	45.0	30 227	7.3
南昌昌东工业园区	4.72	261	247	203 262	12.6	103 709	38.6	29 107	25.7
江西南昌小蓝经济开发区	7.80	81	52	291 109	32.1	185 489	16.5	17 943	－52.0
向塘开发区	6.00	59	59	7 820	－29.0	21 289	－14.9	1 029	11.8
江西新建长堎工业园区	7.00	85	71	186 788	130.0	87 856	45.3	744	－57.0
江西安义工业园区	3.00	40	29	32 088	78.3	22 842	35.2	9 676	16.6
南昌经济技术开发区	9.80	183	180	467 225	2.9	417 156	8.7	114 908	268.0
南昌高新技术产业开发区	11.70	265	242	456 331	41.1	656 557	12.6	155 419	28.2
桑海经济技术开发区	3.54	9	23	122 970	6 138.0	16 272	－10.2		
南昌英雄经济技术开发区	3.51	26	23	6 447		5 356	5.6		

10－13　续表

项　　目	主营业务收入（万元）		利润总额（万元）		税金总额（万元）		从业人员（人）	
	2005	比上年增长%	2005	比上年增长%	2005	比上年增长%	2005	比上年增长%
总　　计	**5 276 726**	**31.6**	**278 876**	**33.1**	**377 567**	**17.4**	**186 865**	**13.3**
南昌昌南工业园区	61 980	82.4	1 327	71	1 744	26.7	6 187	62
民营科技园	299 165	55.1	17 504	29.5	8 009	－4.4	10 534	14.3
南昌昌东工业园区	330 603	56.4	14 470	65.4	17 162	119	14 837	35.9
江西南昌小蓝经济开发区	652 799	30.6	29 833	68.1	28 143	22.5	24 674	24.4
向塘开发区	65 360	0.4	6 744	70.7	2 613	－30	3 984	－10
江西新建长堎工业园区	255 443	85.2	11 683	162	2 850	50.9	11 958	27.6
江西安义工业园区	71 648	55.6	3 216	37.9	2 973	79.3	3 313	41.8
南昌经济技术开发区	1 337 141	20.8	54 648	67.6	26 906	3.7	32 443	－0.2
南昌高新技术产业开发区	2 147 879	28.8	138 527	11.6	282 878	16	73 518	9.1
桑海经济技术开发区	38 577	5.7	－24	减亏 126	3 853	6.2	3 608	－0.6
南昌英雄经济技术开发区	16 132	24	947	－33	437	59.2	1 809	18.8

主 要 统 计 指 标 解 释

工业 指从事自然资源的开采，对采掘品和农产品进行加工再加工的物质生产部门，具体包括：(1) 对自然资源的开采，如采矿、晒盐、森林采伐等（但不包括禽兽捕猎和水产捕捞）；(2) 对农副产品的加工、再加工，如粮油加工、食品加工、轧花、缫丝、纺织、制革等；(3) 对采掘品的加工、再加工，如炼铁、炼钢、炼焦、化工生产、机器制造、木材加工以及自来水、煤气的生产和电力的生产及供应；(4) 对工业品的修理、翻新，如修理机械设备、交通运输工具等。

1984 年以前农村的村及村以下办工业归属农业，1984 年及以后划归工业。

工业统计调查单位 工业统计调查单位分为两类：独立核算法人工业企业和工业活动单位。

(1) 独立核算法人工业企业 是指从事工业生产经营活动的单位。独立核算法人工业应同时具备以下条件：①依法成立，有自己的名称、组织机构和场所，能够承担民事责任；②独立拥有和使用资产，承担负债，有权与其他单位签订合同；③独立核算盈亏，并能够编制资产负债表。

(2) 工业活动单位是指在一个场所从事一种或主要从事一种工业生产活动的经济单位。它包括独立核算工业企业按主营业务活动（即工业生产活动）划分的主营业务活动单位和非工业企业所属的工业生产活动单位（即原非独立核算工业生产单位)。工业活动单位，一般应同时具备以下三个条件：①具有一个场所，从事一种或主要从事一种工业活动；②单独组织工业生产、经营或业务活动；③单独核算收人和支出。

工业企业经济类型 是按企业生产资料和产品归属对象划分企业类型。1992 年以前，执行的是由国家统计局和国家工商行政管理局于 1980 年联合颁发的《关于统计上划分经济类型的暂行规定》及近几年来的补充规定，将我国经济类型划分为：全民所有制、集体所有制、全民与集体合营、全民与大陆私人合营、全民与华侨或港澳台工商业者合营、集体与大陆私人合营、集体与华侨或港澳台工商业者合营、中外合营、华侨或港澳台工商业者经营、外资经营、个体经营、其他等十二种。随着经济体制改革的不断深化和社会经济的发展，我国国民经济结构发生了新的变化。出现了一些新的经济成份，原有的分类已不能反映我国体制格局发展变化的新情况。为此。国家统计局和国家工商行政管理局在调查研究的基础上，联合颁发了修订后的《关于经济类型划分暂行规定》，将我国经济成份划分为九种类型。

1. 国有经济工业　是指生产资料归国家所有的一种经济类型，是社会主义公有制经济的重要组成部分。包括中央和地方各级国家机关、事业单位和社会团体使用国有资产投资举办的企业，也包括实行企业化经营，国家不再核拨经费或核拨部分经费的事业单位和从事经营性活动的社会团体，以及上述企业、事业单位和社会团体使用自有资金投资举办的企业。

2. 集体经济工业　是指生产资料归公民集体所有的一种经济类型，是社会主义公有制经济的组成部分。包括城乡所有用集体投资举办的企业，以及部分个人通过集资自愿放弃所有权并依法经工商行政管理机关认定为集体所有制的企业。

3. 私营经济工业　是生产资料归公民私人所有，以雇佣劳动力为基础的一种经济类型。包括所有按国家法律、规定登记注册的私营独资企业、私营合伙企业和私营有限责任公司。

4. 个体经济工业　是指生产资料归劳动力者个人所有，以个体劳动为基础，劳动成果归劳动者个人占有和支配的一种经济类型。包括所有按国家有关规定登记注册的个体工商户和个人合伙经营者。

5. 联营经济工业　是指不同所有制性质的企业之间或者企业、事业单位之间共同投资组成新的经济实体的一种经济类型。联营经济只包括具备法人条件的紧密型联营企业。

6. 股份制经济工业　是指全部注册资本由全体股东共同出资，并以股份形式投资举办企业而形成的一种经济类型。股份制经济主要有股份有限公司和有限责任公司两种组织形式。国有、集体、联营、私营企业等经济组织虽然以股份制形式经营，但不以股份有限公司或有限责任公司登记注册的，仍按原有所有制性质划归经济类型。

7. 外商投资经济工业　是指国外投资者根据我国有关涉外经济的法律、法规，以合资、合作或独资的形式在大陆境内开办企业而形成的一种经济类型。外商投资经济包括中外合资经营企业、中外合作经营企业和外资企业的三种形式。

8. 港、澳、台投资经济工业　是指港、澳、台地区投资者依照中华人民共和国有关涉外经济的法律、法规，以合资、合作或独资的形式在大陆举办企业而形成的一种经济类型。港、澳、台投资经济参照外商投资经济，可分为合资经营企业、合作经营企业和独资企业三种形式。

9. 其他经济工业　是指以上八种类型之外的其他经济类型。随着经济体制改革的深化，可能会出现新的经济形式，或遇到不易划清的，可列人其他经济类型。

轻工业　指主要提供生活消费品和制作手工工具的工业。按其所使用的原料不同，可分为两大类：(1) 以农产品为原料的轻工业，是指直接或间接以农产品为基本原料的轻工业。主要包括食品制造、饮料制造、烟草加工、纺织、缝纫、皮革和毛皮制作、造纸以及印刷等工业；(2) 以非农产品为原料的轻工业，是指以工业品为原料的轻工业。主要包括文教体育用品、化学药品制造、合成纤维制造、日用化学制品、日用玻璃制品、日用金属制品、手工工具制造、医疗器械制造、文化和办公用机械制造等工业。

重工业　是指为国民经济各部门提供物质技术基础的主要生产资料的工业。按其生产性质和产品用途，可以分为下列三类：(1) 采掘（伐）工业，是指对自然资源的开采，包括石油开采、煤炭开采、金属矿开采、非金属矿开采和木材采伐等工业；(2) 原材料工业，指向国民经济各部门提供基本材料、动力和燃料的工业。包括金属冶炼及加工、炼焦及焦炭化学、化工原料、水泥、人造板以及电力、石油和煤炭加工等工业；(3) 加工工业，是指对工业原材料进行再加工制造的工业。包括装备国民经济各部门的机械设备制造工业、金属结构、水泥制品等工业，以及为农业提供的生产资料如化肥、农药等工业。

根据上述划分原则，修理业中以重工业产品为修理作业对象的划为重工业，反之划为轻工业。

大、中、小型企业划分　根据国家经贸委、国家计委、财政部、国家统计局《关于印发中小企业标准暂行规定的通知》（国经贸中小企［2003］143 号），结合统计工作的实际情况，2003 年制定了统计上大中小型企业划分办法（暂定）。它以法人企业或单位作为对企业规模的划分对象，以从业人员数、销售额和资产总额三项指标为划分依据。企业规模的具体划分标准见附表。

指标名称	计算单位	大型	中型	小型
从业人员数	人	2 000 及以上	300 - 2 000 以下	300 以下
销售额	万元	30 000 及以上	3 000 - 30 000 以下	3 000 以下
资产总额	万元	40 000 及以上	4 000 - 40 000 以下	4 000 以下

1. 表中的“工业企业”包括采矿业、制造业、电力、燃气及水的生产和供应业三个行业的企业。

2. 工业企业的销售额以现行统计制度中的年产品销售收入代替；资产总额以现行统计制度中的资产合计代替。

3. 大型和中型企业须同时满足所列各项条件的下限指标，否则下划一档。

4. 企业规模由政府综合统计部门根据上年统计年报每年划分一次。企业规模一经确认，月度统计原则上不进行调整。

工业总产值　是以货币表现的工业企业在一定时期内生产的已出售或可供出售工业产品总量，它反映一定时间内工业生产的总规模和总水平。它包括：在本企业内不再进行加工，经检验、包装入库（规定不需包装的产品除外）的成品价值，工业性作业价值，自制半成品、在产品期末初差额价值。工业总产值采用“工厂法”计算，即以工业企业作为一个整体，按企业工业生产活动的最终成果来计算，企业内部不允许重复计算，不能把企业内部各个车间（分厂）生产的成果相加。但在企业之间、行业之间、地区之间存在着重复计算。

轻重工业总产值的划分也是按“工厂法”计算的，即一个工业企业在正常情况下生产的主要产品的性质属于轻工业，则该企业的全部总产值作为轻工业总产值；一个工业企业生产的主要产品的性质属于重工业，则该企业的全部总产值作为重工业总产值。

工业销售产值 是以货币表现的工业企业是一定时期内销售的本企业生产的工业产品总量。包括已销售的成品、半成品价值，对外提供的工业性作业价值和对本企业基本建设部门、生活福利部门等提供的产品和工业性作业及自制设备的价值。

工业增加值 是指工业企业在报告期内以货币形式表现的工业生产活动的最终成果。是企业全部生产活动的总成果扣除了在生产过程中消耗或转换的物质产品和劳务价值后的余额，即企业生产过程中新增加的价值。

所有者权益 是指企业投资人对企业净资产的所有权，包括企业投资者对企业的投入资本以及形成的资本公积金、盈余公积金和未分配利润等的所有权。

固定资产原值 指企业在建造、购置、安装、改建、扩建、技术改造某项固定资产时所支出的全部货币总额。它一般包括买价、包装费、运杂费和安装费等。

固定资产净值 是指固定资产原价减去历年已提折旧额后的净额。

流动资产 是指可以在一年或者超过一年的一个营业周期内变现或者耗用的资产，包括现金及各种存款、短期投资、应收及预付货款、存货等。

流动负债 是指将在一年或者超过一年的一个营业周期内偿还的债务。包括短期借款、应付票据、应付帐款、预收货款、应付工资、应交税金、应付利润、其他应付款、预提费用等。

产品销售收入 指企业销售产品的销售收人和提供劳务等主要经营业务取得的业务总额。1994 年实施新的税制后，取消了产品税，开征消费税，增值税由价内税改为价外税，因此，产品销售收人中不再含增值税。

利润总额 是指企业实现的利润总额，等于盈利企业的利润额减亏损企业的亏损额。

利税总额 指企业利润总额、产品销售税金及附加和应交增值税之和。

工业经济效益综合指数 是综合衡量工业经济效益各方面在数量上总体水平的一种特殊相对数，是反映工业经济运行质量的总量指标。它是以各项工业经济效益指标实际数值分别除以该项指标的全国标准值并乘以各自权数，加总后除以总权数求得。

工业经济效益综合指数的计算方法：

$$工业经济效益综合指数 = \Sigma\left(\frac{某项经济效益指标报告期数值}{该项指标全国标准值} \times 权数\right) \div 总权数$$

权数是根据上述各项工业经济效益指标在综合经济效益中的重要程度，由专家调查确定的，各项权数之和即是总权数。

工业产品销售率 指报告期销售产值与同期全部工业总产值之比，反映工业产品生产已实现销售的程度。计算公式为：

$$工业产品销售率（\%）=\frac{报告期现价工业销售产值}{报告期现价工业总产值} \times 100\%$$

工业资金利税率 指报告期已实现的利润、税金总额与同期的资产（流动资产和固定资产净值）之比，反映企业资金运用的经济效益指标。

计算公式为：

$$工业资金利税率（\%）=\frac{报告期累计实现利税总额}{报告期平均流动资产+固定资产净值平均余额} \times \frac{12}{累计数} \times 100\%$$

工业增加值率 指报告期工业增加值与同期工业总产值之比，反映降低中间消耗的经济效益指标。

计算公式为：

$$工业增加值率（\%）=\frac{现价工业增加值}{现价工业总产值} \times 100\%$$

工业成本费用利润率 指报告期实现利润与成本费用之比，反映降低成本的经济效益的指标。计算公式为

$$工业成本费用利润率（\%）=\frac{利润总额}{成本费用总额} \times 100\%$$

成本费用总额 指企业的产品销售成本、产品销售费用、管理费用和财务费用之和。由于 1994 年工业财务统计年报中没有财务费用指标，故用利息支出代替（1993 年全省利息支出占财务费用的 91.7%）。

工业全员劳动生产率 指根据产品的价值量指标计算的平均每一个职工在单位时间内的产品生产

量。是考核企业经济活动的重要指标，是企业生产技术水平、经营管理水平、职工技术熟练程度和劳动积极性的综合表现。目前我国的全员劳动生产率是将工业企业的工业增加值除以同一时期全部职工的平均人数来计算的。计算公式：

$$全员劳动生产率（元/人）=\frac{工业增加值}{全部职工平均人数}\times\frac{12}{累计月数}$$

流动资产周转次数 指一定时期内流动资产完成的周转次数，是反映工业企业投入流动资产的周转速度的指标。计算公式为：

$$流动资产周转次数（次）=\frac{报告期累计产品销售收入}{报告期流动资产平均余额}\times\frac{12}{累计月数}$$

资本金 指企业在工商行政管理部门登记的注册资金合计。企业资本金按投资主体可分为国家资本金、法人资本金、个人资本金和外商资本金等。资本金会计包括企业各种投资主体注册的全部资本金。

总资产 指企业拥有或控制的全部资产。包括流动资产、长期投资、固定资产、无形及递延资产、其他长期资产、递延税项等，即为企业资产负债表的资产总计项。

（1）流动资产 指企业可以在一年内或者超过一年的一个生产周期内变现或耗用的资产合计。包括现金及各种存款、短期投资、应收及预付款项、存货等。

（2）固定资产 指企业固定资产净值、固定资产清理、在建工程、待处理固定资产损失所占用的资金合计。

（3）无形资产 指企业长期使用而没有实物形态的资产。包括专利权、非专利技术、商标权、著作权、土地使用权、商誉等。

总负债 指企业承担并需要偿还的全部债务。包括流动负债和长期负债、递延税项等，即为企业资产负债表的负债合计项。

（1）流动负债 指企业在一年内或者超过一年的一个营业周期内需要偿还的债务合计，其中包括短期借款、应付及预收款项、应付工资、应交税金和应交利润等。

（2）长期负债 指企业在一年以上或者超过一年的一个生产周期以上需要偿还的债务合计，其中包括长期借款、应付债务、长期应付款项等。

所有者权益 指企业投资人对企业净资产的所有权。企业净资产等于企业全部资产减去全部负债后的余额，其中包括投资者对企业的最初投人，以及资本公积金、盈余公积金和未分配利润。对股份制企业即为股东权益。

工业企业能源消费 工业企业能源消费指独立核算的法人工业企业在报告期内实际使用的能源数量。能源消费数量分别用价值量和实物量表示。

能源消费 能源消费指独立核算的法人企业在报告期内实际使用的能源的数量，包括主营活动和附营活动实际使用能源数量；并包括由本企业（作为投资单位）代填的乡镇建筑企业为完成本企业建筑项目而实际使用的能源数量。能源消费数量用价值量和实物量表示。

消费的核算原则："谁消费谁统计"，即能源在哪个企业使用，就由哪个企业统计消费。

消费的核算方法：能源进入第一道生产工序，改变了原来的形态或性能，或者已经实际投入使用，即作消费统计。

能源库存 能源库存是指独立核算法人企业在报告期初、期末实际结存的能源的数量和价值。

库存的核算原则："谁支配谁统计"，即凡是本企业有权支配动用的能源，不论存放何处，都应作本企业库存统计；反之，本企业无权支配动用的能源，即使存在本企业仓库，也不能作为本企业库存统计。

库存的核算方法：凡属本企业有权支配动用的某一时点实际结存的能源，都应作本企业库存统计。

全国工业经济效益综合指数标准

单位：%

总资产贡献率	资本保值增值率	资产负债率	流动资产周转率（次）	成本费用利润率	劳动生产率（元/人）	产品销售率
10.7	120	≤60	1.52	3.71	16 500	96.0

十一、建　筑　业

CONSTRUCTION

本篇内容包括：

1. 建筑业企业生产情况
2. 建筑业企业财务状况

资料整理　　微机处理

刘　程　　王　娟
王　娟

11－1 建筑业企业生产情况

（总承包和专业承包资质企业，2005年）　　单位：万元

项目	企业个数（个）	#有工作量的企业	建筑业合同情况：签订的合同额	上年结转	本年新签
总　计	**381**	**332**	**4 473 198**	**1 364 057**	**3 109 141**
#国有及国有控股企业	110	106	2 734 965	800 005	1 934 960
一、按登记注册类型分					
内资企业	368	322	4 437 553	1 356 738	3 080 815
国有企业	62	58	1 804 859	580 524	1 224 334
集体企业	58	55	961 152	329 969	631 183
股份合作企业	11	10	67 070	13 617	53 452
联营企业	2	2	4 896	1 500	3 396
国有联营企业	1	1	396		396
集体联营企业	1	1	4 500	1 500	3 000
有限责任公司	118	106	1 336 362	344 386	991 976
国有独资公司	5	5	159 406	28 978	130 428
其他有限责任公司	113	101	1 176 956	315 409	861 547
股份有限公司	21	18	61 641	33 253	28 388
私营企业	96	73	201 574	53 489	148 086
私营独资企业	2				
私营有限责任公司	74	59	155 122	46 185	108 937
私营股份有限公司	20	14	46 452	7 304	39 149
港、澳、台商投资企业	10	9	34 360	6 034	28 326
合资经营企业	8	7	33 762	5 834	27 928
合作经营企业	1	1	538	200	338
港、澳、台商独资经营企业	1	1	60		60
外商投资企业	3	1	1 284	1 284	
中外合资经营企业	2	1	1 284	1 284	
中外合作经营企业	1				
二、按国民经济行业分					
房屋和土木工程建筑业	183	175	3 735 652	1 104 724	2 630 928
房屋工程建筑	100	97	2 347 527	647 884	1 699 643
土木工程建筑	83	78	1 388 125	456 840	931 285
铁路道路隧道和桥梁工程	40	38	1 103 627	355 581	748 046
水利和港口工程建筑	15	15	172 181	72 987	99 194

11－1 续表1　　（总承包和专业承包资质企业，2005年）　　单位：万元

项目	企业个数（个）	#有工作量的企业	建筑业合同情况：签订的合同额	上年结转	本年新签
工矿工程建筑	6	6	85 170	23 992	61 178
架线和管道工程建筑	5	5	18 332	3 312	15 020
其他土木工程建筑	17	14	8 816	968	7 848
建筑安装业	90	78	514 007	198 274	315 734
建筑装饰业	98	73	103 587	18 766	84 821
其它建筑业	10	6	119 952	42 293	77 659
工程准备	7	6	119 952	42 293	77 659
其它未列明的建筑活动	3				
三、按隶属关系分					
中　央	10	9	379 847	94 557	285 290
省	79	76	1 805 308	571 471	1 233 837
市	55	52	668 110	176 512	491 599
县	237	195	1 619 933	521 518	1 098 415
四、按企业资质等级分					
施工总承包	157	152	4 007 960	1 234 036	2 773 924
一　级	32	32	3 011 120	872 448	2 138 672
二　级	54	54	760 753	292 678	468 075
三级及以下	71	66	236 088	68 911	167 177
专业承包	224	180	465 238	130 021	335 217
一　级	30	28	308 930	91 698	217 232
二　级	64	54	90 872	15 208	75 664
三级及以下	120	89	54 621	14 920	39 700
五、按营业状态分					
营　业	335	329	4 471 542	1 363 907	3 107 636
停　业	35	3	1 656	150	1 506
筹　建	11				
六、按控股情况分					
国有绝对控股	99	95	2 712 785	793 344	1 919 441
国有相对控股	11	11	22 179	6 661	15 519
集体绝对控股	60	57	967 102	331 469	635 633
集体相对控股	1				

项目	承包工程完成情况			
	直接从建设单位承揽工程产值	自行完成施工产值	分包出去工程产值	从建设单位以外承揽工程完成的产值
总计	**2 525 608**	**2 477 378**	**48 230**	**51 836**
#国有及国有控股企业	1 457 737	1 417 882	39 855	16 870
一、按登记注册类型分				
内资企业	2 506 567	2 458 337	48 230	51 836
国有企业	1 002 123	964 949	37 175	9 448
集体企业	616 560	616 560		986
股份合作企业	54 423	54 423		
联营企业	1 596	1 596		
国有联营企业	396	396		
集体联营企业	1 200	1 200		
有限责任公司	667 745	665 590	2 155	29 738
国有独资公司	77 778	77 778		245
其他有限责任公司	589 967	587 812	2 155	29 493
股份有限公司	42 861	41 623	1 239	1 600
私营企业	121 259	113 597	7 662	10 065
私营独资企业				
私营有限责任公司	88 223	80 561	7 662	10 065
私营股份有限公司	33 037	33 037		
港、澳、台商投资企业	17 757	17 757		
合资经营企业	17 159	17 159		
合作经营企业	538	538		
港、澳、台商独资经营企业	60	60		
外商投资企业	1 284	1 284		
中外合资经营企业	1 284	1 284		
中外合作经营企业				
二、按国民经济行业分				
房屋和土木工程建筑业	2 040 739	2 015 114	25 626	39 022
房屋工程建筑	1 300 543	1 300 513	30	6 512
土木工程建筑	740 196	714 600	25 596	32 510
铁路道路隧道和桥梁工程	526 533	505 703	20 830	30 194
水利和港口工程建筑	127 531	122 888	4 643	2 183

（总承包和专业承包资质企业，2005年）

单位：万元

项目	承包工程完成情况			
	直接从建设单位承揽工程产值	自行完成施工产值	分包出去工程产值	从建设单位以外承揽工程完成的产值
工矿工程建筑	64 879	64 756	123	
架线和管道工程建筑	13 133	13 133		
其他土木工程建筑	8 120	8 120		133
建筑安装业	326 266	304 374	21 892	11 524
建筑装饰业	76 006	75 293	713	1 291
其它建筑业	82 598	82 598		
工程准备	82 598	82 598		
其它未列明的建筑活动				
三、按隶属关系分				
中　　央	217 309	212 453	4 856	3 287
省	927 484	892 485	34 999	6 129
市	401 370	401 370		3 157
县	979 445	971 070	8 375	39 264
四、按企业资质等级分				
施工总承包	2 168 454	2 128 565	39 889	35 494
一　　级	1 563 192	1 523 303	39 889	31 071
二　　级	420 365	420 365		2 257
三级及以下	184 897	184 897		2 166
专业承包	357 154	348 813	8 341	16 342
一　　级	237 574	232 931	4 643	6 620
二　　级	67 842	66 421	1 421	7 233
三级及以下	41 464	40 629	835	1 234
五、按营业状态分				
营　　业	2 524 960	2 476 730	48 230	51 836
停　　业	648	648		
筹　　建				
六、按控股情况分				
国有绝对控股	1 444 628	1 404 773	39 855	16 870
国有相对控股	13 109	13 109		
集体绝对控股	619 210	619 210		986
集体相对控股				

项目	建筑业总产值	#装饰装修产值	#在外省完成产值	按构成分 建筑工程	安装工程	其他产值	竣工产值
总计	**2 529 215**	**148 891**	**518 402**	**2 117 343**	**273 637**	**138 235**	**1 658 906**
#国有及国有控股企业	1 434 752	61 839	370 003	1 200 559	198 706	35 487	956 990
一、按登记注册类型分							
内资企业	2 510 174	146 723	518 402	2 103 899	271 218	135 057	1 654 137
国有企业	974 397	48 461	274 240	787 268	165 551	21 578	651 913
集体企业	617 546	24 712	88 061	570 842	17 878	28 826	387 293
股份合作企业	54 423	571	1 013	53 343	344	735	43 081
联营企业	1 596			1 596			1 596
国有联营企业	396			396			396
集体联营企业	1 200			1 200			1 200
有限责任公司	695 328	21 686	150 007	608 358	55 296	31 674	452 935
国有独资公司	78 024	1 771	1 158	75 804	2 213	6	25 189
其他有限责任公司	617 305	19 915	148 849	532 554	53 083	31 668	427 747
股份有限公司	43 223	861	2 290	21 891	19 473	1 859	28 193
私营企业	123 662	50 431	2 791	60 602	12 676	50 384	89 126
私营独资企业							
私营有限责任公司	90 625	44 081	1 573	37 793	8 152	44 681	66 050
私营股份有限公司	33 037	6 351	1 218	22 809	4 524	5 704	23 076
港、澳、台商投资企业	17 757	2 168		12 161	2 418	3 178	4 715
合资经营企业	17 159	1 570		12 161	2 418	2 580	4 281
合作经营企业	538	538				538	374
港、澳、台商独资经营企业	60	60				60	60
外商投资企业	1 284			1 284			54
中外合资经营企业	1 284			1 284			54
中外合作经营企业							
二、按国民经济行业分							
房屋和土木工程建筑业	2 054 135	68 061	378 485	1 964 444	54 307	35 384	1 283 106
房屋工程建筑	1 307 025	63 815	174 277	1 264 261	16 080	26 684	804 414
土木工程建筑	747 110	4 246	204 208	700 183	38 227	8 700	478 692
铁路道路隧道和桥梁工程	535 897	1 035	145 410	526 057	4 087	5 753	314 830
水利和港口工程建筑	125 071	1 475	42 435	99 542	24 473	1 056	117 398

项　　目	建筑业总产值	#装饰装修产值	#在外省完成产值	按构成分			竣工产值
				建筑工程	安装工程	其他产值	
工矿工程建筑	64 756		14 433	61 760	1 702	1 294	28 639
架线和管道工程建筑	13 133			5 200	7 934		13 133
其他土木工程建筑	8 253	1 737	1 930	7 625	31	597	4 692
建筑安装业	315 898	13 616	71 771	70 143	215 628	30 127	236 453
建筑装饰业	76 583	67 214	3 779	230	3 701	72 652	60 191
其它建筑业	82 598		64 367	82 526		72	79 156
工程准备	82 598		64 367	82 526		72	79 156
其它未列明的建筑活动							
三、按隶属关系分							
中　　央	215 740	2 897	65 920	158 624	54 492	2 623	122 906
省	898 614	27 185	262 216	726 822	139 818	31 974	705 213
市	404 527	17 277	42 446	361 612	23 990	18 924	258 885
县	1 010 334	101 533	147 821	870 285	55 337	84 713	571 902
四、按企业资质等级分							
施工总承包	2 164 059	65 694	429 390	1 953 353	163 316	47 391	1 354 795
一　　级	1 554 375	44 181	407 483	1 414 347	128 318	11 710	917 172
二　　级	422 622	18 118	21 523	372 278	31 069	19 275	293 009
三级及以下	187 063	3 396	384	166 727	3 929	16 407	144 613
专业承包	365 155	83 197	89 012	163 991	110 321	90 844	304 112
一　　级	239 550	62 890	79 219	113 885	62 645	63 021	202 134
二　　级	73 653	16 523	4 923	38 828	18 699	16 126	65 418
三级及以下	41 863	3 783	4 870	9 720	23 125	9 018	33 947
五、按营业状态分							
营　　业	2 528 566	148 891	518 402	2 116 697	273 634	138 235	1 658 258
停　　业	648			646	2		648
筹　　建							
六、按控股情况分							
国有绝对控股	1 421 644	60 667	370 003	1 196 476	191 966	33 201	948 921
国有相对控股	13 109	1 172		4 083	6 740	2 286	8 069
集体绝对控股	620 196	24 712	88 061	573 492	17 878	28 826	389 943
集体相对控股							

项目	房屋建筑施工面积	#本年新开工面积	#实行投标承包面积	#本年新开工	年末自有施工机械设备 净值（万元）	总台数（台）	总功率（千瓦）
总计	**27 633 918**	**15 146 655**	**27 402 396**	**15 109 696**	**146 447**	**33 101**	**641 526**
#国有及国有控股企业	9 377 278	5 162 438	9 360 187	5 162 438	96 981	17 436	430 442
一、按登记注册类型分							
内资企业	27 500 418	15 013 155	27 268 896	14 976 196	144 844	31 733	630 433
国有企业	6 821 939	3 392 979	6 816 854	3 392 979	53 072	10 520	263 019
集体企业	13 000 679	6 569 677	12 907 879	6 569 677	25 968	7 133	87 239
股份合作企业	667 059	413 285	639 801	413 285	8 512	2 292	41 332
联营企业	21 818	21 818	21 818	21 818			
国有联营企业							
集体联营企业	21 818	21 818	21 818	21 818			
有限责任公司	5 805 141	3 748 047	5 698 762	3 745 088	46 982	9 434	218 273
国有独资公司	285 684	187 843	285 684	187 843	6 656	987	43 312
其他有限责任公司	5 519 457	3 560 204	5 413 078	3 557 245	40 326	8 447	174 961
股份有限公司	200 676	158 309	200 676	158 309	3 105	586	4 378
私营企业	983 106	709 040	983 106	675 040	7 206	1 768	16 192
私营独资企业							
私营有限责任公司	635 114	406 269	635 114	372 269	6 914	1 600	15 403
私营股份有限公司	347 992	302 771	347 992	302 771	292	168	789
港、澳、台商投资企业	133 500	133 500	133 500	133 500	663	538	2 630
合资经营企业	133 500	133 500	133 500	133 500	613	418	1 930
合作经营企业					50	120	700
港、澳、台商独资经营企业							
外商投资企业					939	830	8 463
中外合资经营企业					939	830	8 463
中外合作经营企业							
二、按国民经济行业分							
房屋和土木工程建筑业	27 186 795	15 046 234	26 967 279	15 009 275	117 772	24 108	541 817
房屋工程建筑	25 704 286	13 978 640	25 484 770	13 941 681	37 529	12 965	219 104
土木工程建筑	1 482 509	1 067 594	1 482 509	1 067 594	80 243	11 143	322 713
铁路道路隧道和桥梁工程	1 369 787	1 023 475	1 369 787	1 023 475	44 253	6 635	196 846
水利和港口工程建筑	44 614	14 114	44 614	14 114	18 270	1 535	50 339

项目	房屋建筑施工面积	#本年新开工面积	#实行投标承包面积	#本年新开工	年末自有施工机械设备 净值（万元）	总台数（台）	总功率（千瓦）
工矿工程建筑	67 103	29 000	67 103	29 000	16 057	2 433	67 319
架线和管道工程建筑					330	280	2 752
其他土木工程建筑	1 005	1 005	1 005	1 005	1 334	260	5 457
建筑安装业	447 123	100 421	435 117	100 421	19 085	6 495	62 271
建筑装饰业					3 347	1 699	7 912
其它建筑业					6 243	799	29 526
工程准备					6 243	799	29 526
其它未列明的建筑活动							
三、按隶属关系分							
中央	605 968	406 686	605 968	406 686	9 131	3 211	44 667
省	4 917 994	2 999 409	4 873 229	2 999 409	82 002	12 295	315 208
市	5 562 987	2 240 157	5 562 987	2 240 157	10 500	3 154	60 411
县	16 546 969	9 500 403	16 360 212	9 463 444	44 814	14 441	221 240
四、按企业资质等级分							
施工总承包	27 344 868	15 130 771	27 113 346	15 093 812	114 753	25 564	541 649
一级	15 404 256	8 408 929	15 404 256	8 408 929	79 384	15 332	398 428
二级	8 230 631	4 271 523	8 098 451	4 237 523	26 463	6 011	95 126
三级及以下	3 709 981	2 450 319	3 610 639	2 447 360	8 906	4 221	48 095
专业承包	289 050	15 884	289 050	15 884	31 693	7 537	99 877
一级	273 166		273 166		15 834	2 227	53 267
二级	15 884	15 884	15 884	15 884	10 183	2 925	26 202
三级及以下					5 269	2 305	19 960
五、按营业状态分							
营业	27 611 818	15 132 708	27 380 296	15 095 749	146 427	33 075	641 424
停业	22 100	13 947	22 100	13 947	20	26	102
筹建							
六、按控股情况分							
国有绝对控股	9 375 338	5 160 498	9 358 247	5 160 498	94 015	16 806	412 808
国有相对控股	1 940	1 940	1 940	1 940	2 965	630	17 634
集体绝对控股	13 057 497	6 626 495	12 964 697	6 626 495	26 107	7 193	87 704
集体相对控股							

项目	从业人员情况（人）					补充资料	
	计算劳动生产率的平均人数	年末从业人数	#管理人员	#工程技术人员	#持有一级资质证书的项目经理	企业总产值	在境外完成的营业额
总计	**251 332**	**231 528**	**28 088**	**27 761**	**1 570**	**2 597 652**	**69 740**
#国有及国有控股企业	123 880	107 089	14 814	13 889	935	1 494 193	69 349
一、按登记注册类型分							
内资企业	248 931	230 307	27 875	27 402	1 521	2 578 611	69 740
国有企业	83 071	66 103	9 228	9 158	627	992 581	31 450
集体企业	78 026	78 888	6 482	6 283	151	617 853	
股份合作企业	5 545	7 548	1 208	809	41	57 184	
联营企业	460	460	41	46		1 596	
国有联营企业	60	60	16	30		396	
集体联营企业	400	400	25	16		1 200	
有限责任公司	60 803	60 634	8 440	7 620	478	736 367	37 900
国有独资公司	7 078	5 665	1 336	969	37	84 233	55
其他有限责任公司	53 725	54 969	7 104	6 651	441	652 134	37 845
股份有限公司	4 856	4 883	764	1 250	20	44 165	
私营企业	16 170	11 791	1 712	2 236	204	128 865	391
私营独资企业	8	8	4	4			
私营有限责任公司	9 091	8 057	1 427	1 608	154	95 829	391
私营股份有限公司	7 071	3 726	281	624	50	33 037	
港、澳、台商投资企业	2 161	1 190	204	345	43	17 757	
合资经营企业	2 069	1 024	158	298	38	17 159	
合作经营企业	67	138	38	40		538	
港、澳、台商独资经营企业	25	28	8	7	5	60	
外商投资企业	240	31	9	14	6	1 284	
中外合资经营企业	234	25	7	10	6	1 284	
中外合作经营企业	6	6	2	4			
二、按国民经济行业分							
房屋和土木工程建筑业	209 696	196 689	22 211	21 313	1 027	2 100 342	69 232
房屋工程建筑	150 392	141 422	15 911	13 237	522	1 311 798	26 682
土木工程建筑	59 304	55 267	6 300	8 076	505	788 545	42 549
铁路道路隧道和桥梁工程	41 489	36 774	4 720	5 280	356	571 983	40 468
水利和港口工程建筑	10 293	8 332	756	1 673	83	125 071	

11－1 续表 5－2 （总承包和专业承包资质企业，2005 年） 单位：万元

项目	从业人员情况（人）					补充资料	
	计算劳动生产率的平均人数	年末从业人数	#管理人员	#工程技术人员	#持有一级资质证书的项目经理	企业总产值	在境外完成的营业额
工矿工程建筑	5 565	5 230	450	769	53	70 105	2 081
架线和管道工程建筑	765	3 849	139	115	7	13 133	
其他土木工程建筑	1 192	1 082	235	239	6	8 253	
建筑安装业	29 102	22 912	4 063	3 945	304	328 596	509
建筑装饰业	8 145	7 578	1 469	1 597	186	85 997	
其它建筑业	4 389	4 349	345	906	53	82 717	
工程准备	4 244	4 202	306	843	53	82 717	
其它未列明的建筑活动	145	147	39	63			
三、按隶属关系分							
中　　央	18 953	17 262	1 571	1 543	122	253 393	
省	81 566	62 809	9 683	10 340	621	916 199	44 149
市	34 948	39 592	4 629	3 713	279	409 737	25 200
县	115 865	111 865	12 205	12 165	548	1 018 324	391
四、按企业资质等级分							
施工总承包	218 251	203 079	23 319	21 203	1 071	2 221 310	69 232
一　　级	145 227	128 307	13 556	11 110	835	1 607 692	52 144
二　　级	46 075	46 785	6 082	6 310	158	425 332	17 088
三级及以下	26 949	27 987	3 681	3 783	78	188 286	
专业承包	33 081	28 449	4 769	6 558	499	376 342	509
一　　级	15 501	14 297	1 722	2 988	307	248 879	
二　　级	11 073	7 606	1 595	1 867	103	74 883	55
三级及以下	5 666	5 661	1 233	1 341	74	42 026	454
五、按营业状态分							
营　　业	250 823	231 007	27 949	27 575	1 568	2 597 004	69 740
停　　业	466	477	116	169	1	648	
筹　　建	43	44	23	17	1		
六、按控股情况分							
国有绝对控股	121 932	105 237	14 520	13 359	905	1 481 084	69 349
国有相对控股	1 948	1 852	294	530	30	13 109	
集体绝对控股	78 736	79 608	6 523	6 329	151	620 503	
集体相对控股	3	4	1	3			

11－2 建筑业企业财务状况

（总承包和专业承包资质企业，2005年）　　单位：万元

项　　目	流动资产合计	#存货	长期投资	固定资产合计	固定资产原价	#生产经营用	累计折旧
总　　计	**1 569 683**	**376 884**	**129 360**	**422 225**	**619 811**	**498 966**	**208 726**
#国有及国有控股企业	1 016 733	179 926	106 862	261 494	413 657	346 976	158 879
一、按登记注册类型分							
内资企业	1 547 198	369 396	128 310	414 318	607 802	487 744	204 433
国有企业	670 635	101 847	95 398	172 634	273 628	218 616	106 175
集体企业	232 901	85 075	5 177	67 307	87 416	65 654	23 414
股份合作企业	52 086	36 942	26	13 662	17 790	14 085	4 128
联营企业	1 852	147		659	1 041	552	382
国有联营企业	1 548	147		247	489		242
集体联营企业	304			412	552	552	140
有限责任公司	454 823	113 256	22 283	118 474	177 071	152 167	60 584
国有独资公司	81 931	10 120	7 495	9 354	22 711	19 901	13 760
其他有限责任公司	372 892	103 135	14 788	109 120	154 360	132 266	46 824
股份有限公司	39 106	2 923	4 117	9 177	10 561	9 446	1 622
私营企业	95 795	29 206	1 309	32 405	40 295	27 224	8 128
私营独资企业	57	1		1	2	1	1
私营有限责任公司	72 420	24 682	1 069	27 427	33 707	25 153	6 518
私营股份有限公司	23 318	4 524	240	4 978	6 587	2 070	1 610
港、澳、台商投资企业	21 427	7 465	1 050	6 466	8 927	8 140	2 652
合资经营企业	20 806	7 062	1 050	6 253	8 718	8 136	2 575
合作经营企业	400	286		76	112	4	37
港、澳、台商独资经营企业	221	117		137	96		40
外商投资企业	1 059	23		1 441	3 082	3 082	1 642
中外合资经营企业	900			1 385	2 977	2 977	1 592
中外合作经营企业	159	23		56	105	105	50
二、按国民经济行业分							
房屋和土木工程建筑业	1 249 877	319 160	105 617	323 678	481 886	404 566	164 214
房屋工程建筑	617 314	193 148	79 209	164 811	228 051	177 171	67 878
土木工程建筑	632 562	126 011	26 408	158 866	253 835	227 396	96 336
铁路道路隧道和桥梁工程	477 017	107 759	19 070	101 033	174 278	166 625	73 467
水利和港口工程建筑	103 274	9 517	6 912	28 286	40 136	28 151	12 557

项　　目	流动资产合计	#存货	长期投资	固定资产合计	固定资产原价	#生产经营用	累计折旧
工矿工程建筑	30 635	1 999	400	22 869	29 747	25 198	7 318
架线和管道工程建筑	12 053	3 016		2 437	3 497	3 076	1 060
其他土木工程建筑	9 583	3 720	26	4 242	6 177	4 346	1 934
建筑安装业	212 718	28 849	19 591	70 715	98 618	65 474	32 934
建筑装饰业	67 531	20 346	3 249	13 242	17 871	12 187	4 731
其它建筑业	39 558	8 530	904	14 590	21 437	16 738	6 847
工程准备	36 764	8 028	694	12 207	18 684	15 461	6 477
其它未列明的建筑活动	2 794	502	210	2 384	2 753	1 277	370
三、按隶属关系分							
中　　央	150 362	61 770	7 796	26 828	47 183	40 729	20 678
省	697 611	96 093	101 568	209 146	335 044	281 317	132 240
市	307 456	97 118	13 965	52 466	70 898	54 925	19 429
县	414 254	121 904	6 031	133 786	166 687	121 995	36 379
四、按企业资质等级分							
施工总承包	1 299 012	320 418	122 464	336 813	502 197	419 683	175 458
一　　级	850 464	187 138	97 421	207 043	334 630	292 184	133 056
二　　级	318 227	103 487	12 452	89 686	117 084	94 848	31 149
三级及以下	130 321	29 793	12 591	40 084	50 484	32 650	11 253
专业承包	270 671	56 467	6 896	85 412	117 614	79 283	33 269
一　　级	145 229	30 284	3 558	33 611	47 831	33 570	14 277
二　　级	61 914	16 844	2 177	27 485	38 602	25 206	11 806
三级及以下	56 387	8 205	1 091	20 741	26 202	16 307	5 783
五、按营业状态分							
营　　业	1 552 082	374 314	129 260	418 745	614 660	495 961	206 853
停　　业	16 852	2 570	100	3 479	5 150	3 005	1 873
筹　　建	749			1	2		
六、按控股情况分							
国有绝对控股	995 693	175 684	106 123	252 789	401 085	335 596	154 992
国有相对控股	21 040	4 242	739	8 705	12 572	11 381	3 886
集体绝对控股	233 752	85 251	5 177	68 104	88 401	66 522	23 602
集体相对控股	17						

项　　目	# 本年折旧	在建工程	无形及递延资产小计	# 无形资产	其他资产	资产合计	流动负债合计
总　计	**36 370**	**10 814**	**50 919**	**40 604**	**7 959**	**2 180 145**	**1 284 733**
# 国有及国有控股企业	28 033	6 716	12 834	9 189	4 565	1 402 488	910 404
一、按登记注册类型分							
内资企业	35 562	10 624	50 918	40 603	7 959	2 148 702	1 271 216
国有企业	20 917	5 181	11 821	8 295	3 637	954 124	626 284
集体企业	2 318	2 980	29 050	24 449	3 332	337 768	192 832
股份合作企业	733		517	516		66 291	13 652
联营企业	122		367	367		2 878	695
国有联营企业	59					1 795	295
集体联营企业	63		367	367		1 083	400
有限责任公司	9 166	1 987	5 059	4 649	152	600 791	364 867
国有独资公司	2 028	404	52	43	1	98 833	53 536
其他有限责任公司	7 138	1 584	5 006	4 606	151	501 957	311 332
股份有限公司	379	237	1 059	927	777	54 236	20 276
私营企业	1 928	238	3 046	1 400	61	132 615	52 610
私营独资企业						58	
私营有限责任公司	1 238	238	2 447	811	61	103 423	36 666
私营股份有限公司	690		599	589		29 134	15 944
港、澳、台商投资企业	605	191	1	1		28 943	12 791
合资经营企业	586	110	1	1		28 110	12 597
合作经营企业	1					476	44
港、澳、台商独资经营企业	18	81				358	150
外商投资企业	203					2 500	726
中外合资经营企业	194					2 285	632
中外合作经营企业	10					215	94
二、按国民经济行业分							
房屋和土木工程建筑业	29 102	5 680	44 164	35 992	7 033	1 730 368	1 039 439
房屋工程建筑	15 303	4 313	37 292	29 618	6 011	904 638	491 565
土木工程建筑	13 799	1 367	6 872	6 374	1 022	825 730	547 874
铁路道路隧道和桥梁工程	10 341	221	3 850	3 731	914	601 884	404 801
水利和港口工程建筑	1 746	706	1 773	1 438	107	140 353	104 128

项　　　　目	#本年折旧	在建工程	无形及递延资产小计	#无形资产	其他资产	资产合计	流动负债合计
工矿工程建筑	1 216	440	529	529		54 433	25 473
架线和管道工程建筑	177		639	613		15 128	8 896
其他土木工程建筑	320		81	64		13 933	4 577
建筑安装业	4 751	5 032	4 661	4 298	896	308 581	177 850
建筑装饰业	795	102	1 793	30	3	85 817	36 257
其它建筑业	1 723		302	284	27	55 380	31 187
工程准备	1 525		21	9	27	49 712	28 503
其它未列明的建筑活动	198		281	275		5 669	2 684
三、按隶属关系分							
中　　央	2 083	323	846	767	2	185 834	142 790
省	24 691	6 341	10 055	6 671	5 000	1 023 379	620 371
市	3 312	672	3 293	2 855	2 584	379 763	220 702
县	6 284	3 478	36 725	30 311	373	591 169	300 871
四、按企业资质等级分							
施工总承包	30 171	9 748	45 474	37 197	7 797	1 811 559	1 110 164
一　　级	23 949	5 468	9 654	6 570	2 841	1 167 423	754 797
二　　级	4 577	3 751	23 945	21 070	2 476	446 786	247 160
三级及以下	1 646	528	11 875	9 556	2 480	197 351	108 207
专业承包	6 199	1 067	5 445	3 407	161	368 586	174 569
一　　级	2 321	56	3 168	1 625	27	185 591	98 697
二　　级	1 925	688	1 052	968	105	92 732	38 793
三级及以下	1 659	323	1 222	814	30	79 471	32 654
五、按营业状态分							
营　　业	36 181	10 612	50 590	40 503	7 938	2 158 614	1 277 646
停　　业	189	202	329	101	20	20 780	7 084
筹　　建						751	3
六、按控股情况分							
国有绝对控股	27 335	6 697	12 791	9 189	4 565	1 371 961	899 126
国有相对控股	698	19	43			30 527	11 278
集体绝对控股	2 389	2 980	29 417	24 816	3 332	339 783	193 394
集体相对控股						17	

项　　目	长期负债合计	负债合计	所有者权益合计	#实收资本	国家资本	集体资本	法人资本
总　　计	**104 796**	**1 389 528**	**790 617**	**636 906**	**202 248**	**79 537**	**244 763**
#国有及国有控股企业	55 264	965 668	436 820	351 383	202 248		139 587
一、按登记注册类型分							
内资企业	104 706	1 375 921	772 781	622 157	201 888	79 537	238 809
国有企业	42 695	668 979	285 145	238 207	186 311		51 847
集体企业	7 779	200 610	137 158	105 308		69 476	35 832
股份合作企业	36 984	50 636	15 655	13 567	3 000	418	5 400
联营企业		695	2 183	2 100		600	1 500
国有联营企业		295	1 500	1 500			1 500
集体联营企业		400	683	600		600	
有限责任公司	14 399	379 266	221 524	176 518	12 464	6 093	108 840
国有独资公司	2 000	55 536	43 298	7 519	1 564		5 955
其他有限责任公司	12 399	323 730	178 227	168 999	10 900	6 093	102 885
股份有限公司	139	20 414	33 822	19 390	114	2 950	12 552
私营企业	2 711	55 321	77 294	67 067			22 838
私营独资企业			58	58			
私营有限责任公司	2 711	39 376	64 047	54 852			18 384
私营股份有限公司		15 944	13 190	12 157			4 454
港、澳、台商投资企业	90	12 881	16 062	12 849	360		5 422
合资经营企业	90	12 687	15 422	12 229	360		5 072
合作经营企业		44	432	500			350
港、澳、台商独资经营企业		150	207	120			
外商投资企业		726	1 774	1 899			532
中外合资经营企业		632	1 653	1 709			428
中外合作经营企业		94	121	190			104
二、按国民经济行业分							
房屋和土木工程建筑业	87 810	1 127 249	603 119	484 455	163 944	71 243	187 784
房屋工程建筑	55 893	547 458	357 180	303 047	109 664	65 303	101 151
土木工程建筑	31 917	579 791	245 939	181 408	54 280	5 939	86 633
铁路道路隧道和桥梁工程	21 195	425 995	175 889	129 283	26 081	3 439	70 383
水利和港口工程建筑	6 387	110 515	29 838	23 940	23 237	500	

项目	长期负债合计	负债合计	所有者权益合计	#实收资本	国家资本	集体资本	法人资本
工矿工程建筑	4 259	29 732	24 701	13 500	3 671		9 776
架线和管道工程建筑		8 896	6 232	5 832	1 292	2 000	1 500
其他土木工程建筑	77	4 653	9 280	8 853			4 975
建筑安装业	11 866	189 716	118 864	90 982	24 256	5 121	30 984
建筑装饰业	3 101	39 357	46 459	40 452	4 212	2 613	18 463
其它建筑业	2 019	33 205	22 175	21 018	9 836	560	7 532
工程准备	2 019	30 521	19 190	18 448	9 836		7 212
其它未列明的建筑活动		2 684	2 985	2 570		560	320
三、按隶属关系分							
中　　央	60	142 850	42 984	36 262	50	1 007	34 905
省	39 091	659 462	363 917	303 836	168 892	2 082	111 351
市	60 452	281 154	98 609	75 523	26 589	15 420	24 948
县	5 192	306 063	285 107	221 285	6 718	61 028	73 560
四、按企业资质等级分							
施工总承包	92 454	1 202 618	608 941	494 951	176 589	73 193	178 045
一　　级	81 741	836 538	330 885	264 440	151 069	18 596	79 730
二　　级	5 761	252 921	193 865	155 541	16 790	25 273	79 515
三级及以下	4 953	113 160	84 191	74 970	8 730	29 325	18 801
专业承包	12 341	186 910	181 676	141 955	25 659	6 343	66 718
一　　级	6 212	104 909	80 682	57 689	18 088	2 054	29 100
二　　级	5 136	43 930	48 803	41 626	4 483	315	19 783
三级及以下	953	33 607	45 864	37 996	1 644	3 946	14 755
五、按营业状态分							
营　　业	104 796	1 382 441	776 173	622 550	201 487	76 965	241 648
停　　业		7 084	13 696	13 607	712	2 572	2 961
筹　　建		3	748	748	50		153
六、按控股情况分							
国有绝对控股	54 165	953 291	418 670	334 878	201 888		127 001
国有相对控股	1 099	12 377	18 150	16 505	360		12 587
集体绝对控股	7 779	201 173	138 610	106 526		70 413	35 832
集体相对控股			17	17			17

项目	所有者权益 #实收资本 个人资本	所有者权益 #实收资本 港澳台资本	所有者权益 #实收资本 外商资本	工程结算收入	工程结算成本	工程结算税金及附加	工程结算利润
总计	**102 168**	**6 992**	**1 198**	**2 174 615**	**1 955 740**	**77 311**	**137 343**
#国有及国有控股企业	6 711	2 837		1 339 319	1 207 523	42 271	87 081
一、按登记注册类型分							
内资企业	101 924			2 156 791	1 939 940	76 809	135 861
国有企业	50			858 640	775 405	27 516	55 084
集体企业				445 295	404 873	18 454	21 440
股份合作企业	4 748			37 304	35 208	793	1 302
联营企业				1 596	1 146	362	88
国有联营企业				396	295	13	88
集体联营企业				1 200	851	349	
有限责任公司	49 122			679 858	611 717	22 185	43 631
国有独资公司				68 083	60 909	2 327	4 737
其他有限责任公司	49 122			611 775	550 808	19 858	38 894
股份有限公司	3 775			36 241	29 538	820	5 730
私营企业	44 229			97 857	82 054	6 679	8 586
私营独资企业	58						
私营有限责任公司	36 469			75 310	61 429	6 201	7 383
私营股份有限公司	7 703			22 547	20 624	479	1 203
港、澳、台商投资企业	76	6 992		16 540	14 650	501	1 348
合资经营企业	76	6 722		15 942	14 156	481	1 304
合作经营企业		150		538	445	18	47
港、澳、台商独资经营企业		120		60	50	2	－2
外商投资企业	169		1 198	1 284	1 150		134
中外合资经营企业	169		1 112	1 284	1 150		134
中外合作经营企业			86				
二、按国民经济行业分							
房屋和土木工程建筑业	55 646	4 837	1 000	1 739 212	1 585 558	63 542	87 462
房屋工程建筑	24 928	2 000		1 052 255	975 172	37 980	38 504
土木工程建筑	30 718	2 837	1 000	686 957	610 387	25 562	48 958
铁路道路隧道和桥梁工程	25 543	2 837	1 000	499 147	446 620	19 556	31 446
水利和港口工程建筑	203			118 560	102 546	3 858	12 100

项　　目	所有者权益 #实收资本 个人资本	港澳台资本	外商资本	工程结算收入	工程结算成本	工程结算税金及附加	工程结算利润
工矿工程建筑	53			53 006	47 826	1 653	3 513
架线和管道工程建筑	1 040			8 413	6 614	265	1 080
其他土木工程建筑	3 879			7 832	6 781	229	820
建筑安装业	29 396	1 139	86	303 521	256 937	8 274	37 158
建筑装饰业	14 035	1 016	112	58 104	48 598	1 977	7 171
其它建筑业	3 090			73 779	64 647	3 517	5 551
工程准备	1 400			70 447	62 513	2 847	5 085
其它未列明的建筑活动	1 690			3 332	2 133	670	466
三、按隶属关系分							
中　　央	300			254 757	223 449	7 646	22 041
省	20 258	1 253		816 598	730 892	27 873	57 223
市	6 567	2 000		328 940	298 930	10 806	18 552
县	75 043	3 739	1 198	774 320	702 469	30 985	39 526
四、按企业资质等级分							
施工总承包	61 286	5 837		1 877 299	1 702 963	67 738	103 818
一　　级	15 045			1 371 343	1 249 416	49 444	70 927
二　　级	29 126	4 837		323 900	289 399	12 293	21 403
三级及以下	17 115	1 000		182 056	164 149	6 001	11 489
专业承包	40 882	1 155	1 198	297 316	252 777	9 573	33 524
一　　级	7 847	599		172 223	147 360	5 095	19 647
二　　级	16 378	555	112	69 237	59 676	2 388	6 532
三级及以下	16 565		1 086	44 963	37 194	1 732	5 561
五、按营业状态分							
营　　业	94 482	6 968	1 000	2 174 526	1 955 655	77 307	137 344
停　　业	7 141	24	198	89	85	4	－1
筹　　建	545						
六、按控股情况分							
国有绝对控股	5 989			1 325 911	1 196 632	41 849	85 040
国有相对控股	722	2 837		13 408	10 891	422	2 040
集体绝对控股	281			447 945	407 031	18 851	21 536
集体相对控股				18	13	1	－10

项目	其他业务收入	其他业务利润	经营费用	管理费用	#税金	#财产保险费	#差旅费	#工会经费
总计	**21 968**	**6 083**	**4 222**	**106 033**	**2 583**	**454**	**4 042**	**1 334**
#国有及国有控股企业	16 164	3 154	2 445	76 479	1 374	242	2 951	1 141
一、按登记注册类型分								
内资企业	21 968	6 085	4 181	105 174	2 515	453	4 007	1 342
国有企业	11 536	1 855	635	49 976	996	71	1 857	751
集体企业	1 183	795	528	11 666	401	42	161	30
股份合作企业	511	－228	1	642	26	5	55	2
联营企业				72	1			
国有联营企业				71				
集体联营企业				1	1			
有限责任公司	6 293	1 401	2 326	33 534	687	268	1 478	487
国有独资公司	903	372	111	4 281	17	15	226	53
其他有限责任公司	5 390	1 030	2 215	29 254	671	253	1 252	434
股份有限公司	335	242	154	1 778	132	46	102	50
私营企业	2 111	2 020	538	7 506	273	20	354	21
私营独资企业				7				
私营有限责任公司	2 108	2 018	297	6 860	264	20	282	21
私营股份有限公司	3	2	241	638	9		72	
港、澳、台商投资企业		－2	41	756	50	1	35	2
合资经营企业		－2	1	672	31	1	14	2
合作经营企业			29	48	18		21	
港、澳、台商独资经营企业			11	37				
外商投资企业				103	19			
中外合资经营企业				99	19			
中外合作经营企业				4				
二、按国民经济行业分								
房屋和土木工程建筑业	15 541	2 655	2 649	70 339	1 383	263	2 749	862
房屋工程建筑	5 190	2 022	599	25 766	393	58	815	112
土木工程建筑	10 351	634	2 050	44 573	991	205	1 934	749
铁路道路隧道和桥梁工程	7 094	－191	1 525	27 430	769	178	1 453	478
水利和港口工程建筑	534	533	55	11 603	128	12	338	212

项　目	其他业务收入	其他业务利润	经营费用	管理费用	#税金	#财产保险费	#差旅费	#工会经费
工矿工程建筑	2 665	287	14	4 069	49	13	90	52
架线和管道工程建筑			455	754	21	1	9	5
其他土木工程建筑	58	4	1	718	23	2	45	2
建筑安装业	6 010	3 200	1 151	27 928	826	117	962	404
建筑装饰业	174	96	358	5 294	342	73	131	5
其它建筑业	244	132	64	2 471	32	1	200	72
工程准备	193	86	1	2 187	22	1	200	72
其它未列明的建筑活动	52	46	63	285	9			
三、按隶属关系分								
中　央	3 584	775	1 621	19 357	214	58	775	383
省	10 739	2 136	611	50 532	686	188	2 068	754
市	3 742	261	652	14 208	746	54	300	57
县	3 903	2 912	1 339	21 936	938	154	900	150
四、按企业资质等级分								
施工总承包	18 370	3 416	2 779	84 569	1 694	276	3 117	1 084
一　级	15 939	2 592	1 556	62 753	1 114	238	2 613	1 024
二　级	1 877	570	805	13 736	241	10	336	51
三级及以下	554	254	418	8 080	339	28	168	10
专业承包	3 598	2 667	1 443	21 464	890	177	925	260
一　级	2 428	2 058	121	10 954	194	28	445	127
二　级	360	212	640	5 251	402	45	263	94
三级及以下	625	282	475	4 371	267	103	180	30
五、按营业状态分								
营　业	21 968	6 083	4 220	105 715	2 581	454	4 027	1 344
停　业			2	285	1		12	
筹　建				33	1		3	
六、按控股情况分								
国有绝对控股	16 136	3 126	2 390	75 726	1 316	198	2 928	1 138
国有相对控股	28	28	55	753	58	45	23	3
集体绝对控股	1 183	795	528	11 753	401	42	161	30
集体相对控股			14					

项目	财务费用	#利息支出	营业利润	营业外收入	营业外支出	利润总额
总计	**6 318**	**4 362**	**31 075**	**1 268**	**2 694**	**32 061**
#国有及国有控股企业	3 719	3 073	10 037	871	2 375	10 575
一、按登记注册类型分						
内资企业	6 239	4 307	30 533	1 268	2 693	31 486
国有企业	2 927	1 916	4 036	635	812	5 636
集体企业	847	136	9 723	179	105	9 571
股份合作企业	81	78	351	3	8	573
联营企业			16			16
国有联营企业			17			17
集体联营企业			-1			-1
有限责任公司	1 723	1 597	9 775	434	1 700	9 269
国有独资公司	481	694	347	89	218	240
其他有限责任公司	1 242	903	9 428	346	1 482	9 030
股份有限公司	11	3	4 183	1	51	4 016
私营企业	650	578	2 450	16	17	2 406
私营独资企业			-7			-7
私营有限责任公司	608	579	1 933	16	15	1 878
私营股份有限公司	42		525		2	535
港、澳、台商投资企业	66	55	525		1	558
合资经营企业	65	55	566		1	563
合作经营企业	1		-2			-3
港、澳、台商独资经营企业			-39			-3
外商投资企业	14		17			17
中外合资经营企业	14		21			21
中外合作经营企业			-4			-4
二、按国民经济行业分						
房屋和土木工程建筑业	3 907	2 295	15 872	871	2 272	16 252
房屋工程建筑	1 745	822	13 015	459	501	13 694
土木工程建筑	2 162	1 473	2 856	412	1 771	2 558
铁路道路隧道和桥梁工程	1 396	1 333	2 429	274	1 348	1 859
水利和港口工程建筑	775	104	255	130	327	699

项　　目	财务费用	#利息支出	营业利润	营业外收入	营业外支出	利润总额
工矿工程建筑	－33	9	－237	1	72	－388
架线和管道工程建筑	1		326	5	17	309
其他土木工程建筑	23	28	83	3	6	80
建筑安装业	1 495	1 258	10 935	196	385	11 220
建筑装饰业	623	519	1 350	106	15	1 610
其它建筑业	294	291	2 918	95	21	2 979
工程准备	295	291	2 690	6	12	2 688
其它未列明的建筑活动	－1		228	90	9	292
三、按隶属关系分						
中　　央	583	684	2 876	254	1 416	1 790
省	3 620	1 909	5 206	637	1 033	6 049
市	553	805	4 053	89	82	4 847
县	1 562	965	18 940	288	163	19 375
四、按企业资质等级分						
施工总承包	4 692	3 120	17 974	998	2 428	18 404
一　　级	3 428	2 828	7 338	718	1 938	7 859
二　　级	1 023	289	7 214	255	391	6 990
三级及以下	241	3	3 422	25	99	3 554
专业承包	1 627	1 242	13 101	270	266	13 657
一　　级	953	836	9 798	100	105	10 088
二　　级	489	306	1 004	22	66	1 344
三级及以下	125	98	1 347	147	84	1 320
五、按营业状态分						
营　　业	6 278	4 323	31 434	1 268	2 694	32 420
停　　业	40	40	－326			－326
筹　　建			－33			－33
六、按控股情况分						
国有绝对控股	3 712	3 070	8 728	828	2 370	9 228
国有相对控股	7	3	1 309	42	5	1 347
集体绝对控股	847	136	9 730	179	105	9 578
集体相对控股			－11			－39

项　　目	应交所得税	应付利润	劳动、失业保险费	住房公积金及住房补贴	本年应付工资总额	#主营业务应付工资总额
总　　计	**11 701**	**24 783**	**16 313**	**5 066**	**295 307**	**285 555**
#国有及国有控股企业	5 188	8 758	15 469	4 707	153 731	146 803
一、按登记注册类型分						
内资企业	11 506	24 365	16 313	5 066	292 572	282 915
国有企业	3 638	5 958	10 691	2 434	115 813	110 436
集体企业	2 529	6 410	474	188	84 764	82 970
股份合作企业	274	377	19		8 340	8 298
联营企业	6	11			672	672
国有联营企业	6	11			72	72
集体联营企业					600	600
有限责任公司	2 748	6 586	5 005	2 414	63 288	61 485
国有独资公司	142	125	130	228	10 078	9 209
其他有限责任公司	2 606	6 461	4 876	2 185	53 210	52 277
股份有限公司	1 553	2 856	10	7	3 373	3 275
私营企业	758	2 167	114	23	16 322	15 779
私营独资企业					5	5
私营有限责任公司	543	1 735	110	23	10 743	10 203
私营股份有限公司	215	432	4		5 574	5 571
港、澳、台商投资企业	188	401			2 439	2 344
合资经营企业	188	401			2 293	2 258
合作经营企业					138	78
港、澳、台商独资经营企业					9	9
外商投资企业	8	17			296	296
中外合资经营企业	8	17			293	293
中外合作经营企业					3	3
二、按国民经济行业分						
房屋和土木工程建筑业	6 967	13 310	11 499	3 998	245 767	239 622
房屋工程建筑	4 554	9 493	5 115	871	183 679	179 921
土木工程建筑	2 413	3 817	6 384	3 127	62 088	59 701
铁路道路隧道和桥梁工程	1 400	2 199	5 114	2 331	36 026	34 407
水利和港口工程建筑	383	749	268	694	17 950	17 717

项目	应交所得税	应付利润	劳动、失业保险费	住房公积金及住房补贴	本年应付工资总额	#主营业务应付工资总额
工矿工程建筑	420	518	989	89	6 465	5 939
架线和管道工程建筑	111	167	12	13	945	945
其他土木工程建筑	100	184			704	694
建筑安装业	3 021	7 644	3 930	1 055	36 312	32 886
建筑装饰业	789	1 697	56	10	8 820	8 661
其它建筑业	924	2 133	829	3	4 409	4 387
工程准备	894	1 798	829	3	4 351	4 330
其它未列明的建筑活动	30	335			57	57
三、按隶属关系分						
中央	655	971	5 711	2 475	16 909	16 868
省	3 290	6 008	9 072	2 290	109 531	102 860
市	1 630	3 865	1 064	84	35 752	34 130
县	6 128	13 939	467	217	133 115	131 697
四、按企业资质等级分						
施工总承包	7 088	14 557	14 758	4 722	263 469	255 155
一级	3 852	7 017	14 265	4 591	182 762	176 903
二级	2 507	5 369	470	98	53 485	51 304
三级及以下	729	2 171	23	34	27 222	26 948
专业承包	4 614	10 226	1 556	344	31 839	30 400
一级	3 130	7 213	1 261	130	14 267	13 526
二级	800	1 336	211	178	11 428	11 059
三级及以下	504	1 008	74	17	5 496	5 250
五、按营业状态分						
营业	11 701	24 783	16 313	5 066	295 045	285 301
停业					246	237
筹建					17	17
六、按控股情况分						
国有绝对控股	4 839	8 186	15 461	4 706	152 209	145 333
国有相对控股	349	572	7	2	1 522	1 471
集体绝对控股	2 531	6 411	474	188	85 717	83 895
集体相对控股					3	3

项目	本年应付福利费总额	#主营业务应付福利费总额	建筑业增加值	应收工程款	#竣工工程
总计	**23 818**	**23 052**	**479 782**	**331 958**	**118 410**
#国有及国有控股企业	13 353	12 818	263 548	276 683	91 747
一、按登记注册类型分					
内资企业	23 623	22 859	475 018	331 525	118 355
国有企业	9 209	8 764	187 141	225 486	81 774
集体企业	4 807	4 715	119 386	19 604	7 607
股份合作企业	369	367	10 595	9 620	1 900
联营企业	95	95	1 269		
国有联营企业	11	11	173		
集体联营企业	84	84	1 096		
有限责任公司	7 223	7 087	118 672	64 399	19 707
国有独资公司	274	272	14 668	10 524	2
其他有限责任公司	6 949	6 815	104 007	53 875	19 705
股份有限公司	380	367	9 210	1 332	974
私营企业	1 540	1 465	28 789	11 085	6 394
私营独资企业					
私营有限责任公司	1 131	1 056	21 090	10 172	6 392
私营股份有限公司	409	409	7 700	913	2
港、澳、台商投资企业	155	153	4 190	433	55
合资经营企业	152	150	4 083	371	5
合作经营企业	3	3	117	62	50
港、澳、台商独资经营企业			－10		
外商投资企业	41	41	578		
中外合资经营企业	41	41	568		
中外合作经营企业					
二、按国民经济行业分					
房屋和土木工程建筑业	18 201	17 919	384 602	275 278	93 315
房屋工程建筑	11 513	11 331	264 311	128 535	66 631
土木工程建筑	6 688	6 588	120 326	146 743	26 684
铁路道路隧道和桥梁工程	4 124	4 101	79 888	96 450	15 108
水利和港口工程建筑	1 678	1 649	26 671	31 971	5 117

项目	本年应付福利费总额	#主营业务应付福利费总额	建筑业增加值	应收工程款	#竣工工程
工矿工程建筑	699	652	10461	17881	6065
架线和管道工程建筑	104	104	1880	281	281
其他土木工程建筑	84	82	1443	162	114
建筑安装业	4071	3604	66819	45572	18774
建筑装饰业	948	934	14197	7951	4365
其它建筑业	598	596	14108	3157	1957
工程准备	592	589	12939	3157	1957
其它未列明的建筑活动	6	6	1168		
三、按隶属关系分					
中央	2778	2775	41256	31704	2876
省	7742	7192	181236	195609	73310
市	2582	2539	56919	66027	21085
县	10715	10546	200434	38619	21140
四、按企业资质等级分					
施工总承包	20364	19787	414029	291950	91972
一级	13155	12778	292166	251223	79742
二级	5030	4865	81248	34548	8462
三级及以下	2180	2144	40653	6179	3768
专业承包	3454	3265	65733	40009	26439
一级	1741	1633	34098	25611	18246
二级	1070	1036	18372	6258	4291
三级及以下	563	528	10947	8061	3841
五、按营业状态分					
营业	23808	23042	479675	331958	118410
停业	10	10	118		
筹建					
六、按控股情况分					
国有绝对控股	13173	12641	259406	274559	91690
国有相对控股	179	177	4154	2124	57
集体绝对控股	4892	4799	120873	19604	7607
集体相对控股			－7		

11－3 建筑业企业房屋建筑竣工面积

（2005 年）　　单位：平方米

项　　目	总　计	厂房、仓库	住　宅	办公用房	批发和零售用房	住宿和餐饮用房
总　　计	**12 303 195**	**1 406 067**	**8 173 065**	**817 687**	**196 015**	**135 721**
#国有及国有控股企业	3 318 393	842 060	1 398 016	426 441	33 257	51 796
一、按登记注册类型分						
内资企业	12 288 195	1 391 067	8 173 065	817 687	196 015	135 721
国有企业	2 216 778	591 036	953 751	285 416	33 257	3 600
集体企业	6 565 721	171 580	5 461 293	229 058	78 838	36 180
股份合作企业	354 250	2 700	168 145	77 216	3 920	17 725
有限责任公司	2 682 395	600 916	1 361 134	202 647	41 100	48 196
国有独资公司	47 308	46 613		695		
其他有限责任公司	2 635 087	554 303	1 361 134	201 952	41 100	48 196
股份有限公司	21 348	4 900	16 448			
私营企业	447 703	19 935	212 294	23 350	38 900	30 020
私营有限责任公司	352 193	19 935	116 784	23 350	38 900	30 020
私营股份有限公司	95 510		95 510			
港、澳、台商投资企业	15 000	15 000				
合资经营企业	15 000	15 000				
二、按国民经济行业分						
房屋和土木工程建筑业	11 940 173	1 168 829	8 112 365	816 537	194 415	135 721
房屋工程建筑	11 498 227	1 048 378	7 877 095	787 265	186 115	135 721
土木工程建筑	441 946	120 451	235 270	29 272	8 300	
铁路道路隧道和桥梁工程	403 134	107 179	223 270	23 042	8 300	
水利和港口工程建筑	18 212	5 272	6 000	6 230		
工矿工程建筑	20 600	8 000	6 000			
建筑安装业	363 022	237 238	60 700	1 150	1 600	
三、按隶属关系分						
中　　央	105 795	98 113		7 682		
省	2 522 012	457 260	1 099 884	440 760	34 857	49 996
市	1 859 304	233 089	1 130 277	203 814	20 110	27 759
县	7 816 084	617 605	5 942 904	165 431	141 048	57 966
四、按企业资质等级分						
施工总承包	12 030 029	1 187 535	8 173 065	817 687	196 015	135 721
一　　级	7 044 439	722 586	4 986 383	549 021	61 667	74 155
二　　级	2 891 191	191 434	1 853 965	113 847	11 420	20 200
三级及以下	2 094 399	273 515	1 332 717	154 819	122 928	41 366
专业承包	273 166	218 532				
一　　级	273 166	218 532				
五、按营业状态分						
营　　业	12 292 595	1 406 067	8 173 065	817 687	196 015	135 721
停　　业	10 600					
六、按控股情况分						
国有绝对控股	3 318 393	842 060	1 398 016	426 441	33 257	51 796
集体绝对控股	6 600 721	171 580	5 461 293	229 058	93 838	36 180

项　　目	居民服务业用房	教育用房	文化、教育和娱乐用房	卫生医疗用房	科研用房	其他用房
总　　计	**146 119**	**754 316**	**285 664**	**206 968**	**50 662**	**130 911**
#国有及国有控股企业	31 224	257 784	95 388	101 880	26 498	54 049
一、按登记注册类型分						
内资企业	146 119	754 316	285 664	206 968	50 662	130 911
国有企业	26 224	138 349	54 276	60 949	26 498	43 422
集体企业	25 135	365 793	152 891	4 267	24 164	16 522
股份合作企业	9 092	16 628	13 228	38 996		6 600
有限责任公司	59 634	190 742	62 669	91 391		23 966
国有独资公司						
其他有限责任公司	59 634	190 742	62 669	91 391		23 966
股份有限公司						
私营企业	26 034	42 804	2 600	11 365		40 401
私营有限责任公司	26 034	42 804	2 600	11 365		40 401
私营股份有限公司						
港、澳、台商投资企业						
合资经营企业						
二、按国民经济行业分						
房屋和土木工程建筑业	91 485	746 616	285 664	206 968	50 662	130 911
房屋工程建筑	91 485	724 906	285 664	191 012	50 662	119 924
土木工程建筑		21 710		15 956		10 987
铁路道路隧道和桥梁工程		21 000		15 956		4 387
水利和港口工程建筑		710				
工矿工程建筑						6 600
建筑安装业	54 634	7 700				
三、按隶属关系分						
中　　央						
省	5 000	189 533	94 188	137 947		12 587
市	9 092	103 304	27 014	43 996	26 498	34 351
县	132 027	461 479	164 462	25 025	24 164	83 973
四、按企业资质等级分						
施工总承包	91 485	754 316	285 664	206 968	50 662	130 911
一　　级	17 877	325 895	78 445	143 476	26 498	58 436
二　　级	29 048	366 111	181 419	48 067	24 164	51 516
三级及以下	44 560	62 310	25 800	15 425		20 959
专业承包	54 634					
一　　级	54 634					
五、按营业状态分						
营　　业	146 119	743 716	285 664	206 968	50 662	130 911
停　　业		10 600				
六、按控股情况分						
国有绝对控股	31 224	257 784	95 388	101 880	26 498	54 049
集体绝对控股	25 135	365 793	172 891	4 267	24 164	16 522

11－4　建筑业企业房屋建筑竣工造价

（2005 年）　　单位：万元

项　　目	总　计	厂房、仓库	住　宅	办公用房	批发和零售用房	住宿和餐饮用房
总　　计	**754 088**	**85 674**	**461 635**	**68 696**	**12 749**	**8 269**
#国有及国有控股企业	256 449	57 376	101 458	39 364	4 094	3 444
一、按登记注册类型分						
内资企业	753 338	84 924	461 635	68 696	12 749	8 269
国有企业	174 695	38 268	72 505	28 392	4 094	220
集体企业	361 254	10 195	283 768	19 283	4 406	2 432
股份合作企业	21 310	135	7 420	5 001	297	734
有限责任公司	169 175	34 886	83 778	14 895	2 369	3 224
国有独资公司	4 494	4 428		66		
其他有限责任公司	164 681	30 458	83 778	14 828	2 369	3 224
股份有限公司	2 280	560	1 720			
私营企业	24 624	880	12 444	1 125	1 583	1 659
私营有限责任公司	18 384	880	6 204	1 125	1 583	1 659
私营股份有限公司	6 240		6 240			
港、澳、台商投资企业	750	750				
合资经营企业	750	750				
二、按国民经济行业分						
房屋和土木工程建筑业	732 780	73 547	455 979	68 607	12 629	8 269
房屋工程建筑	702 006	65 432	442 087	63 975	11 758	8 269
土木工程建筑	30 774	8 114	13 892	4 632	871	
铁路道路隧道和桥梁工程	28 238	7 250	13 307	4 050	871	
水利和港口工程建筑	1 106	264	220	582		
工矿工程建筑	1 430	600	365			
建筑安装业	21 308	12 127	5 656	89	120	
三、按隶属关系分						
中　　央	11 761	9 456		2 305		
省	203 421	33 249	86 642	37 942	4 214	3 324
市	129 307	14 054	72 906	17 729	969	1 449
县	409 599	28 915	302 088	10 720	7 566	3 496
四、按企业资质等级分						
施工总承包	742 761	76 613	461 635	68 696	12 749	8 269
一　　级	445 727	50 150	275 373	48 912	5 934	4 553
二　　级	196 029	12 351	124 667	10 155	1 149	1 250
三级及以下	101 005	14 111	61 596	9 629	5 665	2 466
专业承包	11 326	9 061				
一　　级	11 326	9 061				
五、按营业状态分						
营　　业	753 538	85 674	461 635	68 696	12 749	8 269
停　　业	550					
六、按控股情况分						
国有绝对控股	256 449	57 376	101 458	39 364	4 094	3 444
集体绝对控股	362 604	10 195	283 768	19 283	5 156	2 432

11－4 续表 （2005 年） 单位：万元

项目	居民服务业用房	教育用房	文化、体育和娱乐用房	卫生医疗用房	科研用房	其他用房
总计	**7 996**	**55 575**	**21 637**	**15 896**	**3 994**	**11 967**
#国有及国有控股企业	1 437	21 646	9 027	9 857	1 758	6 987
一、按登记注册类型分						
内资企业	7 996	55 575	21 637	15 896	3 994	11 967
国有企业	1 087	12 016	3 556	6 574	1 758	6 225
集体企业	1 380	26 053	9 937	272	2 236	1 293
股份合作企业	1 303	1 516	1 791	2 648		465
有限责任公司	2 615	13 717	6 245	5 961		1 485
国有独资公司						
其他有限责任公司	2 615	13 717	6 245	5 961		1 485
股份有限公司						
私营企业	1 611	2 274	108	441		2 500
私营有限责任公司	1 611	2 274	108	441		2 500
私营股份有限公司						
港、澳、台商投资企业						
合资经营企业						
二、按国民经济行业分						
房屋和土木工程建筑业	5 731	54 525	21 637	15 896	3 994	11 967
房屋工程建筑	5 731	52 785	21 637	15 041	3 994	11 298
土木工程建筑		1 740		855		669
铁路道路隧道和桥梁工程		1 700		855		204
水利和港口工程建筑		40				
工矿工程建筑						465
建筑安装业	2 265	1 050				
三、按隶属关系分						
中央						
省	350	16 495	8 917	11 472		817
市	1 303	7 531	2 878	3 017	1 758	5 713
县	6 343	31 549	9 842	1 407	2 236	5 438
四、按企业资质等级分						
施工总承包	5 731	55 575	21 637	15 896	3 994	11 967
一级	1 951	27 689	9 511	12 705	1 758	7 192
二级	1 868	24 813	11 212	2 568	2 236	3 761
三级及以下	1 912	3 074	914	623		1 015
专业承包	2 265					
一级	2 265					
五、按营业状态分						
营业	7 996	55 025	21 637	15 896	3 994	11 967
停业		550				
六、按控股情况分						
国有绝对控股	1 437	21 646	9 027	9 857	1 758	6 987
集体绝对控股	1 380	26 053	10 537	272	2 236	1 293

11-5 建筑业企业主要指标

（2005年，不含劳务分包企业）

项目	建筑业增加值（万元）	劳动生产率（元/人）		房屋建筑面积竣工率（%）	产值利税率（%）
		按总产值计算	按增加值计算		
总计	**479 782**	**100 632**	**19 090**	**44.5**	**4.4**
#国有及国有控股企业	263 548	115 818	21 274	35.4	3.8
一、按登记注册类型分					
内资企业	475 018	100 838	19 082	44.7	4.4
国有企业	187 141	117 297	22 528	32.5	3.5
集体企业	119 386	79 146	15 301	50.5	4.6
股份合作企业	10 595	98 147	19 108	53.1	2.6
联营企业	1 269	34 696	27 579		23.7
国有联营企业	173	66 000	28 803		7.6
集体联营企业	1 096	30 000	27 395		29.1
有限责任公司	118 672	114 358	19 517	46.2	4.6
国有独资公司	14 668	110 234	20 723	16.6	3.3
其他有限责任公司	104 007	114 901	19 359	47.7	4.8
股份有限公司	9 210	89 009	18 965	10.6	11.5
私营企业	28 789	76 476	17 804	45.5	7.6
私营独资企业					
私营有限责任公司	21 090	99 687	23 199	55.5	9.2
私营股份有限公司	7 700	46 721	10 889	27.4	3.1
港、澳、台商投资企业	4 190	82 169	19 388	11.2	6.2
合资经营企业	4 083	82 932	19 732	11.2	6.3
合作经营企业	117	80 299	17 436		6.2
港、澳、台商独资经营企业	-10	24 080	-3 882		-1.2
外商投资企业	578	53 508	24 066		2.8
中外合资经营企业	568	54 880	24 292		3.1
中外合作经营企业					
二、按国民经济行业分					
房屋和土木工程建筑业	384 602	97 958	18 341	43.9	4.0
房屋工程建筑	264 311	86 908	17 575	44.7	4.0
土木工程建筑	120 326	125 980	20 290	29.8	3.9
铁路道路隧道和桥梁工程	79 888	129 166	19 255	29.4	4.1
水利和港口工程建筑	26 671	121 511	25 912	40.8	3.7

11－5 续表1 （2005年，不含劳务分包企业）

项目	建筑业增加值（万元）	劳动生产率（元/人）		房屋建筑面积竣工率（%）	产值利税率（%）
		按总产值计算	按增加值计算		
工矿工程建筑	10 461	116 364	18 798	30.7	2.0
架线和管道工程建筑	1 880	171 676	24 580		4.5
其他土木工程建筑	1 443	69 232	12 109		4.0
建筑安装业	66 819	108 549	22 960	81.2	6.4
建筑装饰业	14 197	94 025	17 430		5.1
其它建筑业	14 108	188 193	32 144		7.9
工程准备	12 939	194 623	30 487		6.7
其它未列明的建筑活动	1 168		80 573		
三、按隶属关系分					
中　央	41 256	113 829	21 768	17.5	4.5
省	181 236	110 170	22 220	51.3	3.9
市	56 919	115 751	16 287	33.4	4.1
县	200 434	87 199	17 299	47.2	5.1
四、按企业资质等级分					
施工总承包	414 029	99 155	18 970	44.0	4.1
一　级	292 166	107 031	20 118	45.7	3.8
二　级	81 248	91 725	17 634	35.1	4.6
三级及以下	40 653	69 414	15 085	56.5	5.3
专业承包	65 733	110 382	19 870	94.5	6.6
一　级	34 098	154 538	21 997	100.0	6.4
二　级	18 372	66 516	16 592		5.6
三级及以下	10 947	73 884	19 321		7.9
五、按营业状态分					
营　业	479 675	100 811	19 124	44.5	4.4
停　业	118	13 910	2 524	48.0	－49.6
筹　建					
六、按控股情况分					
国有绝对控股	259 406	116 593	21 275	35.4	3.7
国有相对控股	4 154	67 294	21 325		13.9
集体绝对控股	120 873	78 769	15 352	50.6	4.6
集体相对控股	－7		－21 857		

11－5　续表2－1　　　　　　（2005年，不含劳务分包企业）

项　　　　目	人均利润（元/人）	人均利税（元/人）	资产负债率（%）	技术装备率（元/人）	动力装备率（千瓦/人）
总　　计	**1 276**	**4 454**	**63.7**	**6 325**	**2.8**
#国有及国有控股企业	854	4 377	68.9	9 056	4.0
一、按登记注册类型分					
内资企业	1 265	4 451	64.0	6 289	2.7
国有企业	678	4 111	70.1	8 029	4.0
集体企业	1 227	3 643	59.4	3 292	1.1
股份合作企业	1 034	2 512	76.4	11 277	5.5
联营企业	343	8 235	24.2		
国有联营企业	2 833	5 017	16.4		
集体联营企业	－30	8 718	37.0		
有限责任公司	1 524	5 286	63.1	7 748	3.6
国有独资公司	338	3 649	56.2	11 750	7.6
其他有限责任公司	1 681	5 502	64.5	7 336	3.2
股份有限公司	8 270	10 228	37.6	6 359	0.9
私营企业	1 488	5 787	41.7	6 111	1.4
私营独资企业	－8 500	－8 375			
私营有限责任公司	2 065	9 176	38.1	8 581	1.9
私营股份有限公司	756	1 446	54.7	784	0.2
港、澳、台商投资企业	2 581	5 128	44.5	5 574	2.2
合资经营企业	2 721	5 199	45.1	5 989	1.9
合作经营企业	－388	4 955	9.1	3 623	5.1
港、澳、台商独资经营企业	－1 080	－280	42.0		
外商投资企业	704	1 500	29.0	303 000	273.0
中外合资经营企业	893	1 709	27.7	375 720	338.5
中外合作经营企业	－6 667	－6 667	43.7		
二、按国民经济行业分					
房屋和土木工程建筑业	775	3 871	65.1	5 988	2.8
房屋工程建筑	911	3 462	60.5	2 654	1.5
土木工程建筑	431	4 909	70.2	14 519	5.8
铁路道路隧道和桥梁工程	448	5 347	70.8	12 034	5.4
水利和港口工程建筑	679	4 551	78.7	21 927	6.0

11－5 续表2－2 （2005年，不含劳务分包企业）

项 目	人均利润（元/人）	人均利税（元/人）	资产负债率（%）	技术装备率（元/人）	动力装备率（千瓦/人）
工矿工程建筑	－698	2 362	54.6	30 701	12.9
架线和管道工程建筑	4 037	7 779	58.8	858	0.7
其他土木工程建筑	669	2 789	33.4	12 324	5.0
建筑安装业	3 855	6 982	61.5	8 330	2.7
建筑装饰业	1 977	4 824	45.9	4 417	1.0
其它建筑业	6 788	14 874	60.0	14 354	6.8
工程准备	6 333	13 094	61.4	14 856	7.0
其它未列明的建筑活动	20 103	66 952	47.4		
三、按隶属关系分					
中 央	944	5 092	76.9	5 290	2.6
省	742	4 243	64.4	13 056	5.0
市	1 387	4 692	74.0	2 652	1.5
县	1 672	4 427	51.8	4 006	2.0
四、按企业资质等级分					
施工总承包	843	4 025	66.4	5 651	2.7
一 级	541	4 023	71.7	6 187	3.1
二 级	1 517	4 237	56.6	5 656	2.0
三级及以下	1 319	3 671	57.3	3 182	1.7
专业承包	4 128	7 291	50.7	11 140	3.5
一 级	6 508	9 920	56.5	11 075	3.7
二 级	1 214	3 734	47.4	13 388	3.4
三级及以下	2 329	5 858	42.3	9 307	3.5
五、按营业状态分					
营 业	1 293	4 478	64.0	6 339	2.8
停 业	－7 004	－6 906	34.1	419	0.2
筹 建	－7 628	－7 395	0.4		
六、按控股情况分					
国有绝对控股	757	4 297	69.5	8 934	3.9
国有相对控股	6 912	9 377	40.5	16 011	9.5
集体绝对控股	1 216	3 662	59.2	3 279	1.1
集体相对控股	－130 667	－128 333			

11－6 建筑业企业生产情况

（总承包、专业承包资质，分县区，2005年）　　单位：亿元

项目	企业（个）	#有工作量	签订的合同额	建筑业总产值	#装饰装修产值	#在外省完成的产值	按构成分：建筑工程产值	按构成分：安装工程产值	按构成分：其他产值
总计	**381**	**332**	**447.32**	**252.92**	**14.89**	**51.84**	**211.73**	**27.36**	**13.82**
东湖区	85	75	47.31	27.31	3.30	3.54	22.25	1.39	3.67
西湖区	99	80	156.33	79.20	5.77	19.41	72.73	3.16	3.30
青云谱区	47	42	81.36	36.57	3.02	10.60	29.94	4.53	2.10
湾里区	5	3	6.49	5.17			5.17		
青山湖区	34	29	55.80	33.72	0.75	8.23	27.57	5.03	1.13
南昌县	27	24	35.74	26.32	0.13	3.97	18.32	7.00	0.99
新建县	11	8	4.66	3.12			2.81		0.30
安义县	4	4	1.45	1.04	0.01		0.82		0.22
进贤县	19	19	12.69	10.80	0.60	0.79	8.89	1.11	0.80
经济技术开发区	13	12	17.46	10.32	0.28	0.07	10.07	0.24	
高新技术开发区	26	26	24.96	16.94	0.79	5.10	11.58	4.60	0.76
红谷滩新区	9	9	2.93	2.30	0.24	0.12	1.45	0.30	0.55
桑海经济开发区	1	1	0.15	0.12	0.01		0.11		0.01
英雄经济开发区	1								

11-6 续表1 (总承包、专业承包资质，分县区，2005年) 单位：亿元

项目	竣工产值	房屋建筑施工面积（万平方米）	#本年新开工	#实行投标承包面积	#本年新开工	从业人员情况（万人）平均人数	从业人员	补充资料：企业总产值
总计	**165.89**	**2 763.39**	**1 514.67**	**2 740.24**	**1 510.97**	**25.13**	**23.15**	**259.77**
东湖区	17.31	213.90	98.58	210.63	98.58	2.54	2.54	27.58
西湖区	48.35	779.71	447.54	779.71	447.54	7.03	7.13	83.37
青云谱区	27.75	303.93	194.97	301.20	194.97	3.28	2.52	37.02
湾里区	4.08	102.32	58.85	102.32	58.85	0.53	0.56	5.17
青山湖区	21.28	641.76	316.80	640.56	316.80	4.36	4.41	33.75
南昌县	18.39	317.48	118.15	308.23	118.15	2.26	2.09	27.53
新建县	2.30	69.64	41.28	69.64	41.28	0.40	0.57	3.12
安义县	0.80	21.17	17.90	20.34	17.61	0.15	0.16	1.04
进贤县	9.86	186.95	109.20	181.11	109.20	1.59	1.22	10.80
经济技术开发区	2.92	30.66	25.89	30.63	25.89	1.09	0.40	10.32
高新技术开发区	11.57	66.45	56.95	66.45	53.55	1.55	1.21	17.64
红谷滩新区	1.16	27.48	27.48	27.48	27.48	0.31	0.30	2.30
桑海经济开发区	0.12	1.94	1.05	1.94	1.05	0.04	0.04	0.12
英雄经济开发区								

项目	房屋建筑竣工面积											
	合计	厂房、仓库	住宅	办公用房	批发和零售用房	住宿和餐饮用房	居民服务业用房	教育用房	文化、体育用房	卫生医疗用房	科研用房	其他用房
总计	**1 230.32**	**140.61**	**817.31**	**81.77**	**19.60**	**13.57**	**14.61**	**75.43**	**28.57**	**20.70**	**5.07**	**13.09**
东湖区	45.23	5.57	17.47	2.52		0.18		4.86	4.00	4.00	2.65	3.98
西湖区	239.52	52.10	105.68	42.96	2.01	4.62	3.89	13.03	3.73	5.94		5.57
青云谱区	143.87	22.09	58.26	22.58	4.16	4.82	0.50	17.65	4.11	8.72		0.99
湾里区	35.83		33.32			2.51						
青山湖区	345.45	3.73	332.62	3.21	0.16		0.15	2.10	0.70		2.42	0.36
南昌县	189.04	4.89	140.94	2.91	0.06	0.02		26.44	13.49	0.12		0.18
新建县	41.78	0.23	40.46					0.69				0.40
安义县	15.19	0.90	12.38	0.32				1.53				0.07
进贤县	143.36	46.04	61.30	4.89	8.15	0.98	10.07	7.33	2.26	1.42		0.92
经济技术开发区	4.48	0.49	2.78	0.56					0.16	0.50		
高新技术开发区	20.55	3.93	7.20	1.69	5.06	0.26		1.80				0.61
红谷滩新区	4.55		4.55									
桑海经济开发区	1.47	0.66	0.37	0.14		0.18			0.12			
英雄经济开发区												

（总承包和专业承包资质，分县区，2005年）

单位：亿元

项目	竣工房屋价值											
	合计	厂房、仓库	住宅	办公用房	批发和零售用房	住宿和餐饮用房	居民服务业用房	教育用房	文化、体育用房	卫生医疗用房	科研用房	其他用房
总计	**75.41**	**8.57**	**46.16**	**6.87**	**1.27**	**0.83**	**0.80**	**5.56**	**2.16**	**1.59**	**0.40**	**1.20**
东湖区	3.39	0.30	1.29	0.23		0.01		0.37	0.20	0.20	0.18	0.61
西湖区	18.89	4.02	7.87	4.15	0.10	0.26	0.32	1.06	0.40	0.39		0.33
青云谱区	10.26	1.05	3.75	1.66	0.50	0.32	0.04	1.44	0.55	0.90		0.06
湾里区	2.49		2.33			0.16						
青山湖区	16.87	0.54	15.61	0.21	0.01		0.02	0.17	0.05		0.22	0.04
南昌县	12.04	0.24	8.80	0.18	0.01			1.94	0.86	0.01		0.01
新建县	2.01	0.01	1.88					0.03				0.08
安义县	0.66	0.06	0.49	0.02				0.08				
进贤县	7.06	2.07	3.30	0.28	0.41	0.04	0.43	0.37	0.07	0.06		0.04
经济技术开发区	0.29	0.02	0.18	0.04					0.02	0.04		
高新技术开发区	1.02	0.20	0.31	0.10	0.25	0.02		0.10				0.04
红谷滩新区	0.31		0.31									
桑海经济开发区	0.12	0.06	0.02	0.01		0.01			0.01			
英雄经济开发区												

11-7 建筑业企业主要财务指标

（总承包、专业承包资质，分县区，2005年）　　单位：亿元

项目	建筑业企业（个）	#有工作量	建筑业总产值	建筑业增加值	工程结算收入	工程结算税金及附加	其他业务收入
总计	**381**	**332**	**252.92**	**47.98**	**217.46**	**7.73**	**2.20**
东湖区	85	75	27.31	3.87	22.01	0.68	0.29
西湖区	99	80	79.20	15.15	75.18	2.93	0.62
青云谱区	47	42	36.57	8.24	35.73	1.36	0.45
湾里区	5	3	5.17	1.79	5.17	0.16	
青山湖区	34	29	33.72	5.16	18.91	0.72	0.05
南昌县	27	24	26.32	4.51	21.89	0.73	0.21
新建县	11	8	3.12	0.37	2.31	0.08	0.01
安义县	4	4	1.04	0.21	1.04	0.04	
进贤县	19	19	10.80	2.53	10.07	0.25	0.01
经济技术开发区	13	12	10.32	1.74	6.55	0.20	0.19
高新技术开发区	26	26	16.94	3.82	16.49	0.51	0.34
红谷滩新区	9	9	2.30	0.56	1.97	0.07	0.02
桑海经济开发区	1	1	0.12	0.03	0.12	0.01	
英雄经济开发区	1						

11－7 续表 1 （总承包、专业承包资质，分县区，2005 年） 单位：亿元

项　　目	经营费用	管理费用				财务费用	营业利润	利润总额	本年固定资产折旧
			#税金	#差旅费	#工会经费				
总　　计	**0.42**	**10.60**	**0.26**	**0.40**	**0.13**	**0.63**	**3.11**	**3.21**	**3.64**
东 湖 区	0.02	1.13	0.05	0.03		0.03	0.18	0.20	0.26
西 湖 区	0.23	3.29	0.10	0.15	0.04	0.21	0.79	0.85	2.18
青云谱区	0.01	2.22	0.02	0.10	0.04	0.16	0.35	0.32	0.39
湾 里 区	0.02	0.26	0.01				0.23	0.23	0.03
青山湖区	0.04	0.56	0.01	0.01		0.02	0.06	0.07	0.11
南 昌 县	0.02	0.95	0.02	0.03	0.01	0.06	0.44	0.45	0.16
新 建 县		0.05					0.02		0.01
安 义 县		0.02					0.01	0.01	0.01
进 贤 县	0.05	0.16	0.01	0.01		0.02	0.39	0.37	0.08
经济技术开发区	0.02	0.44	0.01	0.02	0.01	0.05	0.06	0.07	0.18
高新技术开发区	0.01	1.13	0.01	0.04	0.02	0.08	0.53	0.56	0.17
红谷滩新区		0.40	0.01	0.01			0.06	0.06	0.07
桑海经济开发区		0.01							
英雄技术开发区									

11－7 续表2 （总承包、专业承包资质，分县区，2005年） 单位：亿元

项目	主营业务应付工资	主营业务应付福利费	劳动、失业保险费	住房公积金及住房补贴	资产总计	负债合计	所有者权益合计	应收工程款	
									#竣工拖欠
总计	**28.56**	**2.31**	**1.63**	**0.51**	**218.01**	**138.95**	**79.06**	**33.20**	**11.84**
东湖区	2.44	0.18	0.05	0.01	29.52	20.03	9.49	6.77	2.36
西湖区	7.46	0.82	0.56	0.24	83.68	52.68	30.99	10.24	2.64
青云谱区	4.93	0.36	0.64	0.10	35.53	25.04	10.49	6.21	3.62
湾里区	1.20	0.16			1.63	0.70	0.93	0.42	0.27
青山湖区	4.05	0.12	0.09	0.01	14.46	9.89	4.57	2.21	1.44
南昌县	2.67	0.22	0.17	0.07	16.92	8.79	8.13	1.93	0.70
新建县	0.23	0.02			1.91	0.94	0.96	0.02	0.01
安义县	0.15				0.58	0.25	0.32	0.15	0.10
进贤县	1.69	0.12			5.85	2.28	3.57	0.19	0.06
经济技术开发区	1.20	0.04	0.04	0.01	9.45	5.73	3.72	1.51	0.47
高新技术开发区	2.20	0.22	0.08	0.07	15.06	10.09	4.97	3.54	0.16
红谷滩新区	0.31	0.04			3.22	2.40	0.82	0.01	0.01
桑海经济开发区	0.03				0.20	0.12	0.08		
英雄经济开发区									

11－8 劳务分包建筑业企业生产经营情况

（2005年） 单位：万元

项目	企业个数（个）	#有工作量的企业	建筑业总产值	从业人员情况（人）计算劳动生产率的平均人数	年末从业人数	#工程技术人员
总计	**15**	**9**	**2 150**	**276**	**276**	**60**
#国有及国有控股企业	3	1	357	75	84	23
一、按登记注册类型分						
内资企业	15	9	2 150	276	276	60
国有企业						
集体企业	4	4	319	101	80	10
有限责任公司	7	1	21	37	50	14
其他有限责任公司	7	1	21	37	50	14
股份有限公司	2	2	1 048	90	98	19
私营企业	2	2	763	48	48	17
私营有限责任公司	1	1	745	31	31	14
私营股份有限公司	1	1	19	17	17	3
二、按国民经济行业分						
房屋和土木工程建筑业	7	4	413	113	138	32
房屋工程建筑	2			12	12	7
土木工程建筑	5	4	413	101	126	25
其他土木工程建筑	5	4	413	101	126	25
建筑安装业	8	5	1 737	163	138	28
三、按隶属关系分						
省	3	1	357	75	84	23
市	1	1	21	8	20	4
县	11	7	1 773	193	172	33
四、按企业资质等级分						
劳务分包	15	9	2 150	276	276	60
一　级	6	2	377	91	112	30
二　级	4	4	319	101	80	10
五、按营业状态分						
营　业	9	9	2 150	247	246	50
停　业	2			15	16	5
筹　建	4			14	14	5
六、按控股情况分						
国有绝对控股	2			15	16	5
国有相对控股	1	1	357	60	68	18
集体绝对控股	4	4	319	101	80	10

项目	固定资产原价	本年折旧	资产总计	负债合计	实收资本	营业收入合计	#工程结算收入
总计	**284**	**22**	**3 184**	**756**	**1 386**	**2 150**	**2 150**
#国有及国有控股企业	90	6	307	8	299	357	357
一、按登记注册类型分							
内资企业	284	22	3 184	756	1 386	2 150	2 150
国有企业							
集体企业	84	3	191	161	30	319	319
有限责任公司	151	13	842	47	794	21	21
其他有限责任公司	151	13	842	47	794	21	21
股份有限公司	32	1	1 282		407	1 048	1 048
私营企业	17	5	869	548	155	763	763
私营有限责任公司	11	4	861	545	150	745	745
私营股份有限公司	6	1	8	3	5	19	19
二、按国民经济行业分							
房屋和土木工程建筑业	233	16	810	48	761	413	413
房屋工程建筑	29	4	105	7	98		
土木工程建筑	204	13	705	41	663	413	413
其他土木工程建筑	204	13	705	41	663	413	413
建筑安装业	52	5	2 374	708	625	1 737	1 737
三、按隶属关系分							
省	90	6	307	8	299	357	357
市	62	7	486	39	447	21	21
县	133	9	2 391	709	640	1 773	1 773
四、按企业资质等级分							
劳务分包	284	22	3 184	756	1 386	2 150	2 150
一级	157	14	849	47	801	377	377
二级	84	3	191	161	30	319	319
五、按营业状态分							
营业	195	16	2 828	748	1 039	2 150	2 150
停业	84	5	201	8	193		
筹建	6	1	155		155		
六、按控股情况分							
国有绝对控股	84	5	201	8	193		
国有相对控股	7	1	107		107	357	357
集体绝对控股	84	3	191	161	30	319	319

11－8　续表2　　(2005年)　　单位：万元

项　　目	工程结算成本	工程结算税金及附加	费用合计	营业利润	利润总额	从业人员劳动报酬	劳动、失业保险费
总　　计	**1 936**	**82**	**108**	**37**	**－26**	**277**	**7**
#国有及国有控股企业	307	18	19	14	14	84	5
一、按登记注册类型分							
内资企业	1 936	82	108	37	－26	277	7
国有企业							
集体企业	288	15	6	8	1	122	
有限责任公司	16	1	34	－31	－69	26	1
其他有限责任公司	16	1	34	－31	－69	26	1
股份有限公司	943	41	29	54	35	89	5
私营企业	689	25	40	7	7	40	
私营有限责任公司	674	25	36	7	7	35	
私营股份有限公司	15		4			5	
二、按国民经济行业分							
房屋和土木工程建筑业	346	21	39	4	－39	128	7
房屋工程建筑			9	－9	－9	11	
土木工程建筑	346	21	30	13	－30	118	7
其他土木工程建筑	346	21	30	13	－30	118	7
建筑安装业	1 590	61	69	33	13	149	
三、按隶属关系分							
省	307	18	19	14	14	84	5
市	16	1	20	－16	－53	10	1
县	1 613	63	69	40	14	184	
四、按企业资质等级分							
劳务分包	1 936	82	108	37	－26	277	7
一　　级	322	19	39	－5	－43	95	7
二　　级	288	15	6	8	1	122	
五、按营业状态分							
营　　业	1 936	82	94	53	－11	262	7
停　　业			9	－9	－9	12	
筹　　建			4	－6	－6	3	
六、按控股情况分							
国有绝对控股			9	－9	－9	12	
国有相对控股	307	18	10	23	23	71	5
集体绝对控股	288	15	6	8	1	122	

主 要 统 计 指 标 解 释

建筑施工企业 指从事房屋、构筑物和设备安装生产活动的独立施工单位，分为建筑安装企业和自营施工单位两种组织形式。建筑安装企业是指行政上有独立组织、经济上实行独立核算的企业。一般称为建筑公司、安装公司、工程公司、工程局（处）等。自营施工单位是指附属于现有生产企业、事业内部或行政单位的，为建造和修理本单位固定资产而自行组织的。并同时具备下述条件：(1) 对内独立核算；(2) 有固定组织和施工队伍；(3) 全年施工期在半年以上。

建筑业总产值 建筑总产值是以货币表现的建筑安装企业在一定时期内生产的建筑业产品的总和。按现行报表制度规定，具体包括：建筑工程产值、设备安装工程产值和其他产值。

建筑业增加值 是建筑业企业在报告期内以货币表现的建筑业生产经营活动的最终成果。建筑业增加值有两种计算方法：一是生产法，即建筑业总产出减去建筑业中间消耗后的余额；二是分配法(收入法)，即从收入的角度出发，根据生产要素在生产过程中应得到的收入份额计算，具体构成项目有固定资产折旧、劳动者报酬、生产税净额、营业盈余。

年末自有机械设备价值 指年末本单位自有施工机械、生产设备、运输设备的全部机械价值，分别按原值和净值计算，不包括非生产用的机械设备价值。

利润总额 指建筑业企业在一定时期内所实现的利润。包括营业利润、投资收益和营业外收入与营业外支出的差额。

工程结算收入 指本企业承包实现的工程价额结算收入以及向发包单位收取的除工程价款以外按规定列作营业收入的各种款项，如临时设施费、劳动保险费、施工机构调迁等以及向发包单位收取的各种索赔款。

十二、运输和邮电

TRANSPORTATION, POSTS AND TELECOMMUNICATIONS SERVICES

本篇内容包括：

1. 交通运输资料
2. 邮电通信业资料

资料整理　　微机处理

袁　方　　袁　方

货物、旅客运输量

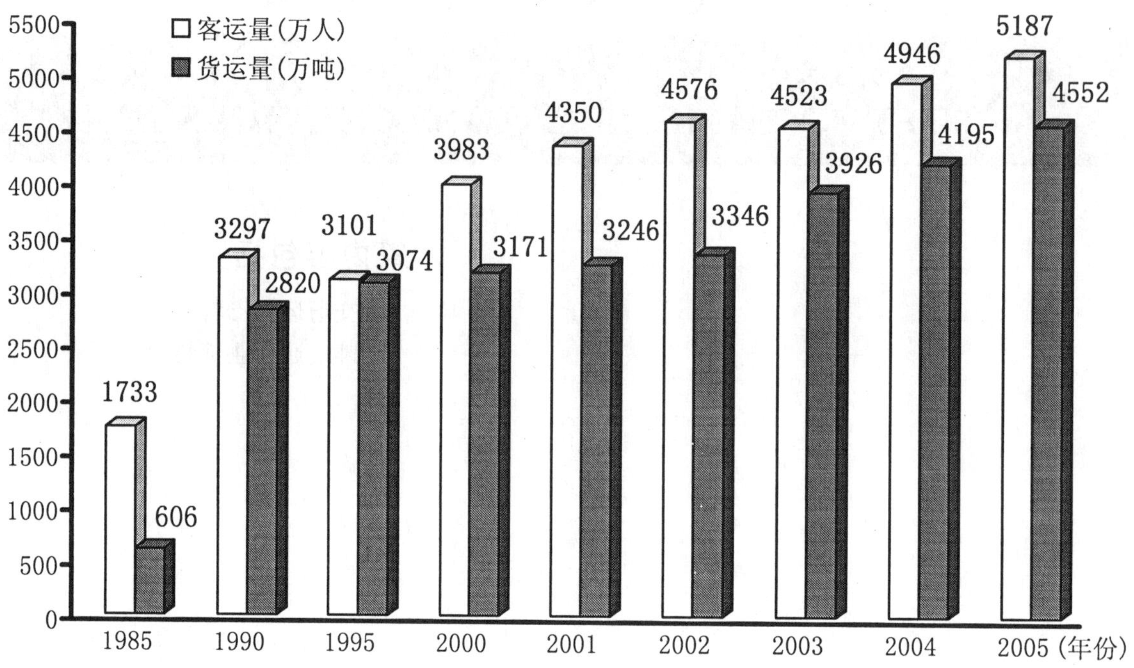

邮电业务总量

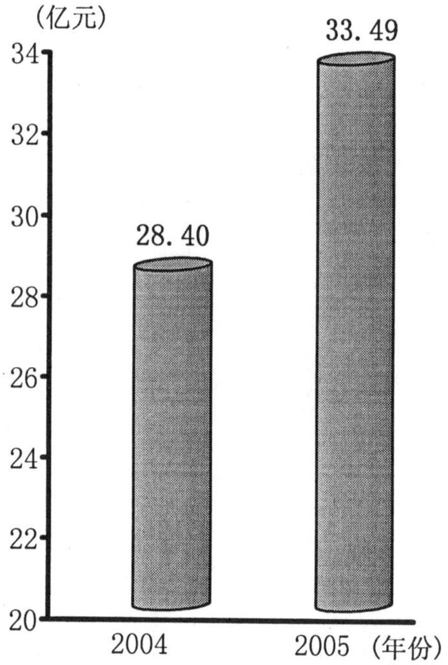

年末电话交换机总容量

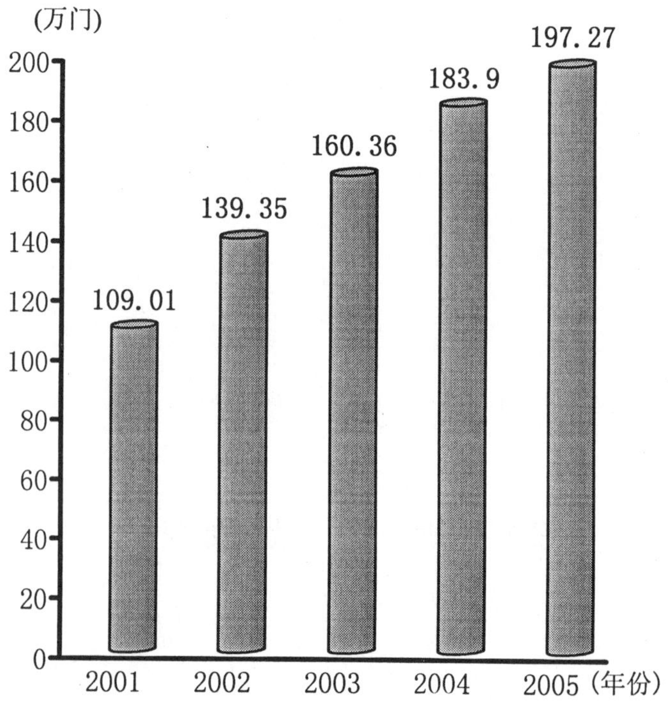

12－1　主要年份交通运输工具拥有量

项　　　　目	1978	1980	1985	1990	1995	2000	2003	2004	2005
一、汽　　车（辆）	**9 183**	**10 551**	**14 953**	**21 050**	**24 697**	**41 707**	**107 633**	**137 701**	**161 899**
#载货汽车	5 808	7 395	10 719	11 150	11 688	20 827	37 278	41 540	44 565
载客汽车	2 588	3 020	3 758	8 051	10 829	18 280	66 477	82 941	103 965
特种汽车	787	136	476	1 849	2 172	2 600	1 695	1 894	2 014
二、其他机动车（辆）	**2 733**	**3 178**	**9 636**	**11 883**	**31 733**	**118 248**	**150 577**	**151 366**	**174 215**
#摩托车	988	1 255	2 837	7 202	23 936	102 505	142 204	151 201	154 055
拖拉机	1 745	1 923	5 144	4 681	3 833	9 314			20 160
三、船　　舶（艘）									
#机动船	207	225	505	771	800	334	210	229	338
客货轮	14	13	12	11	11	6	2	2	
推拖船	51	51	54	0	40	29	20	21	14
驳　船	125	153	240	211	161	141	76	66	37
四、汽车挂车（辆）			**389**		**455**	**114**	**624**	**568**	**594**
附：年末汽车驾驶员（万人）					**7.12**	**13.7**	**26.8**	**27.6**	**35.6**

注：2001年起民用汽车拥有量含省直属部分。2002年民用车辆指标解释进行重新制定，故特种汽车数量变动较大。

12－2　主要年份旅客运输量及周转量

项　　　　目	1978	1980	1985	1990	1995	2000	2003	2004	2005
一、旅客运输总量（万人）			**1 733**	**3 297**	**3 101**	**3 983**	**4 523**	**4 946**	**5 187**
1.民　航			4	8	75	78	89	123	136
2.铁　路			680	517	625	906	1 084	1 274	1 346
3.公　路			955	2 720	2 357	2 978	3 318	3 522	3 687
交通部门			955	1 114	719	558			
非交通部门				1 606	1 638	2 420			
4.水　运	150	96	94	52	44	20	32	27	18
交通部门	150	96	94	50	31	15	5	2	1
非交通部门				2	13	5	27	25	17
二、旅客运输周转量（万人公里）				**239 480**	**314 305**	**609 103**	**716 750**	**833 725**	**887 779**
1.民　航			1 133	7 306	38 608	86 356	82 042	114 012	137 257
2.铁　路				113 319	153 674	325 371	419 386	494 494	512 379
3.公　路			12 607	115 521	118 451	195 477	214 292	224 591	237 793
交通部门			12 607	61 649	48 667	79 393			
非交通部门				53 871	69 784	116 084			
4.水　运	15 661	5 077	5 292	3 335	3 572	1 899	1 029	628	350
交通部门	15 661	5 077	5 292	3 255	3 227	1 811	565	220	72
非交通部门				80	345	88	464	408	278

12－3　主要年份货物运输量及周转量

项　　目	1980	1985	1990	1995	2000	2002	2003	2004	2005
一、货物运输总量（万吨）		**606**	**2 820**	**3 074**	**3 171**	**3 346**	**3 926**	**4 195**	**4 552**
1. 民　　航		0.07	0.07	0.74	0.95	1.34	1.45	1.75	1.57
2. 铁　　路		235	221	201	224	332	353	365	392
3. 公　　路	257	262	2 298	2 541	2 784	2 845	3 398	3 624	3 890
# 交 通 部 门	257	262	194	91	23				
非交通部门			2 104	2 450	2 761				
4. 水　　运	77	109	301	331	163	167	174	205	268.5
# 交 通 部 门	77	109	71	61	35	29	28	34	40.1
非交通部门			230	271	128	138	146	171	228.4
二、货物运输周转量（万吨公里）			**218 157**	**223 886**	**282 129**	**345 790**	**370 703**	**1 099 781**	**1 587 721**
1. 民　　航		19	56	423	1 697	9 877	8 793	10 180	12 250
2. 铁　　路			65 573	61 491	99 691	140 188	146 297	854 800	1 282 042
3. 公　　路	3 503	12 607	96 686	116 418	148 211	150 585	179 972	192 253	210 546
# 交 通 部 门	3 503	12 607	15 007	9 452	7 710				
非交通部门			81 679	106 966	140 501				
4. 水　　运	17 314	39 174	55 843	45 554	32 531	45 140	35 640	42 547	82 883
# 交 通 部 门	17 314	39 174	41 313	33 457	21 330	22 691	16 291	20 280	19 018
非交通部门			14 530	12 097	11 201	22 449	19 349	22 267	63 865

注：民航货物运输总量 1992 年及以前年份为发送量。2004 年铁路旅客、货物运输周转量调整了计算方法，故数据增长较大。

12－4 主要年份电信网络及主要设备拥有量

项目	1978	1980	1985	1990	1995
电报电路总数（路）	57	65	81	162	287
长话业务电路总数（路）	197	248	419	1 629	15 105
自备火车邮箱（辆）	6	3	13	17	18
邮政汽车车辆（辆）	25	26	38	52	87
市内电话交换机总容量（万门）	0.7	0.7	1.5	4.5	52.6
#自动交换机容量			1.4	4.4	50.8
市内电话总数（万部）	1	1.5	2.3	5.3	27
#接入局用交换机的话机	0.5	0.6	0.9	2.8	21.2

项目	2000	2002	2003	2004	2005
自备火车邮箱（辆）	10	9	9	9	9
邮政汽车车辆（辆）	281	259	259	306	312
电缆长度（皮长公里）			17 026	17 253	29 193
接入网光缆长度（皮长公里）	1 019	1 952	1 961	1 978	4 290
市内电话交换机总容量（万门）	100	139	160	184	197
市内电话总数（万部）	81.6	97.3	99.3	138	154
#接入局用交换机的话机	74.1	91.9	94.8	107	110
小灵通用户数（万户）			20	30.5	39.11
移动通信交换机容量（万门）	105	165.8	250	270	340.44
移动电话用户数（万户）	42.7	120.1	152	164	218
因特网用户数（万户）	7.1	37.4	46.7	60.1	70.2

12－5 主要年份邮电业务量

项目	1980	1985	1990	1995	2000	2002	2003	2004	2005
一、邮电业务总量（不变价 万元）	**596**	**3 262**	**8 252**	**42 100**	**218 524**	**287 644**	**244 859**	**284 030**	**334 822**
二、邮电业务量									
函件（万件）	1 742	5 205	4 781	5 642	3 016	3 596	3 480	4 043	3 728
包裹（万件）	22	36	85	185	60	68	68	62	59
汇票（万件）	61	82	74	74	57	52	51	44	45
报纸累计（万份）	30 658	13 207	6 579	7 044	7 468	7 734	7 571	7 667	8 364
杂志累计（万份）	586		532	9 778	802	555	606	630	672
特快专递（万件）					72	78	94	99	138
机要文件（万件）	1	16	13	16	12	13	16	19	19
长途电话（万个）	77	152	576	4 401	9 804	8 910	14 167	10 131	18 741
城乡电话用户数（户）	6 458	14 121	31 513	195 781	740 813	928 994	1 155 626	1 380 211	1 543 241
#市话年末到户数	5 547	12 598	29 892	195 781	603 010	738 117	962 265	1 185 286	1 282 773
#农话年末到达户数	911	1 523	1 621		137 803	190 877	193 361	194 925	260 468

注：1998年起，市辖县的邮政业务统计由市电信局转为市邮政局。2001年起邮电业务总量以2000年不变价计算。2002年由于移动通讯统计口径发生变化，故数据调整较大。

12－6 主要年份邮电邮路

项目	1980	1985	1990	1995	2000	2002	2003	2004	2005
一、邮路总条数（条）	**116**	**213**		**177**	**100**	**95**	**95**	**103**	**103**
#一级邮路					51	42	37	43	31
二、邮路单程总长度（公里）	**10 769**	**8 021**	**10 229**	**10 637**	**85 324**	**67 555**	**56 955**	**73 575**	**38 703**
1. 航空	321	481	4 215	3 788	73 487	53 779	41 612	57 899	23 431
2. 铁路	3 170	4 895	4 174	5 262	3 351	3 284	3 763	3 763	3 778
3. 汽车	2 574	1 614	1 092	1 104	8 470	10 476	11 564	11 897	11 478
4. 水路邮路	269	275	210	140					
5. 摩托		4	45						
6. 其它邮路	4 423	751	440	343	16	16	16	16	16
三、农村投递路线单程长度（公里）			**8 110**	**7 985**	**8 564**	**8 270**	**8 085**	**7 990**	**7 395**

主 要 统 计 指 标 解 释

铁路营业里程 指办理客货运输业务的铁路正线总长度。凡是全线或部分建成双线及以上的线路，以第一线的实际长度计算；复线、站线、线管线、岔线和特别用途以及不计算运费的联络线都不计算营业里程。铁路线营业里程是反映铁路运输业基础设施发展水平的重要指标，也是计算客货周转量、运输密度和机车车辆运用效率指标的基础资料。

公路里程 也称"公路通车里程"，是指实际达到交通部制定的公路工程技术标准规定的等级的公路长度。它包括大中城市的郊区公路以及通过小城镇街道的公路里程，也包括桥梁、渡口的长度，但不包括城市的街道以及厂矿、林区和农业生产用道的里程，两条或多条公路共同经由同一路段，只计算一次，不重复计算里程长度。公路里程是反映公路建设发展规模的重要指标，也是计算运输网密度等指标的基础资料。

内河航道里程 也称"内河通航里程"，是指在枯水季节水深在0.3米及以上，能通航运船舶及排筏的天然河流、湖泊水库、运河及通航渠道的长度。包括全年季节性通航累计三月以上的航道，但不包括仅供零散流放竹木排的河道。内河航道里程是反映河水运网规模，水平和发展情况的主要指标。

货（客）运量 指运输业实际运送的货物（旅客）数量。货运按吨计算，客运按人计算。货物不论运输距离长短，货物类别，均按实际重量统计；旅客不论行程远近或票价多少、均按一人一次作为客运量统计。半票价、小孩标，也按一人统计。货（客）运量是反映运输业为国民经济和人民生活服务的数量指标，也是制定和检查运输生产计划、研究运输发展规模和速度的重要指标。

货物（旅客）周转量 指运输业运送的货物（旅客）数量与其相应运输距离的乘积之总和，常以吨公里和人公里为计算单位。计算货物周转量通常按发出站与到达站之间的最短距离，也就是计费距离计算。它是反映运输业生产总成果的重要指标，也是编制和检查运输生产计划、计算运输效率、劳动生产率以及核算运输单位成本的主要基础资料。

邮电业务总量 指以货币表现的邮电部门为用户传递信息和提供其他邮电服务的总量。它用各种邮电分类业务量，如函件件数、电报份数、长话张数、市内电话和农村电话年均户数、订销报刊累计份数等，分别乘以相应的平均单价（不变价格）加总后再加上出租电路和设备的收入、代用户维护电话交换机和线路等设备的收入、其它业务收入求得。邮电业务量综合反映了一定时期邮电工作的总成果，是研究邮电业务量构成和发展趋势的重要指标。

十三、国 内 贸 易

DOMESTIC TRADE

本篇内容包括：

资料整理：

罗小云
褚艳红
沈　啸
敖　青

微机处理：

褚艳红
罗小云

323/365

社会消费品零售总额

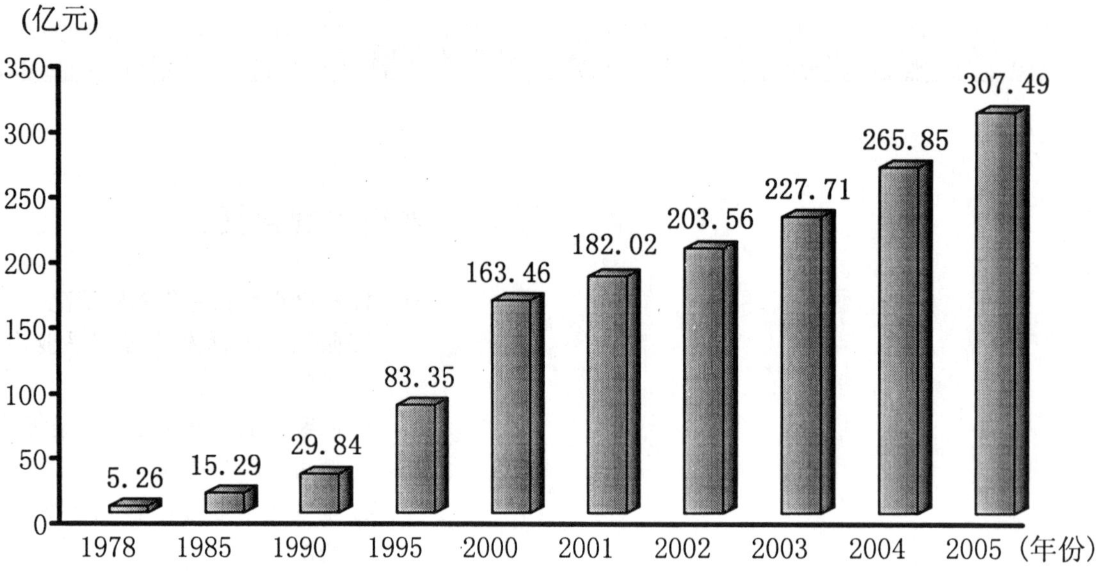

社会消费品零售总额构成(%)

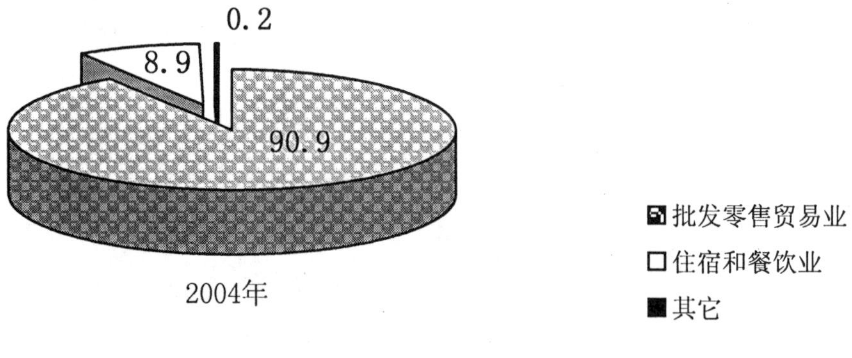

2004年

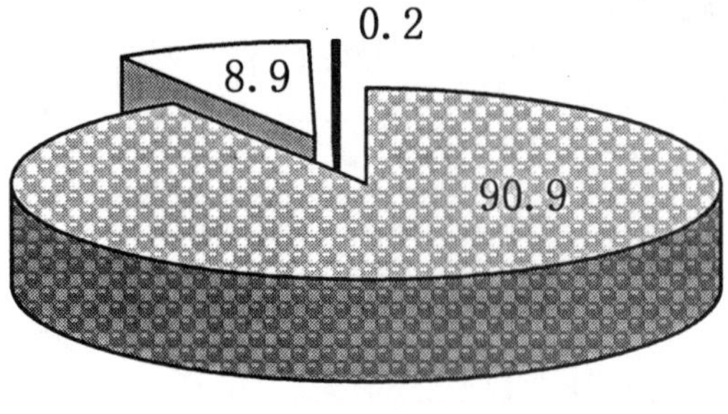

2005年

13－1 社会消费品零售总额

单位：万元

项　　目	2004	2005	2005年比上年增长（%）
社会消费品零售总额	**2 658 498**	**3 074 862**	**15.7**
按销售地区分			
市	2 095 676	2 446 878	16.8
县	215 338	242 945	12.8
县　以　下	347 484	385 039	10.8
按 行 业 分			
批发和零售业	2 415 251	2 794 276	15.7
#限额以上企业（单位）	966 849	1 138 054	17.7
限额以下企业和个体户	1 448 402	1 656 222	14.3
住宿和餐饮业	236 473	274 933	16.3
#星级（限额以上）企业	103 415	122 697	18.6
星级以外（限额以下）企业和个体户	133 058	152 236	14.4
其　　他	6 774	5 653	－16.5
按 地 区 分			
东　湖　区	786 999	916 634	16.5
西　湖　区	820 438	956 352	16.6
青 山 湖 区	235 526	277 403	17.8
青 云 谱 区	112 681	135 681	20.4
湾　里　区	17 611	19 349	9.9
高新技术开发区	13 907	15 604	12.2
经济技术开发区	33 905	38 185	12.6
红谷滩新区	74 609	85 810	15.0
桑海经济开发区		600	
英雄经济开发区		1 260	
南　昌　县	219 032	245 897	12.3
新　建　县	152 828	172 050	12.6
进　贤　县	143 986	159 402	10.7
安　义　县	46 976	50 635	7.8

注：2004年的零售额是经过经济普查调整后的数据。

13－2 各县区社会消费品零售总额

（2005年） 单位：万元

项 目	社会消费品零售总额	按销售地区分			按行业分		
		市	县	县以下	批发和零售业	住宿和餐饮业	其 他
全 市	**3 074 862**	**2 446 878**	**242 945**	**385 039**	**2 794 276**	**274 933**	**5 653**
南 昌 县	245 897		95 133	150 764	230 842	14 647	408
新 建 县	172 050		66 559	105 491	157 307	14 423	320
进 贤 县	159 402		61 666	97 736	143 753	15 237	412
安 义 县	50 635		19 587	31 048	48 245	2 188	202
东 湖 区	916 634	916 634			825 265	91 369	
西 湖 区	956 352	956 352			866 278	85 754	4 311
青山湖区	277 403	277 403			251 344	26 059	
青云谱区	135 681	135 681			125 025	10 656	
湾 里 区	19 349	19 349			15 317	4 032	
高新技术开发区	15 604	15 604			14 257	1 347	
经济技术开发区	38 185	38 185			34 701	3 493	
红谷滩新区	85 810	85 810			80 261	5 549	
桑海经济开发区	600	600			544	56	
英雄经济开发区	1 260	1 260			1 137	123	

13－3 历年社会消费品零售总额

单位：万元

年份	社会消费品零售总额	比上年增长%	按销售单位所在地分		按行业分		
			市区	县及县以下	批发和零售业	住宿和餐饮业	其它
1990	298 415	1.2	222 223	76 192	280 709	11 665	6 041
1991	339 171	13.7	254 665	84 506	320 621	12 035	6 515
1992	398 478	17.5	301 229	97 249	375 740	14 693	8 045
1993	505 539	26.9	383 863	121 676	471 991	24 622	8 926
1994	659 222	30.4	503 728	155 494	619 702	31 027	8 493
1995	833 540	26.4	646 566	186 974	783 984	40 722	8 834
1996	1 042 379	25.1	826 118	216 261	974 806	58 761	8 812
1997	1 240 650	19.0	1 006 895	233 755	1 148 641	83 315	8 694
1998	1 357 249	9.4	1 110 556	246 693	1 256 636	94 572	6 041
1999	1 480 218	9.1	1 221 949	258 269	1 365 062	108 405	6 751
2000	1 634 593	10.4	1 361 565	273 028	1 506 271	121 320	7 002
2001	1 820 153	11.4	1 528 589	291 564	1 676 107	136 945	7 101
2002	2 035 614	11.8	1 715 637	319 977	1 875 190	154 064	6 360
2003	2 277 081	11.9	1 928 475	348 606	2 097 402	172 631	7 048
2004	2 658 498	16.8	2 095 676	562 822	2 415 251	236 473	6 774
2005	3 074 862	15.7	2 446 878	627 984	2 794 276	274 933	5 653

注：1990—2004 年社会消费品零售总额为首次经济普查后的修正数据（下同）。

13－4 社会消费品零售总额分月数

（2005年） 单位：万元

	一 月	二 月	三 月	四 月	五 月	六 月	七 月
社会消费品零售总额	**327 903**	**242 253**	**213 302**	**199 190**	**268 497**	**224 390**	**189 411**
按销售地区分							
市	260 946	192 785	169 746	158 515	213 670	178 569	150 734
县	25 904	19 138	16 851	15 736	21 211	17 727	14 963
县 以 下	41 053	30 330	26 705	24 939	33 616	28 094	23 714
按 行 业 分							
批发零售贸易业	300 960	216 963	192 694	178 318	244 097	202 581	169 378
#限额以上	104 206	94 431	84 276	87 374	98 902	92 200	88 284
限额以下及个体户	196 754	122 532	108 418	90 944	145 195	110 381	81 094
餐 饮 业	26 461	24 813	20 139	20 411	23 917	21 340	19 585
其 他	482	477	469	461	483	469	448

13－4 续表 （2005年） 单位：万元

	八 月	九 月	十 月	十一月	十二月	全 年
社会消费品零售总额	**236 764**	**249 371**	**299 553**	**308 547**	**315 681**	**3 074 862**
按销售地区分						
市	188 417	198 450	238 384	245 542	251 120	2 446 878
县	18 704	19 700	23 665	24 375	24 971	242 945
县 以 下	29 643	31 221	37 504	38 630	39 590	385 039
按 行 业 分						
批发零售贸易业	215 039	225 887	275 128	285 126	288 105	2 794 276
#限额以上	92 734	91 373	95 560	92 294	116 420	1 138 054
限额以下及个体户	122 305	134 514	179 568	192 832	171 685	1 656 222
餐 饮 业	21 256	23 007	23 957	22 952	27 095	274 933
其 他	469	477	468	469	481	5 653

13－5　各县区社会消费品零售总额分月数

（2005年）　　单位：万元

	一　月	二　月	三　月	四　月	五　月	六　月	七　月
南　昌　县	26 137	19 368	17 091	15 969	21 467	17 991	15 244
新　建　县	18 471	13 542	11 875	11 042	15 030	12 496	10 461
进　贤　县	16 904	12 597	11 096	10 429	13 907	11 662	9 905
安　义　县	5 445	3 961	3 494	3 235	4 423	3 672	3 067
东　湖　区	95 353	73 597	63 891	61 268	80 142	68 360	58 907
西　湖　区	105 463	73 832	65 716	59 191	83 518	67 888	55 371
青 山 湖 区	29 166	22 049	19 310	18 331	24 235	20 506	17 536
青 云 谱 区	13 703	10 866	9 717	9 444	11 807	10 232	9 073
湾　里　区	2 318	1 440	1 275	1 070	1 697	1 281	939
高新技术开发区	1 580	1 257	1 106	1 088	1 359	1 181	1 045
经济技术开发区	4 296	2 888	2 598	2 325	3 329	2 681	2 152
红谷滩新区	8 905	6 677	5 995	5 668	7 412	6 293	5 584
英雄经济开发区	110	125	90	85	115	97	85
桑海经济开发区	52	54	48	45	56	50	42

13－5　续表　　（2005年）　　单位：万元

	八　月	九　月	十　月	十一月	十二月	全　年
南　昌　县	18 963	19 920	23 885	24 585	25 277	245 897
新　建　县	13 214	13 957	16 849	17 395	17 718	172 050
进　贤　县	12 284	12 940	15 453	15 872	16 353	159 402
安　义　县	3 886	4 104	4 982	5 153	5 213	50 635
东　湖　区	71 407	74 217	86 688	88 289	94 515	916 634
西　湖　区	72 532	77 653	96 538	100 825	97 816	956 352
青 山 湖 区	21 507	22 472	26 559	27 176	28 556	277 403
青 云 谱 区	10 589	11 009	12 710	12 835	13 696	135 681
湾　里　区	1 414	1 582	2 094	2 241	1 998	19 349
高新技术开发区	1 225	1 264	1 447	1 459	1 593	15 604
经济技术开发区	2 902	3 109	3 892	4 098	3 924	38 185
红谷滩新区	6 708	7 003	8 275	8 458	8 832	85 810
英雄经济开发区	90	95	125	110	133	1 260
桑海经济开发区	43	46	56	51	57	600

13－6　限额以上批发零售贸易业商品购进、销售、库存总额

（2005年）　　　　单位：万元

指　标　名　称	法人企业（个）	产业活动单位（个）	年末从业人数（个）	购进总额	#进　口
总　　计	**251**	**607**	**34 563**	**3 800 551**	**151 570**
一、批　发　业	139	352	15 306	2 907 977	151 570
#国有及国有控股	48	236	6 489	1 618 699	68 751
1. 按登记注册类型分组					
内　　资	136	345	14 868	2 767 085	151 570
国　　有	28	50	2 693	844 283	23 032
集　　体	3	3	538	79 242	
股份合作	2	2	59	21 969	
有限责任公司	63	73	4 617	912 222	128 408
其他有限责任公司	63	73	4 617	912 222	128 408
股份有限公司	12	182	2 671	527 085	
私营企业	26	33	4 122	332 534	130
私营有限责任公司	19	22	3 433	248 256	130
私营股份有限公司	7	11	689	84 278	
其　　他	2	2	168	49 751	
港澳台商投资企业	1	1	68	14 106	
港澳台商独资	1	1	68	14 106	
外商投资企业	2	6	370	126 786	
中外合资经营		1	96	25 000	
外资企业	2	3	149	78 342	
外商投资股份有限公司		2	125	23 444	
2. 按国民经济行业分组					
农畜产品批发业	3	11	282	17 693	
食品、饮料及烟草制品批发业	9	16	1 564	528 961	
烟草制品批发业	3	7	990	480 550	
纺织、服装及日用品批发业	12	12	1 363	191 421	56 376
服装批发业	6	6	994	138 627	46 246
文化、体育用品及器材批发业	3	4	455	91 066	
医药及医疗器材批发业	12	16	5 138	407 616	20 000
矿产品、建材及化工产品批发业	44	208	3 164	1 018 955	34 380
煤炭及制品批发业	4	4	243	92 156	
石油及制品批发业	10	172	2 101	558 622	3 718
金属及金属矿批发业	19	20	479	220 140	28 568
建材批发业	2	2	30	17 303	
化肥批发业	1	2	138	76 220	
机械设备、五金交电及电子产品批发业	49	73	3 172	596 932	40 814
汽车、摩托车及零配件批发业	12	12	758	142 331	40 814
家用电器批发业	7	11	1 052	215 795	
计算机、软件及辅助设备批发业	8	21	570	65 627	
其他批发业	7	12	168	55 333	

指标名称	销售总额				年末库存总额	年末零售营业面积（万平方米）
	合计	批发	#出口	零售		
总　　计	**4 231 435**	**3 071 218**	**412 885**	**1 160 216**	**428 959**	**932 659**
一、批发业	3 212 400	2 953 333	412 885	259 067	330 987	263 085
#国有及国有控股	1 806 472	1 613 697	201 470	192 774	137 324	242 080
1.按登记注册类型分组						
内　　资	3 067 716	2 808 649	412 885	259 067	328 803	263 085
国　　有	932 068	926 685	87 204	5 382	63 148	2 040
集　　体	81 834	81 834			3 738	
股份合作	22 674	22 674			699	
有限责任公司	1 055 804	945 554	285 524	110 250	91 448	15 512
其他有限责任公司	1 055 804	945 554	285 524	110 250	91 448	15 512
股份有限公司	560 599	431 098	3 934	129 502	21 452	240 330
私营企业	362 495	349 103	36 222	13 392	148 140	4 795
私营有限责任公司	279 260	269 164	36 222	10 096	143 359	1 140
私营股份有限公司	83 235	79 939		3 296	4 781	3 655
其　　他	52 241	51 701		541	177	408
港澳台商投资企业	13 572	13 572			617	
港澳台商独资	13 572	13 572			617	
外商投资企业	131 113	131 113			1 566	
中外合资经营	24 699	24 699			1 000	
外资企业	80 700	80 700			318	
外商投资股份有限公司	25 713	25 713			249	
2.按国民经济行业分组						
农畜产品批发业	17 861	17 861			7 759	60
食品、饮料及烟草制品批发业	591 838	591 514	17	324	14 339	
烟草制品批发业	536 270	536 270			11 505	
纺织、服装及日用品批发业	207 685	206 075	191 425	1 610	58 098	600
服装批发业	153 091	153 091	150 376		54 571	
文化、体育用品及器材批发业	92 618	91 759		859	19 927	940
医药及医疗器材批发业	481 812	403 456	25984	78 357	154 908	3 555
矿产品、建材及化工产品批发业	1 116 778	1 003 555	117103	113 223	41 007	248 034
煤炭及制品批发业	97 333	97 333			373	
石油及制品批发业	591 877	483 910		107 968	13 792	240 000
金属及金属矿批发业	271 074	268 035	96357	3 039	22 346	7 994
建材批发业	18 901	18 901	16594		210	
化肥批发业	80 298	80 298			839	
机械设备、五金交电及电子产品批发业	644 113	579 418	76 360	64 694	32 753	9 896
汽车、摩托车及零配件批发业	157 603	131 632	60 167	25 970	7 610	4 130
家用电器批发业	229 806	226 408		3 398	8 899	4 508
计算机、软件及辅助设备批发业	70 500	44 526	3 445	25 975	5 317	958
其他批发业	59 696	59 696	1 997		2 194	

13－6　续表 2－1　　　　（2005 年）　　　　单位：万元

指　标　名　称	法人企业（个）	产业活动单位（个）	年末从业人数（个）	购进总额	#进　口
总　　计	**251**	**607**	**34 563**	**3 800 551**	**151 570**
二、零 售 业	112	255	19 257	892 574	
#国有及国有控股	19	102	4 538	65 150	
1. 按登记注册类型分组					
内　　资	109	242	17 973	827 353	
国　　有	12	26	1 136	36 242	
股 份 合 作	5	5	137	17 887	
联 营 企 业	1	1	62	2 475	
国 有 联 营	1	1	62	2 475	
有限责任公司	47	68	4 182	222 554	
其他有限责任公司	47	68	4 182	222 554	
股份有限公司	12	104	8 538	342 460	
私 营 企 业	32	38	3 918	205 737	
私 营 独 资	4	4	296	3 692	
私 营 合 伙	2	2	472	4 359	
私营有限责任公司	24	29	2 611	189 348	
私营股份有限公司	2	3	539	8 338	
港澳台商投资企业	2	3	353	5 232	
与港澳台商合资经营	1	2	72	1 890	
港澳台商独资	1	1	281	3 342	
外商投资企业	1	10	931	59 988	
中外合资经营	1	8	645	33 187	
中外合作经营		2	286	26 802	
2. 按国民经济行业分组					
综合零售业	20	39	10 120	457 599	
百货零售业	14	33	8 812	439 134	
超级市场零售业	5	5	1 223	17 279	
食品、饮料及烟草制品专门零售业	2	6	334	20 610	
纺织、服装及日用品专门零售业	3	14	214	15 093	
服装零售业	1	1	12	1 850	
文化、体育用品及器材专门零售业	11	24	957	30 531	
图书零售业	7	17	802	20 467	
医药及医疗器材专门零售业	12	90	3 542	31 464	
药品零售业	12	90	3 542	31 464	
汽车、摩托车、燃料及零配件专门零售业	48	49	1 922	243 916	
汽车零售业	41	41	1 629	226 156	
机动车燃料零售业	7	8	293	17 760	
家用电器及电子产品专门零售业	13	30	1 807	91 395	
家用电器零售业	3	10	1 042	39 334	
计算机、软件及辅助设备零售业	7	14	468	15 499	
通讯设备零售业	3	6	297	36 563	
五金、家具及室内装修材料专门零售业	3	3	361	1 966	

指　标　名　称	销售总额				年末库存总额	年末零售营业面积(万平方米)
	合计	批发	#出口	零售		
总　　计	**4 231 435**	**3 071 218**	**412 885**	**1 160 216**	**428959**	**932 659**
二、零售业	1 019 035	117 885		901 149	97 973	669 574
#国有及国有控股	76 083	1 356		74 727	16 296	73 326
1. 按登记注册类型分组						
内　资	941 390	113 936		827 454	90 971	619 083
国　有	39 768	197		39 571	9 309	14 730
股份合作	18 331			18 331	1 154	6 418
联营企业	2 662			2 662	732	2 000
国有联营	2 662			2 662	732	2 000
有限责任公司	276 979	24 118		252 861	28 876	211 810
其他有限责任公司	276 979	24 118		252 861	28 876	211 810
股份有限公司	380 086	58 981		321 106	34 362	260 825
私营企业	223 564	30 641		192 923	16 538	123 300
私营独资	3 641			3 641	886	2 620
私营合伙	4 241	1 142		3 099	871	11 300
私营有限责任公司	208 377	29 499		178 878	13 399	88 180
私营股份有限公司	7 305			7 305	1 383	21 200
港澳台商投资企业	7 733	1 976		5 757	122	24 310
与港澳台商合资经营	3 215	1 976		1 239	70	310
港澳台商独资	4 519			4 519	52	24 000
外商投资企业	69 911	1 973		67 938	6 880	26 181
中外合资经营	38 873	1 973		36 900	2 690	18 473
中外合作经营	31 038			31 038	4 190	7 708
2. 按国民经济行业分组						
综合零售业	499 748	50 730		449 018	38 616	454 560
百货零售业	480 850	50 730		430 120	36 563	399 528
超级市场零售业	17 728			17 728	1 880	54 432
食品、饮料及烟草制品专门零售业	24 756			24 756	2 423	1 631
纺织、服装及日用品专门零售业	18 459	2 349		16 110	4 810	5 080
服装零售业	1 838	1 250		588	59	40
文化、体育用品及器材专门零售业	32 495	197		32 298	9 719	20 251
图书零售业	21 767	197		21 570	8 188	15 915
医药及医疗器材专门零售业	39 479	751		38 728	7 846	52 179
药品零售业	39 479	751		38 728	7 846	52 179
汽车、摩托车、燃料及零配件专门零售业	292 230	35 803		256 427	26 088	58 111
汽车零售业	272 870	35 803		237 067	25 445	50 261
机动车燃料零售业	19 361			19 361	644	7 850
家用电器及电子产品专门零售业	105 897	28 055		77 842	6 579	56 750
家用电器零售业	46 330			46 330	4 374	45 944
计算机、软件及辅助设备零售业	17 802	5 287		12 516	756	1 366
通讯设备零售业	41 764	22 768		18 996	1 449	9 440
五金、家具及室内装修材料专门零售业	5 970			5 970	1 892	21 012

13－7　星级住宿业和限额以上餐饮业经营情况

（2005 年）　　　　单位：万元

指　标　名　称	法人企业（个）	产业活动单　位（个）	从业人数（个）	营业额	客房收入	餐费收入	商品销售收入	其他收入
总　　计	**137**	**173**	**21 704**	**169 711**	**42 007**	**95 228**	**28 025**	**4 451**
一、住　宿　业	35	38	7 591	56 973	35 000	14 499	3 987	3 487
# 国有及国有控股	17	17	3 607	26 641	15 534	6 252	2 630	2 225
1. 按登记注册类型分组								
内　　资	26	29	5 126	38 987	23 291	10 152	3 125	2 419
国　　有	13	13	2 575	22 315	13 111	5 203	2 253	1 748
集　　体	3	3	249	1 094	762	237	95	
股 份 合 作	1	1	240	749	505	194	50	
联 营 企 业	1	1	209	712	388	170	6	149
国 有 联 营	1	1	209	712	388	170	6	149
有限责任公司	5	7	1 547	11 283	6 533	3 635	646	471
其他有限责任公司	5	7	1 547	11 283	6 533	3 635	646	471
股份有限公司	1	1	45	834	618	141	47	27
私 营 企 业	2	3	261	2 001	1 374	573	29	25
私营有限责任公司	2	3	261	2 001	1 374	573	29	25
港澳台商投资企业	3	3	806	4 579	2 996	1 143	150	289
与港澳台商合资经营	1	1	50	552	552			
与港澳台商合作经营	1	1	363	744	495	52	23	174
港澳台商独资	1	1	393	3 283	1 949	1 091	128	115
外商投资企业	6	6	1 659	13 407	8 713	3 203	712	778
中外合资经营	4	4	999	5 564	3 798	1 199	426	140
外 资 企 业	1	1	410	5 719	3 368	1 600	113	638
外商投资股份有限公司	1	1	250	2 124	1 547	404	173	
2. 按国民经济行业分组								
旅游饭店	35	38	7 591	56 973	35 000	14 499	3 987	3 487
二、餐　饮　业	102	135	14 113	112 738	7 007	80 729	24 037	965
# 国有及国有控股	2	2	954	3 572	2 024	1 376	172	
1. 按登记注册类型分组								
内　　资	89	97	10 274	85 270	5 693	59 466	19 636	474
国　　有	2	2	954	3 572	2 024	1 376	172	
集　　体	1	1	26	518		494	23	
股 份 合 作	6	6	782	6 870	12	5 020	1 838	
有限责任公司	11	11	1 423	12 295	1 220	7 663	3 224	189
其他有限责任公司	11	11	1 423	12 295	1 220	7 663	3 224	189
股份有限公司	1	1	27	230		161	69	
私 营 企 业	67	75	6 982	61 050	2 438	44 237	14 089	285
私 营 独 资	38	43	3 529	29 101	1 238	21 129	6 735	
私 营 合 伙	8	9	643	4 673		3 156	1 518	
私营有限责任公司	19	21	2 420	22 793	959	16 982	4 604	248
私营股份有限公司	2	2	390	4 482	241	2 971	1 233	37
其　　他	1	1	80	735		515	221	
港澳台商投资企业	8	8	1 531	13 558	781	9 260	3 499	17
与港澳台商合资经营	5	5	797	7 294	300	5 187	1 807	
与港澳台商合作经营	1	1	132	1 646		1 152	494	
港澳台商独资	1	1	300	3 598		2 518	1 079	
港澳台商独资股份有限公司	1	1	302	1 020	481	403	119	17
外商投资企业	5	30	2 308	13 911	532	12 002	902	474
中外合资经营	2	2	312	1 504		1 053	451	
中外合作经营	1	1	320	1 421	532	368	46	474
外 资 企 业	2	27	1 676	10 986		10 581	405	
2. 按国民经济行业分组								
正餐服务业	100	103	12 259	101 267	7 007	69 791	23 504	965
快餐服务业	2	32	1 854	11 471		10 938	533	

13－7 续表 (2005年)

指　标　名　称	年末餐饮营业面积（万平方米）	年末住宿和餐饮企业拥有床位数（万个）	年末住宿和餐饮企业拥有餐位数（万位）
总　计	**213 517**	**14 354**	**69 731**
一、住　宿　业	45 290	11 069	13 923
#国有及国有控股	26 690	5 034	8 558
1. 按登记注册类型分组			
内　资	34 453	7 446	10 714
国　有	21 182	3 593	6 508
集　体	1 703	555	900
股份合作	300	248	200
联营企业	1 600	464	420
国有联营	1 600	464	420
有限责任公司	7 268	1 645	2 326
其他有限责任公司	7 268	1 645	2 326
股份有限公司	300	260	150
私营企业	2 100	681	210
私营有限责任公司	2 100	681	210
港澳台商投资企业	4 000	1 379	1 170
与港澳台商合资经营		456	
与港澳台商合作经营	1 008	471	700
港澳台商独资	2 992	452	470
外商投资企业	6 837	2 244	2 039
中外合资经营	2 980	1 304	1 000
外资企业	1 857	490	689
外商投资股份有限公司	2 000	450	350
2. 按国民经济行业分组			
旅游饭店	45 290	11 069	13 923
二、餐　饮　业	168 227	3 285	55 808
#国有及国有控股	4 845	953	1 980
1. 按登记注册类型分组			
内　资	139 167	2 491	48 939
国　有	4 845	953	1 980
集　体	800		300
股份合作	5 800	20	3 256
有限责任公司	18 672	139	5 700
其他有限责任公司	18 672	139	5 700
股份有限公司	2 300		600
私营企业	106 550	1 379	36 923
私营独资	59 920	709	21 080
私营合伙	8 650		3 195
私营有限责任公司	29 980	562	11 090
私营股份有限公司	8 000	108	1 558
其　他	200		180
港澳台商投资企业	17 779	394	3 616
与港澳台商合资经营	11 070	221	2 090
与港澳台商合作经营	2 000		322
港澳台商独资	2 509		800
港澳台商独资股份有限公司	2 200	173	404
外商投资企业	11 281	400	3 253
中外合资经营	1 000		450
中外合作经营	1 043	400	220
外资企业	9 238		2 583
2. 按国民经济行业分组			
正餐服务业	159 289	3 285	52 625
快餐服务业	8 938		3 183

13－8 限额以上批发和

（2005

指标名称	企业数（个）	#亏损企业数（个）	年末 流动资产合计	#存货	固定资产原价
总计	**251**	**105**	**1 156 734**	**266 506**	**320 130**
一、批发业	139	43	835 057	176 241	134 399
#国有及国有控股	48	9	430 789	109 153	110 880
1. 按登记注册类型分组					
内资	136	43	828 413	175 574	134 208
国有	28	4	173 756	35 996	48 566
集体	3	1	10 395	3 738	188
股份合作	2		1 792	769	144
有限责任公司	63	25	442 945	83 272	39 453
其他有限责任公司	63	25	442 945	83 272	39 453
股份有限公司	12	3	64 948	21 862	38 102
私营企业	26	9	106 586	29 754	7 433
私营有限责任公司	19	7	86 514	24 977	6 928
私营股份有限公司	7	2	20 072	4 777	505
其他	2	1	27 990	183	323
港澳台商投资企业	1		5 245	652	132
港澳台商独资	1		5 245	652	132
外商投资企业	2		1 399	16	60
外资企业	2		1 399	16	60
2. 按国民经济行业分组					
农畜产品批发业	3		10 793	7 769	1 313
食品、饮料及烟草制品批发业	9	1	83 612	11 089	21 689
烟草制品批发业	3		65 929	9 749	14 481
纺织、服装及日用品批发业	12	4	129 702	53 444	7 008
服装批发业	6	2	118 486	52 560	6 311
文化、体育用品及器材批发业	3		18 371	7 923	14 926
医药及医疗器材批发业	12	3	167 626	31 486	27 014
矿产品、建材及化工产品批发业	44	9	201 802	29 870	47 437
煤炭及制品批发业	4	1	39 239	391	2 544
石油及制品批发业	10		53 157	14 530	39 585
金属及金属矿批发业	19	7	87 617	11 024	4 446
建材批发业	2		1 395	365	144
化肥批发业	1		1 737	839	82
机械设备、五金交电及电子产品批发	49	24	212 338	30 871	13 840
汽车、摩托车及零配件批发业	12	5	80 547	9 249	7 831
家用电器批发业	7	3	63 307	7 226	302
计算机、软件及辅助设备批发业	8	4	24 246	5 268	1 061
其他批发业	7	2	10 813	3 789	1 173

零售业企业财务状况

年）　　　　　　　　　　　　　　　　　　　　　　　　　　单位：万元

末	资	产	负	债			
累计折旧	#本年折旧	资产合计	负债合计	所有者权益合计	#实收资本	国家资本	集体资本
56 813	**13 785**	**1 604 335**	**1 142 166**	**462 170**	**318 857**	**36 229**	**4 763**
26 373	6 238	1 080 518	752 836	327 682	158 522	21 127	1 213
21 974	4 631	597 520	360 599	236 921	90 120	20 827	691
26 249	6 183	1 073 772	747 167	326 605	158 172	21 127	1 213
11 808	2 411	249 424	131 281	118 143	35 242	18 259	691
133	9	10 598	9 696	902	190		190
21	6	3 288	1 438	1 850	350		183
6 364	1 903	527 840	421 916	105 924	62 623	2 368	150
6 364	1 903	527 840	421 916	105 924	62 623	2 368	150
7 192	1 435	127 087	88 747	38 340	37 271	500	
661	378	127 285	91 526	35 759	20 389		
546	315	105 794	75 257	30 537	15 605		
115	62	21 491	16 269	5 222	4 784		
70	42	28 251	2 564	25 688	2 106		
80	17	5 298	4 750	548	100		
80	17	5 298	4 750	548	100		
44	38	1 448	920	529	250		
44	38	1 448	920	529	250		
531	80	11 957	8 186	3 771	436	236	
5 140	883	126 904	52 003	74 901	10 406	5 750	
3 316	580	98 258	38 176	60 082	5 214	5 214	
2 083	531	164 142	142 291	21 851	7 428	564	
1 941	441	152 180	132 564	19 616	5 757	564	
2 553	988	32 917	13 184	19 733	883	585	
2 483	753	205 682	129 979	75 703	37 625	963	
10 062	1 960	279 016	188 104	90 912	57 116	11 609	873
976	133	41 728	10 384	31 344	3 412	712	
7 314	1 516	118 058	84 483	33 576	34 379	5 500	
1 403	190	96 593	75 553	21 040	15 099	5 037	691
48	20	1 499	1 258	241	370		
27	8	1 808	1 215	593	550		
3 181	984	247 115	209 380	37 735	42 680	1 421	180
1 487	590	99 250	83 677	15 574	14 873	842	
149	38	64 989	60 784	4 205	4 406		100
446	125	27 429	20 474	6 955	8 193	500	
339	61	12 784	9 709	3 076	1 948		160

13－8　续表1－1　　(2005

指　标　名　称	年　末　资　产　负　债				营业收入
	法人资本	个人资本	港澳台资本	外商资本	合　计
总　　计	**229 120**	**45 744**	**2 483**	**518**	**3 618 032**
一、批　发　业	115 044	20 988		150	2 778 848
#国有及国有控股	64 577	4 026			1 625 794
1. 按登记注册类型分组					
内　　资	114 844	20 988			2 755 326
国　　有	16 292				846 735
集　　体					70 415
股 份 合 作	100	68			21 922
有限责任公司	47 754	12 351			938 176
其他有限责任公司	47 754	12 351			938 176
股份有限公司	33 717	3 055			483 171
私 营 企 业	14 875	5 514			342 581
私营有限责任公司	12 567	3 038			264 024
私营股份有限公司	2 308	2 476			78 557
其　　他	2 106				52 328
港澳台商投资企业	100				13 418
港澳台商独资	100				13 418
外商投资企业	100			150	10 104
外 资 企 业	100			150	10 104
2. 按国民经济行业分组					
农畜产品批发业	200				17 875
食品、饮料及烟草制品批发业	4 606	50			550 440
烟草制品批发业					501 862
纺织、服装及日用品批发业	3 285	3 479		100	200 323
服装批发业	2 500	2 693			147 354
文化、体育用品及器材批发业	299				65 923
医药及医疗器材批发业	31 912	4 750			443 977
矿产品、建材及化工产品批发业	39 271	5 363			929 374
煤炭及制品批发业	2 100	600			94 306
石油及制品批发业	27 4021 477			508 529	
金属及金属矿批发业	7 032	2 339			246 605
建材批发业	－370				16 481
化肥批发业	550				11 031
机械设备、五金交电及电子产品批发	33 814	7 266			517 640
汽车、摩托车及零配件批发业	11 633	2 398			143 844
家用电器批发业	3 646	660			149 562
计算机、软件及辅助设备批发业	6 930	764			70 930
其他批发业	1 658	80		50	53 298

年）

单位：万元

损益及分配							
#主营业务收入	主营业务成本	主营业务税金及附加	主营业务利润	其他业务利润	营业费用	管理费用	#税金
3 578 790	**3 290 715**	**6 060**	**281 205**	**13 686**	**156 452**	**87 735**	**2 450**
2 758 606	2 546 449	4 198	207 876	6 953	115 396	47 473	1 467
1 611 998	1 468 258	2 470	141 238	3 611	59 154	32 389	1 105
2 735 084	2 526 210	4 113	204 677	6 953	113 290	46 937	1 462
837 248	760 124	1 259	75 833	1 955	11 532	19 449	618
70 156	65 433	104	4 619	353	3 551	1 465	22
18 820	18 112	2	706		267	273	13
935 442	871 041	1 609	62 765	1 563	57 387	13 029	427
935 442	871 041	1 609	62 765	1 563	57 387	13 029	427
480 414	451 204	442	28 768	524	14 875	7 655	252
341 224	310 897	645	29 659	2 194	23 803	4 546	121
263 554	237 483	506	25 542	1 909	21 361	3 473	109
77 670	73 414	140	4 116	285	2 442	1 074	12
51 780	49 399	52	2 329	364	1 875	519	11
13 418	11 743		－1 676		1 004	229	3
13 418	11 743		－1 676		1 004	229	3
10 104	8 497	85	1 523		1 102	307	1
10 104	8 497	85	1 523		1 102	307	1
17 861	14 494		－3 367	72	1 518	684	1
545 490	486 178	889	58 423	116	7 631	10 621	276
501 862	451 868	774	49 220	30	1 406	8 665	221
199 446	188 100	400	10 919	49	14 857	2 355	45
146 478	139 781	231	6 438	48	4 384	1 122	30
65 923	58 526	111	7 285	651	2 711	3 258	147
443 977	385 508	1 104	57 365	2 394	49 616	7 788	187
921 234	877 185	1 185	42 832	1 462	23 639	13 179	355
92 282	88 733	97	3 452	1 091	2 329	1 595	37
505 427	477 372	461	27 594	31	12 824	7 557	175
244 052	236 416	595	7 009	274	4 979	3 010	85
16 481	14 922	2	1 558		1 362	247	1
11 031	10 812		－218		97	79	0
511 377	486 538	385	24 431	2 209	14 994	9 045	427
141 997	132 671	92	9 234	1 142	4 620	3 110	165
149 554	142 651	109	6 794	137	5 514	1 568	42
66 775	63 826	40	2 887	376	2 202	1 086	17
53 298	49 920	124	3 254		430	543	28

指标名称	损益及				
	#差旅费	#工会经费	财务费用	#利息支出	本年应交增值税
总计	**4 459**	**605**	**12 938**	**10 173**	**51 114**
一、批发业	3 477	384	5 277	3 392	57 499
#国有及国有控股	1 640	284	1 618	1 764	53 085
1．按登记注册类型分组					
内资	3 344	384	5 290	3 405	56 930
国有	973	171	549	645	47 471
集体	399	9	519	－5	－42
股份合作	16	1	18	17	148
有限责任公司	1 222	95	2 394	2 347	－79
其他有限责任公司	1 222	95	2 394	2 347	－79
股份有限公司	267	32	341	305	6 580
私营企业	448	74	1 439	65	2 585
私营有限责任公司	370	74	1 476	101	1 650
私营股份有限公司	78		－37	－36	935
其他	19	3	31	30	268
港澳台商投资企业	126	0	－6	－6	448
港澳台商独资	126	0	－6	－6	448
外商投资企业	7		－8	－8	121
外资企业	7		－8	－8	121
2．按国民经济行业分组					
农畜产品批发业	18	4	－3	－3	1 240
食品、饮料及烟草制品批发业	661	82	－72	－82	40 359
烟草制品批发业	315	63	－155	－155	39 334
纺织、服装及日用品批发业	283	6	262	202	1 748
服装批发业	110	5	225	154	1 681
文化、体育用品及器材批发业	69	28	34	31	1 943
医药及医疗器材批发业	559	132	2 373	1 012	10
矿产品、建材及化工产品批发业	717	90	1 056	1 143	8 044
煤炭及制品批发业	113	14	178	181	443
石油及制品批发业	266	42	232	231	7 035
金属及金属矿批发业	257	26	546	659	－2
建材批发业	19	1	32	－5	170
化肥批发业	1		9	9	34
机械设备、五金交电及电子产品批发业	1 099	39	1 551	1 008	1 914
汽车、摩托车及零配件批发业	328	20	861	890	1 786
家用电器批发业	530		477	－60	－79
计算机、软件及辅助设备批发业	24	2	81	90	－106
其他批发业	72	3	75	81	2 241

年）

单位：万元

分配				工资、福利、增值税			全部从业人员年平均人数（人）
营业利润	利润总额	应交所得税	劳动、失业保险费	住房公积金和住房补贴	本年应付工资总额	本年应付福利费总额	
51 688	**17 662**	**5 278**	**1 183**	**43 657**	**5 467**	**40 125**	**32 447**
56 910	15 701	2 643	968	27 319	3 453	32 122	15 041
52 382	13 431	2 003	902	16 025	2 020	19 293	6 618
56 339	15 546	2 632	968	26 948	3 406	32 059	14 869
47 895	9 671	1 102	727	9 100	1 126	11 140	2 576
－14	8	58	25	1 192	166	835	537
118	26	9		60	4	12	53
304	2 575	880	120	7 871	909	10 967	4 580
304	2 575	880	120	7 871	909	10 967	4 580
5 554	2 658	411	72	3 618	485	2 789	2 848
2 274	608	127	6	4 906	687	6 084	4 107
1 351	310	29	6	4 340	562	5 616	3 418
923	298	98		567	126	468	689
207		43	17	201	28	231	168
448	134	1		314	41	32	146
448	134	1		314	41	32	146
123	21	10		57	5	31	26
123	21	10		57	5	31	26
1 228	390	4	1	503	43	2	283
42 300	8 659	646	572	5 205	598	8 870	1 576
39 965	7 876	537	497	3 627	446	7 795	981
1 685	572	132	22	1 661	132	1 410	1 356
1 630	557	106	17	1 136	62	1 185	998
757	76	42	14	1 318	176	1 113	387
－219	1 251	510	71	7 292	1 027	13 038	5 137
7 179	3 629	724	192	5 446	727	3 867	3 147
178	25	114	56	659	113	277	244
5 937	2 781	385	73	2 441	350	2 804	2 180
540	625	168	36	1 646	218	465	500
196	58	10		302	7	29	30
34	11	12	8	38	5	13	17
1 531	1 057	416	88	5 700	726	2 871	2 989
1 606	758	73	9	1 680	206	809	744
－72	26	59		1 142	148	920	793
134	56	55	6	839	112	273	553
2 450	67	169	8	195	23	949	166

指　标　名　称	企　业　数（个）	#亏　损企业数（个）	年末 流动资产合　计	#存　货	固定资产原　价
二、零　售　业	112	62	321 677	90 264	185 731
#国有及国有控股	19	10	30 628	12 762	15 598
1．按登记注册类型分组					
内　　资	109	61	317 525	89 754	157 865
国　　有	12	5	13 243	6 559	7 027
股份合作	5	1	8 361	1 153	713
联营企业	1	1	1 647	732	921
国有联营	1	1	1 647	732	921
有限责任公司	47	30	83 785	23 125	36 943
其他有限责任公司	47	30	83 785	23 125	36 943
股份有限公司	12	7	132 744	40 308	98 832
私营企业	32	17	77 745	17 877	13 429
私营独资	4	2	2 329	792	147
私营合伙	2	1	11 464	1 371	1 284
私营有限责任公司	24	12	62 018	14 381	11 046
私营股份有限公司	2	2	1 935	1 334	953
港澳台商投资企业	2	1	2 085	269	27 826
与港澳台商合资经营	1		1 145	155	178
港澳台商独资	1	1	940	114	27 648
外商投资企业	1		2 067	242	40
中外合资经营	1		2 067	242	40
2．按国民经济行业分组					
综合零售业	20	12	135 536	38 529	138 766
百货零售业	14	8	124 259	36 071	107 164
超级市场零售业	5	4	11 092	2 284	31 582
食品、饮料及烟草制品专门零售业	2		459	382	42
纺织、服装及日用品专门零售业	3	2	5 050	2 903	4 081
服装零售业	1	1	414	59	
文化、体育用品及器材专门零售业	11	3	16 174	6 719	8 322
图书零售业	7	1	9 885	5 187	4 551
医药及医疗器材专门零售业	12	7	16 292	6 441	10 281
药品零售业	12	7	16 292	6 441	10 281
汽车、摩托车、燃料及零配件专门	48	30	110 883	23 553	13 884
汽车零售业	41	26	108 662	22 667	13 108
机动车燃料零售业	7	4	2 220	886	776
家用电器及电子产品专门零售业	13	6	31 897	9 845	9 019
家用电器零售业	3	1	17 238	5 962	518
计算机、软件及辅助设备零售业	7	4	11 270	1 829	8 269
通讯设备零售业	3	1	3 389	2 055	232
五金、家具及室内装修材料专门零售业	3	2	5 386	1 892	1 335

年）

单位：万元

末资产负债							
累计折旧	# 本年折旧	资产合计	负债合计	所有者权益合计	# 实收资本	国家资本	集体资本
30 440	7 547	523 818	389 330	134 488	160 335	15 102	3 550
3 016	690	48 987	44 203	4 784	16 469	14 275	
29 491	6 702	492 238	357 879	134 359	156 407	15 102	3 550
2 145	353	20 118	9 935	10 183	4 247	3 732	
185	45	9 003	5 524	3 480	3 280		50
36	36	2 532	1 706	826	1 000	1 000	
36	36	2 532	1 706	826	1 000	1 000	
5 286	1 860	127 981	95 158	32 823	47 191	10 370	3 500
5 286	1 860	127 981	95 158	32 823	47 191	10 370	3 500
18 833	3 206	233 512	176 200	57 312	25 443		
3 006	1 204	99 092	69 357	29 735	75 245		
69	26	2 447	1 512	935	1 030		
122	117	12 626	6 739	5 887	2 480		
2 704	1 047	80 886	58 790	22 096	70 235		
112	14	3 134	2 316	817	1 500		
940	840	29 483	30 405	－923	2 929		
76	2	1 330	855	475	446		
864	838	28 153	29 550	－1 397	2 483		
9	4	2 097	1 046	1 052	1 000		
9	4	2 097	1 046	1 052	1 000		
21 719	4 960	280 237	210 610	69 627	46 532	50	3 500
19 174	3 513	239 474	173 245	66 229	36 960	50	3 500
2 536	1 445	40 567	37 228	3 339	9 522		
17	8	512	286	226	50 100	100	
778	196	9 223	4 166	5 057	999		
		－414	366	48	50		
2 081	364	25 899	13 397	12 502	12 523	11 118	
1 298	252	13 654	5 474	8 180	10 707	10 442	
1 145	481	26 612	30 200	－3 588	4 256	1 327	
1 145	481	26 612	30 200	－3 588	4 256	1 327	
2 873	921	127 581	92 286	35 295	32 434	2 507	50
2 610	881	124 311	90 016	34 296	31 474	2 477	
263	40	3 270	2 270	999	960	30	50
1 661	503	47 066	33 809	13 257	10 436		
55	51	18 454	16 732	1 722	2 500		
1 506	438	24 399	13 974	10 425	6 790		
100	14	4 213	3 103	1 109	1 146		
166	114	6 687	4 575	2 112	3 056		

指标名称	年末资产负债 法人资本	个人资本	港澳台资本	外商资本	营业收入合计
二、零售业	114 077	24 756	2 483	368	839 183
#国有及国有控股	2 110	84			66 464
1.按登记注册类型分组					
内资	113 473	24 281			827 669
国有	515				34 743
股份合作	130	3 100			16 893
联营企业					2 275
国有联营					2 275
有限责任公司	29 106	4 216			249 124
其他有限责任公司	29 106	4 216			249 124
股份有限公司	18 945	6 498			324 356
私营企业	64 778	10 468			200 278
私营独资	380	650			3 098
私营合伙	680	1 800			3 757
私营有限责任公司	63 218	7 018			186 332
私营股份有限公司	500	1 000			7 091
港澳台商投资企业	446		2 483		5 710
与港澳台商合资经营	446				1 393
港澳台商独资			2 483		4 317
外商投资企业	158	475		368	5 804
中外合资经营	158	475		368	5 804
2.按国民经济行业分组					
综合零售业	32 083	8 416	2 483		392 769
百货零售业	26 944	6 466			375 389
超级市场零售业	5 139	1 900	2 483		16 379
食品、饮料及烟草制品专门零售业	50 000				3 834
纺织、服装及日用品专门零售业	153	846			15 850
服装零售业	50				1 625
文化、体育用品及器材专门零售业	356	1 049			28 552
图书零售业	265				18 503
医药及医疗器材专门零售业	1 744	1 185			35 164
药品零售业	1 744	1 185			35 164
汽车、摩托车、燃料及零配件专门	17 890	11 987			264 685
汽车零售业	17 010	11 987			248 838
机动车燃料零售业	880				15 848
家用电器及电子产品专门零售业	8 794	1 274		368	93 041
家用电器零售业	2 500				40 728
计算机、软件及辅助设备零售业	5 199	1 224		368	14 802
通讯设备零售业	1 096	50			37 511
五金、家具及室内装修材料专门零售业	3 056				5 289

年）　　　　　　　　　　　　　　　　　　　　　　　　　　　　　　　单位：万元

损益及分配							
#主营业务收入	主营业务成本	主营业务税金及附加	主营业务利润	其他业务利润	营业费用	管理费用	#税金
820 184	744 266	1 863	73 329	6 734	41 055	40 261	984
64 702	53 382	175	11 129	585	5 989	6 918	129
809 735	734 946	1 847	72 217	6 231	39 261	38 363	952
33 527	28 152	78	5 280	399	2 601	2 781	46
16 893	15 870	26	997		500	499	7
2 275	2 088		187	1	68	175	3
2 275	2 088		187	1	68	175	3
240 707	218 844	798	21 064	3 331	15 301	13 191	335
240 707	218 844	798	21 064	3 331	15 301	13 191	335
322 644	294 042	530	27 363	1 677	12 239	12 819	397
193 690	175 950	415	17 326	823	8 553	8 899	163
3 098	2 621	31	446		135	264	7
3 757	3 513	37	208		114	47	8
180 673	164 058	329	16 286	553	7 239	8 300	129
6 162	5 758	17	386	270	1 065	288	19
4 682	3 771	16	896	476	1 783	1 710	30
1 393	1 055	16	322	6	67	213	0
3 289	2 716		－574	470	1 716	1 497	30
5 766	5 549		－217	27	12	189	1
5 766	5 549	－217	27	12	189	1	
388 463	349 024	874	38 565	3 588	22 805	18 461	584
372 611	335 548	796	36 267	2 883	19 174	16 493	526
14 851	12 598	60	2 193	705	3 624	1 888	55
3 834	3 124	13	696		510	130	5
15 836	12 789	409	2 638	13	758	739	28
1 625	1 560	1	63			61	1
28 007	22 437	124	5 446	267	2 421	2 716	75
18 503	13 996	65	4 442	230	1 966	2 278	65
34 911	28 370	99	6 425	127	3 569	4 325	83
34 911	28 370	99	6 425	127	3 569	4 325	83
252 179	238 106	190	13 883	421	4 852	9 154	178
236 337	222 959	170	13 208	416	4 244	8 778	172
15 842	15 147	20	675	5	608	375	6
91 872	86 084	127	4 951	2 158	5 087	4 552	27
39 786	36 074	44	2 959	1 921	4 031	1 424	14
14 765	13 798	63	904	27	522	314	7
37 321	36 212	21	1 089	210	534	2 813	6
5 083	4 332	26	725	160	1 054	186	3

指标名称	损益及				
	#差旅费	#工会经费	财务费用	#利息支出	本年应交增值税
二、零售业	982	221	7 661	6 782	－6 384
#国有及国有控股	220	128	879	858	－2 067
1. 按登记注册类型分组					
内资	923	221	6 884	5 797	－3 531
国有	61	84	7	7	294
股份合作	46	1	20	20	129
联营企业	12		28	28	－83
国有联营	12		28	28	－83
有限责任公司	301	52	2 173	2 094	－4 080
其他有限责任公司	301	52	2 173	2 094	－4 080
股份有限公司	267	77	3 258	2 528	732
私营企业	237	7	1 398	1 119	－523
私营独资	41		11	8	36
私营合伙	8		38	29	9
私营有限责任公司	180	0	1 349	1 081	131
私营股份有限公司	9	7	1	1	－698
港澳台商投资企业	46		763	973	－2 884
与港澳台商合资经营	6		15	15	34
港澳台商独资	41		749	958	－2 917
外商投资企业	12		14	12	30
中外合资经营	12		14	12	30
2. 按国民经济行业分组					
综合零售业	239	56	5 674	4 969	－4 764
百货零售业	121	56	4 880	3 971	－1 376
超级市场零售业	95		792	997	－3 406
食品、饮料及烟草制品专门零售业	4	5	－1	－1	58
纺织、服装及日用品专门零售业	18	7	109	78	1 054
服装零售业	10	0	4	4	－2
文化、体育用品及器材专门零售业	93	88	－8	－5	585
图书零售业	42	80	－17	－17	445
医药及医疗器材专门零售业	188	43	835	810	－2 175
药品零售业	188	43	835	810	－2 175
汽车、摩托车、燃料及零配件专门	346	16	935	914	－278
汽车零售业	342	7	937	915	－129
机动车燃料零售业	4	9	－2	－1	－149
家用电器及电子产品专门零售业	72	5	118	17	－507
家用电器零售业	21		69	－26	－643
计算机、软件及辅助设备零售业	40	5	6	4	92
通讯设备零售业	11		43	38	45
五金、家具及室内装修材料专门零售业	23	1	2		－357

年）

单位：万元

分配				工资、福利、增值税			全部从业人员年平均人数（人）
营业利润	利润总额	应交所得税	劳动、失业保险费	住房公积金和住房补贴	本年应付工资总额	本年应付福利费总额	
－5 222	1 961	2 635	215	16 339	2 014	8 003	17 406
－1 877	261	1 047	111	5 121	727	2 085	4 515
－2 339	1 948	2 608	215	15 959	2 007	7 935	17 075
387	151	244	112	2 251	303	1 770	1 113
131	69	14	2	188	25	188	137
－83				54	5		62
－83				54	5		62
－4 149	610	385	38	4 655	620	2 730	4 117
－4 149	610	385	38	4 655	620	2 730	4 117
1 941	616	1 699	62	5 474	604	1 203	7 990
－567	502	266		3 336	450	2 044	3 656
41	26	6		243	31	204	290
9	1	5		57	5	3	310
80	475	243		2 616	360	1 822	2 631
－696		12		420	55	15	425
－2 913	5	16		331	4	22	286
16	5	15		108	3	22	56
－2 928		1		223	1		230
30	9	11		49	3	47	45
30	9	11		49	3	47	45
－3 645	737	1 192	58	6 565	716	2 634	8 797
－246	731	1 169	58	5 766	640	2 329	7 714
－3 416	1	20		724	66	205	998
58	39	6		260	33	33	117
1 107	367	5	14	367	51	506	218
－2		2		11	2	12	12
601	265	172	82	2 120	283	826	959
462	141	132	77	1 906	264	513	799
－2 155	29	844	2	3 030	463	273	3 540
－2 155	29	844	2	3 030	463	273	3 540
－332	426	245	48	2 394	293	3 028	1 907
－171	411	188	28	2 082	251	2 920	1 604
－161	15	57	20	312	43	108	303
－509	98	148	4	1 344	141	567	1 479
－628	27	103		773	79	435	982
90	65	30	4	215	23	64	181
28	6	16		356	38	69	316
－348	1	22	6	259	35	137	389

13-9 星级住宿业和限

（2005

指标名称	企业数（个）	#亏损企业数（个）	年末 流动资产合计	#存货	固定资产原价	累计折旧	#本年折旧	资产合计
总计	**137**	**61**	**90 879**	**5 682**	**244 176**	**89 087**	**21 682**	**318 226**
一、住宿业	35	22	35 107	2 439	179 888	73 947	17 204	184 858
#国有及国有控股	17	11	9 958	1 287	98 552	27 027	3 651	97 495
1. 按登记注册类型分组								
内资	26	16	24 428	1 762	111 251	33 854	4 407	126 748
国有	13	7	7 623	920	82 553	24 635	3 202	77 445
集体	3	3	324	55	1 229	260	9	2 277
股份合作	1	1	230	48	290	89	26	490
联营企业	1	1	1 105	147	435	216	1	4 087
国有联营	1	1	1 105	147	435	216	1	4 087
有限责任公司	5	2	13 158	554	25 658	8 512	1 095	38 634
其他有限责任公司	5	2	13 158	554	25 658	8 512	1 095	38 634
股份有限公司	1		26	15	187	43	15	988
私营企业	2	2	1 963	25	900	100	59	2 827
私营有限责任公司	2	2	1 963	25	900	100	59	2 827
港澳台商投资企业	3	2	1 015	264	25 382	8 314	324	20 620
与港澳台商合资经营	1	1	170	15	1 576	463	120	1 284
与港澳台商合作经营	1	1	372	122	7 596	1 747	34	6 943
港澳台商独资	1		473	127	16 210	6 103	171	12 393
外商投资企业	6	4	9 664	414	43 254	31 780	12 472	37 491
中外合资经营	4	3	3 287	174	3 881	1 242	274	9 476
外资企业	1		2 907	186	34 374	26 673	11 694	19 734
外商投资股份有限公司	1	1	3 470	54	5 000	3 865	504	8 281
2. 按国民经济行业分组								
旅游饭店	35	22	35 107	2 439	179 888	73 947	17 204	184 858
二、餐饮业	102	39	55 773	3 242	64 288	15 139	4 478	133 368
#国有及国有控股	2		3 315	80	9 912	41	9	13 210
1. 按登记注册类型分组								
内资	89	31	47 905	2 082	42 932	10 104	2 847	95 192
国有	2		3 315	80	9 912	41	9	13 210
集体	1		5	5	60	46	6	49
股份合作	6	4	5 996	159	1 545	690	162	7 682
有限责任公司	11	5	5 055	552	5 445	1 401	517	11 626
其他有限责任公司	11	5	5 055	552	5 445	1 401	517	11 626
股份有限公司	1	1	40	1	24	2	2	61
私营企业	67	21	33 406	1 279	25 932	7 923	2 150	61 638
私营独资	38	11	16 269	409	10 166	5 353	1 223	25 703
私营合伙	8	2	626	54	524	124	26	1 449
私营有限责任公司	19	8	13 534	638	7 170	1 872	636	23 404
私营股份有限公司	2		2 977	178	8 072	573	266	11 082
其他	1		89	6	14	1		925
港澳台商投资企业	8	4	4 371	450	4 598	854	300	12 409
与港澳台商合资经营	5	3	1 421	159	2 324	510	159	4 812
与港澳台商合作经营	1		2 002	78	1 104	166	114	5 133
港澳台商独资	1		418	155	953	158	8	1 213
港澳台商独资股份有限公司	1	1	530	57	218	20	20	1 251
外商投资企业	5	4	3 496	711	16 758	4 182	1 332	25 768
中外合资经营	2	2	812	68	366	145	17	3 102
中外合作经营	1	1	1 552	38	7 145	962	226	15 023
外资企业	2	1	1 132	604	9 247	3 075	1 090	7 642
2. 按国民经济行业分组								
正餐服务业	100	39	54 767	2 650	55 100	12 108	3 413	126 205
快餐服务业	2		1 006	593	9 189	3 031	1 065	7 163

额以上餐饮企业财务状况

年）　　　　　　　　　　　　　　　　　　　　　　　　　　　　　　单位：万元

资产负债								
负债合计	所有者权益合计	#实收资本	国家资本	集体资本	法人资本	资人资本	港澳台资本	外商资本
191 720	**126 507**	**124 502**	**42 331**	**6 327**	**35 481**	**22 601**	**10 942**	**6 820**
116 372	68 486	71 167	21 956	5 959	26 197	8 085	6 628	2 343
64 469	33 025	27 729	21 281	69	5 695		684	
77 969	48 779	42 674	19 685	5 059	10 585	7 345		
50 958	26 487	19 648	15 953		3 695			
1 254	1 023	1 059		1 059				
574	－85	120				120		
1 983	2 105	3 732	3 732					
1 983	2 105	3 732	3 732					
21 809	16 824	15 615		4 000	6 690	4 925		
21 809	16 824	15 615		4 000	6 690	4 925		
739	249	300				300		
651	2 175	2 200			200	2 000		
651	2 175	2 200			200	2 000		
12 105	8 515	8 289	1 596			741	5 953	
745	539	741				741		
4 294	2 649	2 280	1 596				684	
7 066	5 327	5 269					5 269	
26 299	11 192	20 204	675	900	15 612		675	2 343
6 737	2 739	6 002			3 660			2 343
11 281	8 453	11 952			11 952			
8 281		2 250	675	900			675	
116 372	68 486	71 167	21 956	5 959	26 197	8 085	6 628	2 343
75 348	58 020	53 335	20 376	368	9 284	14 516	4 314	4 477
6 107	7 104	9 816	9 816					
62 191	33 000	30 391	9 816	310	6 744	13 520		
6 107	7 104	9 816	9 816					
48	1	10		10				
7 567	115	1 134			524	610		
7 019	4 607	5 204		300	647	4 257		
7 019	4 607	5 204		300	647	4 257		
11	50	10			10			
41 425	20 213	14 167			5 513	8 653		
18 115	7 588	4 340			1 046	3 294		
663	785	636			166	470		
17 040	6 365	7 668			2 778	4 890		
5 607	5 475	1 523			1 523			
14	911	50			50			
6 746	5 663	5 027		58	2 344	652	1 973	
1 877	2 936	2 627		58	844	652	1 073	
2 627	2 506	2 000			1 100		900	
1 194	19	100			100			
1 049	202	300			300			
6 410	19 357	17 917	10 559		196	343	2 341	4 477
1 307	1 795	2 621			196		2 341	84
3 081	11 943	12 844	10 559					2 285
2 023	5 620	2 452				343		2 109
73 558	52 647	51 076	20 376	368	9 284	14 366	4 314	2 369
1 790	5 373	2 259				150		2 109

指 标 名 称	损 益								
	营业收入合计	#主营业务收入	主营业务成本	主营业务税金及附加	主营业务利润	其他业务利润	营业费用	管理费用	#税金
总计	**165 625**	**163 055**	**68 681**	**8 260**	**82 549**	**1 168**	**45 694**	**26 711**	**1 491**
一、住宿业	55 668	53 823	11 251	2 753	38 043	807	21 614	18 315	841
#国有及国有控股	26 568	24 787	5 916	1 208	17 137	750	10 218	8 081	666
1. 按登记注册类型分组									
内资	37 683	36 012	8 907	1 857	23 472	585	14 017	11 499	780
国有	22 246	20 640	4 939	976	14 518	567	8 771	6 040	600
集体	1 094	1 094	406	63	578		456	103	1
股份合作	749	749	315	74	360		614	25	
联营企业	708	708	140	41	208		320	378	11
国有联营	708	708	140	41	208		320	378	11
有限责任公司	11 282	11 282	2 834	621	6 625	18	3 265	4 348	161
其他有限责任公司	11 282	11 282	2 834	621	6 625	18	3 265	4 348	161
股份有限公司	834	834	253	40	540	1	228	285	2
私营企业	771	706	20	43	643		364	320	6
私营有限责任公司	771	706	20	43	643		364	320	6
港澳台商投资企业	4 579	4 404	430	220	3 755	166	3 647	415	17
与港澳台商合资经营	552	552	25	28	500		453	56	
与港澳台商合作经营	744	570	38	29	503	166	507	319	16
港澳台商独资	3 283	3 283	367	164	2 752		2 687	40	1
外商投资企业	13 407	13 407	1 915	676	10 816	56	3 950	6 402	44
中外合资经营	5 564	5 564	882	285	4 397	56	2 543	1 976	27
外资企业	5 719	5 719	598	282	4 840		1 252	3 513	16
外商投资股份有限公司	2 124	2 124	435	110	1 579		156	913	2
2. 按国民经济行业分组									
旅游饭店	55 668	53 823	11 251	2 753	38 043	807	21 614	18 315	841
二、餐饮业	109 957	109 233	57 430	5 507	44 506	361	24 079	8 396	650
#国有及国有控股	3 572	3 572	3 043	118	411		333	39	
1. 按登记注册类型分组									
内资	85 162	84 538	45 332	4 536	32 883	353	16 815	6 537	531
国有	3 572	3 572	3 043	118	411		333	39	
集体	518	518	482	29	6		5	24	22
股份合作	6 810	6 810	3 719	392	2 698	32	2 392	151	9
有限责任公司	12 295	11 872	6 300	719	4 271	249	3 361	1 370	137
其他有限责任公司	12 295	11 872	6 300	719	4 271	249	3 361	1 370	137
股份有限公司	230	230	150	19	61		62	6	
私营企业	61 002	60 802	31 160	3 213	25 227	72	10 505	4 938	361
私营独资	29 055	29 025	16 793	1 566	10 341		3 744	2 822	158
私营合伙	4 673	4 673	3 465	124	1 085	1	595	556	56
私营有限责任公司	22 793	22 638	8 688	1 337	11 795	34	4 534	1 348	146
私营股份有限公司	4 482	4 467	2 214	186	2 007	37	1 633	213	3
其他	735	735	480	46	209		157	10	1
港澳台商投资企业	13 485	13 485	7 847	689	4 947		4 007	863	10
与港澳台商合资经营	7 294	7 294	4 187	361	2 746		2 467	489	5
与港澳台商合作经营	1 646	1 646	691	84	870		321	230	2
港澳台商独资	3 598	3 598	2 575	197	823		770	24	1
港澳台商独资股份有限公司	947	947	393	47	507		450	120	3
外商投资企业	11 310	11 210	4 251	282	6 677	8	3 258	997	109
中外合资经营	1 504	1 504	959	75	469		736	36	1
中外合作经营	1 421	1 321	211	93	1 017	50	774	339	
外资企业	8 386	8 386	3 081	114	5 190	－42	1 747	622	108
2. 按国民经济行业分组									
正餐服务业	101 086	100 362	53 746	5 414	39 413	403	22 447	7 855	537
快餐服务业	8 871	8 871	3 684	93	5 093	－42	1 633	541	113

单位：万元

及		分		配					工资、福利费		全部从业人员年平均人数（人）
#差旅费	#工会经费	财务费用	#利息支出	营业利润	利润总额	应交所得税	劳动、失业保险费	住房公积金和住房补贴	本年应付工资总额	本年应付福利费总额	
994	**78**	**3 427**	**2 610**	**10 161**	**10 710**	**1 322**	**1 990**	**211**	**21 046**	**2 473**	**20 618**
286	61	2 212	1 795	-2 600	-1 957	32	1 027	151	8 944	1 273	7 533
70	61	684	600	-883	-1 516	3	657	141	4 246	620	3 664
134	57	1 324	1 043	-2 228	-1 628	26	664	144	5 636	928	5 079
57	57	580	565	-99	-1 094	3	542	141	3 195	481	2 620
2		139	138	-115	-115		10	3	266	175	271
25		5	3	-7	-7		17		288	40	237
6		62	3	-552	-216		32		167	24	209
6		62	3	-552	-216		32		167	24	209
34		494	295	-1 464	-204	23	45		1 608	190	1 531
34		494	295	-1 464	-204	23	45		1 608	190	1 531
6		21	15	8	8		3		20	9	45
5		25	25	-1	-1		16		92	10	166
5		25	25	-1	-1		16		92	10	166
4	4	-1	-1	-140	-136	2	169		1 148	156	785
1				-10	-11		15		45	2	50
2	4			-157	-131		76		171	65	349
1		-2	-2	27	6	2	77		932	90	386
148		889	753	-232	-193	4	194	7	2 160	188	1 669
20		411	221	-341	-314	4	91		1 245	46	997
1		-114	-53	189	189		71	7	711	113	423
127		591	585	-80	-68		32		204	29	249
286	61	2 212	1 795	-2 600	-1 957	32	1 027	151	8 944	1 273	7 533
709	17	1 215	815	12 761	12 667	1 289	964	59	12 102	1 201	13 085
10		52	12	149	165	1	175	22	688	19	930
313	9	1 100	720	10 364	9 522	499	841	59	8 908	827	9 491
10		52	12	149	165	1	175	22	688	19	930
1		1	1	6	6	1	5		44	6	26
17		121	106	98	-215	29	157	37	680	49	776
51	2	282	246	393	763	72	99		1 503	204	1 388
51	2	282	246	393	763	72	99		1 503	204	1 388
		1	1	-7	-7				24	1	27
232	7	642	354	9 684	8 768	390	404		5 895	539	6 264
147	4	419	222	3 504	2 585	198	199		3 018	263	3 306
18		13	11	7	8	12	45		468	39	643
66	3	134	50	6 024	6 030	139	145		2 058	198	2 008
1		76	72	149	146	41	15		351	39	307
1		1	1	42	42	6	1		72	10	80
41	7	76	61	5	13	102	65		1 486	164	1 513
35	1	22	16	-227	-216	4	36		865	111	797
2	6			319	319	96	2		162	40	132
1		19	19	11	8	2	14		374	3	300
3		36	27	-98	-98		12		85	9	284
355		39	34	2 392	3 133	689	58		1 709	210	2 081
1		6	6	-309	-318		12		225	4	312
12		22	17	-68	-69				187	26	311
342		11	11	2 769	3 519	689	47		1 297	180	1 458
363	13	1 205	804	9 894	9 050	601	914	59	10 690	1 015	11 489
345	3	11	11	2 867	3 617	689	50		1 412	186	1 596

13－10 批发零售贸易业商品销售类值

单位：万元

	销售合计		批发		零售	
	2004	2005	2004	2005	2004	2005
合　　计	**7 771 016**	**7 871 468**	**4 976 740**	**5 456 217**	**2 794 276**	**2 415 251**
一、按行业分组						
批　发　业	5 387 713	5 893 228	4 835 492	5 366 320	552 221	526 908
零　售　业	2 383 303	1 978 240	141 248	89 897	2 242 055	1 888 343
二、按规模分组						
限额以上	4 242 065	4 902 271	3 104 011	3 935 422	1 138 054	966 849
食品、饮料、烟酒类	710 784	608 748	576 716	520 588	134 068	88 160
#粮　油　类	14 777	54 300	3 342	47 131	11 435	7 169
肉禽蛋类	17 037	12 310	7 210	6 984	9 827	5 326
其他食品类	117 609	91 178	38 563	41 558	79 046	49 620
饮　料　类	27 218	12 682	17 650	4 627	9 568	8 055
烟　酒　类	534 143	438 278	509 951	420 288	24 192	17 990
服装、鞋帽、针、纺织品类	389 553	396 567	265 262	315 456	124 291	81 111
#服　装　类	263 685	263 122	178 401	213 223	85 284	49 899
鞋　帽　类	24 034	26 525	3 190	10 833	20 844	15 692
针、纺织品类	101 834	106 920	83 671	91 400	18 163	15 520
化妆品类	16 531	17 987	2 341	2 767	14 190	15 220
金银珠宝类	24 415	21 123	563	165	23 852	20 958
日用品类	76 122	62 279	23 962	22 893	52 160	39 386
#洗涤用品类	15 348	12 910	392	37	14 956	12 873
儿童玩具类	3 099	2 411			3 099	2 411
五金、电料类	4 295	1 893	1 812	384	2 483	1 509
体育、娱乐用品类	4 601	5 133	933	2 667	3 668	2 466
书报杂志类	107 469	118 647	84 608	97 760	22 861	20 887
电子出版物及音像制品类	9 827	8 162	6 140	5 401	3 687	2 761
家用电器和音像器材类	365 782	365 450	229 699	231 350	136 083	134 100
中西药品类	473 154	442 523	351 379	325 645	121 775	116 878
#西　　药	250 110	231 250	139 340	128 420	110 770	102 830
中草药及中成药	217 688	206 748	209 228	195 644	8 460	11 104
文化办公用品类	129 093	99 850	59 937	64 241	69 156	35 609
家　俱　类	188	268		101	188	167
通讯器材类	237 535	237 785	165 100	178 453	72 435	59 332
煤炭及制品类	115 606	103 817	115 606	103 817		
木材及制品类	5 459	6 457	5 459	6 457		
石油及制品类	524 926	1 228 484	443 913	1 166 069	81 013	62 415
化工材料及制品类	117 686	106 381	117 686	105 595		786
#化　肥　类	77 551	55 361	77 551	55 361		
金属材料类	250 175	347 482	250 175	347 172		310
建筑及装璜材料类	14 788	13 034	11 102	10 054	3 686	2 980
机电产品及设备类	88 870	66 487	88 870	66 316		171
#农　机　类	2 930	1 870	2 930	1 870		
汽　车　类	454 801	499 120	190 879	243 622	263 922	255 498
种子饲料类	6 109	6 183	6 109	6 183		
棉　麻　类		18		18		
其　他　类	114 296	138 393	105 760	112 248	8 536	26 145
限额以下及个体户	3 528 951	2 969 197	1 872 729	1 520 795	1 656 222	1 448 402

13－11 亿元以上商品交易市场主要指标

（2005 年）

	市场成交总额（亿元）	营业面积（平方米）	已出租摊位数（个）
合　　计	**275.19**	**1 118 938**	**19 290**
南昌市洪城大市场	122.69	105 993	6 705
南昌市农产品中心批发市场	34.82	51 350	585
江西省装潢建材大市场	23.70	42 724	607
江西钢材市场	14.51	6 900	114
江西省五华批发大市场	11.00	21 060	570
南昌市佛塔生猪交易批发市场	5.72	13 400	43
江西省洪城汽配城	6.05	38 500	292
南昌市建材大市场	4.72	64 900	1 002
南昌市香江家俱城	4.77	50 000	296
南昌市万寿宫商城	3.64	50 000	1 328
江西新大地市场	4.50	9 600	281
进贤县文港镇毛笔市场	1.50	20 200	770
江西红谷滩汽车广场	2.30	22 000	12
南昌市京东家俱大市场	2.11	40 002	243
新建县集贸中心市场	2.28	19 000	1 169
国际汽车城	5.55	110 000	705
南昌县莲塘综合市场	1.93	7 600	716
南昌市青山湖农副产品批发市场	1.47	18 648	227
南昌长运商贸城	2.01	30 619	406
江西省旧机动车交易中心	1.72	11 000	45
南昌市肉联厂食品交易批发市场	1.28	13 320	67
南昌市摩托车交易市场	3.00	7 800	78
南昌市墩子塘集贸市场	1.28	3 145	219
南昌市家电市场	1.51	32 548	587
南昌市移动广场	1.30	4 000	55
江西旧货大市场	1.26	15 000	105
江西省联信大市场	7.02	9 648	533
新华群市场	0.98	3 700	98
南昌香江商贸城	0.57	296 281	1 432
南昌市废旧钢材市场	4.22	7 640	312

13-12 零 售 企 业 排 位

（按商品销售额）

2004		2005	
位次	企业名称	位次	企业名称
1	南昌百货大楼股份有限公司	1	南昌百货大楼股份有限公司
2	南昌洪城大厦股份有限公司	2	南昌洪城大厦股份有限公司
3	江西洪客隆实业有限公司	3	江西洪客隆实业有限公司
4	江西运通汽车贸易有限公司	4	江西凯美百货投资管理有限公司
5	江西省智通汽车销售服务有限公司	5	沃尔玛深国投百货有限公司南昌八一广场分店
6	江西凯美百货投资管理有限公司	6	江西运通汽车贸易有限公司
7	江西国力汽车服务有限公司	7	江西鹏润国美电器有限公司
8	江西大众汽车销售维修服务有限公司	8	江西国力汽车服务有限公司
9	沃尔玛深国投百货有限公司南昌八一广场分店	9	江西省水晶宫数码科技广场有限公司
10	江西省水晶宫数码科技广场有限公司	10	江西黄庆仁栈华氏大药房有限公司
11	南昌亨得利有限责任公司	11	江西东维汽车销售有限公司
12	江西德奥汽车销售服务有限公司	12	南昌亨得利有限责任公司
13	北京华联综合超市股份有限公司江西分公司	13	江西盛田汽车有限公司
14	南昌市新华书店	14	江西大众汽车销售维修服务有限公司
15	江西黄庆仁栈华氏大药房有限公司	15	锦江麦德隆现购自运有限公司南昌青山湖商场
16	江西新洪客隆莲塘实业有限公司	16	江西五菱汽车销售有限公司
17	江西协众汽车发展有限公司	17	江西施迈尔电讯发展有限公司
18	南昌欧亚汽车销售有限公司	18	南昌市新华书店
19	南昌同弛丰田汽车销售服务有限公司	19	南昌同弛丰田汽车销售服务有限公司
20	上海大众汽车江西销售服务有限公司	20	江西燕兴长安汽车销售有限公司

13-13 亿元以上商品交易市场排位

（按市场成交额）

2004		2005	
位次	市场名称	位次	市场名称
1	南昌市洪城大市场	1	南昌市洪城大市场
2	南昌市农产品中心批发市场	2	南昌市农产品中心批发市场
3	江西省装潢建材大市场	3	江西省装潢建材大市场
4	江西钢材市场	4	江西钢材市场
5	江西省五华批发大市场	5	江西省五华批发大市场
6	南昌市佛塔生猪交易批发市场	6	江西省联信大市场
7	江西省洪城汽配城	7	江西省洪城汽配城
8	南昌市建材大市场	8	南昌市佛塔生猪交易批发市场
9	南昌市香江家俱城	9	国际汽车城
10	南昌市万寿宫商城	10	南昌市香江家俱城
11	江西新大地市场	11	南昌市建材大市场
12	进贤县文港镇毛笔市场	12	江西新大地市场
13	江西红谷滩汽车广场	13	南昌市废旧钢材市场
14	南昌市京东家俱大市场	14	南昌市万寿宫商城
15	新建县集贸中心市场	15	南昌市摩托车交易市场
16	国际汽车城	16	江西红谷滩汽车广场
17	南昌县莲塘综合市场	17	新建县集贸中心市场
18	南昌市青山湖农副产品批发市场	18	南昌市京东家俱大市场
19	南昌长运商贸城	19	南昌长运商贸城
20	江西省旧机动车交易中心	20	南昌县莲塘综合市场
21	南昌市肉联厂食品交易批发市场	21	江西省旧机动车交易中心
22	南昌市摩托车交易市场	22	南昌市家电市场
23	南昌市墩子塘集贸市场	23	进贤县文港镇毛笔市场
24	南昌市家电市场	24	南昌市青山湖农副产品批发市场
25	大世界海鲜水产城	25	南昌市移动广场
26	南昌市移动广场	26	南昌市肉联厂食品交易批发市场
27	江西旧货大市场	27	南昌市墩子塘集贸市场
28	江西省联信大市场	28	新华群市场
29	新华群市场	29	南昌香江商贸城
30	南昌香江商贸城	30	江西旧货大市场

13－14 个体工商业基本情况

（2005 年）

项目	户数（户）	#城镇	从业人员（人）	#城镇	注册资金（万元）	#城镇	总产值（万元）	#城镇	销售总额或营业收入（万元）	#城镇
合计	93 758	84 758	222 326	198 881	147 163	124 511	591 064	555 643	2 320 022	2 266 222
一、农、林、牧、渔业	221	55	733	175	1 653	438	3 797	1 174	2 071	762
二、采矿业	13	8	43	27	75	56	822	628		
三、制造业	5 740	4 882	17 894	15 269	14 075	9 840	586 265	553 691		
四、建筑业	13	9	42	22	154	125	180	150		
五、交通运输、仓储和邮政业	13 329	13 121	15 686	15 249	16 191	15 673			31 982	30 023
六、信息传输、计算机服务和软件业	1 464	1 282	4 261	3 812	7 635	6 331			47 187	46 245
七、批发和零售业	51 842	45 605	120 147	105 538	75 886	66 723			1 770 329	1 736 727
#批发业	21 614	19 499	53 448	46 926	44 423	36 657			1 410 279	1 407 262
八、住宿和餐饮业	9 065	8 589	28 853	26 658	14 900	13 713			317 476	310 832
#餐饮业	6 345	5 857	20 519	18 463	10 258	9 358			241 783	240 227
九、房地产业	112	107	314	302	165	147			496	466
十、租赁和商务服务业	627	499	1 984	1 637	1 375	921			20 017	19 241
十一、居民服务和其他服务业	9 224	8 548	26 235	24 194	10 468	8 263			65 527	60 319
十二、卫生、社会保障和社会福利业	28	17	55	32	26	19			130	65
十三、文化、体育和娱乐业	401	385	1 754	1 696	1 604	1 530			57 934	56 279
十四、其它行业	1 679	1 651	4 325	4 270	1 956	732			6 873	5 263

资料来源：南昌市工商局。

13－15 私营工商业基本情况

(2005 年)

项目	户数(户)	#城镇	雇工人数(人)	#城镇	注册资金(万元)	#城镇
合计	19 772	19 049	174 921	158 057	2 590 492	2 471 875
一、农、林、牧、渔业	406	357	1 814	562	51 823	46 325
二、采矿业	16	15	100	92	3 781	3 780
三、制造业	2 896	2 724	21 033	14 552	343 808	309 703
四、电力、燃气及水的生产和供应业	19	18	158	60	4 641	4 441
五、建筑业	1 209	1 193	2 425	1 939	148 022	146 541
六、交通运输、仓储和邮政业	341	335	815	763	27 826	27 640
七、信息传输、计算机服务和软件业	916	859	2 961	2 431	89 013	67 440
八、批发和零售业	9 314	8 934	125 133	118 722	1 014 153	941 372
#批发业	7 817	7 641	12 301	10 305	837 753	818 526
九、住宿和餐饮业	276	266	11 944	11 019	40 562	39 608
#餐饮业	209	197	1 752	750	28 654	27 030
十、房地产业	779	779	1 812	1 812	516 412	516 412
十一、租赁和商务服务业	2 483	2 474	3 547	3 344	232 009	231 509
十二、居民服务和其他服务业	514	494	1 840	1 446	34 876	33 658
十三、卫生、社会保障和社会福利业	6	6	47	47	946	946
十四、文化、体育和娱乐业	65	65	360	360	7 629	7 629
十五、其它行业	532	530	932	908	94 991	94 871

资料来源：南昌市工商局。

13－15 续表1 (2005年)

项目	总产值(万元)	#城镇	销售总额或营业收入(万元)	#城镇
合计	**1 602 880**	**841 067**	**2 763 901**	**2 068 252**
一、农、林、牧、渔业	262 730	82 532	52 367	30 835
二、采矿业	347 714	253 455		
三、制造业	738 027	397 370		
四、电力、燃气及水的生产和供应业	43 200	31 548		
五、建筑业	211 209	76 162		
六、交通运输、仓储和邮政业			1 076 035	845 836
七、信息传输、计算机服务和软件业			182 208	140 862
八、批发和零售业			460 311	349 212
#批发业			218 572	67 241
九、住宿和餐饮业			103 790	85 957
#餐饮业			71 808	57 666
十、房地产业			485 769	295 017
十一、租赁和商务服务业			84 626	70 363
十二、居民服务和其他服务业			42 151	29 778
十三、卫生、社会保障和社会福利业			20 139	17 178
十四、文化、体育和娱乐业			235 920	185 960
十五、其它行业			20 585	17 254

资料来源：南昌市工商局。

13－15　续表2　　(2005年)

项　目	独资企业				合伙企业	
	户　数(户)	投资者人数(人)	雇工人数(人)	注册资金(万元)	户　数(户)	投资者人数(人)
合　计	**399**	**399**	**3 945**	**9 447**	**1 598**	**3 121**
一、农、林、牧、渔业	15	15	70	1 111	39	65
二、采　矿　业					1	2
三、制　造　业	104	104	693	2 294	627	1 195
四、电力、燃气及水的生产和供应业					2	1
五、建　筑　业	1	1	3	5	17	34
六、交通运输、仓储和邮政业	6	6	40	25	18	50
七、信息传输、计算机服务和软件业	117	117	827	3 226	11	28
八、批发和零售业	73	73	1 156	1 253	548	1 054
#批　发　业	40	40	866	941	338	541
九、住宿和餐饮业	34	34	751	700	84	171
#餐　饮　业	17	17	625	455	73	145
十、房地产业	3	3	14	30	12	36
十一、租赁和商务服务业	8	8	55	99	102	206
十二、居民服务和其他服务业	18	18	112	337	85	175
十三、卫生、社会保障和社会福利业	1	1	5	10	1	3
十四、文化、体育和娱乐业	13	13	197	326	24	45
十五、其它行业	6	6	22	31	27	56

资料来源：南昌市工商局。

13－15 续表3 （2005年）

项目	合伙企业		有限责任公司			
	雇工人数（人）	注册资金（万元）	户数（户）	投资者人数（人）	雇工人数（人）	注册资金（万元）
合计	**9 273**	**61 006**	**17 775**	**40 249**	**161 703**	**2 520 039**
一、农、林、牧、渔业	185	1 530	352	900	1 559	49 182
二、采矿业	8	1	15	44	92	3 780
三、制造业	3 627	7 882	2 165	4 992	16 713	323 632
四、电力、燃气及水的生产和供应业		16	17	53	158	4 625
五、建筑业	30	2 088	1 191	2 677	2 392	145 929
六、交通运输、仓储和邮政业	74	154	317	734	701	27 647
七、信息传输、计算机服务和软件业	40	253	788	2 025	2 094	65 534
八、批发和零售业	3 488	30 493	8 693	18 888	120 489	992 407
#批发业	1 811	17 405	7 439	16 264	9 664	809 407
九、住宿和餐饮业	910	3 691	158	378	10 283	36 171
#餐饮业	800	3 070	119	280	217	25 139
十、房地产业	51	247	764	1 771	1 747	516 135
十一、租赁和商务服务业	119	3 075	2 373	5 519	3 373	228 835
十二、居民服务和其他服务业	562	5 080	411	929	1 166	29 459
十三、卫生、社会保障和社会福利业	10	6	4	11	32	930
十四、文化、体育和娱乐业	101	5 748	28	79	62	1 555
十五、其它行业	68	742	499	1 249	842	94 218

资料来源：南昌市工商局。

13－16　个体批发和零售、住宿和餐饮业户数和人员数

项　　目	户　数（户）		从业人员（人）	
	2004	2005	2004	2005
个体批发和零售业、住宿和餐饮业	**72 392**	**91 135**	**169 297**	**215 699**
一、个体批发和零售业	43 500	51 842	100 918	120 147
#零　售　业	22 422	30 228	46 973	66 699
二、个体住宿和餐饮业	6 470	9 065	21 406	28 853
#餐　饮　业	4 886	6 345	16 258	20 519

资料来源：南昌市工商局。

13－17　私营批发和零售、住宿和餐饮业户数和人员数

项　　目	户　数（户）		雇工人数（人）	
	2004	2005	2004	2005
私营批发和零售业、住宿和餐饮业	**9 348**	**9 590**	**89 188**	**137 077**
一、私营批发和零售业	9 060	9 314	86 719	125 133
#零　售　业	1 349	1 497	64 068	112 832
二、私营住宿和餐饮业	288	276	2 469	11 944
#餐　饮　业	224	209	2 070	1 752

资料来源：南昌市工商局。

13－18 商品交易市场个数

(2005年)　　单位：个

	合计	城市	农村
合计	**242**	**120**	**122**
一、消费品市场	218	109	109
（一）消费品综合市场	92	52	40
（二）农副产品市场	100	51	49
1. 农副产品综合市场	91	46	45
2. 农副产品专业市场	9	5	4
（三）工业消费品市场	11	6	5
1. 工业消费品综合市场	4		4
2. 工业消费品专业市场	7	6	1
（四）其他消费品市场	15		15
二、生产资料市场	14	6	8
（一）生产资料综合市场	2		2
（二）工业生产资料市场	10	4	6
1. 机动车交易市场	2	2	
2. 钢材交易市场	2	1	1
3. 木材交易市场	6	1	5
（三）农业生产资料市场	1	1	
1. 农业生产资料综合市场	1	1	
2. 农业生产资料专业市场	1	1	
三、生产要素市场	10	5	5
（一）房地产市场	7	3	4
（二）劳动力市场	1		1
（三）信息市场	1	1	
（四）其他要素市场	1	1	

资料来源：南昌市工商局。

13－19 个体经济基本情况

（2005年）

项目	户数（户）	户数比重（%）	从业人员（人）	从业人员比重（%）	注册资金（万元）	注册资金比重（%）
合计	93 758	100	222 326	100	147 163	100
一、农、林、牧、渔业	221	0.24	733	0.33	1 653	1.12
二、采矿业	13	0.01	43	0.02	75	0.05
三、制造业	5 740	6.12	17 894	8.05	14 075	9.56
四、建筑业	13	0.01	42	0.02	154	0.10
五、交通运输、仓储和邮政业	13 329	14.22	15 686	7.06	16 191	11.00
六、信息传输、计算机服务和软件业	1 464	1.56	4 261	1.92	7 635	5.19
七、批发和零售业	51 842	55.29	120 147	54.04	75 886	51.57
#批发业	21 614	41.69	53 448	44.49	44 423	58.54
八、住宿和餐饮业	9 065	9.67	28 853	12.98	14 900	10.12
#餐饮业	6 345	69.99	20 519	71.12	10 258	68.85
九、房地产业	112	0.12	314	0.14	165	0.11
十、租赁和商务服务业	627	0.67	1 984	0.89	1 375	0.93
十一、居民服务和其他服务业	9 224	9.84	26 235	11.80	10 468	7.11
十二、卫生、社会保障和社会福利业	28	0.03	55	0.02	26	0.02
十三、文化、体育和娱乐业	401	0.43	1 754	0.79	1 604	1.09
十四、其它行业	1 679	1.79	4 325	1.95	1 956	1.33

资料来源：南昌市工商局。

13－20 私营经济基本情况

（2005年）

项目	户数		投资者人数		雇工人数		注册资本（金）	
	（户）	比重（%）	（人）	比重（%）	（人）	比重（%）	（万元）	比重（%）
合计	**19 772**	**100**	**43 769**	**100**	**174 921**	**100**	**2 590 492**	**100**
一、农、林、牧、渔业	406	2.05	980	2.24	1 814	1.04	51 823	2.00
二、采矿业	16	0.08	46	0.11	100	0.06	3 781	0.15
三、制造业	2 896	14.65	6 291	14.37	21 033	12.02	343 808	13.27
四、电力、燃气及水的生产和供应业	19	0.10	54	0.12	158	0.09	4 641	0.18
五、建筑业	1 209	6.11	2 712	6.20	2 425	1.39	148 022	5.71
六、交通运输、仓储和邮政业	341	1.72	790	1.80	815	0.47	27 826	1.07
七、信息传输、计算机服务和软件业	916	4.63	2 170	4.96	2 961	1.69	89 013	3.44
八、批发和零售业	9 314	47.11	20 015	45.73	125 133	71.54	1 014 153	39.15
#批发业	7 817	83.93	16 815	84.01	12 301	9.83	837 753	82.61
九、住宿和餐饮业	276	1.40	583	1.33	11 944	6.83	40 562	1.57
#餐饮业	209	75.72	442	75.81	1 752	14.67	28 654	70.64
十、房地产业	779	3.94	1 810	4.14	1 812	1.04	516 412	19.93
十一、租赁和商务服务业	2 483	12.56	5 733	13.10	3 547	2.03	232 009	8.96
十二、居民服务和其他服务业	514	2.60	1 122	2.56	1 840	1.05	34 876	1.35
十三、卫生、社会保障和社会福利业	6	0.03	15	0.03	47	0.03	946	0.04
十四、文化、体育和娱乐业	65	0.33	137	0.31	360	0.21	7 629	0.29
十五、其它行业	532	2.69	1 311	3.00	932	0.53	94 991	3.67

资料来源：南昌市工商局。

主要统计指标解释

社会消费品零售总额 指各种经济类型的批发零售贸易业、餐饮业和其他行业对城乡居民和社会集团的消费品零售额总和。这个指标反映通过各种商品流通渠道向居民和社会集团供应的生活消费品来满足他们生活需要，是研究人民生活、社会消费品购买力、货币流通等问题的重要指标。对居民的消费品零售额：指售给城乡居民用于生活消费的商品。对社会集团的消费品零售额：指售给机关、团体、部队、学校企业、事业单位和城市街道居民委员会、农村村民委员会用公款购买的用作非生产、非经营使用的消费品。社会消费品零售额包括：（1）售给城乡居民作为生活用的商品及修建房屋建筑材料；（2）售给机关、团体、学校、部队、企业、事业单位的职工食堂和旅店（招待所）附设专门供本店旅客食用，不对外营业的食堂的各种食品、燃料；企业、单位和国营农场直接售给本单位职工和职工食堂的自己生产的产品；（3）售给部队干部、战士生活粮食、副食品、衣着品、日用品、燃料；（4）售给来华的外国人、华侨、港澳台同胞的消费品（包括友谊商店、在海关前后设立的免税商店、外轮供应公司等）；（5）居民自费购买的中、西药品，中药材及医疗用品；（6）报社、出版社直接售给居民和社会集团的报纸、图书、杂志，集邮公司（包括邮局集邮专柜）出售的新、旧（盖销的）纪念邮票、特种邮票、首日封、集邮册、集邮工具等；（7）旧货寄售商店自购、自销部分的商品；（8）煤气公司、液化石油气站售给居民和社会集团的煤气灶具和罐装液化石油气；（9）售给社会集团的办公用品、纸张、帐册、文印用品、计算工具、书报杂志和奖品；公共用品和纺织品、针织品；学校用的教学用具；文体用品；有明确专用的劳动保护用品。

（一）按行业分的社会商品零售额

1. 批发和零售业零售额 指专门从事商品转卖业务的各种经济类型独立核算的批发零售贸易企业、产业活动单位单位直接售给居民和社会集团的消费品零售额。

2. 住宿和餐饮业零售额 指从事食品的烹饪、调制并直接零售给居民饮食的各种宾馆、旅社、饭馆、酒馆、茶馆等餐饮业的零售额。包括各种企业单位附设对外营业的饭馆、火车餐厅、轮船餐厅、车站食堂、机场餐厅的零售额。不包括旅店（招待所）专供本店旅客食用，不对外营业的食堂，机关、团体学校、企业、事业单位的职工食堂出售饭菜的收入。

3. 其他行业零售额 指批发和零售业、住宿和餐饮业、以外的其他行业的直接零售额。包括各种经济类型的交通运输业、邮电业、建筑业、居民服务业、公用事业、出版社等行业的零售额（跨行业的经济联合组织的零售额，按其主营活动确定其所属行业，列入该行业的零售额内）。

（二）按销售地区分组

1. 市的零售额 指设立在中央直辖市，省、地辖市的市区和郊区以及县级市的市区的各行业消费品零售额，不包括市属县的消费品零售额。

2. 县的零售额 指设立在县城关区的各行业消费品零售额。

3. 县以下的零售额 指设立在县城关区以及县级市的市区以外的集镇和农村的各行业消费品零售额。但不包括分布在农村的独立工矿、林区的商品零售额，这部分零售额，凡属市直辖的列入“市的零售额”中，凡属县直辖的列入“县的零售额”中。

商品购进总额 指从本企业以外的单位和个人购进（包括从国外直接进口）作为转卖或加工后转卖的商品金额。本指标由从生产者购进额、从批发零售贸易业购进额、进口额和其他项目组成。这个指标反映批发零售贸易业从国内、国外市场上购进商品的总量。

从生产者购进额 指直接从工农业生产者购进的各种工矿产品、农副产品。

进口 指直接从国外进口的商品和委托外贸部门代理进口的商品。

商品销售总额 指对本企业以外的单位和个人出售的商品（包括售给本单位消费用的商品）金额。本指标由对生产经营单位批发额、对批发零售贸易批发额、出口额和对居民和社会集团商品零售额项目组成。这个指标反映批发零售贸易业在国内市场上销售商品以及出口商品的总量。

批发　指除零售以外的一切商品销售活动，包括对生产经营单位批发、对批发零售贸易业批发和出口。

对生产经营单位批发　指售给国民经济和社会各部门作为生产或经营使用的商品。

出口　指直接向国（境）外出口商品和委托外贸部门代理出口的商品。

零售　指售给城乡居民直接用于生活消费的商品和社会集团直接用于公用消费的商品。

期末库存　指批发零售贸易业已取得所有权的全部商品。这个指标反映批发零售业的商品库存情况，以及对市场商品供应的保证程度。

住宿和餐饮业营业总收入　指住宿和餐饮企业、活动单位或个体户的全部营业额，包括商品零售额和其他服务性收入。

住宿和餐饮业零售额　指住宿和餐饮企业、活动单位或个体户直接对居民和社会集团零售的各种商品。包括：(1) 经烹饪、调制加工后出售的各种食品；(2) 不经加工直接转卖的各种外购商品；(3) 附设非独立核算的专门销售商品的小卖部出售的各种食品及其他商品。

批发和零售业、住宿和餐饮业的限额以上统计划型标准为：

1. 批发业：全年销售额2000万元及以上。

2. 零售业：全年销售额500万元及以上。

3. 餐饮业：全年主营业务收入200万元及以上。

4. 住宿业：星级宾馆、饭店。

商品交易市场　指有固定场所、设施，有若干经营者入场实行集中、公开交易各类实物商品的市场。

市场成交总额　指该市场所有摊位商品交易总额之和。

亿元以上商品交易市场　指全年成交额在一亿元及以上的商品交易市场。

十四、科技·教育·文化

SCIENCE, EDUCATION AND CULTURE

本篇内容包括：

资料整理　余学军　姜同文　彭艳红

微机处理　余学军　姜同文　彭艳红

367/392

大中型工业企业技术开发情况

2004年
机构44个
技术开发人员12215人，科技活动经费支出总额10.16亿元，其中用于开发新产品的支出4.68亿元

2005年
机构40个
技术开发人员12881人，科技活动经费支出总额14.24亿元，其中用于开发新产品的支出8.85亿元

高 等 学 校 在 校 学 生 数

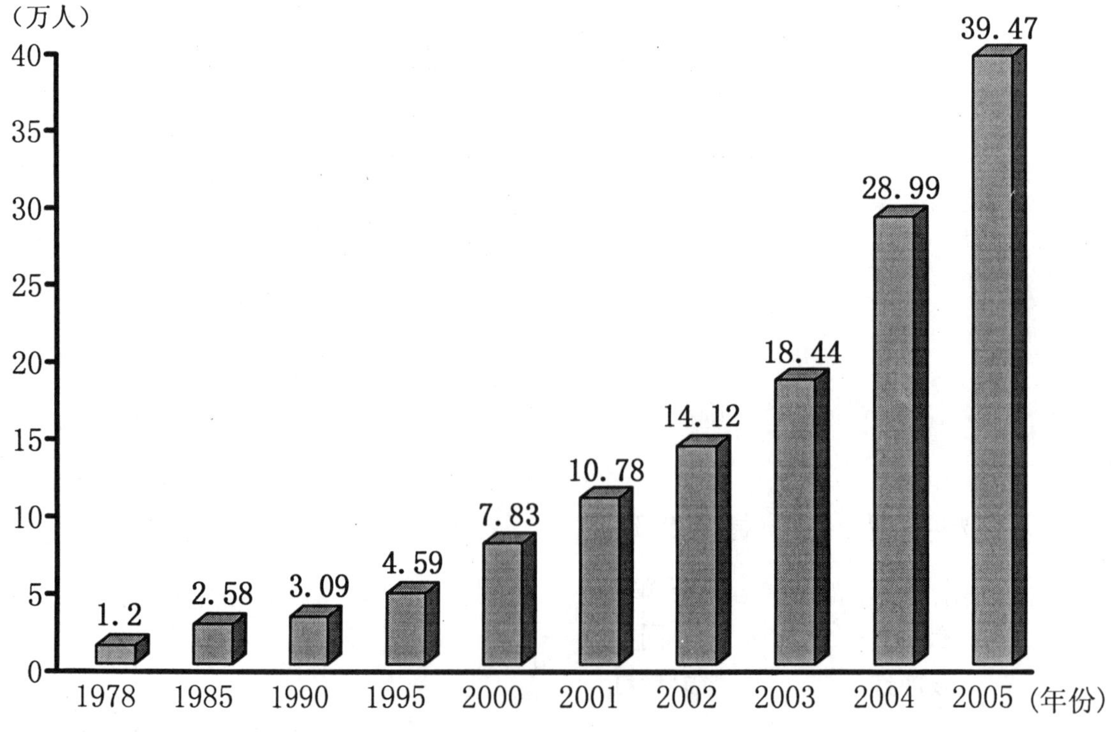

14－1 各类专业技术人员

（市属国有、集体单位，2005年）

项目	合计		女性	
	人数（人）	比重（%）	人数（人）	比重（%）
总计	**66 232**	**100.0**	**29 055**	**100.0**
按职称分				
高级职称	6 074	9.2	2 041	7.0
中级职称	23 516	35.5	10 433	35.9
初级职称	34 024	51.4	15 374	52.9
未聘	2 618	3.9	1 207	4.2
按类别分				
工程技术人员	8 152	12.3	1 052	3.6
农业技术人员	1 114	1.7	222	0.8
科学研究人员	117	0.2	33	0.1
卫生技术人员	8 981	13.6	5 503	18.9
教学人员	35 188	53.1	16 242	55.9

14－2 专业技术人员学历状况

（市属国有、集体单位，2005年）　　单位：人

项　　目	合　　计	研究生	大学本科	大学专科	中　　专	高中及以下
总　　计	**66 232**	**436**	**17 220**	**26 094**	**17 005**	**5 477**
按类别分						
工程技术人员	8 152	80	2 885	3 025	1 439	723
农业技术人员	1 114	4	214	456	289	151
科学研究人员	117	3	93	18	2	1
卫生技术人员	8 981	47	1 918	2 760	3 471	785
教学人员	35 188	231	9 771	14 294	10 169	723

14－3 专业技术人员年龄状况

（市属国有、集体单位，2005年）

项目	合计	31岁至35岁	36岁至40岁	41岁至45岁	46岁至50岁	51岁至54岁	55岁及以上
总计	**66 232**	**25 951**	**10 268**	**10 153**	**9 004**	**6 708**	**4 148**
按职称分							
高级职称	6 074	152	1 051	1 761	1 298	876	936
中级职称	23 516	4 989	4 844	4 316	3 888	3 551	1 928
初级职称	34 024	18 791	4 120	3 955	3 727	2 217	1 214
未聘	2 618	2 019	253	121	91	64	70
按类别分							
工程技术人员	8 152	3 806	1 518	1 246	730	474	378
农业技术人员	1 114	506	196	145	129	74	64
科学研究人员	117	38	27	31	6	6	9
卫生技术人员	8 981	3 717	1 468	1 511	1 014	929	342
教学人员	35 188	13 842	5 024	4 793	5 081	3 886	2 562

14－4 专业技术人员行业状况

（市属国有、集体单位，2005年）

项目	合计	农林牧渔业	制造业	电力燃气及水的生产和供应业	建筑业	交通运输仓储和邮政业	信息传输计算机服务和软件业	批发和零售业	住宿和餐饮业
总计	**66 232**	**3 338**	**5 804**	**532**	**2 844**	**2 136**	**41**	**1 673**	**105**
按职称分									
高级职务	6 074	172	356	36	162	36		13	1
中级职务	23 516	945	1 806	187	883	595	9	462	43
初级职务	34 024	2 085	2 828	309	1 767	1 472	11	1 189	60
未聘	2 618	136	814		32	33	21	9	1
按类别分									
工程技术人员	8 152	680	2 498	216	2 097	553	14	117	9
农业技术人员	1 114	983	3			3		6	
科学研究人员	117	20		1					
卫生技术人员	8 981	192	160	7	28	61		7	1
教学人员	35 188	356	113	8	20	23		9	

14－4续表　　(2005年)　　单位：人

项目	金融业	房地产业	租赁和商务服务业	科学研究技术服务和地质勘查业	水利环境和公共设施管理业	居民服务和其他服务业	教育	卫生社会保障和社会福利业	文化体育和娱乐业	其他行业
总计	**109**	**529**	**154**	**658**	**1 368**	**191**	**35 087**	**9 168**	**1 303**	**1 192**
按职称分										
高级职务	7	24	12	112	81	6	4 031	859	132	34
中级职务	69	273	56	238	538	68	13 272	3 267	476	329
初级职务	33	226	82	272	684	97	16 741	4 913	593	662
未聘		6	4	36	65	20	1 043	129	102	167
按类别分										
工程技术人员	15	202	21	429	816	44	68	92	104	177
农业技术人员				30	23	5			4	50
科学研究人员				50	1		42	3		
卫生技术人员		2	1	57	29	13	97	8 298		28
教学人员	3	0	1	2	14	8	34 401	122	5	103

14－5 科 研 机 构 和 人 员

指　　　　标	2004年	2005年	2005年为上年 %
科研机构数（个）	68	84	123.5
#科研单位（个）	57	69	121.1
大中型工业企业（个）	44	40	90.9
市属各类专业技术人员（万人）	6.59	6.62	100.5
#工程技术人员（万人）	0.88	0.82	93.2

注：科研机构数中不含高等院校的科研机构数。

14-6 大中型工业企业科技活动

指　　标	2004	2005
一、企业概况		
有科技活动企业所占比重（%）	56.8	50.6
企业办科技机构数（个）	44	40
二、科技活动人员		
科技活动人员总计（人）	12 215	12 881
#具有高、中级职称人员和无高中级职称的大学本科及以上学历人员	6 410	6 729
#研究与发展活动人员（人）	8 548	8 807
三、科技活动项目及经费		
本年科研项目数（项）	484	1 057
本年科技活动经费筹集总额（万元）	94 478	135 896
#来自政府部门的资金	7 023	8 735
金融机构贷款	9 216	13 803
其　　他	711	884
本企业自筹	77 427	112 424
本年科技活动经费支出总额（万元）	101 566	142 408
1. 内部支出合计	91 134	129 861
合计中：用于开发新产品经费支出	46 842	88 506
合计中：研究与发展活动经费支出	58 819	83 680
2. 外部支出合计	10 432	12 547
四、其他技术活动经费支出（万元）		
技术改造经费支出	163 076	116 274
技术引进经费支出	13 534	6 326
用于消化吸收经费	3 326	3 743
用于购买国内技术经费	21 985	7 558
五、科技活动产出		
专利申请（件）	108	228
新产品销售收入合计（万元）	861 553	1 085 533
#新产品出口销售收入	53 188	112 569

注：部份指标与去年口径不同

14－7 各类全日制学校基本情况

(2005年)　　单位：人

项目	学校数（个）	招生数	毕业生	在校学生	教职员工	#专任教师
合计	**1 558**	**383 070**	**249 371**	**1 276 948**	**87 265**	**63 776**
高等学校	45	122 729	53 281	394 717	40 092	23 576
中等学校	24	71 391	21 491	141 355	2 502	1 305
技工学校	36	20 000	14 393	39 469	2 705	2 021
普通中学	279	85 301	105 731	252 244	19 575	16 084
职业高中	21	7 302	3 758	15 707	894	668
小学	1 145	76 209	50 626	432 579	21 308	19 964
特教学校	8	138	91	877	189	158

14－8 普通高等学校基本情况

（2005年）

单位：人

校名	学校数	毕业生数	招生数	在校学生数	毕业班学生数	教职工数	# 专任教师
合计	**45**	**53 281**	**122 729**	**394 717**	**81 764**	**40 092**	**23 576**
南昌大学	1	9 853	13 254	43 130	8 575	6 673	2 878
华东交通大学	1	3 636	5 370	16 933	3 419	1 605	963
南昌航空工业学院	1	932	5 072	16 493	3 454	1 913	959
江西农业大学	1	2 841	4 152	13 867	3 328	2 769	743
江西护理职业技术学院	1		253	263		313	161
江西中医学院	1	993	2 450	9 257	1 735	885	640
江西师范大学	1	5 575	6 617	22 270	5 469	2 391	1 328
江西财经大学	1	4 525	5 658	20 721	4 891	2 017	1 250
江西工业职业技术学院	1	430	2 721	5 177	730	421	214
江西科技师范学院	1	1 702	3 248	8 931	1 796	833	504
南昌高等专科学校	1	1 425	3 323	8 073	2 407	407	363
江西公安专科学校	1	854	1 321	3 857	905	376	227
江西旅游商贸职业学院	1	624	2 829	8 953	2 372	675	541
江西电力职业技术学院	1	104	2 980	7 375	1 157	568	346
江西艺术职业学院	1		265	413	148	165	115
江西信息应用职业学院	1	233	1 542	3 495	1 057	241	154
江西交通职业技术学院	1	248	1 639	4 877	1 076	431	257
江西工程职业学院	1		666	666		115	80
江西现代职业技术学院	1	605	3 078	9 867	2 519	746	566
江西机电职业技术学院	1	328	1 806	4 068	652	347	262
江西生物科技职业学院	1		1126	1954	120	252	159
江西建设职业技术学院	1		984	2 157	1 020	246	159
江西外语外贸职业学院	1		3 305	5 824	355	456	366
江西行政管理干部学院	1	549	898	2 155	604		
南昌理工学院	1	3 190	3 535	27 218	3 966	2 804	2 124
江西蓝天学院	1	3 030	5 178	24 607	5 097	2 131	1 658

14－8 续表 （2005 年） 单位：人

校　名	学校数	毕业生数	招生数	在校学生数	毕业班学生数	教职工数	# 专任教师
江西城市职业学院	1	236	680	7 917	1 580	999	500
江西工业贸易职业技术学院	1		1 199	2 537	176	437	248
江西服装职业技术学院	1		1 109	6 593	46	858	604
江西科技职业技术学院	1		380	4 878	636	481	242
江西大宇职业技术学院	1		1 274	9 074	2 371	798	346
江西赣江职业技术学院	1		2 453	4 409	338	604	283
江西教育学院	1	324	1 411	2 894	295		
南昌师范高等专科学校	1		627	2 825	674	316	254
江西经济管理干部学院		1 321	1 321				
南昌教育学院	1	461	826	1 951	416		
江西广播电视大学	1	849	639	2 644	932		
南昌钢铁责任公司职工大学	1	17	4	69	56		
江西司法警官职业学院	1	612	1 802	5 416	1 923	379	252
江西先锋软件职业技术学院	1		2 429	3 494	1 065	498	241
江西制造职业技术学院	1	1 266	1 419	3 766	1 484	242	156
江西航空职业技术学院	1	284	904	1 700	260	199	137
东华理工学院长江学院			1 483	4 213	986	355	219
江西中医学院科技学院		96	1 216	2 989	171	246	182
江西科技师范学院理工学院		116	451	1 650	431	158	118
江西财经大学现代经济管理学院		476	1 215	4 439	1 209	211	190
南昌工程学院	1	2 103	5 261	14 950	4 499	1 027	683
江西师范大学科技学院	1	372	1 498	7 319	1 140	454	372
华东交通大学理工学院		317	2 858	5 015		562	410
江西青年职业学院	1		382	414		132	82
江西农业大学南昌商学院		319	1 549	4 121	473	287	245
南昌大学科学技术学院		838	2 671	8 343	2 283	533	422
南昌航空工业学院科技学院		352	1 638	4 449	553	279	219
江西经济管理职业学院	1	539	760	2 726	915	257	154

14－9 高等学校研究生

（2005年）　　单位：人

院　　校	毕业生	招生数	在校研究生
合　　计	**1 531**	**3 669**	**8 635**
南昌大学	682	1617	3817
南昌航空工业学院	60	192	440
江西农业大学	111	233	591
江西中医学院	101	194	524
江西师范大学	246	684	1570
江西财经大学	249	570	1283
华东交通大学	82	179	410

14－10 普通中等专业学校基本情况

(2005年)

单位：人

学校	学校数	招生数	毕业生	在校学生	教职员工	#专任教师
合计	24	71 391	21 491	141 355	2 502	1 305
南昌铁路机械学校（中专部）			433	856		
南昌女子中专学校	1	418	460	844	141	70
江西轻工职业技术学院（中专部）		535	1 800	3 608		
江西电力职业技术学院（中专部）		608	229	2 040		
江西中山艺术中专学校	1	80	50	187	65	39
江西工业职业技术学院（中专部）			74	658		
南昌保险学校	1	112		112	52	22
江西省医药学校	1	2 505	715	5 223	216	144
江西省水利水电学校	1	1 940	510	4 877	186	92
江西交通职业技术学院（中专部）		534	649	2 620		
江西赣江职业技术学院（中专部）		409		1 066		
江西外语外贸职业学院（中专部）		1 406	766	4 651		
江西青年职业学院（中专部）		464	290	876		
江西化学工业学校	1	1 095	652	2 825	186	91
南昌人民警察学校	1	402	252	719	49	37
南昌工业学校	1	1 020		1 755	99	48
江西南昌城市建设学校	1	696	717	1 723		
江西城市职业学院（中专部）		8 696		9 009		
南昌理工学院（中专部）		19 483	1 045	20 351		
江西泛美艺术中专学校	1	65		133	90	26
南昌市卫生学校	1	1 161	863	3 967	129	72
江西省商务学校	1	1 645	1 086	4 456	177	94
江西大宇职业技术学院（中专部）		185		885		
江西广播电视学校	1	219	127	561	39	30
南昌汽车机电学校	1	404		931	96	69

学校	学校数	招生数	毕业生	在校学生	教职员工	#专任教师
江西现代职业技术学院（中专部）		1 288	1 224	4 722		
江西制造职业技术学院（中专部）		102		122		
江西工商行政管理学校	1	716	7	716	55	28
江西省计划统计学校	1	1 082	44	2 866	99	57
江西工业贸易职业技术学院（中专部）		1 127	842	4 741		
江西女子中等专业学校	1	597		1 012	67	21
江西机电职业技术学院（中专部）		158	1 296	1 900		
江西生物科技职业学院（中专部）		434	680	2 008		
江西省电子信息工程学校	1	3 100		4 670	253	148
江西信息应用职业技术学院（中专部）		116	548	937		
江西省体育运动学校	1	302	220	678	136	77
南昌市体育运动学校	1	93	77	261	44	11
江西艺术职业学院（中专部）		163	235	991		
江西省民政学校	1	798	103	1 639	40	12
南昌师范高等专科学校（中专部）		1 539	884	4 049		
江西护理职业技术学院（中专部）		2 630	2 022	6 724		
江西旅游商贸职业学院（中专部）		389	416	2 315		
江西省新闻出版学校	1	471	207	1 673	69	46
江西科技职业学院（中专部）		1 808		1 808		
江西经济管理职业学院（中专部）		100		100		
江西蓝天学院（中专部）		7 725	921	9 815		
江西服装职业技术学院（中专部）		435	103	8 756		
江西公安专科学校（中专部）		229	371	687		
江西司法警官职业学院（中专部）		496	573	1 090		
江西英赛科技中等专业学校	1	462		462	26	15
江西航空职业技术学院（中专部）		72		114		
江西机电学校	1	729		1 410	188	56

14－11 技工学校基本情况

(2005 年)　　单位：人

学　　　校	招生数	#女　性	毕业生	在　校 学生数	教职员工	#女　性	#专任教师
合　　计	**20 000**	**8 063**	**14 393**	**39 469**	**2 705**	**1 056**	**2 021**
江西省新闻出版技工学校	469	249	171	512	109	26	95
江西核工业技术学校	–	–	180	483	77	34	77
江西省电力高级技工学校	1 319	90	569	2 981	188	77	76
江西省机械高级技工学校	974	346	839	1 873	123	63	75
江西省无线电高级技工学校	4 774	1 975	2 571	10 631	165	57	110
江西现代高级技工学校	1 680	781	301	4 447	147	53	147
江西省工业贸易职业技术学院	558	153	1 098	1 372	123	45	98
江西省交通技工学校一部	198	70	128	201	90	33	50
江西省交通技工学校二部	83	35	27	128	38	13	27
江西省交通技工学校三部	113	42	9	179	81	47	43
江西省建筑工程高级技工学校	415	188	439	840	83	23	79
江西省中医药高级技术学校	604	452	–	762	216	95	144
江西省化学工业技工学校	842	362	687	1 712	72	32	63
江西省兵器高级技工学校	467	46	23	997	82	17	61
南昌钢铁有限责任公司技工学校	–	–	544	266	58	26	38
江西航空技术学院	611	132	387	1 485	77	22	63
核工业南昌技工学校	1 020	447	436	2 231	99	37	73
江西工程技工学校	816	381	426	1 863	83	33	56
江西省电子商务技工学校	–	–	115	456	67	25	67
江西工业技工学校	30	10	317	144	55	28	28
南昌市轻工技工学校	133	57	56	211	20	12	20
江西省二轻工业技工学校	149	82	360	509	40	17	27
南昌市化工技工学校	72	43	120	67	53	25	37
南昌市商业技工学校	9	4	45		29	18	26
南昌市技工学校	275	187	150	314	46	22	40
江西省城市建设高级技工学校	514	210	426		50	16	45
江西省中医药技工学校	168	95	939	599	39	8	29
江西省邮电技工学校	144	–	144	144	62	31	61
江西省劳动技工学校	1 080	650	1 970	452	125	35	121
南昌市建筑工程技工学校	45	16	46	135	29	13	23
南昌县技工学校	30	24	60	90	12	5	12
江西省石油技工学校	260	133	206	659	36	16	17
江西省实验技工学校	2 041	751	487	4 849	91	34	53
江西省科学院技术学校	107	52	53	160	40	18	40
新东方烹饪技校			64	84			
江西新华电脑技工学校				289			

14－12 普通中学基本情况

（2005年） 单位：人

类别	学校数（个）	招生数	毕业生	在校学生数	教职员工数	#专任教师
合计	**279**	**85 301**	**105 731**	**252 244**	**19 575**	**16 084**
#女性		36 599	47 463	108 105	7 711	6 445
按城乡分						
城市	85	33 250	33 631	85 504	7 516	5 840
县镇	103	37 352	44 530	111 628	7 401	6 343
农村	91	14 699	27 570	55 112	4 658	3 901
按层次分						
初中	185	50 748	79 039	157 704		
城市	39	18 745	21 252	43 721		
县镇	70	20 161	32 388	66 037		
农村	76	11 842	25 399	47 946		
高中	94	34 553	26 692	94 540		
城市	46	14 505	12 379	41 783		
县镇	33	17 191	12 142	45 591		
农村	15	2 857	2 171	7 166		
按地区分						
市区	123	42 223	44 691	108 211	9 510	7 492
南昌县	36	14 503	20 168	49 022	3 133	2 679
新建县	48	10 978	14 840	36 061	2 387	2 061
进贤县	56	13 567	19 522	45 376	3 515	2 915
安义县	16	4 030	6 510	13 574	1 030	937
按部门分						
教育部门办	187	69 293	89 349	208 075	15 191	13 169
社会力量办	61	10 121	10 470	29 978	3 083	1 829
其他部门办	31	5 887	5 912	14 191	1 301	1 086

14－13 职业高中基本情况

(2005 年)　　　　单位：人

类别	学校数（个）	招生数	毕业生	在校学生数	教职员工数	#专任教师
合计	21	7 302	3 758	15 707	894	668
#女性		3 284	1 838	7 386	428	329
按城乡分						
城市	16	4 844	3 325	12 921	803	597
县镇	5	2 458	433	2 786	91	71
按部门分						
教育部门办	14	5 670	2 815	11 947	531	465
社会力量办	7	1 632	912	3 714	351	191
其他部门办			31	46	12	12

14－14 小学、特殊教育、工读学校基本情况

（2005年） 单位：人

类别	学校数（个）	招生数	毕业生	在校学生数	教职员工数	#专任教师
一、小学	1 145	76 209	50 626	432 579	21 308	19 964
#女性		33 190	22 427	190 070	11 222	10 673
按城乡分						
城市	84	17 192	16 290	101 513	4 746	4 265
县镇	366	27 655	18 986	163 500	7 550	7 126
农村	695	31 362	15 350	167 566	9 012	8 573
按县、区分						
市区	230	29 247	26 931	173 543	8 175	7 450
南昌县	259	13 881	7 527	82 372	4 852	4 715
新建县	285	14 105	6 799	83 059	3 107	2 935
进贤县	279	15 255	6 832	70 763	4 063	3 854
安义县	92	3 721	2 527	22 842	1 111	1 010
按部门分						
教育部门	1 127	68 958	44 799	392 516	19 148	18 184
社会力量办	12	2 490	1 205	12 084	943	645
其他部门办	6	4 761	4 622	27 979	1 217	1 135
二、特殊教育	8	138	91	877	189	158
#女性		39	31	269	126	109
特教学校	8	138	91	877	189	158
普校附设及随班就读		57	7			
三、工读学校	1				4	

14－15 幼儿园基本情况

(2005年)　　单位：人

类　　别	幼儿园（个）	在园幼儿	教职员工数	#教　师
总　计	**463**	**81 045**	**5 642**	**3 264**
#女　性		33 086	5 171	3 201
按城乡分				
城　市	147	28 883	2 840	1 538
县　镇	266	39 534	2 560	1 585
农　村	50	12 628	242	141
按部门分				
教育部门和集体办	111	42 176	2 467	1 424
社会力量办	341	35 883	2 870	1 682
其他部门办	11	2 986	305	158

14-16 南昌市成人高校基本情况

（2005 年） 单位：人

校名	学校数（个）	毕业生数	招生数	在校学生数	教职工数	#专任教师
总计	**8**	**24 410**	**26 186**	**63 616**	**2 260**	**1 067**
江西财经大学		2 720	3 561	8 492		
江西教育学院	1	1 420	1 767	41 873	484	244
南昌钢铁公司职工大学	1	38	61	137	46	21
江西行政管理干部学院	1	97	168	358	682	112
南昌市业余大学	1		282	697	90	59
江西广播电视大学	1	1 810	1 323	4 069	415	269
南昌教育学院	1	1 209	1 063	2 167	141	116
江西经济管理干部学院	1	150	238	646	288	174
南昌职工科技大学	1	344	677	1 495	114	72
南昌工程学院		1 141	1 279	2 746		
江西制造职业技术学院		47		52		
江西中医学院		1 297	2 099	3 845		
江西工业职业技术学院		76	132	485		
华东交通大学		767	796	3 230		
南昌大学		2 707	3 563	9 002		
江西航空职业技术学院		114	128	477		
江西师范大学		4 579	4 077	9 829		
南昌航空工业学院		799	472	1 173		
江西农业大学		450	787	1 732		
江西蓝天学院		135	14	584		
江西电力职业技术学院		482	216	792		
江西现代职业技术学院			40	95		
江西科技师范学院		1 042	1 315	2 883		
江西公安专科学校		208	64	170		
江西司法警官职业学院			7	142		
江西旅游商贸职业学院		46	8	51		
江西信息应用职业技术学院			39	92		
江西交通职业技术学院			105	149		

14－17 广 播 电 视 情 况

（2005 年）

项目	2005
一、广 播	
1.广播电台（座）	2
2.中短波发射台和转播台（座）	2
3.调频广播台和传输台（座）	89
4.广播覆盖率（%）	97.19
二、电 视	
1.电视台（座）	2
2.电视转播发射台和差转台（座）	30
#一千瓦以上的发射台	
3.卫星电视地面站（个）	353
#收 转 境 内	
收 转 境 外	
4.全年自制电视节目（小时）	19133
5.电视覆盖率（%）	98.73
6.有线电视用户（万户）	57.39

注：1.“电视”含有线电视台 不含教育台。
2.调频广播台和传输台包括了乡村的小调频台。

14－18 艺 术 剧 团 和 剧 院

（2005 年）

项目	合计	省级	市级	县级
一、艺术表演团体				
剧团个数（个）	13	6	4	3
职工人数（人）	1 081	696	312	73
演出场次（场）	1 238	754	185	299
年末固定资产原值（万元）	2 840	1 893.7	806.5	139.8
当年创作首演剧目（个）	8	4	4	
全年收入（万元）	4 132.6	2 820.8	1 108.9	202.9
#演出收入	229	157.4	23.7	47.9
全年支出（万元）	4 034.2	2 746.8	1 082	205.4
二、艺术表演场数				
表演场所（个）	7	3	4	
座席数（个）	4 238	3 114	1 124	
演映场次（场）	2 914	1 957	957	
观众人数（万人次）	438	227	211	

14－19 群众艺术馆和文化馆

（2005年）

项目	合计	省级	市级	县级
群艺馆、文化馆数（个）	11	1	1	9
举办展览（个）	61		5	56
组织文艺活动次数（次）	523	13	10	500
举办训练班结业人数（人次）	4 872	1 000		3 872
录相放映场数（场次）				
观众人数（万人次）				
公用房屋建筑面积（平方米）	17 082		2 187	14 895
职工人数（人）	197	38	33	126

14－20 博物馆

（2005年）

项目	合计	省级	市级	县级
博物馆（个）	8	2	4	2
公用房屋面积（平方米）	41 217	33 920	6 397	900
藏品（件）	61 611	52 565	2 386	6 660
陈列个数（个）				
展览个数（个）	32	11	15	6
参观人次（万人次）	79	53.1	20.7	5.2
#外宾	0.52	0.1	0.4	0.02
职工（人）	221	139	67	15

14－21 图书、报纸、杂志出版

（2005 年）

项目	种数（种）	总印数（万册、份）	总印张数（千印张）
一、图书合计	2 563	16 907	935 745
书籍	2 316	6 974	311 116
课本	247	9 933	624 629
二、报纸合计	35	44 993	1 390 870
省级	16	35 801	1 056 229
市级	19	9 192	334 641
三、杂志合计	135	5 046	159 908

14－22 公共图书馆

（2005 年）

项目	合计	省级	市级	县级
图书馆（个）	11	1	1	9
藏书（万册）	365.04	226.96	85.9	52.18
公用房屋建筑面积（平方米）	55 556	22 500	21 000	12 056
发放借书证（个）	43 703	29 808	6 912	6 983
总流通人次（万人次）	96.4	52.7	15.2	28.5
书刊外借册数（万册次）	105.7	32.6	42.1	31
经费支出合计（万元）	1 490.5	844	318.7	287.8
#购书支出	358.8	238.1	91	29.7
职工（人）	290	131	63	96

主 要 统 计 指 标 解 释

专业技术人员 指已取得科学技术职称，或大学、中专的理、工、农医科系毕业，以及国民经济各部门从工作实践中提拔，从事理、工、农、医等自然科学技术的研究、数学、生产的专业人员和在机关、企业、事业单位中从事科学技术业务管理工作的专业人员。

科技活动 指在所有科学技术领域内，即在自然科学、农业科学、医药科学、工程与技术科学、人文与社会科学中，与科技知识的产生、发展、传播和应用密切相关的全部有系统的活动。

研究与发展活动 指增加知识总量（包括人类、文化和社会方面的知识），以及运用这些知识去创造新的应用而进行的系统的创造性的工作。

企业办科技机构 指企业自办、或与外单位合办、管理上同生产系统相对独立的，或单独核算的专门技术开发机构（如企业办研究所、开发中心、开发部等专门技术开发机构）。

企业科研项目 指当年立项并开展研究工作的项目、以前年份立项当年仍继续进行的项目（课题）、当年完成及通过鉴定的项目（课题），包括年内研究开发工作已告失败的项目。

获奖成果 指企业在本年度内从地（市）及以上政府科技管理部门获得的各种科技成果奖。获奖成果分为：国家级奖、省部级奖和地市级奖。

新产品 指采用新技术原理，新设计构思研制、生产的全新产品或在结构、材质、工艺等某一方面比老产品有明显改进，从而显著提高了产品性能或扩大了使用功能的产品。

从事科技活动人员 指企业在报告期内，从事科技活动的时间（不包括加班时间）占全年工作时间10%及以上的工程技术人员、管理人员、工人及其他人员。

从事研究与发展活动人员 指报告期参与研究与发展项目（课题）研究、管理和辅助工作的人员，具体包括直接参加研究与发展项目（课题）组人员，直接参与上述项目（课题）的行政管理人员和直接为上述项目（课题）活动提供服务的辅助人员。

工程技术人员 指负担工程技术和工程技术管理工作，并具有工程技术能力的人员。

高中级职称人员 指企业从业人员中具有高级职称和中级职称的人员数。高级职称指高级工程师、讲师、正、副教授，正、副研究员，高级统计师，高级会计师，高级经济师，以及相当于这一级的其他技术职务的人员。中级职称指工程师、讲师、助理研究员、技师、统计师、会计师、经济师，以及相当于这一级的其他技术职务的人员。

无高中级职称的大学本科及以上学历人员 指企业从业人员中具有大学本科及以上学历，但没有高中级职称的人员数。具体包括没有高中级职称的大学本科毕业生、硕士研究生、博士研究生、博士后研究生等。

普通高等学校 指按照国家规定的审批程序批准举办，通过全国统一招生考试，招收高中毕业生为主要培养对象，实施高等教育的全日制大学、独立设置的学院和高等、专科学校、短期职业大学。

成人高等学校 指按照国家有关规定审批，招收通过全国成人高教统一招生考试的具有高中毕业或同等学历的在职从业人员全脱产、半脱产、业余或函授等多种形式对其实施高等学历教育，培养高等教育专科或本科毕业水平的专门人才，修业年限、课程设置等均按高等学历教育要求付诸实施的学校。包括广播电视大学、职工高等学校、农民高等学校、管理干部学院、教育学院、独立设置的函授等。

小学学龄儿童入学率 指调查范围内已入小学学习的学龄儿童占校内外学龄儿童总数（包括弱智儿童在内，但不包括盲聋哑儿童）的比重。计算公式：

$$小学学龄儿童入学率 = \frac{已入学的小学学龄儿童数}{校内外小学学龄儿童总数} \times 100\%$$

艺术表演团体 指从事戏曲、音乐、舞蹈、杂技等专业艺术表演，有独立帐户、实行单独核算的团体。不包括半工半艺，半农半艺的业余剧团。

艺术表演观众人数（人次） 指售票、包场演出或民族地区免费演出的艺术表演观众人次数。不包括彩排审查和内部观摩演出的观看人次数。

十五、卫生·体育·其他

PUBLIC HEALTH, SPORTS AND OTHERS

本篇内容包括：

1. 医疗卫生事业情况
2. 体育事业
4. 婚姻情况
5. 民政事业
6. 社会保险情况
7. 司法情况
8. 交通事故、火灾事故、职工伤亡事故

资料整理	微机处理
姜同文	姜同文
	彭艳红

医 生 人 数

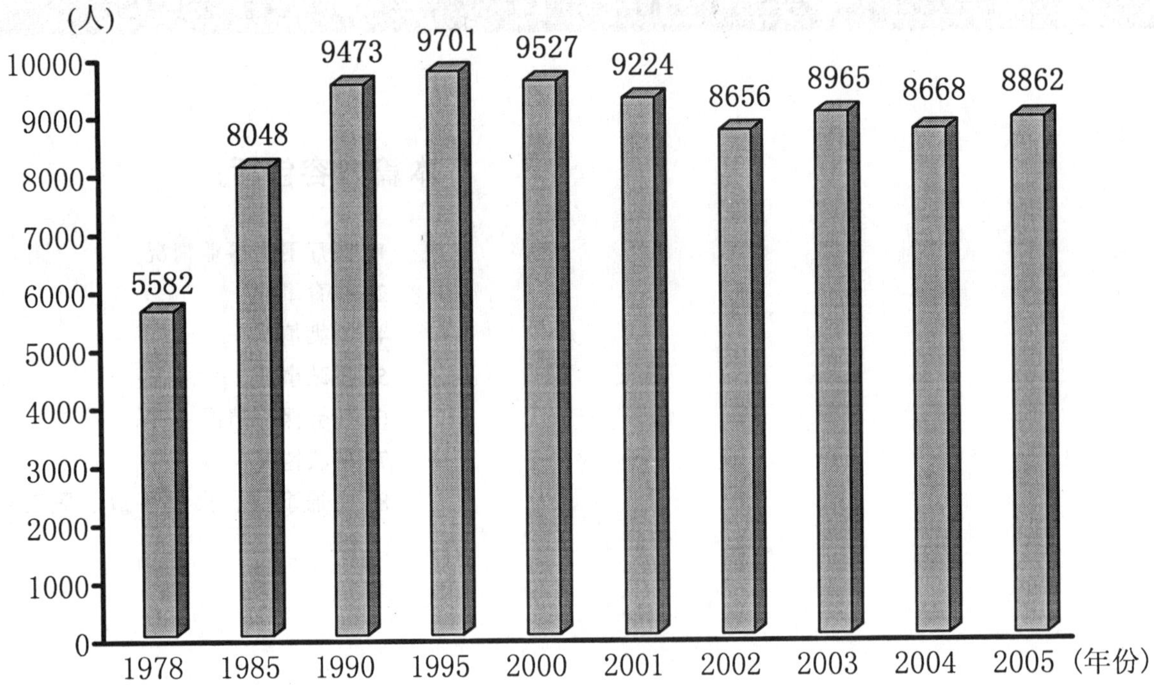

医疗卫生机构病床数

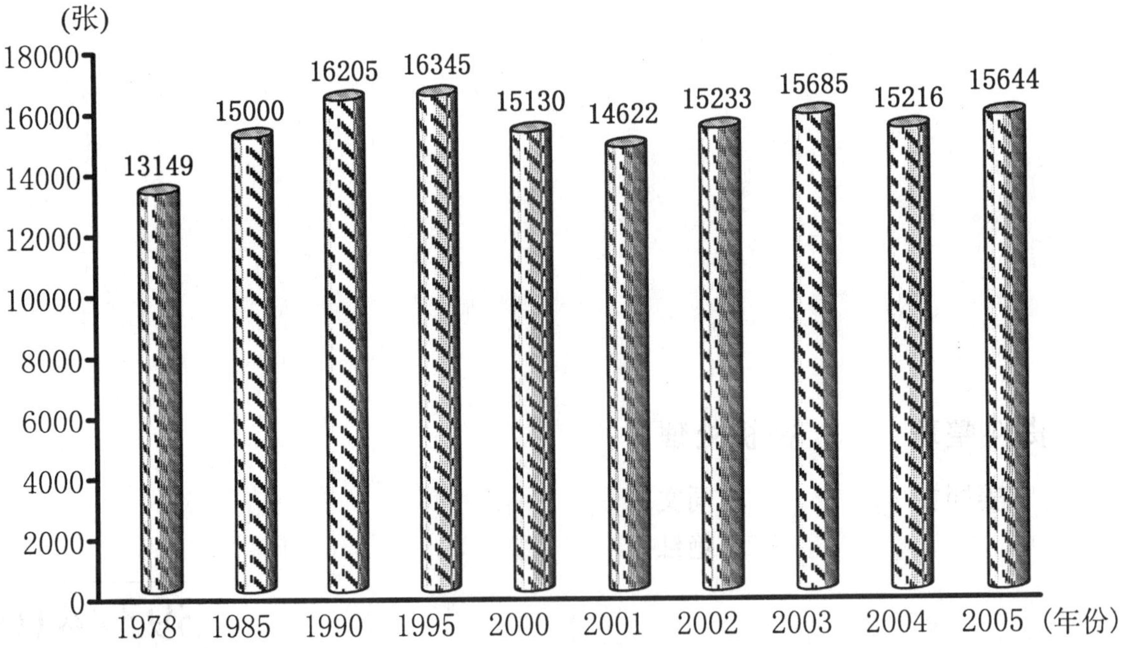

15－1 卫生机构、床位、人员数

（2005年）

类别	机构数（个）	床位数（张）	人员数（人）	#卫生技术人员	#医生
总计	**883**	**15 644**	**27 197**	**21 921**	**8 862**
省、市	138	11 944	18 312	14 422	5 707
县、区	120	3 700	6 539	5 153	3 027
一、按经济类别分					
国有经济单位	405	14 946	23 896	19 096	7 524
集体经济单位	133	568	1 877	1 449	631
联营	1	2	8	5	4
个体	321	97	1 249	1 230	613
其他	23	31	167	141	90
二、按机构类别分					
（一）各类医院及医学教育科研机构	258	15 644	24 851	19 575	7 731
1. 医院	85	13 301	17 952	14 327	5 439
#综合医院	63	9 213	12 235	9 747	3 798
中医医院	9	1 162	1 791	1 490	607
其他医院	13	2 926	3 926	3 090	1 034
2. 卫生院	82	1 231	2 741	2 128	760
3. 疗养院	1	80	48	23	14
4. 门诊部	35	120	545	417	233
5. 专科防治所、站	8	241	342	286	144
6. 卫生防疫机构	13	10	1 047	797	433
7. 妇幼保健机构	11	583	1 197	966	430
8. 卫生监督检验机构	4		195	143	97
9. 医学科学研究机构	4	60	413	283	112
10. 医学在职培训机构	1		11	7	2
11. 健康教育所	2		41	13	13
12. 社区卫生服务中心	2	18	69	62	29
13. 急救中心	1		56	18	6
14. 采供血机构	2		135	85	9
15. 其他卫生机构	7	10	59	20	10
（二）诊所、卫生保健所、医务室	473		1 550	1 550	787
（三）县、区社区卫生服务站	152		796	796	344

15－2 体　育　事　业

项　　　　目	2005
一、举办综合（单项）运动会次数（次）	78
参加运动会人数（百人次）	210
二、等级裁判员发展人数（人）	120
三、等级运动员发展人数（人）	90
四、参加省级及其以上和同等城市比赛次数（次）	41
参加比赛人数（人次）	502
获得奖牌数（枚）	317
金　　牌	185
银　　牌	132

15－3 市属共青团组织情况

年　　份	基层团支部（个）	共青团（人）	#女团员	专职干部（人）
1985	6 366	152 918	59 995	687
1986	6 162	156 769	57 567	679
1987	6 144	168 941	66 118	566
1988	6 288	154 217	55 081	690
1989	5 809	132 841	47 227	635
1990	5 809	133 041	47 227	644
1991	5 809	145 713	51 034	646
1992	5 232	144 709	53 956	713
1993	5 243	121 532	48 012	609
1994	5 478	126 645	46 222	1 100
1995	5 315	139 734	50 626	1 198
1996	5 362	141 483	48 581	1 198
1997	5 667	122 177	45 095	1 198
1998	5 867	113 818	47 481	1 392
1999	5 667	113 718	47 481	1 392
2000	5 636	113 758	47 461	1 402
2001	5 626	112 467	46 321	1 398
2002	5 271	112 467	46 321	1 392
2003	5 636	112 960	46 642	1 404
2004	5 659	113 082	46 813	1 400
2005	5 731	102 431	46 813	1 400

15－4　1996—2005年妇联系统组织情况

单位：个

项　　　目	1996	1997	1998	1999	2000	2001	2002	2003	2004	2005
城镇街道基层妇代会	727	762	792	792	792	340	375	375	388	560
农村基层妇代会	1 144	874	1 088	1 088	1 197	1 197	1 078	1 078	1 560	1 133
乡镇（街办）妇联	110	143	143	143	137	165	108	108	109	85
机关、事业单位妇委会	148	72	72	72	72	72	199	199	353	202

15－5　1996—2005年工会组织情况

项　　　目	1996	1997	1998	1999	2000	2001	2002	2003	2004	2005
工会基层组织数（个）	2 102	1 620	1 721	1 593	1 713	2 441	2 636	1 973	6 872	7 132
已建工会组织的基层单位职工人数（万人）	58.22	37.08	37.15	36.9	37.01	38.38	38.52	40.25	72.68	74.68
已建工会组织的基层单位工会人数（万人）	52.42	33.68	33.52	32.14	33.01	37.32	37.91	36.24	63.57	71.73

15－6　历届南昌市人民代表大会的代表人数

单位：人

项　　目	一届（1954）	二届（1956）	三届（1958）	四届（1960）	五届（1963）	六届（1965）	七届（1968）	八届（1982）	九届（1987）	十届（1992）	十一届（1997）	十二届（2001）
代表总数	**233**	**239**	**253**	**307**	**375**	**385**	**724**	**555**	**495**	**489**	**434**	**421**
代　表　中												
女　代　表	52	49	68	77	99			150	102	98	89	90
占代表总数%	22.3	20.5	27.0	25.1	26.4			27.0	20.6	20.0	20.5	21.4
代　表　中												
少数民族代表										8	7	8
占代表总数%										1.6	1.6	1.9

注：在文化大革命中，国家政治生活处于不正常的情况下.1968年2月18日成立了南昌市革命委员会。根据江西省人民代表大会常务委员会的规定，将革命委员会作为南昌市第七届人民代表大会。七届代表构成为革命委员会成员、人民解放军代表、群众组织推举的代表。

15－7　历届南昌市政治协商会议的委员人数

单位：人

项　　目	一届（1955）	二届（1958）	三届（1959）	四届（1962）	五届（1963）	六届（1965）	七届（1982）	八届（1987）	九届（1992）	十届（1997）	十一届（2001）
委员总数	**129**	**189**	**299**	**288**	**300**	**302**	**458**	**405**	**413**	**403**	**405**
委　员　中											
中国共产党代表	22	47	63	81	82	87	175	171	169	157	149
占代表总数%	17.05	24.87	21.07	28.13	27.33	28.81	38.21	42.22	40.92	38.9	36.8
委　员　中											
少数民族代表	3	3	3	3	4	4	6	8	10	11	6
占代表总数%	2.33	1.58	1.00	1.04	1.33	1.32	1.31	1.98	2.42	2.70	1.50
委　员　中											
女性代表	20	29	54	54	58	64	108	100	89	103	119
占代表总数%	15.50	15.34	18.06	18.75	19.33	21.19	21.19	24.69	20.09	25.60	29.40

15－8 社会福利事业单位基本情况

（2005年）

项目	院数（个）	工作人员（人）	床位（张）	年末在院人数（人）	#女性	#儿童
全市总计	**103**	**800**	**5 223**	**4 252**	**1 813**	**841**
一、收养类社会福利单位	99	717	4 779	4 165	1 799	840
按单位类别分						
复员军人疗养院	1	27	120	68	14	
光荣院	1	1	4	4		
社会福利院	6	216	1 513	1 363	885	712
儿童福利机构	1	9	133	120	67	120
社会福利医院	1	130	220	220	68	
城镇老年收养性福利机构	24	140	511	485	166	
农村老年收养性福利机构	65	194	2 278	1 905	599	8
二、优抚类收养性单位	2	28	124	72	14	
三、救助类收养性单位	2	55	320	15		1

15－9 社会福利企业基本情况

项目	2004	2005
单位数（个）	65	65
国有	1	1
集体	58	58
其他	6	6
职工人数（人）	3 133	2 990
国有	14	14
集体	2 823	2 843
其他	296	133
#残疾职工	1 501	1 572
国有	6	6
集体	1 362	1 433
其他	133	133

15－10　城镇社区服务和农村服务网络

（2005 年）　　单位：个

地　区	城镇社区服务设施	从业人员（人）	安置下岗人员数	城镇便民利民服务网点	社区服务志愿者组织	社区服务志愿者（人）
总　计	**594**	**173**	**155**	**883**	**234**	**2 144**
东湖区	85			149		
西湖区	480			672	96	2 018
新建县	25	50	32	60	132	120
进贤县	2			2	6	6
安义县	2	123	123			

15－11　享受国家补助、救济人员情况

单位：人、人次

项　目	2004	2005
优抚对象		
享受伤残保健、抚恤金人数	2 015	2 324
享受定期抚恤金人数	435	416
享受定期补助人数	3 591	4 730
优待优抚对象户（户）	10 390	11 055
城镇居民最低生活保障家庭数	45 647	48 062
城镇居民最低生活保障人数	105 898	104 894
#下岗人员	53 465	42 224
#城镇五保户	6 639	6 085
传统救济情况		
农村贫困家庭得到临时救济人次数	25 823	38 919
农村定期救济对象人数	90 698	92 669
农村定期救济户数	64 997	66 968
#农村困难户	50 230	50 230
#农村五保户	14 767	14 767
城镇困难户得到临时救济人数	4 020	16 439
农村医疗救助人数	**37 546**	**37 546**
#大病医疗救助人数	**37 546**	**37 546**

15-12 婚 姻 登 记 情 况

（2005年）

地 区	结婚登记	初 婚（人）	再 婚（人）	#女 性	#复 婚	离婚登记（对）
南 昌 市	**29 898**	**56 660**	**3 136**	**1 452**	**847**	**4 459**
东 湖 区	4 392	8 762	22	11	8	1 151
西 湖 区	3 550	6 020	1 080	468	48	1 219
青 云 谱 区	2 102	4 204				176
湾 里 区	546	1 055	37	29	2	30
青 山 湖 区	2 829	5 649	9	4	5	576
红 谷 滩 新 区	390	780				27
南 昌 县	4 696	7 888	1 504	702	752	373
新 建 县	5 554	10 688	420	200	30	415
安 义 县	1 572	3 080	64	38	2	169
进 贤 县	4 267	8 534				323

15－13　1986—2005年婚姻登记情况

单位：对

年份	结婚	#复婚	离婚
1986	24 018	101	647
1987	26 904	100	660
1988	27 834	159	624
1989	32 164	262	773
1990	29 136	91	1 145
1991	26 574	136	935
1992	27 203	160	1 035
1993	23 812	142	1 080
1994	21 543	248	1 546
1995	22 583	116	1 481
1996	23 559	168	1 713
1997	24 190	220	2 096
1998	26 367	160	2 389
1999	25 269	189	2 199
2000	25 486	253	2 610
2001	25 732	196	5 649
2002	25 080	192	5 398
2003	20 950	261	6 610
2004	30 547	279	8 330
2005	29 898	847	7 447

15－14　社会保险情况

单位：人

项目	2004	2005
失业保险参保人数	**461 879**	**465 087**
企业	346 708	347 721
国有企业	271 470	266 408
集体企业	49 979	47 556
外商投资企业	2 957	4 257
其他企业	22 332	29 500
事业单位	115 171	117 366
其他单位		
领取失业保险金人数	**14 207**	**15 254**
基本养老保险参保人数	**587 124**	**598 095**
企业	445 444	466 991
国有企业	288 407	297 600
集体企业	79 860	68 009
其他企业	61 015	88 613
港、澳、台及外资企业	16 162	12 769
机关事业单位	73 935	40 638
其他	67 745	90 466

15－15 律师、公证和人民调解基本情况

（市 属）

项 目	2004	2005
一、律师工作		
律师事务所（个）	41	40
律 师（人）	418	384
#专 职	399	364
兼 职	19	20
聘请担任常年法律顾问的单位（处）	795	680
刑事诉讼辩护及代理（件）	977	1 856
民事诉讼代理（件）	3 209	1 714
办理非诉讼法律事务（件）	2 358	3 743
解答法律咨询（件）	16 500	11 860
代理法律文书（件）	2 178	3 232
二、公 证 工 作		
公 证 处（个）	11	11
公 证 人 员（人）	83	84
#公 证 员	46	46
助理公证员	19	19
办理公证文书（件）	30 338	27 310
#经济合同文书	7 395	5 865
三、人民调解工作		
专职司法助理员（人）	237	348
人民调解委员会（人）	1 766	1 954
调解工作人员（人）	9 069	9 462
调解民间纠纷（件）	5 231	5 546

15－16　1994—2005年南昌市消协受理投诉情况

单位：件

项　　目	1994	1995	1996	1997	1998	1999	2000	2001	2002	2003	2004	2005
一、投诉案件数	1 863	2 104	4 079	3 957	4 043	3 199	2 088	2 086	1 710	2 343	1 548	1 409
按行业分												
家用电器类	300	206	371	348	642	386	140	209	504	498	295	342
家用机械类	203	219	269	233	278	350	110	123	80	121	60	108
日用百货类	467	608	818	694	532	589	345	378	756	865	754	510
房屋及装修建材									89	110	69	129
服　务　类	76	158	310	243	698	652	163	188	223	322	203	151
农用生产资料类	8	30	111	11	118	52	40	44	25	36	32	
其　它　类	364	330	809	750	692	405	276	627	33	391	124	169
按内容分												
质　　量	848	878	1 289	915	1 746	1 833	964	1 025	778	1 106	826	940
价　　格	152	275	579	603	677	352	266	73	133	136	98	65
虚假广告	126	122	206	278	79	88	34	47	53	73	36	2
假冒商品	246	236	657	512	261	164	164	70	141	132	51	48
计　　量	128	121	339	664	330	168	466	165	103	167	95	101
安　　全									75	110	83	
其　　它	363	432	937	840	804	510	146	654	427	619	359	253
二、当年解决件数	1 774	2 005	3 958	3 805	3 973	3 199	2 047	2 024	1 682	2 311	1 508	1 372
解决率（%）	95.22	95.29	97.03	96.16	98.27	100.00	98.04	97.03	98.36	98.63	97.42	97.4
三、消费者免受损失（万元）	54.6	42.0	139.7	90.7	98.0	147.8	98.57	116.9	103.6	110.5	101.2	102.4

15－17 南昌市消协受理投诉案件

（2005 年）　　单位：件

项　　　目	合　计	质　量	安　全	价　格	计　量	虚假广告	假冒商品	其　它
总　　计	**1 409**	**940**		**65**	**101**	**2**	**48**	**253**
一、家用电子电器类	242	211		13			8	50
#电　视　机	35	29		2				4
电　冰　箱（柜）								
洗　衣　机								
通信类产品	82	78						4
空　调　器	127	109		3			2	13
其　　他	83	40		8			6	29
二、家用机械类	108	68		5				35
#汽　　车	7	4						3
摩　托　车	30	19		2				9
热　水　器	34	24						10
其　　他	37	21		3				13
三、百　货　类	510	377		21	61		17	34
#家　　俱	8	6						2
服装、鞋帽	197	157		14	15		8	3
食　　品	163	119			22		3	19
化　妆　品	22	16						6
其　　他	120	79		7	24	15	6	19
四、房屋及装修建材	129	73		8			5	43
#房　　屋	61	38		3				20
装饰材料	34	20		2			4	8
其　　他	34	15		3			1	15
五、服　务　类	151	74		18	19	2		38
#医　　疗	4	2						2
美　　容	21	13		2		2		4
邮　　电								
食宿、娱乐	45	8		16	12			9
旅　　游								
物业、装修业	10	7						3
其　　他	71	44			7			20
六、农用生产资料类								
七、其　它　类	169	77			21		18	53

15－18　南昌“12315”受理举报申诉情况

单位：件

项　　　　目	2004	2005
一、受理申诉	2 951	3 690
#商　　品	2 210	2 583
服　　务	741	1 107
二、申诉内容	2 948	
质　　量	1 825	2 240
价　　格	41	52
计　　量	74	146
售后服务	736	992
其　　他	272	260
三、挽回损失（万元）	151	210

本表由南昌市“12315”投诉中心办公室提供。

15－19 社会治安案件

（2005 年）　　单位：件

项目	全市	#市区
治安案件		
受理数	14 034	11 658
查处数	9 926	7 576

15－20 交通事故

（2005 年）

项目	合计	市区	四县
一、交通事故次数（次）	1 047	638	409
二、死亡人数（人）	297	149	148
三、受伤人数（人）	973	585	388
四、经济损失（万元）	303.3	183.6	119.7

15－21 火灾事故

（2005 年）

项目	合计	市区	四县
一、火灾次数（次）	1 533	1 064	469
二、死亡人数（人）	16	11	5
三、受伤人数（人）	4	3	1
四、经济损失（万元）	374.5	212	162.5

15－22　2000—2005年人民法院一审案件结案情况

单位：件

项目	2000	2001	2002	2003	2004	2005
合计	**11 723**	**11 557**	**11 959**	**9 847**	**13 741**	**13 480**
刑事案件	1 580	2 069	1 721	2 081	2 155	2 584
民事案件	7 758	4 024	5 250	7 663	11 475	10 676
经济纠纷案件	2 278	5 324	4 830			
行政案件	107	140	158	103	111	220

15－23 职　工　死　亡　事　故

单位：人

项　　目	2004	2005
总计	**37**	**19**
高处坠落	15	8
机械伤害	5	1
物体打伤	2	1
触电	1	7
坍塌	4	0
车辆伤害	2	1
起重伤害	2	0
爆燃	2	0
灼烫		
其他	4	1

主要统计指标解释

医院 指名称为医院，设有固定床位能收容病人住院并能为病人提供医疗、护理服务的医疗机构。包括县及县以上医院、农村乡卫生院、其他医院三部份。按所属性质分为卫生部门、工业及其他部门、集体所有制三类。其中县及县以上医院按业务性质分为综合医院和专科医院。

卫生技术人员 指卫生事业机构支付工资的全部固定职工和合同制职工中现任职务为卫生技术工作人员。包括中医师、西医师、中西医结合高级医师、护师、中药师、西药师、检验师、其他技师、中医士、西医士、护士、助产士、中药剂士、西药剂士、检验士、其他技士、其他中医、护理员、中药剂员、西药剂员、检验员、其他初级卫生技术人员。

医生 指经卫生部门审查合格，从事医疗工作的专业人员。分为中医医生和西医医生、包括卫生技术人员中的中医师、西医师、中西医结合高级医师、中医士、西医士和其他中医。

等级运动员人数 指经考核正式批准授予等级运动员称号的人数。运动员等级分为国际级运动健将、运动健将、一级运动员、二级运动员、三级运动员、少年级运动员。

等级裁判员人数 指经考核正式批准授予等级裁判员称号的人数。裁判员等级分为国际裁判、国家级裁判、一级裁判、二级裁判、三级裁判。

体育场 指有400米跑道（中心含足球场）和固定道牙，跑道6条以上，并有固定看台的田径场地。以看台容纳观众人数分：甲级25000人以上，乙级15000－25000人，丙级5000－15000人，丁级5000以下，共四级。

律师 指受聘参加法律顾问处工作，提任法律顾问、刑（民）事代理人，刑事辩护人，办理非诉讼事件、解答法律询问，代写法律事务文书等主要从事律师业务的专职法律工作者和兼职律师。

公证人员 指在国家公证机关依法办理公证事务的司法人员。包括公证员、助理公证员和公证处工作的其他人员。

办理公证文书 指公证处一定时期内办结的公证文书件数。公证文书系按司法部规定或批准的格式制作。包括国内公证和涉外公证两部分。其中国内公证分为经济合同公证和民事法律体系公证两大类。

调解人员 在人民调解委员会担负调解民间一般民事纠纷和轻微违法行为所引起的纠纷的工作人员。包括调解委员会的委员和调解小组的调解员。

调解民间纠纷 指调解委员会依照法律规定，根据自愿原则，用说服教育的方法调解民间发生的有关民事权利和义务的争执，促成当事双方达到协议和谅解，解决纠纷。包括婚姻家庭纠纷，财产权益纠纷等。包括法院管理调解的民事案件数。

收养性福利性单位 指提供食宿的，不以盈利为目的的革命伤残军人休养院、复员军人慢性病疗养院、复退军人精神病院、光荣院、社会福利院、精神病人福利院、老年收养机构（敬老院、养老院、老年公寓）等收养性的社会福利事业单位的总称。

十六、企业景气调查和现代企业制度企业调查

ENTERPRISE PROSPERITY INVESTIGATION AND MODERN ENTERPRISE SYSTEM

本篇内容包括：

1. 企业景气总指数
2. 建立现代企业制度企业指标

资料整理　**微机处理**

胡素强　胡素强

刘跃青　邓萍萍

企业景气指数

（2005年）

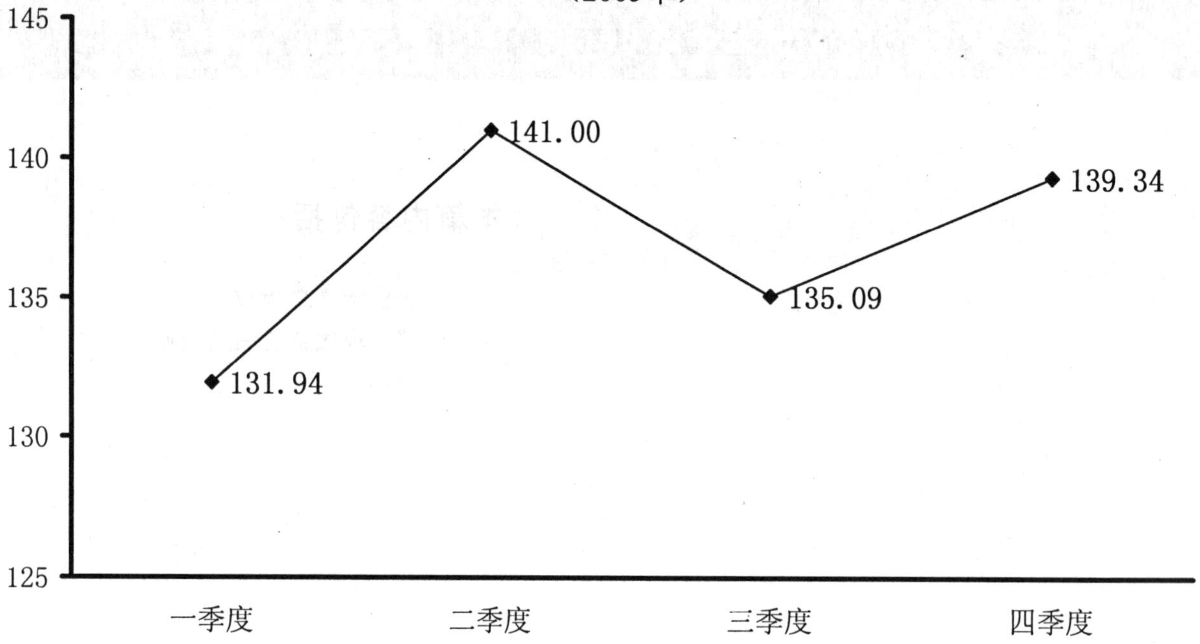

企业家信心指数

（2005年）

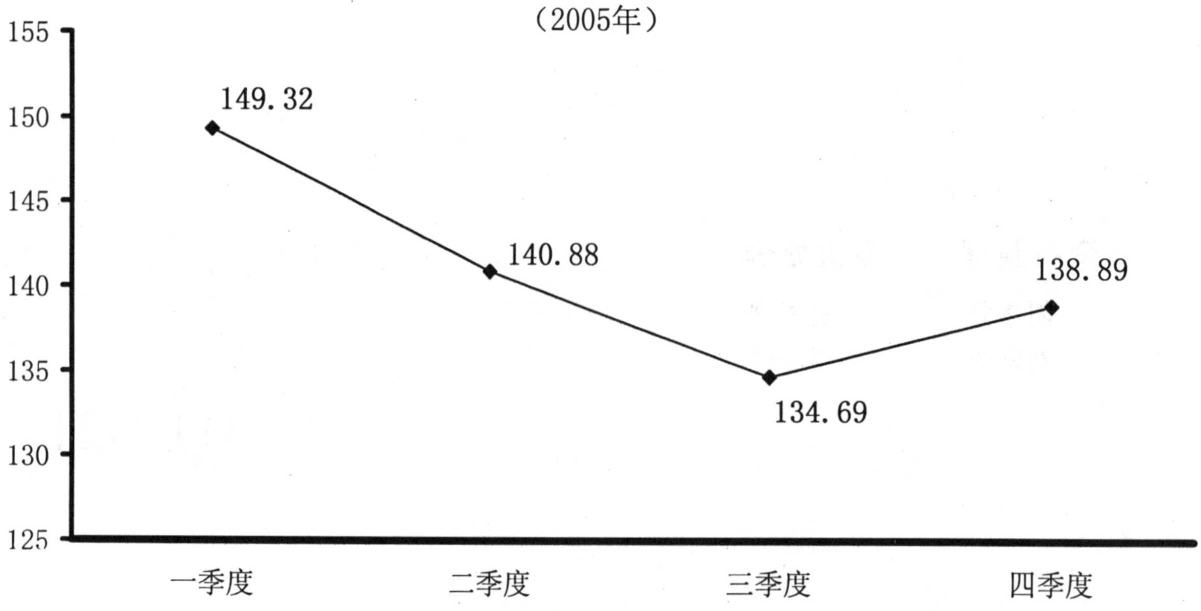

16-1 南昌市企业家信心指数

（2005年）　　　　单位：%

	一季度	二季度	三季度	四季度
企业家信心指数	**149.32**	**140.88**	**134.69**	**138.89**
一、按行业门类分				
工　　业	148.51	143.38	131.59	132.96
建 筑 业	137.00	131.48	127.97	138.81
交通运输、仓储及邮政业	170.00	170.00	170.00	168.13
批发和零售业	148.47	128.00	136.83	149.19
房 地 产 业	153.33	93.33	121.43	126.67
社会服务业	157.14	171.43	142.86	142.86
信息传输、计算机服务和软件业	130.00	140.00	140.00	150.00
住宿和餐饮业	130.77	130.77	115.38	131.45
二、按企业登记注册类型分				
国 有 企 业	148.20	140.11	130.24	129.77
集 体 企 业	135.12	128.45	141.78	141.78
股份合作企业	189.54	179.09	154.09	189.54
联 营 企 业	100.00	100.00	100.00	100.00
有限责任公司	137.94	122.94	124.64	128.57
股份有限公司	182.03	164.15	169.12	180.75
私 营 企 业	171.50	159.00	159.00	146.50
其它内资企业	100.00	100.00	100.00	200.00
外商及港、澳、台投资企业	142.48	160.66	156.72	154.55
三、按企业规模分				
大　　型	173.01	167.66	151.85	158.26
中　　型	133.01	123.30	122.55	127.72
小　　型	151.22	132.50	143.59	135.00

16－2 南昌市企业景气指数

（2005年）　　单位：%

	一季度	二季度	三季度	四季度
企业景气指数	**131.94**	**141.00**	**135.09**	**139.34**
一、按行业门类分				
工　　业	120.04	143.95	135.23	139.67
建 筑 业	107.26	110.82	113.30	128.17
交通运输、仓储及邮政业	170.00	180.00	170.00	178.13
批发和零售业	149.95	148.91	135.05	140.96
房 地 产 业	126.67	93.33	114.29	120.00
社会服务业	171.43	171.43	157.14	142.86
信息传输、计算机服务和软件业	130.00	110.00	130.00	140.00
住宿和餐饮业	123.76	130.77	116.07	123.08
二、按企业登记注册类型分				
国有企业	123.16	140.99	128.21	124.38
集体企业	135.12	121.78	115.12	141.78
股份合作企业	189.54	179.09	179.09	179.09
联营企业	100.00	100.00	100.00	100.00
有限责任公司	124.90	135.94	143.18	139.63
股份有限公司	169.98	161.22	156.14	167.90
私营企业	146.50	162.50	134.00	175.00
其它内资企业	100.00	100.00	100.00	200.00
外商及港、澳、台投资企业	145.45	136.36	150.00	145.45
三、按企业规模分				
大　　型	153.70	176.43	161.38	156.08
中　　型	120.39	123.30	120.59	125.74
小　　型	126.83	125.00	130.77	145.00

16－3 建立现代企业制度企业主要经济指标

（2005 年）　　　　单位：万元

项目	单位数（个）	年末资产总计	累计对外投资	流动资产年平均余额	主营业务收入	出口额	主营业务成本	主营业务税金及附加
总计	**80**	**3 769 986**	**303 948**	**1 930 308**	**3 531 575**	**127 550**	**2 800 352**	**184 002**
按控股情况分								
国有及国有控股	45	3 045 202	282 855	1 553 214	2 432 860	111 601	1 866 810	173 277
国有绝对控股	43	2 996 460	282 855	1 532 508	2 411 735	111 601	1 850 269	173 169
国有相对控股	2	48 742		20 706	21 125		16 541	108
集体控股	7	111 063	6 383	53 517	141 860		121 979	3 689
集体绝对控股	7	111 063	6 383	53 517	141 860		121 979	3 689
其他	28	613 721	14 710	323 577	956 855	15 949	811 563	7 036
按主营行业分								
工业	49	2 784 158	114 215	1 515 759	2 761 796	126 716	2 145 606	166 439
采矿业	1	204 959	48 241	98 997	121 947		104 109	317
制造业	47	2 517 096	65 974	1 398 441	2 618 244	126 716	2 022 068	166 092
电气水的生产和供应业	1	62 103		18 321	21 605		19 429	30
建筑业	10	178 076	3 804	105 384	326 935		301 808	11 180
运输、仓储和邮政业	5	154 406	4 347	52 193	166 969		121 184	4 718
信息传输、计算机服务和软件业	1	3 013	777	1 437	4 587	834	2 871	54
批发和零售业	3	201 514	12 228	134 952	217 587		200 041	260
住宿和餐饮业	6	39 923	51	5 865	9 353		1 432	486
房地产业	2	82 016	1 151	62 415	11 387		7 999	610
租赁和商务服务业	2	244 322	167 375	48 267	471		57	26
水利、环境和公共设施管理业	1	10 073		4 036	2 428		428	81
文化、体育和娱乐业	1	72 485			30 062		18 926	148
按登记注册类型分								
国有企业	14	773 105	53 518	383 526	664 045	340	373 878	159 222
公司制企业	66	2 996 881	250 430	1 546 782	2 867 530	127 210	2 426 474	24 780
国有独资企业	7	766 322	191 702	456 357	307 792	3 961	280 218	4 187
其他有限责任公司	42	1 242 686	33 744	587 556	1 650 030	34 222	1 460 291	10 662
股份有限公司	12	886 701	24 984	436 840	861 968	89 027	656 310	6 048
中外合资企业	3	53 552		31 617	43 610		26 901	3 677
港澳台合资企业	2	47 620		34 412	4 130		2 754	206
按企业规模分								
大型	16	2 218 006	275 833	1 087 090	1 922 207	106 498	1 596 191	12 510
中型	36	1 401 788	27 054	785 751	1 546 173	20 218	1 154 492	170 587
小型	26	134 654	1 061	51 129	60 377	834	46 893	905
其他	2	15 538		6 338	2 818		2 776	
按重点企业类型分								
520 户国家重点企业	3	365 040	167 375	80 178	105 486	3 328	33 667	1 055
原 512 户国家重点企业	1	344 019	23 176	302 518	149 298	3 341	132 505	46
省级重点企业	19	1 888 518	41 637	959 340	2 097 191	114 777	1 620 864	166 510

项 目	年末负债合计	流动负债	权益合计	股 本	固定资产投资完成额
总 计	**2 201 830**	**1 931 134**	**1 568 156**	**785 768**	**121 904**
按控股情况分					
国有及国有控股	1 763 635	1 547 604	1 281 567	620 289	95 504
国有绝对控股	1 737 212	1 532 197	1 259 248	599 689	93 715
国有相对控股	26 423	15 407	22 319	20 600	1 789
集体控股	53 912	49 345	57 151	39 487	4 194
集体绝对控股	53 912	49 345	57 151	39 487	4 194
其 他	384 283	334 185	229 438	125 992	22 206
按主营行业分					
工 业	1 636 608	1 426 665	1 147 550	550 940	114 090
采矿业	120 953	99 571	84 006	51 393	3 959
制造业	1 476 741	1 295 630	1 040 355	480 732	110 131
电气水的生产和供应业	38 914	31 464	23 189	18 815	
建筑业	110 913	102 195	67 163	53 509	
运输、仓储和邮政业	96 317	86 352	58 089	26 799	4 398
信息传输、计算机服务和软件业	795	639	2 218	1 000	11
批发和零售业	164 982	153 796	36 532	20 065	1 990
住宿和餐饮业	22 992	15 069	16 931	18 698	6
房地产业	81 372	62 911	644	4 377	
租赁和商务服务业	74 771	70 494	169 551	106 594	1 200
水利、环境和公共设施管理业	1 086	1 019	8 987	209	209
文化、体育和娱乐业	11 994	11 994	60 491	3 577	
按登记注册类型分					
国有企业	410 567	345 751	362 538	114 618	25 096
公司制企业	1 791 263	1 585 383	1 205 618	671 150	96 808
国有独资企业	519 219	442 963	247 103	213 489	17 973
其他有限责任公司	756 708	706 706	485 978	296 028	43 558
股份有限公司	448 033	386 340	438 668	136 169	28 047
中外合资企业	18 838	14 770	34 714	23 772	7 230
港澳台合资企业	48 465	34 604	－845	1 692	
按企业规模分					
大 型	1 262 256	1 131 175	955 750	467 350	72 759
中 型	842 048	728 753	559 740	276 038	48 293
小 型	84 877	68 237	49 777	39 158	852
其 他	12 649	2 969	2 889	3 222	
按重点企业类型分					
520户国家重点企业	138 239	133 677	226 801	136 816	17 793
原512户国家重点企业	304 615	251 998	39 404	70 472	16 555
省级重点企业	1 025 501	915 454	863 017	328 701	70 941

16－3　续表 2　　（2005 年）　　单位：万元

项　　目	研究开发费　用	存货跌价损失和营业管理财务费用合　计	其他业务收　入	投资收益	营业外收　入	利润总额	应　缴增值税
总　　计	**38 809**	**382 971**	**121 677**	**106 298**	**18 050**	**176 316**	**114 519**
按控股情况分							
国有及国有控股	33 336	265 964	118 736	14 519	16 899	144 104	96 809
国有绝对控股	33 328	262 998	118 675	14 519	16 857	142 473	95 679
国有相对控股	8	2 966	61		42	1 631	1 130
集 体 控 股	643	9 369	672	90 149	80	6 711	1 546
集体绝对控股	643	9 369	672	90 149	80	6 711	1 546
其　　他	4 830	107 638	2 269	1 630	1 071	25 501	16 164
按主营行业分							
工　　业	38 434	321 190	59 709	13 833	16 110	131 560	111 592
采 矿 业		16 147		15 859	301	21 094	2 521
制 造 业	38 434	301 341	59 352	－2 148	15 711	111 509	108 658
电气水的生产和供应业		3 702	357	122	98	－1 043	413
建 筑 业		9 720	11 767	1	237	3 911	
运输、仓储和邮政业		11 279	547	82	657	28 424	
信息传输、计算机服务和软件业	375	885		12		789	7
批发和零售业		20 054	1 105	2 002	841	1 697	1 082
住宿和餐饮业		7 045	4	90 000	20	－338	
房 地 产 业		2 083		－108	3	－486	
租赁和商务服务业		6 176	48 314	476	182	1 232	461
水利、环境和公共设施管理业		485	12			1 430	
文化、体育和娱乐业		4 054	219			8 097	1 377
按登记注册类型分							
国 有 企 业	1 193	72 907	51 501	15 930	765	73 366	46 517
公司制企业	37 616	310 064	70 176	90 368	17 285	102 950	68 002
国有独资企业	21 770	34 205	59 707	－563	654	－3 820	1 446
其他有限责任公司	6 699	141 795	5 332	93 119	15 530	41 134	45 578
股份有限公司	9 147	130 669	5 133	－1 794	967	63 431	17 609
中外合资企业		2 629		－394	134	2 763	3 369
港澳台合资企业		766	4			－558	
按企业规模分							
大　　型	35 392	242 850	78 214	12 716	2 021	95 267	58 766
中　　型	3 042	127 931	42 937	93 500	1 648	79 370	54 723
小　　型	375	12 007	526	82	14 381	1 877	1 025
其　　他		183				－198	5
按重点企业类型分							
520 户国家重点企业	1 061	58 859	48 272	－421	151	9 625	12 184
原 512 户国家重点企业	21 630	20 823	10 816	－1 053	535	－3 050	292
省级重点企业	15 214	210 890	49 264	113	578	92 130	92 032

16－4　建立现代企业制度企业从业人员和劳动报酬

（2005 年）

项　　　目	从业人员（人）	在岗职工	其他人员	研究开发人　员（人）	从业人员劳动报酬（万元）	在岗职工	其他人员	研究开发人员劳动报　酬（万元）
总　　计	**121 327**	**109 558**	**11 769**	**4 831**	**192 395**	**173 731**	**18 664**	**11 791**
按控股情况分								
国有及国有控股	89 185	78 209	10 976	4 074	155 221	137 708	17 513	10 216
国有绝对控股	86 901	76 843	10 058	3 982	151 337	134 979	16 358	10 056
国有相对控股	2 284	1 366	918	92	3 884	2 729	1 155	160
集 体 控 股	10 037	9 727	310	192	12 842	12 303	539	451
集体绝对控股	10 037	9 727	310	192	12 842	12 303	539	451
其　　他	22 105	21 622	483	565	24 332	23 720	612	1 124
按主营行业分								
工　　业	70 439	67 964	2 475	4 752	115 105	113 212	1 893	11 539
采　矿　业	4 211	3 854	357		6 297	6 109	188	
制　造　业	64 947	63 050	1 897	4 752	106 748	105 148	1 600	11 539
电气水的生产和供应业	1 281	1 060	221		2 060	1 955	105	
建　筑　业	33 673	27 382	6 291		47 901	35 810	12 091	
运输、仓储和邮政业	9 910	7 221	2 689		19 610	15 243	4 367	
信息传输、计算机服务和软件业	120	117	3	79	373	368	5	252
批发和零售业	4 718	4 702	16		5 054	5 036	18	
住宿和餐饮业	1 355	1 304	51		1 778	1 669	109	
房 地 产 业	140	140			289	289		
租赁和商务服务业	781	575	206		1 195	1 043	152	
水利、环境和公共设施管理业	109	71	38		175	146	29	
文化、体育和娱乐业	82	82			915	915		
按登记注册类型分								
国 有 企 业	19 994	16 817	3 177	51	36 132	30 062	6 070	235
公司制企业	101 333	92 741	8 592	4 780	156 263	143 669	12 594	11 556
国有独资企业	17 510	16 173	1 337	1 202	25 388	24 755	633	3 429
其他有限责任公司	54 711	47 456	7 255	2 297	82 294	70 333	11 961	5 297
股份有限公司	26 971	26 971		1 281	46 311	46 311		2 830
中外合资企业	1 996	1 996			2 114	2 114		
港澳台合资企业	145	145			156	156		
按企业规模分								
大　　型	57 291	53 673	3 618	3 888	106 244	99 915	6 329	9 903
中　　型	57 311	49 759	7 552	849	78 893	67 307	11 586	1 623
小　　型	6 528	5 940	588	87	7 116	6 375	741	259
其　　他	197	186	11	7	142	134	8	6
按重点企业类型分								
520 户国家重点企业	4 646	4 443	203	37	6 170	6 021	149	65
原 512 户国家重点企业	5 251	5 151	100	1 125	9 517	9 464	53	3 375
省级重点企业	53 300	52 297	1 003	3 064	86 046	85 702	344	7 420

企 业 景 气 调 查 简 介

企业景气调查是为适应我国社会主义市场经济需要，借鉴西方国家的成功经验而建立起来的一种新的统计调查制度。它通过对企业家进行定期的问卷调查，并根据他们对企业经营情况及宏观经济状况的判断和预期来编制企业景气指数，由此反映企业的经营状况和经济运行情况，预测未来经济发展的变化趋势，为党政领导进行宏观管理，企业家制定经营决策提供参考依据。景气指数又称景气度，它是对企业景气调查中定性指标的量化描述，其最大的特点是具有信息超前性和预测功能，可靠性较强。景气指数的数值介于0和200%之间，一般地讲，当景气指数为100，即临界值时，则说明经济处于景气与不景气的边缘；大于100时，则表示经济处于景气状态。越接近200%状态越好；小于100时，则表示经济处于不景气状态，越接近0，状态越差。

南昌企业调查队根据国家统计局的统一部署，开展了南昌企业景气调查工作。企业景气调查为季度性资料，调查企业涉及工业、建筑业、交通运输仓储及邮电通信业、批发和零售贸易业餐饮业、房地产业和社会服务业六大国民经济行业。

景气指数的计算方法

在计算景气指数过程中，对不同规模的企业 采用不同的加权方法计算。首先对大型企业依据上年销售收入进行加权（中小企业不加权），然后通过大型企业与中小型企业的样本比例再进行加权，总加权后得到景气指数。计算景气指数的基本方法是：用选择“上升”的企业比例减去选择“下降”的企业比例，所得的值即为景气指数。

企业景气指数的计算方法如下：

第一、分别计算工业、建筑业、交通运输仓储及邮电通信业、批发和零售贸易餐饮业、房地产业和社会服务业的景气指数；

第二、计算各行业上年增加值占这些行业增加值之和的比重；

第三、利用各行业的景气指数，以各行业上年增加值占这些行业增加值之和的比重为权数计算企业景气总指数。

现代企业制度与企业集团简要说明

一、根据国家统计局《关于印发<企业集团统计报表制度>的通知》（国统字［1998］233号）和《关于印发〈建立现代企业制度企业跟踪监测统计制度〉的通知》（国统字［1998］234号）文件精神，南昌企业调查队对全市企业集团和建立现代企业制度试点企业进行定期统计调查。

二、统计范围：

1、企业集团：一是由国务院及国务院主管部门批准的国家试点企业集团；二是由省政府及省直主管部门批准的企业集团；三是已在各地工商部门登记注册的企业集团。企业内部的统计范围包括企业集团的母公司、全资子公司、绝对控股子公司和相对控股子公司。不包括参股企业、协作企业和子公司下属的二级公司。

2、建立现代企业制度企业：一是全省首批建立现代企业制度试点企业；二是国家重点联系企业；三是省级调查企业集团的母公司（即核心企业）；四是已在工商部门登记的公司制企业；五是地市级调查企业集团的母公司（即核心企业）。

三、企业集团：以一个实力雄厚的大型企业为核心，以产权联结为主要纽带，并以产品、技术、经济、契约等多种纽带把多个企业、事业单位联结在一起，具有多层次结构的以母子公司为主体的多法人经济联合体。

四、现代企业制度：适应市场经济要求，产权明晰、责权明确、政企分开、管理科学的制度。产权明晰是指企业中国有资产所有权属于国家，企业拥有全部法人财产权；责权明确是指出资者按投入企业的资本额享有资产受益、重大决策审定、选择管理者等权利，同时以其出资额为限，对企业债务承担有限责任，企业以其全部法人财产为限，对企业债务承担有限责任，并依法自主经营、自负盈亏、照章纳税，企业对出资者承担资产保值增值责任；政企分开是指企业以提高生产力和经济效益为目的按照市场需求组织生产经营，政府不再直接干预企业生产经营活动；管理科学是指有科学的企业领导体制和组织管理制度，调节所有者、经营者和职工之间的关系，并形成激励和约束相结合的机制。

主 要 统 计 指 标 解 释

主营业务收入　一律按各行业会计制度或报表定义的口径进行填报，其中农业企业是指“主营业务收入”；工业企业是指“产品销售收入”；交通运输企业指“主营业务收入”；建筑企业指“工程结算收入”；批发零售贸易企业指“商品销售收入”；房地产企业指“房地产经营收入”；其他企业指“经营（营业）收入”。企业集团本项指标应按各成员企业相加汇总的数据填报。

注册资本合计　指企业集团各成员企业在工商行政管理部门登记注册资金的合计。包括国家资本、集体资本、法人资本、个人资本以及外商资本等。

主营行业　指本企业集团生产经营活动的主要行业性质。企业集团往往从事多种生产经营活动，一般应根据集团内获得营业收入份额最大的三项产品或活动确定其主要行业性质。主营业务如果是工业或农业应填报其主要产品的产量（实物量），非工业和农业应填报主营业务的营业收入（价值量）。

登记注册类型　是指在工商行政管理机关登记注册的具有法人资格的各类企业。其中：①国有企业：是指企业全部资产归国家所有，并按《中华人民共和国企业法人登记管理条例》规定登记注册的非公司制的经济组织。不包括有限责任公司中的国有独资公司；②国有独资公司：是指国家授权的投资机构或者国家授权的部门单独投资设立的有限责任公司；③其他有限责任公司：是指根据《中华人民共和国公司登记管理条例》规定登记注册，由两个以上，五十个以下的股东共同出资，每个股东以其所认缴的出资额对公司承担有限责任，公司以其全部资产对其债务承担责任的经济组织。其他有限责任公司不包括国有独资公司；④股份有限公司：是指根据《中华人民共和国公司登记管理条例》规定登记注册，其全部注册资本由等额股份构成并通过发行股票筹集资本 股东以其认购的股份对公司承担有限责任，公司以其全部资产对其债务承担责任的经济组织。

控股情况　指按所有制性质和控股状况划分的企业情况，包括①国有绝对控股：指在企业的全部资本中，国家资本（股本）所占比例大于50%的企业；②国有相对控股：指在企业的全部资本中，国家资本（股本）所占的比例虽未大于50%，但相对大于企业中的其他经济成分所占比例的企业；或者虽不大于其他经济成分，但根据协议规定，由国家拥有实际控制权的企业（协议控制）；③集体绝对控股：指在企业的全部资本中，集体资本（股本）所占比例大于50%的企业；④集体相对控股：指在企业的全部资本中，集体资本（股本）所占的比例虽未大于50%，但相对大于企业中的其他经济成分所占比例的企业；或者虽不大于其他经济成份，但根据协议规定，由集体拥有实际控制权的企业（协议控制）；⑤其他：指国有绝对控股、国有相对控投、集体绝对控股和集体相对控股以外的控股情况。

从业人员　指在企业（企业集团包括母公司和子公司，下同）工作并领取工资或其他形式的劳动报酬的全部人员数，包括在岗职工、再就业的离退休人员以及在企业集团中工作的外方人员和港澳台方人员、兼职人员、借用的外单位人员和第二职业者。不包括离开本企业（集团）仍保留劳动关系的职工。

离职人员 指离开本企业（集团）仍保留劳动关系的职工。

确定企业改制工作的主管部门 指确定建立现代企业制度试点企业的主管部门，分为国家经贸委、国家体改委、省（自治区、直辖市）经贸委、省（自治区、直辖市）体改委、企业主管部门以及其他部门。

企业规模 指企业按某一数量指标进行的分类，如工业企业按产品生产能力或生产经营用固定资产进行的分类。工业企业规模的确定，应按全国统一制订的《大中小型企业划分标准》中的具体划分规定执行，非工业企业规模的确定，应暂按统计上使用的《大中小型非工业企业划分标准》中的具体划分规定执行。没有划分标准的非工业企业填报‘其他’项。

附　录

APPENDIX

本篇内容包括：

1. 中华人民共和国2005年国民经济和社会发展统计公报
2. 全国各省市主要经济指标
3. 省会城市主要经济指标
4. 江西省2005年国民经济和社会发展统计公报
5. 江西各地主要经济指标

资料整理　　宣　治　钟晓强

微机处理　　宣　治

中华人民共和国
2005 年国民经济和社会发展统计公报

中华人民共和国国家统计局

2006 年 2 月 28 日

2005 年，全国各族人民在党中央、国务院的领导下，以邓小平理论和“三个代表”重要思想为指导，以科学发展观统领经济社会发展全局，认真贯彻落实加强和改善宏观调控的各项政策措施，国民经济和社会发展取得明显成效。经济保持平稳较快增长，重要领域和关键环节的改革有所突破，就业和社会保障工作进一步加强，城乡居民生活不断改善，对外开放继续扩大，各项社会事业得到加强，实现了年初确定的国民经济和社会发展的预期目标，较好地完成了“十五”时期的主要任务，为“十一五”时期经济社会发展奠定了良好基础。但经济结构不合理、增长方式粗放等问题仍比较突出。

一、综　合

初步核算，全年国内生产总值 182 321 亿元，比上年增长 9.9%。其中，第一产业增加值 22 718 亿元，增长 5.2%；第二产业增加值 86 208 亿元，增长 11.4%；第三产业增加值 73 395 亿元，增长 9.6%。第一、第二和第三产业增加值占国内生产总值的比重分别为 12.4%、47.3%和 40.3%。

图 1　“十五”时期国内生产总值与增长速度

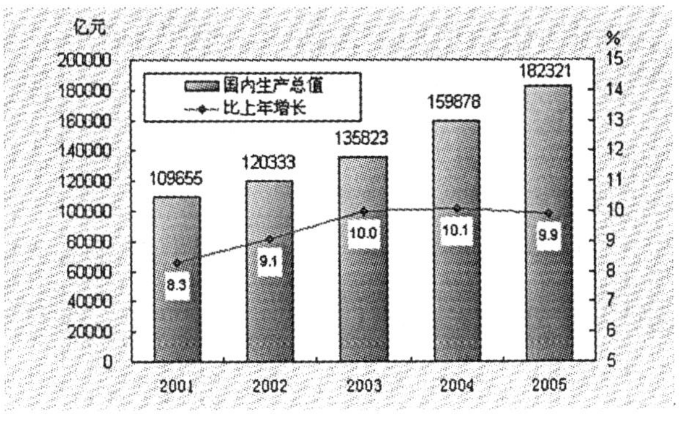

全国居民消费价格总水平比上年上涨 1.8%（见表 1），其中服务价格上涨 3.3%。商品零售价格上涨 0.8%。工业品出厂价格上涨 4.9%。原材料、燃料、动力购进价格上涨 8.3%。固定资产投资价格上涨 1.6%。农产品生产价格上涨 1.4%。70 个大中城市房屋销售价格上涨 7.6%。

表 1：2005 年居民消费价格比上年上涨情况

单位：%

指　　标	全　国	城　市	农　村
全国居民消费价格总水平	1.8	1.6	2.2
食　　品	2.9	3.1	2.5
其中：粮　　食	1.4	1.5	1.3
烟酒及用品	0.4	0.3	0.5
衣　　着	-1.7	-2.0	-0.9
家庭设备用品及服务	-0.1	-0.3	0.3
医疗保健及个人用品	-0.1	-0.4	0.5
交通和通信	-1.0	-1.6	0.3
娱乐教育文化用品及服务	2.2	1.3	3.8
居　　住	5.4	5.6	5.2

年末全国就业人员 75 825 万人，比上年末增加 625 万人。其中城镇就业人员 27 331 万人，新增加 970 万人，净增加 855 万人。年末城镇登记失业率为 4.2%，与上年末持平。

年末国家外汇储备达到 8 189 亿美元，比上年末增加 2 089 亿美元。2005 年 7 月 21 日，对人民币汇率形成机制进行了改革，年末人民币对美元汇率为 8.0702，比上年末升值 2.56%。

全年各项税收收入 30 866 亿元（不包括关税和农业税），比上年增加 5 148 亿元，增长 20.0%。全国规模以上工业企业实现利润 14 362 亿元，比上年增长 22.6%；销售利润率为 5.9%，比上年降低 0.1 个百分点。

二、农　　业

全年粮食种植面积 10 427 万公顷，比上年增加 267 万公顷；棉花种植面积 506 万公顷，减少 63 万公顷；油料种植面积 1 431 万公顷，减少 12 万公顷；糖料种植面积 156 万公顷，减少 1 万公顷；蔬菜种植面积 1 774 万公顷，增加 18 万公顷。

全年粮食产量 48 401 万吨，比上年增加 1 454 万吨，增产 3.1%；棉花产量 570 万吨，减产 9.8%；油料产量 3 078 万吨，增产 0.4%；糖料产量 9 551 万吨，减产 0.2%。蔬菜、水果在品种优化的基础上平稳发展（见表 2）。

表 2：2005 年主要农产品产量

单位：万吨

产品名称	产量	比上年增长 %
粮　食	48 401	3.1
夏　粮	10 627	5.1
早　稻	3 179	-1.3
秋　粮	34 595	2.9
油　料	3 078	0.4
花　生	1 434	0.0
油菜籽	1 305	-1.0
棉　花	570	-9.8
糖　料	9 551	-0.2
甘　蔗	8 760	-2.5
甜　菜	791	35.2
烤　烟	241	11.5
茶　叶	92	9.8
水　果	16 076	4.8
蔬　菜	56 284	2.2

图 2　“十五”时期粮食产量与增长速度

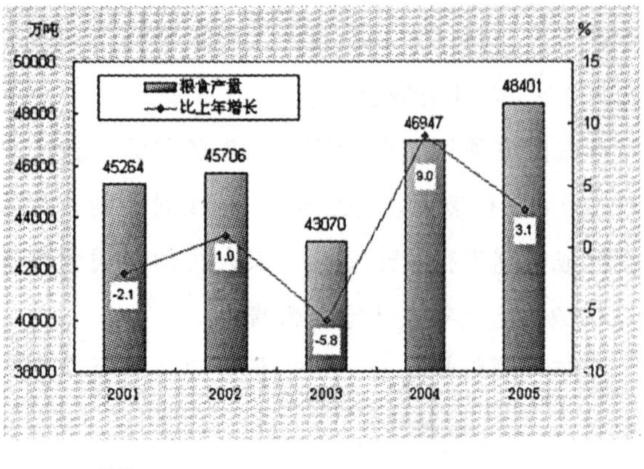

全年肉类总产量 7 700 万吨，比上年增长 6.3%。其中，牛、羊肉分别增长 5.6% 和 9.3%。全年水产品产量 5 100 万吨，增长 4.0%。

全年木材产量 4 746 万立方米，比上年减少 8.7%。

全年新增有效灌溉面积 102 万公顷，新增节水灌溉面积 123 万公顷。

三、工业和建筑业

全年全部工业增加值 76 190 亿元，比上年增长 11.4%。规模以上工业增加值 66 425 亿元，增长 16.4%(见表 3);产品销售率 98.1%,与上年持平。

表 3：2005 年规模以上工业增加值主要分类情况

单位：亿元

指　标	增加值	比上年增长 %
规模以上工业	66 425	16.4
其中：国有及国有控股企业	26 063	10.7
其中：集体企业	2 581	12.4
股份制企业	32 173	17.8
外商及港澳台投资企业	18 977	16.6
其中：私营企业	11 807	25.3
其中：轻工业	20 585	15.2
重工业	45 840	17.0

图 3　“十五”时期工业增加值与增长速度

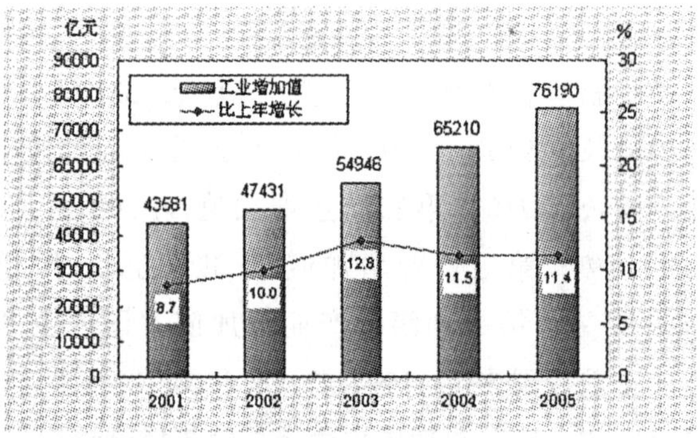

全年一次能源生产总量 20.6 亿吨标准煤，比上年增长 9.5%；发电量 24 747 亿千瓦小时，增长 12.3%；原煤 21.9 亿吨，增长 9.9%；原油 1.81 亿吨，增长 2.8%。

主要原材料产品中，粗钢产量 3.52 亿吨，比上年增长 24.6%；钢材 3.97 亿吨，增长 24.1%；水泥 10.6 亿吨，增长 10.0%；十种有色金属增长 13.2%；硫酸、纯碱、烧碱、乙烯等主要化工产品增长9.9%至21.4%。

汽车产量570万辆，比上年增长12.1%，其中轿车277万辆，增长19.7%。

程控交换机、移动通信手持机、微型电子计算机等高技术产品产量分别比上年增长1.3%至35.3%（主要工业产品产量见表4）。全年规模以上工业中，高技术产业增加值7 839亿元，比上年增长19.8%。

表4：2005年主要工业产品产量

产品名称	单位	产量	比上年增长%
纱	万吨	1 440	11.5
布	亿米	470	11.9
化学纤维	万吨	1 618	13.6
成品糖	万吨	903	-12.6
卷烟	亿支	19 560	4.4
彩色电视机	万台	8 283	11.5
家用电冰箱	万台	2 986	-0.7
房间空气调节器	万台	6 765	5.9
一次能源生产总量	亿吨标准煤	20.6	9.5
原煤	亿吨	21.9	9.9
原油	亿吨	1.81	2.8
天然气	亿立方米	500	20.6
发电量	亿千瓦小时	24 747	12.3
其中:火电	亿千瓦小时	20 180	12.4
水电	亿千瓦小时	4 010	13.4
粗钢	万吨	35 239	24.6
钢材	万吨	39 692	24.1
十种有色金属	万吨	1 635	13.2
其中:精炼铜(铜)	万吨	260	18.1
电解铝	万吨	779	16.4
氧化铝	万吨	851	21.9
水泥	亿吨	10.6	10.0
硫酸	万吨	4529	15.3
纯碱	万吨	1 467	9.9
烧碱	万吨	1 264	21.4
乙烯	万吨	756	20.0
化肥(折100%)	万吨	5 220	8.6
发电设备	万千瓦	9 200	28.9
汽车	万辆	570	12.1
其中:轿车	万辆	277	19.7
大中型拖拉机	万台	16.2	42.7
集成电路	亿块	266	12.9
程控交换机	万线	7 721	1.3
移动通信手持机(手机)	万台	30 354	6.4
微型电子计算机	万台	8 084	35.3

全年规模以上工业企业中，国有及国有控股企业实现利润6 447亿元，比上年增长17.4%；集体企业实现利润551亿元，增长32.0%；股份制企业实现利润7 420亿元，增长28.7%；外商及港澳台投资企业实现利润3 967亿元，增长6.9%；私营企业实现利润1 975亿元，增长47.3%。

全年全社会建筑业实现增加值10 018亿元，比上年增长11.9%。全国具有资质等级的总承包和专业承包建筑业企业实现利润818亿元，增长13.8%；上缴税金1 099亿元，增长17.4%。

四、固定资产投资

全年全社会固定资产投资88 604亿元，比上年增长25.7%。其中，城镇投资75 096亿元，增长27.2%；农村投资13 508亿元，增长18.0%。

图4 “十五”时期固定资产投资与增长速度

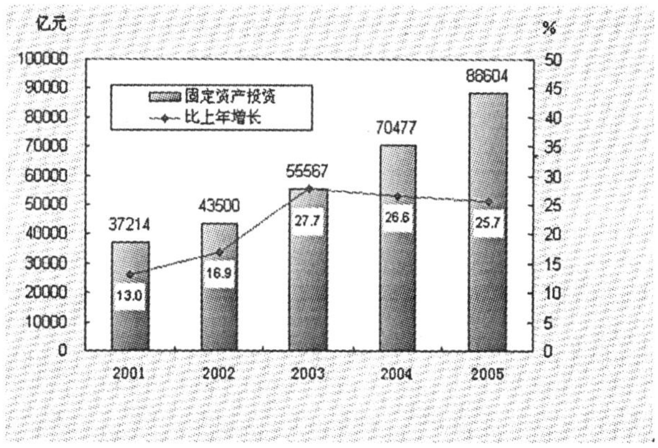

在城镇投资中，国有及国有控股投资40 047亿元，比上年增长17.5%。第一产业投资823亿元，增长27.5%；第二产业投资31 598亿元，增长38.4%；第三产业投资42 675亿元，增长20.0%。分行业看，煤炭开采及洗选业投资比上年增长65.6%；电力、热力的生产与供应业投资增长33.7%；石油和天然气开采业投资增长29.7%；铁路运输业投资增长45.7%；交通运输设备制造业投资增长51.1%；纺织业投资增长38.0%；教育投资增长8.4%；卫生投资增长28.9%。

全年房地产开发投资15 759亿元，比上年增长19.8%。商品房竣工面积48 793万平方米，增长14.9%。商品房销售额18 080亿元。其中，现房销售额占35.5%，期房占64.5%。

表5：“十五”时期固定资产投资新增主要生产能力

指　　标	单　位	2001－2005年累　计	其中：2005年
新增发电机组容量	万千瓦	17 655	6 326
11万伏及以上变电设备	万千伏安	40 666	15 306
新建铁路投产里程	公里	7 063	1 203
增建铁路复线投产里程	公里	3 556	486
电气化铁路投产里程	公里	5 494	863
新建公路	公里	351 173	129 748
其中：高速公路	公里	23 964	6 457
港口万吨级码头泊位新增吞吐能力	万吨	45 232	18 989
新增局用交换机容量	万门	23 254	4 608
新增光缆线路长度	万公里	214	53
新增数字蜂窝移动电话交换机容量	万户	35 148	8 598

三峡电站工程已投产运行14台发电机组，累计发电940亿千瓦时；西电东送北通道、中通道、南通道共形成输送能力超过3 250万千瓦；青藏铁路全线铺通，结束了西藏地区不通铁路的历史；南水北调东、中线一期工程累计完成投资38亿元；治淮骨干工程累计完成投资250亿元。

五、国内贸易

全年社会消费品零售总额达到67 177亿元，比上年增长12.9%，扣除价格上涨因素，实际增长12.0%。分城乡看，城市消费品零售额45 095亿元，增长13.6%；县及县以下消费品零售额22 082亿元，增长11.5%。分行业看，批发零售业零售额56 589亿元，增长12.6%；餐饮业零售额8 887亿元，增长17.7%；其他行业零售额1 701亿元，增长0.4%。

图5　“十五”时期社会消费品零售总额与增长速度

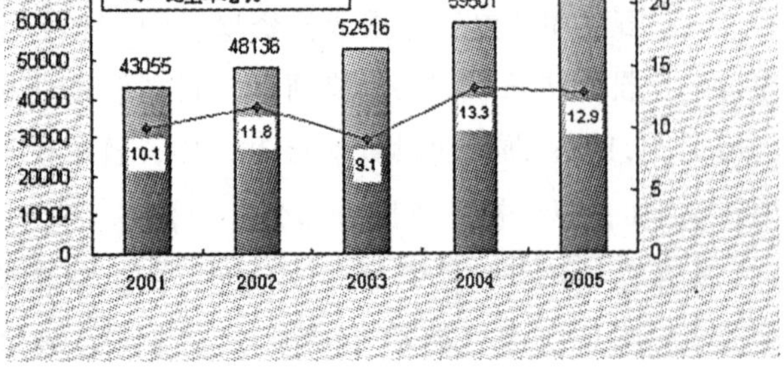

在限额以上批发零售业零售额中，汽车类零售额比上年增长16.6%，石油及制品类增长34.4%，文化办公用品类增长11.4%，通讯器材类增长19.9%，家用电器和音像器材类增长14.8%，建筑及装潢材料类增长22.1%，日用品类增长11.9%，家具类增长13.3%，食品、饮料、烟酒类增长13.6%，服装类增长19.6%，化妆品类增长19.1%，金银珠宝类增长13.9%。

六、对外经济

全年进出口总额14 221亿美元，比上年增长23.2%。其中，出口7 620亿美元，增长28.4%；进口6 601亿美元，增长17.6%。出口大于进口1 019亿美元（见表6）。在全国进出口总额中，外商投资企业的进出口额为8 317亿美元，比上年增长25.4%。其中，出口额4 442亿美元，增长31.2%；进口额3 875亿美元，增长19.4%。

表6：2005年进出口主要分类情况

单位：亿美元

指　　标	绝对数	比上年增长%
进出口总额	14 221	23.2
出口额	7 620	28.4
其中：一般贸易	3 151	29.3
加工贸易	4 165	27.0
其中：机电产品	4 267	32.0
进口额	6 601	17.6
其中：一般贸易	2 797	12.7
加工贸易	2 740	23.6
其中：机电产品	3 504	16.0
出口大于进口	1 019	
其中：一般贸易	354	
加工贸易	1 425	

表7：2005年对主要国家和地区进出口情况

单位：亿美元

国家和地区	出口额	比上年增长%	进口额	比上年增长%
美　国	1 629	30.4	487	9.1
欧　盟	1 437	34.1	736	5.0
中国香港	1 245	23.4	122	3.6
日　本	840	14.3	1 005	6.5
东　盟	554	29.1	750	19.1
韩　国	351	26.2	768	23.4
中国台湾	165	22.2	747	15.3
俄罗斯	132	45.2	159	31.0

图 6　“十五”时期进出口情况

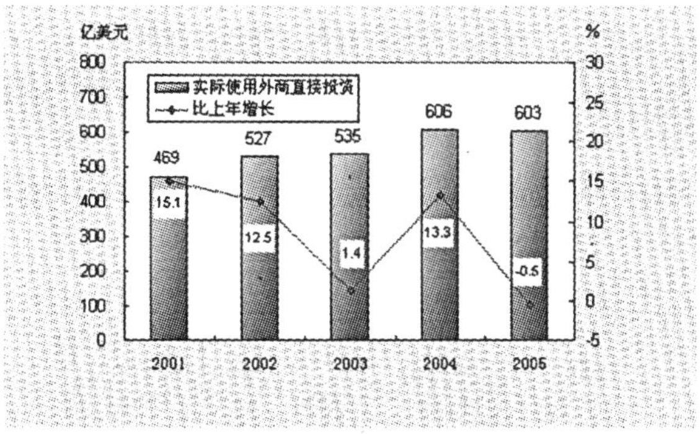

图 7　“十五”时期实际使用外商直接投资与增长速度

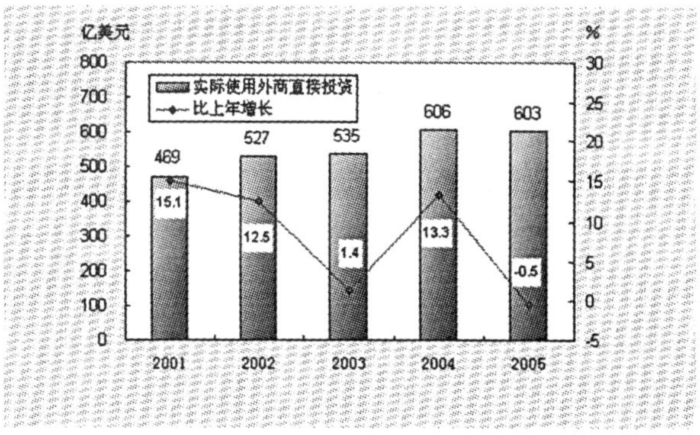

全年批准外商直接投资项目 44 001 个，比上年增长 0.8%；实际使用金额 603 亿美元，下降 0.5%（见表 8）。在实际使用外商直接投资金额中，制造业和房地产业所占比重分别为 70.4% 和 9%，分别比上年下降 0.6 和 0.8 个百分点；租赁和商务服务业、交通运输仓储和邮政业所占比重分别为 6.2% 和 3%，分别上升 1.6 和 0.9 个百分点。

表 8：2005 年外商直接投资分行业情况

金额单位：亿美元

行业名称	合同项目（个）	比上年增长 %	实际使用金额	比上年增长 %
总计	**44 001**	**0.8**	**603.2**	**-0.5**
农、林、牧、渔业	1 058	-6.4	7.2	-35.5
采矿业	252	-9.7	3.5	-34.0
制造业	28 928	-4.8	424.5	-1.3
电力、燃气及水的生产和供应业	390	-14.3	13.9	22.7
建筑业	457	11.2	4.9	-36.5
交通运输、仓储和邮政业	734	15.1	18.1	42.4
信息传输、计算机服务和软件业	1 493	-8.0	10.1	10.7
批发和零售业	2602	53.1	10.4	40.4
住宿和餐饮业	1207	2.8	5.6	-33.4
金融业	40	-7.0	2.2	-13.0
房地产业	2 120	20.0	54.2	-8.9
租赁和商务服务业	2 981	12.0	37.5	32.6
科学研究、技术服务和地质勘查业	926	47.2	3.4	15.8
水利、环境和公共设施管理业	139	-15.2	1.4	-39.3
居民服务和其他服务业	329	31.1	2.6	64.6
教育	51	-13.6	0.2	-53.8
卫生、社会保障和社会福利业	22	4.8	0.4	-55.1
文化、体育和娱乐业	272	0	3.1	-31.8
公共管理和社会组织			0.04	105.6

全年对外直接投资额（非金融部分）69 亿美元，比上年增长 25.8%。

全年对外承包工程完成营业额 218 亿美元，比上年增长 24.6%；对外劳务合作完成营业额 48 亿美元，增长 27.5%。

七、交通、邮电和旅游

全年交通运输、仓储及邮电通信业增加值

13805 亿元，比上年增长 12.4%（见表 9、表 10）。

表 9：2005 年各种运输方式完成货物运输量

指　　标	单　位	绝 对 数	比上年增长%
货物运输总量	亿 吨	183.7	7.7
铁　　路	亿 吨	27.0	8.2
公　　路	亿 吨	132.9	6.7
水　　运	亿 吨	21.1	12.8
民　　航	万 吨	306.7	10.8
管　　道	亿 吨	2.7	10.6
货物运输周转量	亿吨公里	78 329.8	12.8
铁　　路	亿吨公里	20 730.5	7.5
公　　路	亿吨公里	8 573.8	9.3
水　　运	亿吨公里	48 057.6	16.0
民　　航	亿吨公里	78.9	9.9
管　　道	亿吨公里	889.0	12.4

表 10：2005 年各种运输方式完成旅客运输量

指　　标	单　位	绝 对 数	比上年增长%
旅客运输总量	亿 人	184.2	4.2
铁　　路	亿 人	11.6	3.4
公　　路	亿 人	169.2	4.2
水　　运	亿 人	2.0	3.6
民　　航	万 人	13827.0	14.1
旅客运输周转量	亿人公里	17 473.0	7.1
铁　　路	亿人公里	6 061.8	6.1
公　　路	亿人公里	9 299.1	6.3
水　　运	亿人公里	67.1	1.3
民　　航	亿人公里	2 044.9	14.7

全年港口完成货物吞吐量 49 亿吨，比上年增长 17.7%，其中外贸货物吞吐量 13.6 亿吨，增长 18.0%。

年末全国民用汽车保有量达到 4 329 万辆（包括三轮汽车和低速货车 1 149 万辆），比上年末增长 20.6%。年末私人汽车保有量 2 365 万辆，增长 22.0%。

全年完成邮电业务总量 12 199 亿元，比上年增长 24.6%。其中，邮政业务总量 624 亿元，增长 10.1%；电信业务总量 11 575 亿元，增长 25.4%。全年新增局用交换机 4 608 万门，总容量达到 4.7 亿门。新增固定电话用户 3 868 万户，年末达到 35 043万户。其中，城市电话用户 23 977 万户，农村电话用户 11 066 万户。新增移动电话用户5 860万户，年末达到 39 343 万户。年末全国固定及移动电话用户总数达到 74 386 万户，比上年末增加9 728万户。电话普及率达到 57 部/百人。

图 8　“十五”时期各年年末电话用户数

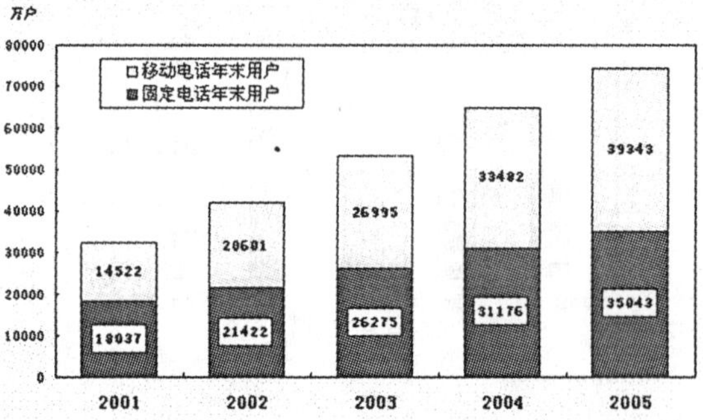

全年入境人数 12 029 万人次，比上年增长 10.3%。其中，外国人 2 026 万人次，增长 19.6%；香港、澳门和台湾同胞 10 003 万人次，增长 8.6%。在入境旅游者中，过夜人数 4 681 万人次，增长 12.1%。国际旅游外汇收入 293 亿美元，增长 13.8%。全年国内出境人数达 3 103 万人次，增长 7.5%。其中因私出境 2 514 万人次，增长 9.4%，占出境人数的 81.0%。全年国内出游人数达 12 亿人次，增长 10.0%；国内旅游总收入 5 286 亿元，增长 12.2%。国际国内旅游总收入 7 686 亿元，增长 12.4%。

八、金融、证券和保险

年末广义货币供应量（M2）余额为 29.9 万亿元，比上年末增长 17.6%；狭义货币供应量（M1）余额为 10.7 万亿元，增长 11.8%；流通中现金（M0）余额为 2.4 万亿元，增长 11.9%。年末全部金融机构本外币各项存款余额 30.0 万亿元，增长 18.2%；全部金融机构本外币各项贷款余额 20.7 万亿元，增长 12.8%（见表 11）。

表 11：2005 年全部金融机构本外币存贷款情况

单位：亿元

指　　标	年 末 数	比上年末增长%
各项存款余额	300 209	18.2
其中：企业存款	101 751	13.8
城乡居民储蓄存款	147 054	16.5
其中：人民币	141 051	18.0
各项贷款余额	206 838	12.8
其中：短期贷款	91 157	6.5
中长期贷款	92 941	16.2

图9 “十五”时期城乡居民

人民币储蓄存款余额与增长速度

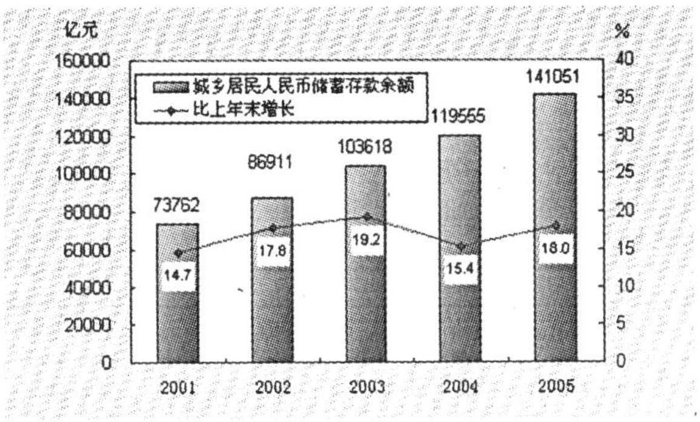

全年农村金融合作机构（农村信用社、农村合作银行、农村商业银行）人民币贷款余额2.2万亿元，比上年末增加3 451亿元。全部金融机构人民币消费贷款余额2.2万亿元，增加1 996亿元。其中个人住房贷款余额1.84万亿元，增加2 444亿元。

全年企业通过证券市场发行、配售股票共筹集资金1 883亿元，比上年增加363亿元。其中，发行A股（包括增发及可转债）20只，配股2只，筹集资金338亿元，减少498亿元；发行H股24只，筹集资金1 545亿元，增加887亿元。年末境内上市公司（A、B股）数量由上年末的1 377家增加到1 381家，市价总值32 430亿元，比上年末减少12.5%。全年发行一年期以上企业债券654亿元，比上年增加332亿元。

全年保险公司保费收入4 927亿元，比上年增长14.0%，其中寿险业务保费收入3 244亿元；健康险和意外伤害险业务保费收入453亿元；财产险业务保费收入1 230亿元。支付各类赔款及给付1 130亿元，其中寿险业务给付307亿元；健康险和意外伤害险赔款及给付151亿元；财产险业务赔款672亿元。

九、教育和科学技术

全年普通高等教育招生505万人，在校生1 562万人，毕业生307万人。普通高中招生878万人，在校生2 409万人，毕业生662万人。普通小学招生1 672万人，在校生10 864万人，毕业生2 020万人（见表12）。

表12：“十五”时期各类教育发展情况

单位：万人

指　　标	2005年招　生	2005年在校生	2001－2005年累计毕业生	其中：2005年
研究生	37	98	60	19
普通高等教育	505	1 562	971	307
中等职业教育	647	1 559	1 919	403
普通高中	878	2 409	2 391	662
初　　中	1 988	6 215	9 864	2 123
普通小学	1 672	10 864	11 171	2 020
特殊教育	4.9	36	23	4.3
学前教育	1 356	2 179	5 470	1 025

全年研究与试验发展（R&D）经费支出2 367亿元，比上年增长20.4%，占国内生产总值的1.30%，其中基础研究经费135亿元。年末国有企事业单位共有各类专业技术人员2 720万人。全年国家安排了288项科技攻关计划课题和911项“863”计划课题。新建国家工程研究中心19个。新安排国家重点实验室改造项目16项，累计达到143项。国家认定企业技术中心达到361家。全年共取得省部级以上科技成果3.6万项。全年受理国内外专利申请47.6万件，其中国内申请38.3万件，占80.5%；受理国内外发明专利申请17.3万件，其中国内申请9.3万件，占53.8%。全年共签订技术合同26.5万项，技术合同成交金额1 510亿元，比上年增长13.2%。全年成功发射卫星5次。神舟六号载人航天飞行取得圆满成功，标志着我国在一些重要科技领域达到世界先进水平。

年末全国共有产品检测实验室18 932个，其中国家检测中心293个。全国现有产品质量、体系认证机构177个，已累计完成对4.7万个企业的产品认证。全国共有法定计量技术机构4 037个，全年强制检定计量器具3 491万台（件）。全年制定、修订国家标准1 304项，其中新制定673项。全国共有各类气象台站9 881个，其中自动观测站7 246个；天气雷达观测站点258个，卫星云图接收站点440个。全国共有地震台站1 253个，地震遥测台网31个。全国共有8 376个海洋观测站、监测站位。测绘部门公开出版地图1 667种，测绘图书497种。

十、文化、卫生和体育

年末全国共有艺术表演团体2 577个，文化馆

2 868个，公共图书馆 2 736 个，博物馆 1 556 个。广播电台 273 座，电视台 302 座，教育台 50 个。全国有线电视用户 12 569 万户，有线数字电视用户 413 万户。年末广播综合人口覆盖率为 94.5%；电视综合人口覆盖率为 95.8%。全年生产故事影片 260 部，科教、纪录、美术片 42 部；生产特种影片 14 部。出版各类报纸 404 亿份，各类期刊 27.5 亿册，图书 64 亿册（张）。年末全国共有档案馆 4 012 个，已开放各类档案 6 016 万卷（件）。

年末全国共有卫生机构 30 万个，其中医院、卫生院 6 万个，妇幼保健院（所、站）2 964 个，专科疾病防治院（所、站）1 470 个。医院和卫生院床位 307.0 万张。卫生技术人员 445.6 万人，其中执业医师和执业助理医师 193.8 万人，注册护士 134.0万人。全国疾病预防控制中心（防疫站）3 592个，卫生技术人员 16.1 万人；卫生监督所 1 925个，卫生技术人员 3.8 万人；乡镇卫生院 4.0 万个，床位 65.3 万张，卫生技术人员 84.8 万人。截至 2005 年 9 月底，全国共有 671 个县（市）开展了新型农村合作医疗试点工作，有 1.77 亿农民参加了合作医疗。全年共有 13 个省区发生高致病性禽流感疫情；人感染高致病性禽流感累计发病 7 人，死亡 5 人。

全年我国运动员在世界锦标赛、世界杯赛的 22 个项目中获得 106 个世界冠军。全年共有 8 人 2 队 21 次创 15 项世界纪录。全民健身运动更加活跃。

十一、人口、人民生活和社会保障

年末全国总人口为 130 756 万人，比上年末增加 768 万人（见表 13）。全年出生人口 1 617 万人，出生率为 12.40‰；死亡人口 849 万人，死亡率为 6.51‰；自然增长率为 5.89‰。

表 13：2005 年人口主要构成情况

单位：万人

指　　标	年末数	比重（%）
全国总人口	130 756	100.0
其中：城　镇	56 212	43.0
乡　村	74 544	57.0
其中：男　性	67 375	51.5
女　性	63 381	48.5
其中：0－14 岁	26 504	20.3
15－64 岁	94 197	72.0
65 岁及以上	10 055	7.7

全年农村居民人均纯收入 3 255 元，扣除价格上涨因素，比上年实际增长 6.2%；城镇居民人均可支配收入 10 493 元，实际增长 9.6%。农村居民家庭恩格尔系数（即居民家庭食品消费支出占家庭消费总支出的比重）为 45.5%，城镇居民家庭恩格尔系数为 36.7%（见表 14）。按年人均纯收入低于 683 元的标准，年末农村贫困人口为 2 365 万人，比上年末减少 245 万人；按年人均纯收入 684－944 元的标准，年末农村低收入人口为 4 067 万人，比上年末减少 910 万人。

表 14："十五"时期城乡居民生活改善情况

指　　标	单位	2001	2002	2003	2004	2005
城镇居民人均可支配收入	元	6 860	7 703	8 472	9 422	10 493
农村居民人均纯收入	元	2 366	2 476	2 622	2 936	3 255
城镇居民家庭恩格尔系数	%	38.2	37.7	37.1	37.7	36.7
农村居民家庭恩格尔系数	%	47.7	46.2	45.6	47.2	45.5

年末全国参加城镇基本养老保险人数为 17 444 万人，比上年末增加 1 091 万人。其中参保职工 13 082万人，参保的离退休人员 4 362 万人。全国参加城镇基本医疗保险的人数为 13 709 万人，增加 1 305万人。其中参保职工 9 959 万人，参保退休人员 3 750 万人。全国参加失业保险的人数为 10 648 万人，增加 64 万人。全国参加工伤保险的人数为 8 390万人，增加 1 545 万人。

年末全国企业参加基本养老保险离退休人员 4 002万人，实现了基本养老金全部按时足额发放；全年进入再就业服务中心的下岗职工全部按时足额领到了基本生活费，并由中心代缴了社会保险费；年末全国领取失业保险金人数为 362 万人。全年共有 2 233 万城镇居民得到政府最低生活保障，比上年增加 27.8 万人。

年末全国各类收养性社会福利单位床位 150 万张，收养各类人员 116 万人。城镇建立各种社区服务设施 17 万个，其中综合性社区服务中心 9 705 个。全年销售社会福利彩票 411 亿元，筹集社会福利资金 144 亿元，直接接收社会捐赠款 29 亿元。

十二、资源、环境和安全生产

全年实际建设占用耕地 13.9 万公顷，比上年减少 4.1%。灾毁耕地 5.4 万公顷。生态退耕 39 万公顷，因农业结构调整减少耕地 1.2 万公顷。查出往年建设未变更上报的建设占用耕地 7.3 万公顷。土地整理复垦开发补充耕地 30.7 万公顷。当年净减少耕地 36.2 万公顷。

全年水资源总量 27 430 亿立方米，比上年增长 13.7%；人均水资源 2 098 立方米，增长 13.0%。全年平均降水量 628 毫米，增长 4.6%。年末全国 454 座大型水库蓄水总量 2 227 亿立方米，比上年末增加 283 亿立方米。全年总用水量 5578 亿立方米，比上年增长 0.5%。其中，生活用水增长 6.9%，工业用水增长 3.7%，农业用水减少 1.6%。万元 GDP 用水量 357 立方米，下降 8.7%。全国人均用水量为 427 立方米，与上年持平。全年曾有 2 163 万人口、1 969 万头大牲畜发生临时性饮水困难。

国土资源调查及地质勘查新发现大中型矿产地 169 处，其中，能源矿产地 40 处，金属矿产地 58 处，非金属矿产地 64 处，水气矿产地 7 处。有 72 种矿产新增查明资源储量，其中，石油 9.43 亿吨，天然气 5 263 亿立方米，原煤 698 亿吨。

全年完成营造林面积 637 万公顷。六大林业重点工程营造林面积 543 万公顷，占全年营造林面积的 85.2%。全国共批准国家级生态示范区 166 个，自然保护区达到 2 349 个，其中国家级自然保护区 243 个，自然保护区面积 14 995 万公顷，占国土面积的 15%。国家地质公园达 138 个，其中新批准 53 个。新增综合治理水土流失面积 4.4 万平方公里，新增实施水土流失地区封育保护面积 6.3 万平方公里。

初步测算，全年能源消费总量 22.2 亿吨标准煤，比上年增长 9.5%。其中，煤炭消费量 21.4 亿吨，增长 10.6%；原油 3.0 亿吨，增长 2.1%；天然气 500 亿立方米，增长 20.6%；水电 4 010 亿千瓦小时，增长 13.4%；核电 523 亿千瓦小时，增长 3.7%。主要原材料消费中，钢材 4.0 亿吨，增长 20.1%；氧化铝 1 561 万吨，增长 21.7%；水泥 10.5 亿吨，增长 9.0%。万元 GDP 能耗 1.43 吨标准煤，与上年持平。

图 10　“十五”时期能源消费总量

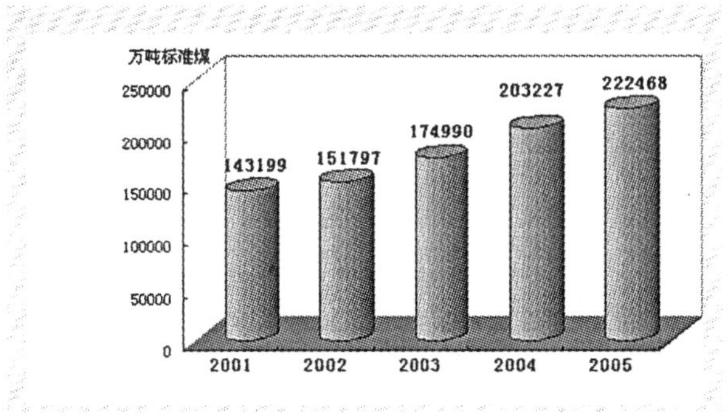

七大水系的 411 个水质监测断面中，有 41% 的断面满足国家地表水 3 类标准，比上年下降 1 个百分点；32% 的断面为 4～5 类水质，上升 2 个百分点；超过 5 类水质的断面比例占 27%，下降 1 个百分点。

全国近岸海域 293 个海水水质监测点中，达到国家一、二类海水水质标准的监测点占 67.3%，比上年上升 17.7 个百分点；三类海水占 8.9%，下降 6.5 个百分点；四类、劣四类海水占 23.8%，下降 11.0 个百分点。全国海域未达到清洁海域水质标准的面积为 13.9 万平方公里，比上年减少 17.8%，其中，严重污染海域面积约为 2.9 万平方公里。对 18 个海洋生态监控区监测表明，主要海湾、河口及滨海湿地生态系统均处于不健康或亚健康状态。

在监测的 523 个城市中，有 344 个城市空气质量达到二级以上（含二级）标准，占监测城市数的 65.8%；有 133 个城市为三级，占 25.4%；有 46 个城市为劣三级，占 8.8%。在监测的 350 个城市中，城市区域声环境质量为重度污染的占 0.9%，中度污染的占 1.7%，轻度污染的占 33.1%。

全年城市污水日处理能力达 8 091 万立方米，比上年增长 9.5%；城市污水处理率达到 48.4%，提高 2.8 个百分点；集中供热面积 22 亿平方米，增长 3.2%；建成区绿化覆盖率达到 33.0%，提高 1.4 个百分点。

全年各类自然灾害造成直接经济损失 2 042 亿

元，比上年上升27.4%。全年农作物受灾面积3 882万公顷，上升4.6%。其中，绝收460万公顷，上升5.4%。全年发生特大森林火灾3起，因森林火灾造成受害森林面积7.3万公顷，下降48.4%。全年因海洋灾害造成直接经济损失约332亿元，增加5.1倍。全年发生赤潮82次，减少14次；累计赤潮面积约27 070平方公里，上升1.7%。全年共发生造成人员伤亡或直接经济损失50万元以上的地质灾害854起，共造成直接经济损失36.5亿元。全年共发生5级以上地震13次，受灾人口208万人，受灾面积15 040平方公里，造成直接经济损失26亿元。

全年生产安全事故死亡12.7万人，比上年下降7.1%。亿元GDP生产安全事故死亡人数为0.70人，下降18.5%；工矿商贸企业从业人员生产安全事故10万人死亡人数为3.85人，下降6.8%；煤矿百万吨死亡人数为2.81人，下降8.7%。全年共发生道路交通事故450 254起，造成9.9万人死亡、47.0万人受伤，直接财产损失18.8亿元；道路交通万车死亡人数为7.60人，下降23.7%。

注：

1. 本公报为初步统计数。

2. 各项统计数据均未包括香港特别行政区、澳门特别行政区和台湾省。

3. 国内生产总值、各产业增加值绝对数按现价计算，增长速度按可比价计算。

4. 表2中的水果产量含果用瓜。

5. 钢材产量及消费量数据中均含部分使用钢材加工成其他钢材的重复计算因素。

6. 表6中，进出口按贸易方式分，除了一般贸易和加工贸易外，还有保税区仓储转口货物、边境小额贸易、外商投资企业作为投资进口的设备物品等贸易方式。

7. 邮电业务总量完成额按2000年不变价格计算。

8. 电话普及率的计算含接入用户交换机的话机数。

9. 六大林业重点工程是指天然林资源保护工程、退耕还林工程、京津风沙源治理工程、三北及长江中下游地区等重点防护林工程、野生动植物保护及自然保护区建设工程、重点地区速生丰产用材林基地建设工程。

10. 万元GDP用水量、万元GDP能耗按2000年不变价格计算。

11. 七大水系是指长江、黄河、珠江、松花江、淮河、海河、辽河水系。

生　产　总　值

（2005年）　　　　单位：亿元

地　区	总　计	第一产业	第二产业	第三产业	人均生产总值（元）
全　国	**182 320.6**	**22 718.4**	**86 207.6**	**73 394.6**	**13985**
北　京	6 814.5	95.7	2 100.5	4 618.4	44 441
天　津	3 663.9	109.4	2 050.3	1 504.1	35 234
河　北	10 116.6	1 453.9	5 324.2	3 338.5	14 811
山　西	4 121.2	257.9	2 307.9	1 555.4	12 321
内蒙古	3 822.8	600.1	1 685.1	1 537.6	16 067
辽　宁	8 005.0	853.6	3 906.8	3 244.6	19 022
吉　林	3 614.9	607.0	1 605.1	1 402.8	13 350
黑龙江	5 510.0	672.5	2 970.8	1 866.7	14 467
上　海	9 144.0	79.7	4 475.9	4 588.4	51 583
江　苏	18 272.1	1 388.6	10 342.7	6 540.9	24 518
浙　江	13 365.0	872.6	7 147.3	5 345.1	27 369
安　徽	5 375.8	940.7	2 234.1	2 201.0	8 810
福　建	6 560.1	828.8	3 224.9	2 506.4	18 613
江　西	4 056.2	770.0	1 914.9	1 371.3	9 437
山　东	18 468.3	1 927.6	10 620.3	5 920.4	20 030
河　南	10 535.2	1 843.0	5 539.3	3 152.8	11 265
湖　北	6 484.5	1 069.8	2 774.4	2 640.3	11 390
湖　南	6 473.6	1 255.0	2 604.6	2 614.0	10 264
广　东	21 701.3	1 374.6	10 747.3	9 579.4	23 674
广　西	4 063.3	902.6	1 505.0	1 655.7	8 746
海　南	893.1	301.0	218.5	373.6	10 819
重　庆	3 069.1	463.4	1 258.3	1 347.4	11 002
四　川	7 385.1	1 495.7	3 052.7	2 836.7	9 020
贵　州	1 942.0	359.2	822.8	760.0	5 222
云　南	3 472.3	656.2	1 449.7	1 366.5	7 826
西　藏	250.6	47.9	59.5	143.3	9 074
陕　西	3 674.8	418.6	1 849.0	1 407.2	9 908
甘　肃	1 928.1	300.0	836.6	791.6	7 455
青　海	543.2	62.8	264.6	215.8	10 030
宁　夏	599.4	69.8	277.8	251.8	10 087
新　疆	2 639.6	506.2	1 225.4	908.0	13 184

续表　　　　　　　　　　　　　　　　（2005年）

地区	生产总值比上年增长（%）	第一产业	第二产业	第三产业	比重（%）第一产业	第二产业	第三产业
全　国	**9.9**	**5.2**	**11.4**	**9.6**	**12.4**	**47.3**	**40.3**
北　京	11.1	1.0	11.7	11.2	1.4	30.9	67.7
天　津	14.5	4.3	17.5	11.4	3.0	56.0	41.0
河　北	13.4	5.6	15.6	13.4	14.4	52.6	33.0
山　西	12.5	-5.4	15.9	11.6	6.3	56.0	37.7
内蒙古	21.6	12.7	29.0	17.9	15.7	44.1	40.2
辽　宁	12.3	7.3	16.6	9.2	10.7	48.8	40.5
吉　林	12.0	8.3	13.3	12.3	16.8	44.4	38.8
黑龙江	11.6	9.2	12.6	10.7	12.2	53.9	33.9
上　海	11.1	-9.7	12.1	10.5	0.9	48.9	50.2
江　苏	14.5	2.8	16.0	14.8	7.6	56.6	35.8
浙　江	12.4	-1.6	12.3	14.9	6.5	53.5	40.0
安　徽	11.8	1.0	18.8	9.9	17.5	41.6	40.9
福　建	11.3	4.0	13.3	11.3	12.6	49.2	38.2
江　西	12.8	6.5	17.1	10.8	19.0	47.2	33.8
山　东	15.2	4.7	17.9	14.5	10.4	57.5	32.1
河　南	14.1	7.5	17.6	12.6	17.5	52.6	29.9
湖　北	11.4	4.0	13.7	11.8	16.5	42.8	40.7
湖　南	11.6	5.7	13.9	11.8	19.4	40.2	40.4
广　东	12.5	3.2	15.0	10.8	6.3	49.5	44.1
广　西	12.7	6.9	18.5	10.2	22.2	37.1	40.7
海　南	10.1	6.0	16.1	10.2	33.7	24.5	41.8
重　庆	11.5	4.5	12.9	12.3	15.1	41.0	43.9
四　川	12.6	5.8	17.8	10.7	20.3	41.3	38.4
贵　州	11.5	5.1	13.1	13.3	18.5	42.4	39.1
云　南	9.0	6.3	8.5	10.8	18.9	41.7	39.4
西　藏	12.2	4.8	13.5	14.9	19.1	23.7	57.2
陕　西	12.6	7.9	15.9	10.0	11.4	50.3	38.3
甘　肃	11.7	5.8	12.9	12.8	15.6	43.4	41.0
青　海	12.2	5.3	15.9	10.0	11.6	48.7	39.7
宁　夏	10.3	3.3	14.3	8.3	11.7	46.3	42.0
新　疆	10.2	6.5	15.4	8.5	19.2	46.4	34.4

本表增长率按可比价格计算，比重按当年价格计算。

人　　　　口

（2005 年）

地　　区	年末总人口（万人）	城镇人口比重（%）	65岁以上人口比重（%）	出生率（‰）	死亡率（‰）	自然增长率（‰）
全　国	**130 756**	**43.0**	**7.7**	**12.4**	**6.5**	**5.9**
北　京	1 538			6.3	5.2	1.1
天　津	1 043			7.4	6.0	1.4
河　北	6 851			12.8	6.8	6.1
山　西	3 355	42.1		12.0	6.0	6.0
内蒙古	2 386	47.2	6.7	10.1	5.5	4.6
辽　宁	4 221			7.0	6.0	1.0
吉　林	2 716	52.5	7.8	7.9	5.3	2.6
黑龙江	3 820	53.1	7.6	7.9	5.2	2.7
上　海	1 778			7.0	6.1	1.0
江　苏	7 475			9.2	7.0	2.2
浙　江	4 898			11.1	6.1	5.0
安　徽	6 120	35.5		12.4	6.2	6.2
福　建	3 535	47.3	8.7	11.6	5.6	6.0
江　西	4 311	37.1	7.3	13.8	6.0	7.8
山　东	9 248			12.1	6.3	5.8
河　南	9 380	30.7		11.6	6.3	5.3
湖　北	5 710			8.7	5.7	3.1
湖　南	6 326	37.0		11.9	6.8	5.2
广　东	9 194			11.7	4.7	7.0
广　西	4 660	33.6	9.6	14.3	6.1	8.2
海　南	828			14.6	5.7	8.9
重　庆	2 798	45.2		9.4	6.4	3.0
四　川	8 212	33.0		9.7	6.8	2.9
贵　州	3 730	26.9		14.6	7.2	7.4
云　南	4 450	29.5		14.7	6.8	8.0
西　藏	277			17.9	7.2	10.8
陕　西	3 720	37.2	8.6	10.0	6.0	4.0
甘　肃	2 594	30.0		12.6	6.6	6.0
青　海	543	39.3	60.8	15.7	6.2	9.5
宁　夏	596			15.9	5.0	11.0
新　疆	2 010	37.2		16.4	5.0	11.4

人民生活主要指标

（2005年）

地区	城镇居民		农村居民	
	年人均可支配收入（元）	恩格尔系数（%）	年人均纯收入（元）	恩格尔系数（%）
全国	**10 493**	**36.7**	**3 255**	**45.5**
北京	17 653	31.8	7 346	32.7
天津	12 639	36.7	5 580	38.6
河北	9 107	34.6	3 482	41.0
山西	8 914	32.4	2 891	44.2
内蒙古	9 137	31.4	2 989	43.1
辽宁	9 108	38.8	3 690	40.2
吉林	8 691	34.7	3 264	43.5
黑龙江	8 273	33.5	3 221	36.3
上海	18 645	35.9	8 248	36.9
江苏	12 319	37.2	5 276	44.0
浙江	16 294	33.8	6 660	37.9
安徽	8 471	43.7	2 641	45.5
福建	12 321	40.9	4 450	46.1
江西	8 620	40.8	3 129	49.1
山东	10 745	33.7	3 931	39.8
河南	8 668	34.2	2 871	45.4
湖北	8 786	39.0	3 099	49.1
湖南	9 524	35.8	3 117	52.0
广东	14 770	36.1	4 690	48.3
广西	9 287	41.3	2 495	51.0
海南	8 124	47.6	3 004	57.6
重庆	10 243	36.4	2 809	52.8
四川	8 386	39.3	2 803	54.7
贵州	8 151	39.9	1 877	52.8
云南	9 266	42.8	2 042	54.5
西藏	9 431	44.5	2 078	68.8
陕西	8 272	36.1	2 053	42.9
甘肃	8 087	36.0	1 980	47.2
青海	8 058	36.3	2 152	45.2
宁夏	8 094	34.8	2 509	44.0
新疆	7 990	36.4	2 482	41.8

社会消费品零售总额

（2005年）　　　　　　　　单位：亿元

地区	社会消费品零售额	比上年增长（%）	城市	农村	分行业 批发零售业	分行业 餐饮业
全国	**67 176.6**		**45 095.0**	**22 082.0**	**56 589.0**	**8 887.0**
北京	2 902.8	12.9	2 519.1	383.7	2 529.4	267.9
天津	1 190.1	10.5				159.5
河北	2 952.9	13.9	1 382.5	1 570.4	2 541.3	349.6
山西	1 401.2	14.6	902.8	498.4	1 187.3	163.3
内蒙古	1 344.1	14.9	903.3	440.7	1 071.7	229.6
辽宁	2 999.0	15.8	2 523.7	475.2	2 479.2	453.1
吉林	1 460.8	13.5	1 129.8	331.0	1 266.3	189.8
黑龙江	1 760.0	13.5	1 549.3	210.7	1 518.0	204.1
上海	2 973.0	13.0				350.3
江苏	5 699.9	11.9	4 453.4	1 246.5	4 964.8	629.1
浙江	4 631.7	16.0	3 047.0	1 585.0	4 021.0	533.2
安徽	1 765.0	14.2	941.2	823.8	1 497.1	240.7
福建	2 345.8	13.3	1 479.5	866.4	2 011.9	286.8
江西	1 236.2	13.8	651.7	584.5	1 096.5	123.3
山东	6 126.4	15.0	4 548.6	1 577.8	5 132.0	722.3
河南	3 358.4	15.8	1 805.2	1 553.2	2 780.4	497.5
湖北	2 964.6	14.3	2 057.7	906.9	2 402.4	386.7
湖南	2 459.1	13.2	1 371.4	1 087.7	2 104.5	317.4
广东	7 882.6	14.4	5 950.6	1 932.0	6 575.3	1 174.3
广西	1 397.0	15.0	819.2	57.9	1 203.7	166.5
海南	268.6	14.3	210.4	58.2	210.8	46.1
重庆	1 215.8	13.4	714.8	500.1	1 042.6	162.0
四川	2 981.4	13.0	1 446.9	1 534.5	2 337.6	545.6
贵州	606.9	15.7	362.7	244.2	531.9	64.7
云南	1 034.4	13.7	564.5	469.9		
西藏	73.1	12.9	33.0	40.1	59.2	12.4
陕西	1 322.4	13.7	854.6	467.8	1 155.6	140.1
甘肃	632.8	13.6	413.4	219.5	512.1	99.8
青海	160.5	13.2	105.6	54.9	132.2	24.4
宁夏	174.3		131.2	43.1		30.0
新疆	637.8		442.4	195.4	509.8	90.6

对　外　贸　易

（2005年）

地区	进出口总值（亿美元）	出口	进口	比上年增长（%）	出口	进口
全国	**14 219.0**	**7 619.5**	**6 599.5**	**23.2**	**28.4**	**17.6**
北京	1 255.1	308.7	946.4	32.8	50.1	28.0
天津	532.81	273.8	259.0	27.1	31.4	22.8
河北	160.7	109.2	51.5	18.8	17.0	22.9
山西	55.5	35.3	20.2	3.0	-12.5	49.6
内蒙古	48.8	17.7	31.0	27.5	22.8	30.8
辽宁	410.1	234.4	175.7	19.2	23.9	13.4
吉林	65.3	24.7	40.6	-3.9	43.9	-20.0
黑龙江	95.7	60.7	35.0	40.9	64.9	12.6
上海	1 863.4	907.2	956.2	16.5	23.4	10.5
江苏	2 279.2	1 229.7	1 049.6	33.4	40.5	26.1
浙江	1 073.9	768.0	305.9	26.0	32.1	13.0
安徽	91.2	51.9	39.3	26.4	31.8	20.0
福建	544.1	348.4	195.7	14.5	18.5	8.0
江西	40.6	24.4	16.3	14.9	22.3	5.4
山东	767.4	461.2	306.1	26.5	28.9	23.0
河南	77.2	50.9	26.4	17.0	22.1	8.1
湖北	90.5	44.3	46.3	34.3	31.5	37.0
湖南	60.0	37.5	22.5	10.4	20.9	-3.5
广东	4 279.6	2 381.6	1 898.1	19.8	24.3	14.7
广西	51.8	28.8	23.0	20.9	20.1	21.8
海南	25.4	10.2	15.2	-23.8	-6.4	-32.0
重庆	42.9	25.2	17.7	11.3	20.5	0.3
四川	79.0	47.0	32.0	15.1	18.1	11.0
贵州	14.0	8.6	5.4	-7.3	-0.9	-15.8
云南	47.4	26.4	21.0	26.6	18.0	39.4
西藏	2.1	1.7	0.4	-8.1	27.1	-57.1
陕西	45.8	30.8	15.0	25.7	28.3	20.5
甘肃	26.3	10.9	15.4	49.4	9.5	101.0
青海	4.1	3.2	0.9	-28.2	-28.9	-25.3
宁夏	9.7	6.9	2.8	6.4	6.3	6.7
新疆	79.4	50.4	29.0	40.9	65.5	12.1

工 业 增 加 值

（2005 年）　　　　单位：亿元

地　　区	工业增加值	规模以上企业	国有及国有控股	轻　工　业	重　工　业
全　　国	**76 189.6**	**66 425.2**	**26 063.4**	**20 584.6**	**45 840.6**
北　　京	1 782.4	1 705.4	1 004.0	345.4	1 360.0
天　　津	1 884.8	1 783.0			
河　　北	4 759.0	3 219.0	1 419.0	682.7	2 536.3
山　　西	2 073.0	1 712.0		125.3	1 586.7
内 蒙 古	1 390.9	1 135.5		306.7	
辽　　宁		3 007.4	1 590.0	540.2	
吉　　林		1 200.8	885.1	242.4	
黑 龙 江	2 696.3	2 166.3	1 858.0	250.4	
上　　海	4 155.2	3 994.7		1 081.8	
江　　苏	9 326.3	8 054.7		2 632.1	
浙　　江	6 343.0	4 905.0	1 045.0	2 139.0	
安　　徽	1 833.2	1 373.5	761.6	431.6	
福　　建	2 869.6	2 274.4	584.6	1 034.2	
江　　西	1 455.5	828.5	432.3	277.0	
山　　东		8 411.9	2 567.6	2 935.3	
河　　南	4 923.0	3 228.2			
湖　　北		2 007.9	1 143.8	541.9	
湖　　南	2 199.9	1 535.9	782.4	541.1	
广　　东	9 891.4	8 290.0	1 576.7	3 620.8	
广　　西	1 263.0	833.1	444.5	272.1	
海　　南	166.6	148.5	85.7	51.1	
重　　庆	1 023.4	716.4	392.8	245.2	
四　　川	2 512.6	2 034.4		648.1	
贵　　州	711.9	561.6	387.6	173.3	
云　　南	1 200.1	1 018.1		534.9	
西　　藏	17.4	17.0			
陕　　西		1 267.2		210.8	
甘　　肃	685.8	601.8	475.0	83.3	
青　　海	203.9	179.5	151.0	9.5	
宁　　夏	228.3	202.4		33.3	
新　　疆	992.0	933.3	848.3	66.5	

全社会固定资产投资

（2005年）　　单位：亿元

地　区	固定资产投资	比上年增长（%）	城　镇	比上年增长（%）
全　国	**88 604.3**	**25.7**	**75 096.5**	**27.2**
北　京	2 827.2	11.8	2 595.4	11.2
天　津	1 498.6	20.5	1 367.5	22.4
河　北	4 193.6	30.4	3 361.7	37.8
山　西	1 831.4	25.8	1 671.9	26.0
内蒙古	2 651.9	48.6	2 563.5	
辽　宁	4 203.7	40.1	3 669.7	41.1
吉　林	1 755.3	53.8	1 595.9	54.7
黑龙江	1 794.2	25.4	1 638.2	24.4
上　海	3 459.7	14.8	3 198.6	
江　苏	8 158.4	28.0	6 211.9	24.0
浙　江	6 524.2	15.1	4 757.0	
安　徽	2 540.3	31.7	2 140.0	32.7
福　建	2 328.5	23.5	1 970.1	24.1
江　西	2 207.9	26.0	1 933.9	30.9
山　东	9 206.8	38.9	7 274.8	34.7
河　南	4 378.7	41.3	3 528.3	44.9
湖　北	2 722.4	20.3	2 433.2	
湖　南	2 600.0	28.2	2 174.9	29.8
广　东	6 840.7	16.3	5 760.7	
广　西	1 734.5	40.5	1 554.3	42.2
海　南	376.5	15.7	351.5	20.8
重　庆	1 938.8	23.7	1 786.4	24.5
四　川	3 546.5	30.7	2 989.6	29.6
贵　州	1 014.6	17.8	916.1	18.0
云　南	1 735.5	31.0	1 550.2	
西　藏	187.2	16.5	187.2	15.4
陕　西	1 902.5	28.3	1 761.2	30.1
甘　肃	873.7	15.7	790.2	19.4
青　海	331.4	15.4	312.6	12.8
宁　夏	444.0	16.8	382.7	20.3
新　疆	1 338.4	16.4	1 210.1	15.3

续表 (2005年) 单位：亿元

地区	第一产业投资完成额	比上年增长(%)	第二产业投资完成额	比上年增长(%)	第三产业投资完成额	比上年增长(%)
全国	**822.8**	**27.5**	**31 598.7**	**38.4**	**42 675.1**	**20.0**
北京	11.9	83.1	409.7	21.8	880.6	23.7
天津			543.2	25.2	837.4	20.4
河北	60.1	34.0	1 690.8	50.5	2 442.6	26.7
山西	45.7	25.8	1 122.5	29.0	691.2	20.9
内蒙古	95.0	51.2	1 461.3	145.0	1 031.7	-2.2
辽宁	134.7	42.8	1 998.7	58.2	2 071.1	26.1
吉林	23.1	28.6	868.6	64.7	750.9	45.4
黑龙江						
上海	5.6	5.6	1 082.1	7.1	2 454.9	18.6
江苏	12.7	61.1	2 801.5	31.6	3 397.7	18.3
浙江	20.2	35.4	2 960.6	21.2	3 289.3	16.1
安徽	34.2	85.6	993.0	40.4	1 493.7	25.7
福建		47.5		30.8		20.1
江西	24.0	190.0	725.8	41.0	1 184.1	24.0
山东	308.4	23.5	6 653.5	45.4	3 579.6	29.6
河南						
湖北	92.9	19.8	1 088.1	19.2	1 653.8	21.1
湖南						
广东	27.8	-15.6	2 882.8	32.4	4 046.8	8.5
广西	43.0	98.3	573.8	48.6	978.9	37.1
海南	10.7	42.1	130.1	30.1	210.7	14.8
重庆		17.1		39.0		20.8
四川						
贵州	24.1	16.4	424.6	22.1	566.0	14.9
云南						
西藏						
陕西	32.2	6.4	649.6	35.7	1 157.4	29.8
甘肃	24.0	7.6	342.7	21.5	423.6	18.5
青海	31.4	8.6	175.6	47.8	160.2	43.6
宁夏						
新疆	124.9	-1.7	558.3	23.8	669.2	14.7

价　　格　　指　　数

（2005 年，以上年为 100）

地　　区	居民消费价格指数	城　　市	农　　村
全　国	**101.8**	**101.6**	**102.2**
北　京	101.5		
天　津	101.5	101.5	
河　北	101.8	101.4	102.2
山　西	102.3	101.7	103.7
内蒙古	102.4	102.0	103.3
辽　宁	101.4	100.8	104.0
吉　林	101.5	101.4	101.9
黑龙江	101.2	100.8	102.3
上　海	101.0		
江　苏	102.1	102.0	102.4
浙　江	101.3		
安　徽	101.4	101.1	101.9
福　建	102.2	101.9	102.8
江　西	101.7	101.5	102.2
山　东	101.7	101.1	102.4
河　南	102.1	102.1	102.1
湖　北	102.9	102.7	103.3
湖　南	102.3		
广　东	102.3	102.0	102.7
广　西	102.4	103.0	101.6
海　南	101.5	101.3	101.7
重　庆	100.8		
四　川	101.7		
贵　州	101.0	100.6	102.1
云　南	101.4	101.7	101.0
西　藏	101.5	101.5	100.9
陕　西	101.2	100.9	101.8
甘　肃	101.7	101.2	103.0
青　海	100.8	99.7	103.1
宁　夏	101.5	101.6	101.2
新　疆	100.7	100.6	101.2

财 政 收 支 与 金 融 信 贷

（2005 年）

单位：亿元

地　　区	财政收入	比上年增长（%）	财政支出	比上年增长（%）	金融机构存款年末余额	金融机构贷款年末余额
全　国	**3 1628.0**		**33 708.1**		**＊300 209.0**	**＊206 838.0**
北　京	919.2	23.5	1 058.3	17.0	＊28 970.0	＊15 335.5
天　津	331.9	28.2	442.1	20.6	＊6 090.5	＊4 722.4
河　北	515.7	26.5	979.2	22.5	10 764.9	6 415.2
山　西	368.3		668.8	28.8	＊7 151.2	＊4 328.9
内蒙古	277.5	39.3	681.9	21.9	3 298.2	2 588.6
辽　宁	675.3	22.7	1 204.4	26.9	11 967.0	7 958.0
吉　林	207.2	24.6	631.1	24.3	＊4 374.5	＊3 401.3
黑龙江	318.2	18.6	787.8	16.1	6 135.1	3 658.5
上　海	1 417.4	20.7	1 646.3	19.0	23 320.9	16 798.1
江　苏	1 322.7	26.4	1 673.4	18.8	22 001.4	15 396.6
浙　江	1 066.6		1 265.5		＊21 118.0	＊17 122.0
安　徽	334.0	21.7	713.1	16.4	5 993.8	4 313.5
福　建	432.6	18.0	593.4	17.7	7 248.4	5 068.7
江　西	252.9	22.9	564.0		4 445.5	3 019.0
山　东	1 073.1	29.5	1 466.2	232	17 103.5	13 381.8
河　南	537.7		1 116.0		10 003.7	7 434.5
湖　北	375.5	20.6	778.7	20.7	8 185.0	5 649.5
湖　南	395.3		873.4		＊6 589.5	＊4 590.6
广　东	1 807.2		2 289.1		＊38 119.9	＊23 261.2
广　西	283.0		611.5	20.2	4 2 02.8	3 056.9
海　南	68.7	22.0	151.2	18.8	＊1 302.3	＊996.3
重　庆	256.8	30.6	487.4	29.0	4 727.7	3 719.5
四　川	479.7		1 082.2		9 905.3	6 743.0
贵　州	182.3		520.7	24.4	2 777.5	2 323.9
云　南	312.6	18.7	766.3	15.4	5 140.5	3 987.6
西　藏	12.0	19.4	185.5	39.0	＊456.3	＊179.3
陕　西	275.3		639.0		6 446.5	3 983.2
甘　肃	123.5		429.3		2 895.9	1 923.5
青　海	33.8	25.0	169.8	23.6	＊737.8	＊641.6
宁　夏	47.7	27.4	160.3	29.2	＊993.7	＊841.8
新　疆	180.3	17.3	519.0	17.6	3 427.5	2 272.1

＊指本外币数据。

省会城市对比资料（一）

（2005年）

城市	土地面积（平方公里）		总人口（万人）	
	数值	位次	年末数	位次
南昌	7 402	23	475.17	17
合肥	7 029	24	455.7	18
长沙	11 820	14	620.92	12
郑州	7 446	21	716	8
武汉	8 494	17	801.36	4
太原	6 988	25	340.39	20
济南	8 177	18	597.44	14
南京	6 582	26	595.8	15
杭州	16 596	7	660.45	10
福州	11 968	13	614.84	13
广州	7 434	22	750.53	5
海口	2 305	27	147.29	25
南宁	22 112	3	659.54	11
成都	12 390	11	1082.03	1
贵阳	8 034	19	350.66	19
昆明	21 111	4	508.47	16
哈尔滨	53 068	1	971.64	2
长春	20 571	5	731.5	7
沈阳	12 980	10	698.6	9
石家庄	15 848	8	927.3	3
呼和浩特	17 224	6	213.5	22
西安	9 983	15	741.73	6
兰州	13 806	9	311.74	21
西宁	7 665	20	209.5	23
银川	9 170	16	140.6	26
乌鲁木齐	12 000	12	194.15	24
拉萨	29 052	2		

省会城市对比资料(二)

(2005 年)

单位：亿元

城市	地区生产总值			
	全年	位次	比上年增长（%）	位次
南昌	1 007.70	16	16.8	4
合肥	853.27	18	16.9	3
长沙	1 519.90	12	14.9	9
郑州	1 650.00	11	15.8	6
武汉	2 238.00	6	14.7	11
太原	859.49	17	14.7	11
济南	1 876.50	7	15.6	7
南京	2 413.00	3	15.2	8
杭州	2 918.61	2	12.5	22
福州	1 482.06	13	9.8	26
广州	5 115.75	1	13.0	19
海口	303.11	24	12.2	23
南宁	721.40	19	13.0	19
成都	2 371.00	4	13.5	17
贵阳	525.62	23	14.5	13
昆明	1 062.34	15	11.1	25
哈尔滨	1 830.40	9	14.1	14
长春	1 678.50	10	8.8	27
沈阳	2 240.00	5	16.0	5
石家庄	1 852.43	8	13.6	15
呼和浩特	700.43	20	21.1	1
西安	1 270.14	14	13.1	18
兰州	567.04	22	12.0	24
西宁	206.27	26	14.8	10
银川	239.00	25	13.0	19
乌鲁木齐	571.00	21	13.6	15
拉萨	89.20	27	17.2	2

省会城市对比资料(二-1)

(2005年)　　　　单位：亿元

城市	第一产业			
	全年	位次	比上年增长(%)	位次
南昌	72.60	15	5.0	16
合肥	52.50	18	1.0	27
长沙	112.59	11	6.9	9
郑州	72.00	16	7.0	8
武汉	110.00	12	4.5	19
太原	19.99	23	1.3	26
济南	132.40	7	6.0	11
南京	80.00	13	5.0	16
杭州	145.36	6	4.0	21
福州	173.60	5	2.2	25
广州	125.58	8	4.0	21
海口	23.09	21	7.1	7
南宁	119.57	10	8.2	4
成都	182.30	3	5.7	13
贵阳	34.85	20	7.6	5
昆明	77.31	14	5.0	16
哈尔滨	299.90	1	8.6	3
长春	180.00	4	6.0	11
沈阳	121.50	9	10.7	2
石家庄	247.50	2	5.5	14
呼和浩特	48.98	19	12.1	1
西安	64.08	17	7.5	6
兰州	22.13	22	4.1	20
西宁	11.50	25	6.2	10
银川	18.30	24	3.2	23
乌鲁木齐	7.30	26	2.6	24
拉萨	6.30	27	5.4	15

省会城市对比资料(二-2)

(2005年) 单位:亿元

城市	第二产业			
	全年	位次	比上年增长(%)	位次
南昌	532.13	15	21.2	3
合肥	382.69	18	20.2	5
长沙	655.27	12	18.5	9
郑州	872.80	8	18.7	8
武汉	1 019.00	5	17.9	12
太原	430.67	17	17.0	15
济南	864.00	9	17.4	14
南京	1 215.00	3	18.4	10
杭州	1 496.15	2	11.6	25
福州	697.56	11	8.7	26
广州	2 081.21	1	14.1	21
海口	82.87	26	12.7	24
南宁	230.99	22	15.9	18
成都	1 007.70	6	20.0	6
贵阳	249.39	21	16.2	17
昆明	483.24	16	14.0	22
哈尔滨	646.00	13	16.9	16
长春	786.40	10	6.2	27
沈阳	1 149.70	4	19.4	7
石家庄	927.24	7	17.7	13
呼和浩特	262.55	19	28.2	1
西安	539.61	14	14.4	20
兰州	249.99	20	13.8	23
西宁	109.78	25	20.4	4
银川	131.70	24	18.0	11
乌鲁木齐	229.30	23	14.9	19
拉萨	22.50	27	26.6	2

省会城市对比资料(二-3)

(2005年)　　单位：亿元

城市	第三产业			
	全年	位次	比上年增长（%）	位次
南昌	402.98	18	13.4	9
合肥	418.38	17	16.0	2
长沙	752.04	9	13.0	15
郑州	705.20	11	13.9	6
武汉	1 109.00	5	13.1	12
太原	444.83	16	13.4	9
济南	880.10	8	15.4	3
南京	1 118.00	4	13.1	12
杭州	1 277.10	2	14.7	5
福州	610.89	14	13.2	11
广州	2 908.96	1	12.6	19
海口	197.15	24	12.6	19
南宁	370.84	20	12.9	16
成都	1 181.00	3	9.6	24
贵阳	241.38	23	13.9	6
昆明	501.79	15	9.3	26
哈尔滨	884.50	7	13.9	6
长春	712.10	10	12.5	21
沈阳	968.90	6	12.9	16
石家庄	677.69	12	11.5	22
呼和浩特	388.91	19	17.4	1
西安	666.45	13	12.7	18
兰州	294.92	22	11.2	23
西宁	84.99	26	9.5	25
银川	89.00	25	8.6	27
乌鲁木齐	334.40	21	13.1	12
拉萨	60.40	27	15.3	4

省会城市对比资料(三)

(2005年)　　　　单位：亿元

城市	全部工业增加值			
	全年	位次	比上年增长（%）	位次
南昌	374.93	16	17.3	12
合肥	292.16	18	17.2	13
长沙	469.28	13	17.0	14
郑州	759.70	7	20.8	4
武汉	852.00	5	18.7	11
太原	334.30	17	18.8	10
济南	734.00	9	19.3	7
南京	1 066.00	3	19.5	6
杭州	1 330.39	2	11.4	25
福州	594.51	11	9.6	26
广州	1 867.53	1	14.8	20
海口	61.85	26	14.2	21
南宁	164.97	23	15.4	18
成都	757.30	8	19.7	5
贵阳	212.66	19	15.0	19
昆明	387.14	15	11.9	24
哈尔滨	490.90	12	16.2	17
长春	651.80	10	3.4	27
沈阳	1 011.10	4	19.1	8
石家庄	828.14	6	18.9	9
呼和浩特	209.31	20	26.1	1
西安	419.99	14	12.1	23
兰州	197.70	21	16.5	16
西宁	82.04	25	24.5	2
银川	106.00	24	23.0	3
乌鲁木齐	175.00	22	17.0	14
拉萨	8.40	27	13.0	22

省会城市对比资料(四)

(2005年)　　　　单位：亿元

城市	全社会固定资产投资完成额			
	全年	位次	比上年增长（%）	位次
南昌	525.59	15	45.3	2
合肥	495.27	17	36.4	7
长沙	881.44	8	31.9	9
郑州	820.00	11	26.1	14
武汉	1 055.18	6	28.3	13
太原	438.51	19	26.1	14
济南	856.90	9	31.6	10
南京	1 402.72	3	16.7	21
杭州	1 386.68	4	15.3	22
福州	603.26	14	14.6	24
广州	1 445.33	2	7.1	27
海口	137.17	25	15.0	23
南宁	362.90	20	38.1	6
成都	1 457.35	1	40.1	5
贵阳	343.54	21	17.2	20
昆明	522.00	16	20.0	16
哈尔滨	638.97	13	20.0	16
长春	650.40	12	41.4	3
沈阳	1 363.20	5	40.3	4
石家庄	928.65	7	31.6	11
呼和浩特	460.00	18	60.0	1
西安	835.10	10	30.4	12
兰州	259.59	22	12.0	25
西宁	115.63	26	17.3	19
银川	201.65	23	17.4	18
乌鲁木齐	195.65	24	11.4	26
拉萨	64.60	27	34.3	8

省会城市对比资料（五）

（2005 年）　　单位：亿元

城市	社会消费品零售总额			
	全年	位次	比上年增长（%）	位次
南昌	307.49	19	15.7	5
合肥	324.39	18	15.1	8
长沙	743.43	9	16.1	4
郑州	706.68	10	14.5	13
武汉	1 098.00	2	13.3	20
太原	384.03	16	15.1	8
济南	807.90	7	15.7	5
南京	1 005.00	3	16.3	3
杭州	975.43	5	14.0	16
福州	663.05	12	16.9	1
广州	1 898.74	1	13.2	22
海口	138.45	24	14.5	13
南宁	378.00	17	13.8	19
成都	999.20	4	14.2	15
贵阳	201.84	23	15.0	11
昆明	415.49	15	12.2	25
哈尔滨	788.10	8	12.7	24
长春	600.10	14	10.2	27
沈阳	915.10	6	13.1	23
石家庄	606.20	13	15.0	11
呼和浩特	304.90	20	15.1	8
西安	666.48	11	15.2	7
兰州	255.79	21	12.2	25
西宁	81.60	25	13.9	18
银川	80.50	26	14.0	16
乌鲁木齐	222.95	22	16.8	2
拉萨	33.50	27	13.3	20

省会城市对比资料(六)

(2005年)　　单位：亿美元

城市	实际利用外资			
	全年	位次	比上年增长（%）	位次
南昌	9.09	7	24.4	12
合肥	4.07	14	28.7	10
长沙	9.02	8	80.0	3
郑州	3.35	17	38.6	7
武汉	17.40	4	14.5	18
太原	1.65	19	15.6	17
济南	5.10	12	60.7	6
南京	20.09	3	22.7	13
杭州	17.13	5	21.5	14
福州	6.40	9	5.6	21
广州	26.49	1	10.3	20
海口	3.79	16	18.3	16
南宁	0.86	20	10.4	19
成都	5.48	11	65.8	5
贵阳	0.82	22	5.2	22
昆明	0.83	21	32.6	8
哈尔滨	3.11	18	21.0	15
长春	11.71	6	29.8	9
沈阳	21.23	2	106.0	2
石家庄	4.39	13	24.8	11
呼和浩特	4.03	15	68.5	4
西安	5.71	10	107.0	1
兰州				
西宁				
银川	0.53	23	－16.6	23
乌鲁木齐				
拉萨				

省会城市对比资料（七）

（2005年） 单位：亿美元

城　　市	出口总值（海关数）			
	全　年	位　次	比上年增长（%）	位　次
南　昌	12.40	18	15.4	20
合　肥	27.94	7	27.6	14
长　沙	15.95	14	16.7	19
郑　州	13.89	16	29.0	12
武　汉	36.48	6	54.1	3
太　原	21.17	11	-19.5	24
济　南	17.78	12	29.5	10
南　京	142.45	3	36.2	7
杭　州	198.00	2	30.5	8
福　州	76.30	4	13.0	21
广　州	266.68	1	24.2	16
海　口	4.12	23	20.3	17
南　宁	5.77	22	10.1	22
成　都	26.79	8	43.4	5
贵　阳	7.61	20	1.4	23
昆　明	17.36	13	25.4	15
哈尔滨	12.29	19	39.9	6
长　春	12.66	17	53.0	4
沈　阳	23.70	10	29.7	9
石家庄	37.21	5	29.0	12
呼和浩特	5.94	21	122.2	1
西　安	26.34	9	29.5	10
兰　州				
西　宁	2.83	25	-29.7	25
银　川	3.84	24	18.0	18
乌鲁木齐	14.28	15	55.7	2
拉　萨				

省会城市对比资料(八)

(2005 年)

单位：亿元

城市	一般预算收入（不含上划中央收入＋基金收入）			
	全年	位次	比上年增长（%）	位次
南昌	58.28	17	38.1	1
合肥	57.64	18	28.3	7
长沙	108.06	8	34.0	2
郑州	136.13	7	28.9	5
武汉	138.82	5	31.3	4
太原	56.95	19	33.6	3
济南	106.01	9	20.7	13
南京	211.07	3	20.4	14
杭州	250.46	2	19.7	17
福州	97.45	11	15.9	22
广州	371.26	1	15.7	23
海口	17.84	25	20.0	16
南宁	45.20	21	26.5	8
成都	141.43	4	28.5	6
贵阳	62.50	15	25.7	11
昆明	90.67	12	24.9	12
哈尔滨	98.00	10	11.6	25
长春	61.00	16	20.4	14
沈阳	138.10	6	26.1	9
石家庄	65.88	14	13.8	24
呼和浩特	35.95	22	25.9	10
西安	72.92	13	18.0	18
兰州	28.90	23	16.7	21
西宁	11.79	26	17.5	20
银川	18.16	24	17.9	19
乌鲁木齐	51.40	20	10.9	26
拉萨				

省会城市对比资料(九)

(2005年)　　　　　　　　　　单位：亿元

城　　市	城乡居民储蓄存款余额			
	全　年	位　次	比上年增长（%）	位　次
南　昌	643.75	17	15.3	21
合　肥	516.16	21	20.3	9
长　沙	954.42	16	19.2	13
郑　州	1 436.10	9	18.6	14
武　汉	1 599.56	6	23.5	5
太　原	1 024.92	13	25.7	1
济　南	1 024.40	14	17.7	16
南　京	1 595.40	7	24.3	2
杭　州	2 103.77	2	21.4	7
福　州	1 296.76	11	12.2	24
广　州	5 024.69	1	18.0	15
海　口	374.05	24	10.6	26
南　宁	598.23	18	16.0	19
成　都	2 074.00	3	20.1	11
贵　阳	497.74	22	23.7	4
昆　明	993.81	15	20.3	10
哈尔滨	1 461.49	8	15.9	20
长　春	1 059.30	12	16.4	18
沈　阳	1 742.60	4	12.7	23
石家庄	1 355.19	10	13.9	22
呼和浩特	379.60	23	24.0	3
西　安	1 716.76	5	19.8	12
兰　州	581.71	20	10.7	25
西　宁	234.63	26	16.6	17
银　川	264.95	25	21.1	8
乌鲁木齐	595.73	19	21.9	6
拉　萨				

省会城市对比资料（十）

（2005 年）

单位：元

城市	城市居民人均可支配收入			
	全年	位次	比上年增长（%）	位次
南昌	10 301	12	17.8	3
合肥	9 684	18	12.5	15
长沙	12 434	6	12.8	12
郑州	10 977	9	13.6	7
武汉	10 850	10	13.4	8
太原	10 476	11	12.0	16
济南	13 578	4	13.1	10
南京	14 998	3	19.9	2
杭州	16 601	2	14.0	6
福州	12 757	5	10.8	19
广州	18 287	1	8.3	24
海口	9 396	23	8.4	23
南宁	9 203	24	14.2	5
成都	11 359	8	9.3	22
贵阳	9 928	17	10.5	20
昆明	9 616	20	6.3	26
哈尔滨	10 065	14	12.6	14
长春	10 065	14	13.1	10
沈阳	10 098	13	13.2	9
石家庄	10 040	16	16.4	4
呼和浩特	12 150	7	21.9	1
西安	9 628	19	12.7	13
兰州	8 529	26	11.0	17
西宁	8 397	27	10.1	21
银川	8 852	25	10.9	18
乌鲁木齐	9 605	21	7.3	25
拉萨	9 500	22	2.8	27

省会城市对比资料(十一)

(2005年) 单位：元

城市	农民人均纯收入			
	全年	位次	比上年增长（%）	位次
南昌	3 879	18	13.6	7
合肥	3 207	22	11.0	12
长沙	4 908	6	13.8	5
郑州	4 744	8	14.1	4
武汉	4 341	13	9.7	17
太原	4 402	12	13.7	6
济南	4 812	7	14.6	3
南京	6 225	3	12.5	9
杭州	7 655	1	10.1	14
福州	5 197	4	7.9	22
广州	7 080	2	6.9	25
海口	4 502	10	7.7	24
南宁	2 677	26	8.5	19
成都	4 485	11	10.1	14
贵阳	3 135	23	11.6	11
昆明	3 258	21	9.3	18
哈尔滨	4 006	17	10.6	13
长春	4 210	15	7.8	23
沈阳	5 050	5	16.2	2
石家庄	4 118	16	8.4	20
呼和浩特	4 631	9	12.7	8
西安	3 460	20	10.1	14
兰州	2 713	25	6.4	26
西宁	2 593	27	11.7	10
银川	3 493	19	5.1	27
乌鲁木齐	4 249	14	8.1	21
拉萨	2 960	24	17.7	1

副省级（非省会）城市主要经济指标

（2005年）

指　　　　标	深　圳	大　连	宁　波	厦　门	青　岛
地区生产总值（亿元）	4 926.90		2 446.40	1 029.55	2 695.50
比上年增长（%）	15.0		12.5	16.0	16.9
全社会固定资产投资（亿元）	1 176.13	1 110.50	1 370.40	401.62	1 456.60
比上年增长（%）	7.6	55.0	25.1	31.8	45.0
社会消费平零售总额（亿元）	1 437.67	732.00	759.80	271.86	865.90
比上年增长（%）	15.0	13.5	14.0	16.0	15.8
外贸出口（海关数，亿美元）	1 015.02	137.80	222.30	172.68	194.22
比上年增长（%）	30.4	27.0	33.5	23.9	23.1
实际利用外资（亿美元）	29.69	30.04	23.11	7.07	36.56
比上年增长（%）	26.3	36.4	10.0	24.1	13.1
地方财政收入（亿元）	412.38	151.42	212.38	98.95	176.34
比上年增长（%）	18.2	29.2	18.0	22.1	35.1
工业总产值（亿元）	9 567.68	2 491.90	4 721.40	2 026.91	4 297.40
比上年增长（%）	21.1	23.1	24.1	21.4	27.9
工业销售产值（亿元）	9 329.98	2 443.10	4 645.00	2 010.23	
比上年增长（%）	20.4	21.8	24.7	18.3	
城市居民可支配收入（元）	21 494	11 994	17 408	16 403	12 920
比上年增长（%）	8.7	15.6	9.6	13.6	16.5
居民消费价格指数（%）	101.6	101.4	102.0	101.0	102.3

江西省 2005 年
国民经济和社会发展统计公报

江西省统计局

2006 年 4 月 3 日

2005 年，全省人民在省委、省政府的正确领导下，以邓小平理论和“三个代表”重要思想为指导，坚持以科学发展观统领经济社会发展全局，全面贯彻党的十六大和十六届三中、四中、五中全会精神，认真落实国家一系列重大战略决策和部署，开拓进取，扎实工作，全省经济呈现出又快又好的发展势头，各项社会事业健康发展，城乡居民生活水平不断提高，社会保持和谐稳定，全面和超额完成了“十五”计划确定的经济社会发展目标，为实现江西在中部地区崛起、全面建设小康社会的目标奠定了基础。

一、综　　合

国民经济继续保持较快增长。初步核算，全省生产总值突破 4 000 亿元，达到 4 056.2 亿元，增长 12.8%，其中，第一产业增加值 770.0 亿元，增长 6.5%；第二产业增加值 1914.9 亿元，增长 17.1%；第三产业增加值 1 371.3 亿元，增长 10.8%。人均生产总值 9 439 元，按当年平均汇率换算，突破 1 000美元大关。

经济结构调整取得积极成效。全省三次产业结构由上年的 19.2:45.3:35.5 调整为 19.0:47.2:33.8，二产提高 1.9 个百分点，二三一结构得到进一步巩固与发展。工业成为推动经济快速增长的主导力量，工业增加值占生产总值的比重达到 35.9%，比上年提高 2.9 个百分点。农业基础地位更加巩固，现代服务业有新的发展。多种经济成分共同发展的格局基本形成，个私经济占全省生产总值的 36.1%。

财政综合实力显著增强。全省财政总收入突破 400 亿元，达 425.9 亿元，增长 21.4%，地方财政收入 252.9 亿元，增长 22.9%，其中，增值税 33.9 亿元，增长 33.2%。财政总收入超亿元的县（市、区）达到 84 个，增加 12 个。

市场物价涨幅稳步回落。全省居民消费价格总水平 101.7%，比上年上涨 1.7%，涨幅同比低 1.8 个百分点。分城乡看，城市上涨 1.5%，农村上涨 2.2%。分季度看，一季度上涨 2.8%，上半年上涨 2.3%，前三季度上涨 1.9%，物价涨幅呈逐步走低态势。分类别看，居住类上涨 5.7%，食品类上涨 3.1%，衣着类下降 2.3%，其他类基本平稳。商品零售价格上涨 0.9%，服务项目价格上涨 3.5%。工业品出厂价格上涨 8.8%，原材料、燃料、动力购进价格上涨 10.0%，固定资产投资价格上涨 0.5%，农业生产资料价格上涨 7.9%，农产品生产价格上涨 0.5%。

国民经济和社会发展中存在的主要问题是：经济增长方式粗放和体制不完善的问题较为突出，经济社会发展与资源环境的矛盾日益凸现；就业和再就业压力较大，社会保障体系尚需进一步完善；部分群众生活还比较困难，影响社会和谐稳定的因素不少；解决“三农”问题、统筹城乡发展和促进区域协调发展任重道远。

二、农　　业

农业综合生产能力稳步提高。全省农业总产值 1 143.0 亿元，按可比价格计算，比上年增长 6.8%。在遭受多种自然灾害情况下，粮食总产量

370.8亿斤，创历史最高水平。农业结构调整稳步推进，高效经济作物和养殖业较快增长。棉花产量8.7万吨，增长2.8%；油料76.1万吨，增长2.1%；烟叶2.1万吨，增长26.2%；蚕茧0.9万吨，增长10%；茶叶1.7万吨，增长24.1%；水果130.3万吨，增长27.3%；蔬菜1 145.9万吨，增长2.4%。

林业发展取得新成效。全省各地把培育保护森林资源、建设绿色生态江西放在重要位置，进一步加快了植树造林、国土绿化和低产林改造的步伐，森林面积扩大，覆盖率提高，林木蓄积量增加，主要林产品产量稳定增长。全省实现林业产值87.4亿元，增长4.4%；全年完成造林面积64.3千公顷，增长10.6%；森林覆盖率高达60.05%，位居全国第二位。

畜牧业生产平稳发展。全省生猪出栏2 333.1万头，比上年增长10.3%；牛出栏101.4万头，增长12.6%；家禽出笼3.7亿羽，增长8.2%；牛奶产量12.5万吨，增长7.8%；禽蛋产量42.1万吨，增长3.1%；肉类总产量244.8万吨，增长11.3%。

渔业生产稳步增长。全省水产品总产量达168.3万吨，比上年增加12.3万吨，增长7.9%，其中特种水产品60.4万吨，增长17.5%。

农业生产条件不断改善。年末全省农业机械总动力达1 781.3万千瓦，比上年增长21.6%，其中：农用排灌动力机械435.2万千瓦，增长26.2%；联合收割机达1.2万台，增长69.4%；农机原值167.4亿元，增长63.1%；农用运输车11.7万辆，增长11.7%。农业化肥施用量（折纯）129.4万吨，增长4.7%；农村用电量45.1亿千瓦小时，增长6.7%；农田新增节水灌溉面积10.4千公顷，增长54.2%。

三、工业和建筑业

工业生产快速增长。全省全部工业增加值1 455.5亿元，比上年增长20%，工业对经济增长的贡献率达到51.6%，其中规模以上工业增加值达到828.5亿元，增长23.6%。在规模以上工业中，国有及国有控股企业增加值432.3亿元，增长12.9%；集体企业11.8亿元，增长41.1%；股份制企业289.9亿元，增长19.3%；外商及港澳台投资企业118.2亿元，增长34.3%；私营企业199.6亿元，增长53.9%。分轻重工业看，轻工业增加值277.0亿元，增长37.2%；重工业增加值551.5亿元，增长21.0%。从企业规模看，大型企业完成增加值252.5亿元，增长15.9%；中型企业完成增加值247.1亿元，增长11.6%；小型企业完成增加值328.9亿元，增长52.4%。支柱产业支撑作用突出，六大支柱产业完成工业增加值497.2亿元，增长27.3%，对规模以上工业增长的贡献率达到54.3%，拉动规模以上工业增长12.8个百分点。

主要工业产品产量有较大幅度提高。规模以上工业原煤产量1 620.8万吨，增长20.2%；发电量349.3亿千瓦小时，增长6.2%；水泥产量3477.0万吨，比上年增长17.2%；钢材产量1 017.8万吨，增长32.1%；服装产量5.6亿件，增长32.6%；汽车产量20.7万辆，增长12.6%。

工业经济效益明显改善。规模以上工业盈亏相抵后实现利润首次突破100亿元，达到115.5亿元，比上年净增45.3亿元，增长64.5%；工业经济效益综合指数达147.3%，提高17.2个百分点，再创历史最好水平。在37个工业行业大类中，有35个行业实现盈利，冶金、汽车和化学工业效益提高较快，对全省工业经济效益的提高拉动明显，其中，有色金属冶炼压延加工业实现利润27.6亿元，增长79.7%；有色金属矿采选业实现利润8.9亿元，增长2.5倍；汽车工业实现利润10.4亿元，增长58%；化工行业实现利润7.2亿元，增长1.5倍。

工业园区发展水平进一步提升。全省入园投产工业企业达到6053家，比上年新增1 006家；安置从业人数109.6万人，净增就业岗位23.1万人，增长26.7%；园区完成工业增加值453.1亿元，相当于规模以上工业增加值的54.7%；完成的销售收入、利润、利税分别增长48.6%、42.7%、38.2%；年销售收入超过10亿元的园区达43个，增加16个。

建筑业生产发展加快。全社会建筑业增加值459.4亿元，比上年增长8.6%。具有建筑业资质等级的总承包和专业承包建筑业企业完成总产值543.4亿元，增长20.9%；实现利润8.7亿元，增长17.8%，税金总额20.8亿元，增长24.2%。施工房屋面积6 592.4万平方米，增长6.2%；竣工房屋建筑面积3 604.4万平方米，增长6.0%。施工项目招标投标推行面继续扩大。全年招标投标推行面达到83.9%，比上年提高0.8个百分点。

四、固定资产投资

固定资产投资平稳较快增长。全社会固定资产投资2 293亿元，比上年增长26%，其中城镇固定资产投资1 933.9亿元，增长30.9%。三次产业投资全面增长。在城镇投资中，第一产业24.0亿元，增长1.9倍，增幅居三次产业之首；第二产业725.8亿元，增长41.0%，其中工业投资721.9亿元，增长40.8%；第三产业1184.1亿元，增长24.0%。非国有投资快速增长，比重提高。城镇非国有投资突破1 000亿元，达到1 067.6亿元，增长41.6%，占全省城镇投资的55.2%，比重提高4.2个百分点。

重点项目和基础设施建设继续加强。全省实施重点工程项目82项，其中总投资5亿元以上的项目45项，10亿元以上的项目25项。省重点工程建设完成投资246.9亿元，增长16.3%。以高速公路为重点的交通基础设施建设继续加强。开工建设景德镇－鹰潭、南康－大余高速公路，续建景婺黄高速公路，建成泰井、乐温高速公路，高速公路通车总里程达到1 580公里，所有出省主通道和省会南昌到各设区市道路实现了高速化，硬化和改造农村公路3.4万公里。电源网点建设步伐加快，一批电厂续建扩建。

五、国内贸易

消费品市场稳中趋活。全省社会消费品零售额1 236.2亿元，增长15.0%，增幅创1997年以来新高，位居全国第五。分城乡看，城市消费品市场需求相对活跃，实现零售额651.7亿元，增长16.5%；农村市场（县及县以下）需求比较稳定，实现零售额584.5亿元，增长13.4%，增幅比城市低3.1个百分点。从行业看，餐饮业实现零售额123.3亿元，增长18.7%，增幅居各行业之首；批发零售贸易业实现零售额1 096.5亿元，增长15%。

消费结构升级步伐加快。以住房、文体教为代表的投资型和服务型商品消费热点频显，轿车正在加速进入富裕家庭，城市手机更趋普及化，家具及建筑装潢材料销售活跃，数码摄像机、数字音响、高清晰度大屏幕彩电等高档家用电器持续热销。据限额以上批发零售贸易企业统计，家具类商品零售额增长80.7%、建筑及装潢材料类增长73.9%、文化办公用品类增长64.9%、电子出版物及音像制品类增长55.5%、体育娱乐用品类增长50.8%、家用电器和音像器材类增长24.0%、汽车类增长10.6%。商品房销售需求较旺，全年共销售商品房面积1 221万平方米，增长19.6%，其中个人购房面积1 198万平方米，增长21.2%，占全部销售面积的98.1%。

新兴流通业态发展迅速。年末，全省各类商品交易市场达2 395个，其中亿元以上的商品交易市场有72个，成交额达514.3亿元。限额以上连锁企业达到34个，比上年增长88.9%；连锁商业销售额221.7亿元，增长4.5倍。

六、对外经济

对外贸易规模扩大。全省海关进出口总额首次突破40亿美元，达到40.6亿美元，增长14.9%，其中，出口24.4亿美元，增长22.3%；进口16.2亿美元，增长5.4%；实现贸易顺差8.2亿美元，增长78.9%。一般贸易居主体地位，加工贸易快速发展。一般贸易出口20.5亿美元，占全省出口的83.9%；加工贸易出口3.9亿美元，增长32.2%。香港、美国和日本等地区和国家仍是我省主要出口地，同时，欧盟市场得到进一步拓展。全年对亚洲地区和国家出口12.4亿美元，占全省出口的50.9%，其中，对香港和日本出口6.9亿美元，占亚洲市场的55.1%；对欧盟和美国分别出口4.2亿美元和3.8亿美元，增长66.7%和53.1%。外贸出口质量提高。机电产品出口4.7亿美元，增长50.9%，占外贸出口的比重由上年的15.6%上升到19.2%；高新技术产品出口8 099万美元，增长61.7%。

利用外资成效显著。全年新批外商投资企业项目数940个，其中新批合同外资金额1 000万美元以上大项目79个，比上年增加23个，增长41%；合同金额38.8亿美元，增长24.5%；实际使用外商直接投资24.2亿美元，增长18.0%，再创历史新高。5 000万元以上工业项目实际利用省外资金

472.4亿元，增长23.2%。世界500强企业陆续入驻江西，全省有世界500强企业投资背景的外资项目达到21个。

外经合作步伐加快。全省对外承包工程合同项目32个，合同金额2亿美元，完成营业额1.5亿美元，分别比上年增长33.3%、75.7%和31.6%；全年对外劳务合作合同金额0.9亿美元，完成营业额0.6亿美元，分别增长2倍和14.5%。

七、交通、邮电和旅游

交通运输能力继续提高。全年完成货物周转量874亿吨公里，比上年增长0.9%。其中：铁路609亿吨公里，下降0.2%；公路183亿吨公里，增长2.3%；水运82亿吨公里，增长6.3%。完成旅客周转量605亿人公里，增长4.9%。其中：铁路386亿人公里，增长5.2%；公路204亿人公里，增长2.9%。

邮电通信业快速发展。全省邮电业务总量完成261亿元，比上年增长26.7%，其中：邮政业务总量18亿元，增长16.5%；电信业务总量243亿元，增长27.1%。全年新增局用交换机160万门，总容量达到1 082万门；新增移动电话用户127万户。计算机互联网用户达到317万户，增加147万户。全省电话普及率达37.9部/百人。

旅游业保持较快增长。全省接待旅游总人数超5 000万人次，达到5 095.2万人次，比上年增长23.7%，其中国内旅游人数5 057.9万人次，增长23.7%；入境旅游人数37.3万人次，增长29.5%。实现旅游总收入320亿元，增长32.9%，其中国内旅游收入311.5亿元，增长33%；旅游外汇收入1.0亿美元，增长30.3%。

八、金融和保险业

金融市场运行平稳。年末全省金融机构人民币存款余额4 445.5亿元，比年初增加650.7亿元，其中：企业存款余额1 050.2亿元，增加53.7亿元；城乡居民储蓄存款余额2 752.9亿元，增加405.2亿元。全省金融机构人民币贷款余额3 019.0亿元，比年初增加367.7亿元，其中短期贷款余额为1 494.5亿元，增加179.1亿元；中长期贷款余额1 352.2亿元，增加128.3亿元。各类个人消费贷款余额259.7亿元，比年初增加54.1亿元，各类个人住房贷款余额197.4亿元，增加43.5亿元。全年金融机构现金收入11 477.6亿元，比上年增长11.5%，金融机构现金支出11 203.7亿元，增长11.3%，收支相抵，净回笼货币273.9亿元，增长19.2%。

保险事业稳步发展。全年保费收入89.8亿元，比上年增长11%，其中：产险保费收入17.4亿元，增长12.8%；寿险保费收入63.7亿元，增长7.9%；健康险保费收入5.9亿元，增长59.6%；意外伤害险收入2.8亿元，增长11.4%。全年赔款和给付支出合计16.1亿元，下降3.1%。其中：产险赔款9.5亿元，增长4.4%；寿险给付3.3亿元，下降18.4%；健康险赔款和给付2.3亿元，增长26.0%；意外险赔款1亿元，下降38.6%。

九、教育和科学技术

教育事业全面发展。高等教育发展加快，全省招收研究生4 173人，比上年增加988人，在校研究生9 860人，增加2 377人，毕业研究生1 772人，增加423人；普通高等学校招收学生20.79万人，增加1.99万人，在校学生64.61万人，增加15.62万人，毕业生14.74万人，增加8.2万人。中等职业教育继续发展。中等职业学校招收学生28.05万人，增加7.75万人，在校学生64.41万人，增加15.94万人，毕业生14.74万人，增加3.02万人。普及义务教育有新进展。全省普通中学高中在校学生84.92万人，初中在校学生201.23万人，小学在校学生384.16万人，小学适龄儿童入学率达到99.01%，在托儿童71.68万人。成人教育取得新成绩。成人高等学校在校学生10.13万人；成人中等专业学校在校学生1.46万人。全年参加高等教育自学考试的人员达26.83万人，获得单科合格证42.23万科次数，获得本科、大专毕业证书的分别为0.93万人和0.79万人。全年共扫除文盲7.98万人，文盲率降到1%以内。

科技活动日趋活跃。年末，全省拥有国家级工程技术研究中心1个，省级工程技术研究中心45个，比上年增加6个；省级重点试验室35个，增加10个。全年签订各类技术合同3321项，增加207项；技术合同成交额11.1亿元，增长18.1%。专利申请量持续增长。全省三种专利申请 2 815 项，增长 4.8%，其中发明专利申请量 713 件，占三种专利申请总和的 25.3%；专利授权数 1361 项，增长 16.4%。

科技研究硕果喜人。全省科技成果在国家登记数量达到 207 项，共有 5 项获得国家科学技术奖。其中："猪重要经济性状功能基因的分离、克隆及应用研究"和"年产 5 万吨级有机硅单体生产新技术及装备的开发研究"，是我省独立完成的两个科技项目，获国家科技进步奖二等奖。此外，我省参与合作并完成的"印水型水稻不育胞质的发掘及应用"项目获国家科技进步奖一等奖，"主要作物硫钙营养特性、机制与肥料高效施用技术研究"和"林业种质资源收集、保存与利用研究"项目获国家科技进步奖二等奖。这些科技成果的突破和进展，成为提升我省科技自主创新能力的新亮点。科学技术对经济增长的贡献率由 2000 年的 39.8%上升为 2005 年的 45.6%。一批科研成果被采用，产生了良好的社会效益和经济效益。

十、文化、卫生和体育

文化事业健康繁荣。年末，全省共有各类艺术表演团体 79 个，文化馆、群艺馆 113 个，公共图书馆 104 个，博物馆 82 个。全省共有无线广播电台 12 座，中短波广播发射台 15 座，广播人口覆盖率 93.22%，比上年增加 0.32 个百分点；电视台 12 座，电视转播发射台 347 座，电视人口覆盖率 95.44%，比上年增加 0.54 个百分点。全年共出版各种图书、杂志、报纸 3244 种，比上年增加 587 种；共出版各类期刊 5 585 万册、图书 16 667 万册、报纸 59 264 万份，其中期刊和报纸数量分别增加 537 万册和 4 558 万份。坚持以"五个一工程"为龙头，推动精神文明产品生产，一批优秀文艺、广播影视作品先后在国内外获奖。

卫生事业不断进步。年末，全省共有各类医疗卫生机构 10 664 个（包括个体机构），比上年减少 1 416个，其中：医院 488 个，农村卫生院 1 519 个，疗养院 2 个，门诊部 42 个，疾病预防控制中心 115 个，妇幼保健院 112 个，诊所、卫生保健所、医务室、社区卫生站 8 134 个。各类卫生技术人员 11.6 万人，其中：医生 4.97 万人，注册护士 3.57 万人；在农村，有乡村医生 34 436 人，卫生员 1 209 人。

体育事业蓬勃发展。全年我省体育健儿在国际和国内的重大比赛中，奋勇拼搏，共获得 44 枚金牌、21 枚银牌和 15 枚铜牌，其中金牌数比上年增加 11 枚。在第十届全国运动会上，共获得 12 枚金牌、6 枚银牌和 2 枚铜牌，金牌总数和团体总分创江西参加全运会以来的新纪录。群众体育运动进一步普及，各地开展了一系列形式多样、内容丰富、贴近群众的全民健身活动和比赛。全年共发行体育彩票 8.2 亿元，筹集体育公益金 2.8 亿元，比上年增长 2 倍。

十一、资源与环境

加强资源管理取得成效。全省水资源总量1 505 亿立方米，人均水资源量 3 491 立方米，比全国平均水平多 1 393 立方米；人均用水量 483 立方米。全年平均降水量 1 661 毫米，比上年增长 16.1%。年末全省 253 座大中型水库蓄水总量 91.5 亿立方米，比上年末增加 28.7 亿立方米。全年总用水量 208.05 亿立方米，其中第一产业用水量 134.33 亿立方米，第二产业用水量 54.06 亿立方米，第三产业用水量 2.48 亿立方米，生活用水量 15.89 亿立方米，城市环境用水 1.29 亿立方米。水资源消耗率 10.5%，比上年降低 0.2%。全省基建占用耕地 4 530公顷，比上年减少 74.7%，退耕还林 3.3 万公顷。

环境综合整治力度加大。年末，全省共有县级以上环境监测站 90 个，比上年增加 6 个。在对空气质量进行监测的 11 个城市中，有 9 个城市空气质量达到二级标准，占监测城市数的 81.8%；有 2 个城市达到三级标准，占监测城市数的 18.2%。全省建成了 54 个城市烟尘控制区，面积达 803 平方公里，增长 23.4%。全年完成环境污染治理项目 145 个，环境污染治理投资额 7.23 亿元。

生态保护工作扎实推进。全省有国家级生态示范区（含生态示范区建设试点地区）3 个，面积达 95 548.7 平方公里，比上年增长 7.8%；建成国家级、省级自然保护区 30 个，其中国家级自然保护区 5 个，省级自然保护区 25 个；自然保护区面积 9 016.3平方公里，占全省国土面积的 5.4%，比上年提高 0.6 个百分点。

十二、人口、人民生活和社会保障

人口总量在控制内增长。根据1%人口抽样调查统计，年末全省总人口为4 311.2万人。其中，城镇人口1 599.5万人，占37.1%；乡村人口2 711.7万人，占62.9%。全省男性人口为2 193.5万人，女性为2 117.7万人。0－14岁人口比重为25.1%，15－64岁人口比重为67.6%，65岁及以上老年人口比重为7.3%，老年人口达到316.9万人。全省出生人口59.3万人，出生率为13.79‰；死亡人口25.6万人，死亡率为5.96‰；全年净增人口27.7万人，自然增长率为7.83‰，与上年相比，上升0.21个千分点。

人民生活水平不断提高。全省城镇居民人均可支配收入达8 620元，比上年增长14.0%，超过“十五”计划目标1 460元。农民人均纯收入3 266元，比上年增长10.6%，超过“十五”计划目标336元。城乡居民人均住房使用面积分别达到28平方米和34.1平方米，比上年分别增加2.4平方米和2.8平方米。

就业和社会保障体系继续完善。年末，全省就业人员2 276.7万人，比上年末增加62.7万人，其中城镇就业人员637.9万人，城镇新增就业43.2万人；下岗失业人员再就业20.8万人。据劳动部门统计，年末城镇登记失业率3.48%，处于调控指标以内。全年共发放小额贷款4.8亿元，比上年增加2.2亿元，增长84.6%，累计发放小额贷款8.8亿元。参加社会保险人数增加，年末全省参加基本养老保险、基本医疗保险和失业保险人数分别达到387.4万人、276.7万人和230.7万人。全年共为105万离退休人员发放养老金64.6亿元，当期发放率100%，社会化发放率100%；为10.6万失业人员发放失业保险金1.8亿元，为100万城镇低保对象发放最低生活保障金7.3亿元；建立了农村特困群众的救助制度，共为105万救助对象发放救助金1.6亿元。

社会福利事业健康发展。年末，全省有社会福利事业单位2 067个，收养人数9.3万人，提供床位10.8万张，城乡各种得到国家定期定量救济的社会救济对象达124.5万人，临时救济困难户达21.6万人次。全省城镇建立各种社区服务设施3 053个。全年通过销售社会福利彩票筹集社会福利资金5.1亿元，接收社会捐赠款0.67亿元。

注：

（1）本公报所列各项数据均为初步统计数。

（2）公报中所列生产总值和各产业增加值指标按当年价格计算，增长速度按可比价格计算。

附表 1：2005 年工农业主要产品产量

产 品 名 称	计量单位	绝 对 数	比上年增长%
一、农产品产量			
粮　　食	万吨	1 854.21	2.8
棉　　花	万吨	8.72	2.8
油　　料	万吨	76.12	2.1
甘　　蔗	万吨	78.31	-8.6
苎　　麻	万吨	10.94	1.6
烤　　烟	万吨	1.98	28.0
茶　　叶	万吨	1.67	24.1
水　　果	万吨	130.28	27.3
蔬　　菜	万吨	1 145.93	2.4
肉　　类	万吨	244.81	11.3
其中：猪牛羊肉	万吨	194.47	12.1
牛　　奶	万吨	12.51	7.8
蚕　　茧	万吨	0.88	10.0
水产品产量	万吨	168.65	7.9
其中：特种水产品	万吨	60.43	17.5
二、工业产品产量			
纱	万吨	20.44	12.9
布	亿米	2.81	0.6
机制纸及纸板	万吨	67.0	91.5
白　　酒	万千升	6.62	14.3
啤　　酒	万千升	58.96	14.5
卷　　烟	亿支	409.07	26.9
彩色电视机	万台	89.11	22.7
家用电冰箱	万台	26.33	-1.4
原　　煤	万吨	1 620.80	20.2
原油加工量	万吨	364.88	1.1
发 电 量	亿千瓦时	349.27	6.2
粗　　钢	万吨	963.20	28.7
钢　　材	万吨	1 017.82	32.1
生　　铁	万吨	819.84	27.7
水　　泥	万吨	3 477.01	17.2
硫　　酸	万吨	113.19	2.8
烧　　碱	万吨	24.6	-4.3
农用化肥(折纯)	万吨	47.61	-5.5
交流电动机	万千瓦	157.81	-1.8
工业锅炉	蒸发量吨	820.50	-17.5
金属切削机床	台	4 272	-18.0
汽　　车	万辆	20.71	12.6
小型拖拉机	台	8 116	63.1

注：工业产品产量统计范围为规模以上工业。

附表 2：市场价格变动情况

类　　　别	指数（上年=100）	
	2004 年	2005 年
1. 居民消费价格	103.5	101.7
其中：城　　市	103.3	101.5
农　　村	103.5	102.2
其中：服务项目价格	101.3	103.5
消费品价格	104.3	101.2
其中：食　　品	109.0	103.1
粮　　食	127.3	100.3
肉禽及其制品	117.4	102.2
油 脂 类	119.6	96.2
蛋　　类	118.9	107.5
水 产 品	118.5	103.2
菜　　类	88.8	117.3
衣　　着	98.0	97.7
家庭设备用品及服务	99.2	99.6
医疗保健及个人用品	96.6	100.9
交通和通讯	98.5	99.5
娱乐教育文化用品及服务	100.4	100.0
居　　住	104.8	105.7
2. 商品零售价格	103.0	100.9
其中：城　　市	101.9	100.3
农　　村	104.0	101.4
3. 农业生产资料价格	110.7	107.9
4. 工业品出厂价格	109.7	108.8
5. 原材料、燃料、动力购进价格	114.5	110.0
6. 固定资产投资价格	107.4	100.5

人　　口

（2005 年）

地　　区	单　　位	指　标　值
全　省	**万人**	**4 311.2**
南 昌 市	万人	451.6
景德镇市	万人	153.8
萍 乡 市	万人	182.1
九 江 市	万人	466.1
新 余 市	万人	111.6
鹰 潭 市	万人	108.2
赣 州 市	万人	817.9
吉 安 市	万人	469.6
宜 春 市	万人	533.8
抚 州 市	万人	381.3
上 饶 市	万人	635.1

注：1. 本表为常住人口数。2. 各社区市对比资料均为年快报数。

地　区　生　产　总　值

（2005 年，快报数）　　单位：亿元

地　　区	GDP	第一产业	第二产业	第三产业
全　省	**4 056.16**	**770.01**	**1 914.87**	**1 371.28**
南 昌 市	1 007.70	72.60	532.13	402.98
景德镇市	193.61	18.95	101.67	72.99
萍 乡 市	228.09	25.85	131.53	70.71
九 江 市	428.92	72.06	214.83	142.03
新 余 市	177.32	22.18	98.78	56.36
鹰 潭 市	123.53	17.49	61.02	45.01
赣 州 市	500.31	129.48	175.81	195.02
吉 安 市	303.14	83.05	108.88	111.22
宜 春 市	372.21	97.96	156.30	117.94
抚 州 市	262.00	70.19	105.86	85.95
上 饶 市	388.06	84.65	164.71	138.70

农 业 总 产 值

单位：亿元

地　　区	2005年	比上年增长%
全　　省	**1143.00**	**6.8**
南昌市	115.76	5.0
景德镇市	30.61	6.0
萍乡市	40.39	7.0
九江市	99.42	7.4
新余市	34.48	7.2
鹰潭市	30.12	6.7
赣州市	199.99	4.4
吉安市	138.52	6.9
宜春市	164.50	6.0
抚州市	116.60	3.5
上饶市	135.00	6.5

规 模 以 上 工 业 增 加 值

（快报数）

单位：亿元

地　　区	2005年	比上年增长%
全　　省	**828.50**	**23.6**
南昌市	235.78	26.0
景德镇市	47.46	15.6
萍乡市	60.72	32.0
九江市	90.39	26.0
新余市	61.81	30.9
鹰潭市	58.65	24.7
赣州市	76.63	26.3
吉安市	49.82	31.7
宜春市	64.45	25.4
抚州市	36.17	21.9
上饶市	49.12	25.4

社会消费品零售总额

单位：亿元

地区	2005年	比上年增长%
全省	**1 236.17**	**15.0**
南昌市	307.49	15.7
景德镇市	58.30	19.5
萍乡市	66.11	16.1
九江市	121.09	13.9
新余市	46.53	16.1
鹰潭市	36.41	16.6
赣州市	160.69	13.4
吉安市	86.12	16.3
宜春市	114.96	13.3
抚州市	102.72	11.9
上饶市	135.75	16.9

城镇以上固定资产投资

单位：亿元

地区	2005年	比上年增长%
全省	**1 933.93**	**30.9**
南昌市	476.94	46.5
景德镇市	88.43	2.4
萍乡市	112.42	21.5
九江市	190.20	34.8
新余市	70.11	25.6
鹰潭市	56.04	37.3
赣州市	148.83	8.2
吉安市	119.42	18.8
宜春市	139.70	40.0
抚州市	110.95	27.5
上饶市	186.71	43.4

财　　政　　收　　支

（2005 年）　　　　单位：亿元

地　　区	财政总收入	一般预算收入	财政支出
全　省	**425.90**	**252.90**	**562.79**
南昌市	126.10	58.28	75.79
景德镇市	14.70	8.40	18.32
萍乡市	23.79	11.92	22.86
九江市	39.81	22.45	52.11
新余市	23.03	10.53	16.86
鹰潭市	14.44	6.71	12.89
赣州市	46.70	25.90	68.23
吉安市	27.54	17.84	48.16
宜春市	30.92	18.16	46.16
抚州市	15.37	10.19	32.99
上饶市	33.60	21.69	55.39

在岗职工人数及工资

（2005 年）

地　　区	职工人数（万人）	平均工资（元）	
			国　有
全　省	**264.76**	**13 688**	**14 276**
南昌市	50.10	17 445	18 107
景德镇市	14.98	11 870	12 800
萍乡市	12.38	14 758	14 704
九江市	33.26	12 223	12 778
新余市	9.15	14 933	14 086
鹰潭市	8.66	14 622	15 439
赣州市	35.57	11 827	12 708
吉安市	20.64	11 315	11 742
宜春市	23.84	12 749	13 137
抚州市	19.85	9 877	10 490
上饶市	29.07	11 830	12 600

海关进出口总额

单位：亿美元

地区	进出口总额	#出口
全省	**40.59**	**24.40**
南昌市	17.45	12.40
景德镇市	2.31	0.88
萍乡市	0.52	0.33
九江市	1.94	1.18
新余市	1.67	0.39
鹰潭市	7.11	1.32
赣州市	5.08	3.82
吉安市	1.05	0.91
宜春市	1.16	1.10
抚州市	0.86	0.80
上饶市	1.44	1.27

农民人均纯收入

单位：元

地区	2005年	比上年增长%
全省	**8 620**	**14.0**
南昌市	10 301	17.8
景德镇市	8 779	14.1
萍乡市	8 973	14.2
九江市	8 713	11.4
新余市	9 059	15.1
鹰潭市	8 843	14.5
赣州市	8 199	11.0
吉安市	8 604	22.4
宜春市	8 230	15.4
抚州市	8 402	13.4
上饶市	8 629	13.9

农民人均纯收入

单位：元

地区	2005年	比上年增长%
全省	**3 266**	**10.6**
南昌市	3 879	13.6
景德镇市	3 589	11.2
萍乡市	3 922	18.1
九江市	3 269	12.7
新余市	3 840	12.1
鹰潭市	3 640	11.5
赣州市	2 760	8.1
吉安市	3 267	14.3
宜春市	3 430	8.4
抚州市	3 233	13.0
上饶市	3 226	10.8

居民消费价格指数

（上年＝100）

地区	2005年	比上年增长百分点
全省	**101.2**	**1.2**
#城市	101.2	1.2
南昌市	100.9	0.9
景德镇市	101.3	1.3
萍乡市	102.9	2.9
九江市	101.1	1.1
新余市	102.2	2.2
鹰潭市	102.6	2.6
赣州市	101.0	1.0
吉安市	99.4	-0.6
宜春市	101.4	1.4
抚州市	100.6	0.6
上饶市	104.2	4.2

中国统计出版社最新资料书简目

（仅供参考，以最后出书为准）